足彩投资

赔率核心思维

纳兰老九 著

经济管理出版社
ECONOMY & MANAGEMENT PUBLISHING HOUSE

图书在版编目（CIP）数据

足彩投资：赔率核心思维/纳兰老九著．—北京：经济管理出版社，2022.11（2025.9重印）
ISBN 978 - 7 - 5096 - 8822 - 9

Ⅰ．①足… Ⅱ．①纳… Ⅲ．①足球运动—彩票—基本知识—中国 Ⅳ．①F719.52

中国版本图书馆 CIP 数据核字（2022）第 217189 号

组稿编辑：杨国强
责任编辑：杨国强
责任印制：赵亚荣
责任校对：陈　颖

出版发行：经济管理出版社
　　　　　（北京市海淀区北蜂窝 8 号中雅大厦 A 座 11 层　　100038）
网　　址：www. E-mp. com. cn
电　　话：(010) 51915602
印　　刷：唐山昊达印刷有限公司
经　　销：新华书店
开　　本：710 mm×1000 mm/16
印　　张：21.25
字　　数：456 千字
版　　次：2022 年 11 月第 1 版　2025 年 9 月第 3 次印刷
书　　号：ISBN 978 - 7 - 5096 - 8822 - 9
定　　价：88.00 元

开 篇 语

　　临场做梦的人多，赛后做功课的人少；敢尝的人多，会品的人少；看不清楚的人多，看透的人少；管不住自己眼睛和钱袋的人多，管得住自己思维和欲望的人少。因此，梦碎的人多，梦醒的人少！

诸君自省

——愿共勉之

目　录

第一章　体系架构

一、心理连通器、跷跷板理论

赔率分析研究，本质上是一种心理连通器、跷跷板思维，是针对对阵形势的各种影响受注的因素，将三个方向的受注力量进行平衡的思维过程。其中，综合实力差是核心因素，但不是全部因素（综合实力决定了盘口的心理区间），表象因素倾向（决定受注分布）和赔率组合调节（调节利润分布）是必要因素。

（一）盘口能力

盘口能力不是对比双方固定的差距，是为了达到做盘目的而选择最合适的赔率组合。某一个方向的赔率位置表象看起来是盘口能力（亚盘表现为让球能力），这样的理解是不正确的。盘口能力思维是本研究体系中的错误思维。盘口开出的思维不同，不同赔率组合又可以达到相同利润目的，单纯而表象的盘口能力思维不是本质的欧赔思路。把各赔率公司（以下简称"公司"）选择的最适合的赔率位置，称为公司精算赔率组合位置。当然，有时合适位置不止一个位置也不止一种组合，这需要充分理解所有合适位置。

（二）开赔思维原则

通俗地讲是"缺什么补什么"。就是缺少什么方向，或者需要什么方向，或者什么方向最合理，就营造什么方向的分散力。例如，英超 2021～2022 赛季第 6 轮水晶宫1∶1 布莱顿的比赛，威廉希尔（以下简称威廉）初赔 3.10/3.00/2.45、立博初赔3.10/3.00/2.40、Bet365 初赔 3.10/3.10/2.40，三大博彩公司（以下简称"三大"）变赔全部拉胜抬负平震荡。这场比赛是英超的 M23 公路德比战，当时布莱顿如果取胜即可登顶联赛积分榜。主胜可开 2.75/3.70/2.40，变赔拉客诱盘；客胜 3.30/3.10/2.30，变赔震荡即可。在拉平过渡基础上，胜负精算位置的变化将是不同的赛果。

（三）公司利润风险思维分析

在准确判断即时对比后，分析庄家利润风险思维是核心，其实是对精算位置的分析。这是开盘者的能力。欧赔利润不是恒定的，如 11％、8％、7％、6％、5％等，不同比赛利润不同，有的比赛利润很高。有的比赛赔本也得开，但是有一套减少赔付的思路（不是简单地降低水位），仅单纯分析利润是不可取的。

（四）平衡性分析

平衡性分析是分析分布的核心思维，此分析非常关键。但要注意，目前很多比赛，公司都不是只靠单纯的赛果盘盈利（胜平负盘口），很多让分盘、双胜彩、走地盘也会纳入整体运作范围。

（五）拉力强度分析

首先，是基本拉力分析，就是在表象基本面形势下，对三方向的拉力强度分析。

其次，操盘手在营造增强何种方向的拉力强度？在阻减哪个方向的拉力强度？由此初步判断赛果。

最后，要分析另外两种赛果的做盘思路，这种思路更接近于欧赔本质。

（1）低风险思维：对于关注度高，从而投注量大的比赛，采用低赔付风险的组合进行受注，甚至超盘受注，是核心思维。

（2）中庸思维：对于普通关注度的比赛，一味降低赔付不见得是好的做盘，在风险可控的情况下，做出中庸的盘口，更为合适。

（3）韬光养晦思维：对于即时对比分散性很强的比赛，此时开出模糊的盘口更有利，此时，最好不要表达自身的倾向性。本身是经过精算的，这样开盘效果好于实低盘。

二、赔率位置

（1）赔率心理位置：博彩公司长期开盘与闲家大众（以下简称"大众"）形成的对不同球队对战格局的习惯认识（切尔西主场对战曼联，主胜开到 2.00 以下或 2.50 以上，大众就会认为有异常）。

（2）位置差异：不同公司甚至同一公司针对不同联赛，选择赔率组合的心理位置可能不同。不同位置达到的真实分布和利润指数是博彩公司的核心机密。

（3）实差与分布辨别：①实差盘口。综合实力差接近，盘口偏大。②分布实盘。综合实力有相当差距，分布倾向弱队，是分布实盘。

在很多时候，分析比赛时先把这点搞清楚，赛果就是肯定的。

三、赔率统计和记忆留存

公司思维基础如下：

（1）大众研究欧赔最普遍的思维是赔率统计。

（2）赔率记忆留存：就是赔率赛果的记忆延续性。公司针对大众已经进入圈套的情况，在适当需要时，进行诱盘和干扰大众思维的操盘。

四、交叉盘

交叉盘是指开出相同的赔率组合，既有同一公司对不同比赛开出的交叉盘，还有不同公司对同一场比赛开出相同赔率组合的交叉盘。反向交叉盘是指赔率组合数值相同但方向相反的组合，如 1.50/4.50/6.50 和 6.50/4.50/1.50。

交叉盘是组合做盘的一种最常见情况，是公司干扰大众思维的重要手段。同时，交叉盘是降低赔付的重要手法，因单独降低赔付有难度，则交叉盘本身的迷惑性可以起到分散作用。其数学理念是：将三个方向的分散可能，营造成九个方向的分散可能。其市场营销理念是，使得大众将两场无关的比赛联系起来，平衡关注度。

综合看交叉盘的分散投注、干扰思路的效果是很好的，威廉、立博、Bet365 三家经常玩这个障眼法，五大联赛很多轮次硬是将多场比赛交叉在一起，使得很多人无所适从。又因为交叉盘本身就有分散作用，所以一些开出的位置单看似乎偏高，但在交叉盘作用下赔付风险实际上被化解不少，交叉盘本身有交叉分散作用。这样就解决了一些盘口难以开盘的问题（一些盘口左开不合适，右开也不合适，不如和其他比赛捆绑在一起开盘），在一定程度上降低了风险。

交叉盘类型：

（1）同轮交叉。

（2）同轮前后交叉，前盘为后盘的伏笔，这是其心理理念。

（3）不同联赛交叉，由于分布有微妙差异，因此欺骗性很强，这是其诱盘理念。

（4）同一支球队不同比赛交叉，时间段有差异，但同一支球队或初赔或变赔做交叉，引起大众赔率记忆。

（5）相同时间段交叉，综合（1）（3）。

识别交叉盘思路：

（1）精确定位广实差和表象分布形势。

（2）分析赔率调节思路。

（3）参考其他不开交叉盘的公司。

（4）不能以概率思维分析交叉盘。

五、准确赔率和概率性赔率

赛果盘、让分盘、双胜彩、平局下退款赔率等属于准确赔率。大小球赔率、波胆赔率、半全场赔率、进球得分手赔率等属于概率性赔率，是公司市场的延伸产品。

六、规则与特性

特性因素是普通盘口不通行的因素，是决定该盘口思维的特殊对比因素。原则上每一个盘口都是特性的，但特性因素各不相同。在这些不相同的特性中，存在相通的思维，但这不是在组合、水位上类比的基础，特别是赛季末段特性因素的潜在作用更突出。对特性的理解是很重要的。

七、欧赔分析关键

既要注意即时对比形势的核心因素分析，还要注意即时对比形势对表象分布的影响。公司会寻求最有利于自身的赔率组合受注（不断变赔）。同时会按照不存在的"规则"出牌，公司不能用大众不知道的信息来制造影响。例如，英超2021～2022赛季第7轮曼联1∶1埃弗顿的比赛，当时曼联的首发没有C罗，公司一定是比大众早知道这个消息。首发排出前，威廉与Bet365采取先拉低主胜，首发名单排出后抬高；立博采取先抬高后拉低的策略，但主胜水位始终围绕在初赔范围内震荡（不想过度抬高引起大众警觉）。

对于一场比赛，首先要分析盘口能力区间，其次要分析表象分布影响的区间内投注分布，最后要分析赔率组合调节思路。原则上应分析盘口最需要的、最合适的分散方向组合。

欧赔不断变化新的手法，不存在长期的惯性。所以，欧赔研究要坚持正确的方向，精研"威立年（Bet365）"体系，不断完善自身，不要陷入基本面的个别因素中。另外，不要关注太多的公司，不要陷入繁杂的垃圾信息中。

八、实盘、中庸、韬光（也即级数对比）

级数对比是对即时对比进行定位的骨架理解，但不是全部理解。不同赛事级数对比盘能不同。级数对比是盘口大致的理解，不可能是精准的位置。可以理解为体操比赛的起评分，然后根据各种因素进行高低调节。

级数可理解为综合实力级数，即级数对比并非固定不变，会随着表现而变化，球队的实力值不可能有固定值，如果有固定值就不是足球比赛了。原则上，每轮都要对球队的综合实力级数进行准确的即时定位。

有时即时对比变化很大，例如，2021年9月28日的世界杯南美区预选赛第5轮玻利维亚1∶0秘鲁，初赔开右倾盘，终赔变成左倾盘。初赔开出时秘鲁两名主力中场塔皮亚、卡里略都出赛了上一轮主胜智利的比赛，随后两人伤停，所以变赔"三大"全部采取赔率大掉角的调整。

第二章　思维入道

赔率是对于庄闲博弈平台——赔率组合的"准精算"。

为何说是"准精算"？

赔率思维中除了大家理解的数学、心理学、逻辑学等因素外，运用中国古老文化如《易经》中的很多思想，如韬光养晦、中庸思维、亢龙有悔、天欲其亡必令其狂等思维也是可以进行分析和理解的。

足球运动本质：足球运动本质是若干意识物质（球员）在巨大的社会生物场（球会球迷等）影响下对于无意识的物体（足球）在运动中进行时间空间四维控制的宇宙运动形式。

举例来说，如果一个生物生活在一维世界，就是一条直线，那么在它看来，眼前如果有障碍，是不可能穿越的。但对于生活在二维世界（平面）的生物看来，是很简单的事情。同样，三维世界的生物可以轻易做到二维世界的生物看来是"偶然的""不可能实现的"事情。事实上，欧洲顶级足球专家的思维层次部分地超过了普通人的"维数"，这是他们认为很多比赛确定性很强的原因。拜仁慕尼黑主场对战波鸿队，双方的生物空间时间意识相差几个档次，双方战意相当，波鸿连平的可能都不存在。有时当你连续超体力地观看比赛直播或者录像时，在抛开盈利这个重要干扰因素后，会达到一种自在的状态，此时能体会到很多奇妙的东西。

对于大部分的这类比赛，欧洲顶级专家具备连续几轮的预测能力。博彩实际上是超级不平等的博弈。一边是爱因斯坦级别的欧洲专家，另一边是普罗大众。对比形势悬殊。就像淝水之战中的前秦和东晋，我们是不是就没有取胜机会了呢？

99％的人没有取胜盈利的机会，因为他们从战略上注定已经输了，绝大多数人采用阵地战形式和公司博弈，把资金都输光自然很正常。足彩的巨大回报是每个人的投资目标。花大力气研究足彩的人很多，但只有真正能端正心态的人方能打开赔率思维之门，获得一定成功。

所以，研究足彩首先从"思维入道"开始。你需要超过千万芸芸众生的思维方能成功，此时不能把自己定位成一个普通人。任何简单、肤浅的思维都是不可行的，凡是流行的思维，基本上都是不可取的。下面是具体思维的分析调整思路。

一、赔率分散性思维

不同公司由于现实受注因素、在欧洲形势中的市场策略、整体开盘思维等诸多因素的影响不同，开出的赔率相应地分散，但将此作为分析依据显然不可行。就像威廉着重使用平赔、立博着重使用胜负赔，分析分散性没有意义，太简单。

例如，英超 2021～2022 赛季第 9 轮阿森纳 3：1 阿斯顿维拉，威廉初赔 1.80/3.60/4.33、立博初赔 1.95/3.50/3.70、Bet365 初赔 1.73/3.60/4.75，足够分散了吧？三家思维虽然不同，却可以达到异曲同工的做盘目标。

二、多家思维

不是看得多就看得准，清楚了解 1～2 家公司赔率思维的人很少很少。看得多仅仅是一种心理安慰，是一种下注前的"轻微毒品"。

三、赔率统计思维

赔率统计思维是一种"刻舟求剑"的思维。赔率是公司推出的一种商品，其目的是完成自己的多赚少赔的目标，很多时候不止有一种选择，也不是一种组合就指向一种赛果。

所以，简单的统计对比根本没有价值，真正的赔率统计需要将"当时的综合实力差包含的因素"都记录统计。这样工作量会陡增很多倍，但这个环节，任何研究者都不能舍去。如果你能这样统计一个赛季，细心分析，那么你的分析思维肯定有质的飞跃。

四、赔率数学模型

研究赔率的人自己设立数学模型，是一种简单思维。设定一个复杂的数理方程，将比赛的变量输入就能得出赛果？你这是在模仿公司确定赛果的过程，问题是很多比赛公司都不一定有准确赛果。笔者认为，公司对于所有比赛的结果预测有三种可能性：

（1）完全确定赛果。

（2）可以确定一个赛果方向，如胜平、平负、胜负等。

（3）对赛果完全未知。

当然，后两种情况公司对于赛果在初赔开出时候的不确定，可能会随着比赛时间接近从而变成确定。但查看各大博彩公司对于非洲的联赛基本都不开盘，其中缘由如何也能推测一二了，难道你能比公司还厉害？

还有的模型是分析欧赔利润，但如果公司是想赛果盘赔钱，从让分盘盈利呢？或者是公司想利用赛前盘做局走地盘呢？所以分析利润的模式行不通。还有的模型专门进行欧亚转化，也是不可行的。

五、平均赔率思维

各家的赔率思维很多不具备可比性，况且也存在很多表象不可比的因素（如赔付率）和深层不可比的因素（如真实利润率），强行去平均"思维"，是一种安慰剂。表面看综合了上百家公司的思维，实际上是自欺欺人。

六、基本面思维

深陷基本面，一切都以技术战术分析为主，对于博彩来讲已经证明不完备。基本面的积累完善是内功，关键是合理运用基本面。

英超2021~2022赛季第8轮纽卡斯尔2：3热刺的比赛，当时赛前纽卡斯尔刚刚被沙特王储所辖财团收购，人气开始飙升，同时热刺球星孙兴慜在之前的国际比赛后（世亚预）新冠病毒检测呈阳性，所以彩民间开始流传孙兴慜很大可能不会出赛，"三大"在首发名单排出前全部大幅度抬高客胜水位，投注马上大量流向胜平，结果是孙兴慜首发出赛，进一球并打满全场。

凡是基本面皆具有两面性，既可以让你作为参考去分析赔率，但公司也会利用基本面消息配合变赔而进行诱盘或者阻盘。

七、假球思维

问题球赛肯定存在，但不可能凡球皆假。问题球的产生更大可能是个别利欲熏心的人进行私下安排，然后到博彩公司进行下注盈利。在笔者看来，如果公司通过自己的分析已经可以确定一场比赛赛果方向，则他们是最痛恨比赛节外生枝的。

八、概率思维

欧赔概率论思维已经是明显的简单思维。对于博彩大舞台的欧洲大庄，6％、5％的表象利润远远不是目标。欧洲大庄很多是一轮联赛一个"利润平衡体系"。亚洲三四线小庄才是"吃剩汤"的公司。

九、亚盘思维

亚盘就是黄药师的"桃花岛"，只有具备超出或者相当于他的功力方可真正破解。赔率研究解决的是胜平负问题，而亚盘研究解决的是上下盘，所以建议在一定程度上放弃亚盘。

十、欧亚转换思维

这个思维流行广泛，事实上没有什么价值。一个公司开出的不同盘口面向的是不同顾客群体，而且现在公司开赔经常是不同赔付率间来回切换，对应的亚盘转换能作准吗？

十一、欧亚思维差异

很多时候，欧洲人和亚洲人的思维是不一样的。这是一个很复杂、很关键的问题。像亚洲流行的"大热"之类，欧洲偏少。对于很多因素的权重分析，欧亚存在差异，存在思维差异，则这对于赛果的分析容易陷入误区。

十二、充分尊重庄家

每一个盘口，面对的都是一个九段高手组合在和自己博弈，并且这个高手内功极深，还做了足够的功课。我们必须给予充分尊重，否则就是不尊重自己的钱袋。

定位目标是：精通一个联赛。这样已经很成功了。

十三、总结思维

此章涉及比赛虽少，但以后功力的高低与对上述问题的理解和把握有很大关系。当你达到了一个思维层次，在此层面的具体工作是比较容易做的，只需要有耐心和恒心。对于博彩，更重要的是思维层次提升，吃苦耐劳的人很多，方向正确才可能有成效，虽然纠正方向是个痛苦的过程。

一个博彩好手的养成与诸多因素有关：时间精力的付出、技术方法的学习与提高、充裕的资金、适当的运气、合理的计划、良好的心态。其中，笔者认为起到关键决定作用的唯有心态，如果自认为没有天上掉馅饼砸到自己的运气和聪颖领悟力的话，那么心态在长期的博彩生活中是占据至关重要地位的。一个做不到戒贪、练忍的彩客，注定是一个输家。像聂卫平连续战胜 13 位高手不仅史无前例，也非常难复制。

所以：唯心不易。

第三章 基础实力

一、基础实力

球队的基本实力即为基础实力，又称为绝对实力或者人脚实力，基础实力定位分为强队、中上、中游、下游四档，下面为五大联赛定义一下基础实力（特别说明：本书中的"这个赛季"均指 2021～2022 赛季）。

（一）英超

（1）强队：曼城、利物浦、切尔西、曼联。

（2）中上：热刺、阿森纳、莱切斯特城、埃弗顿。

（3）中游：西汉姆联队、阿斯顿维拉、利兹联队、狼队、南安普顿、纽卡斯尔、布莱顿、伯恩利、水晶宫。

（4）下游：诺维奇、布伦特福德、沃特福德。

（二）西甲

（1）强队：皇家马德里、巴塞罗那、马德里竞技。

（2）中上：塞维利亚、维拉利尔、皇家社会、毕尔巴鄂竞技。

（3）中游：皇家贝蒂斯、瓦伦西亚、塞尔塔、赫塔菲、西班牙人、格拉纳达、奥萨苏纳、莱万特。

（4）下游：卡迪斯、埃尔切、马洛卡、巴列卡诺、阿拉维斯。

（三）德甲

（1）强队：拜仁慕尼黑、多特蒙德。

（2）中上：勒沃库森、莱比锡红牛、沃尔夫斯堡、门兴。

（3）中游：法兰克福、弗莱堡、美因茨 05、霍芬海姆、柏林赫塔、柏林联合、斯图加特、奥格斯堡、科隆。

（4）下游：比勒菲尔德、波鸿、菲尔特。

（四）意甲

（1）强队：尤文图斯、国际米兰、那不勒斯、AC 米兰。

（2）中上：罗马、拉齐奥、亚特兰大、佛罗伦萨。

（3）中游：乌迪内斯、桑普多利亚、莎索罗、博洛尼亚、维罗纳、都灵、卡利亚里、热那亚。

　　（4）下游：恩波利、斯佩齐亚、威尼斯、萨勒尼塔纳。

（五）法甲

　　（1）强队：巴黎圣日耳曼。

　　（2）中上：里昂、马赛、摩纳哥、里尔。

　　（3）中游：尼斯、蒙彼利埃、雷恩、波尔多、朗斯、圣埃蒂安、南特、昂热、斯特拉斯堡、兰斯。

　　（4）下游：布雷斯特、特鲁瓦、克莱蒙、洛里昂、梅斯。

二、如何定位基础实力

　　基础实力的定位是比较模糊的，中游和下游有时差距不大，很难界定也没必要精确界定，但综合实力的定位应是比较准确的。

　　对于基础实力的定位，如果自己有时间和精力，一定要看比赛，以熟悉球员、技战术打法等，也可以参考一些足球网站的帮助。

　　例如，英超2021～2022赛季第9轮：曼联 0∶5 利物浦（WhoScored 评分）。

曼联出场 14 人：	利物浦出场 14 人：
德赫亚：5.60	阿利松：7.43
万·比萨卡：6.22	阿诺德：8.34
林德洛夫：5.51	科纳特：7.33
马奎尔：5.76	范戴克：7.25
卢克肖：5.89	罗伯逊：7.77
弗雷德：5.41	纳比·凯塔：9.00（被换下）
麦克托米奈：6.51 全队最高分	米尔纳：6.35（被换下）
格林伍德：6.19（被换下）	亨德森：8.31
费尔南德斯：6.21（被换下）	萨拉赫：10.0 全队最高分
拉什福德：5.86（被换下）	菲尔米诺：7.68（被换下）
C 罗：5.65	若塔：8.92
博格巴：5.10（替补）全队最低分	马内：6.01（替补）全队最低分
卡瓦尼：6.21（替补）	琼斯：6.51（替补）
达洛特：6.30（替补）	张伯伦：6.47（替补）
全队平均分：5.89	全队平均分：7.67

　　（1）建立球员数据库，记录一名球员每场比赛评分并计算出平均分。注意不同赛事要分别记录，如国家队、俱乐部，不同赛事调用不同的数据。

　　（2）建立球队数据库，记录每场比赛一支球队全部出场球员的总分后进行平均，并把每场比赛的平均分相加后再平均进行记录。注意不同赛事要分别记录，如联赛、国内杯赛、洲际杯赛、友谊赛等，不同赛事调用不同的数据。

（3）赛季初以所有球员平均分相加后再平均来作为球队赛季初始评分，随着赛程进展逐渐以球队每场比赛平均分相加后再平均进行替代。

（4）球员发生转会后，初始以数据库的历史平均分记录，待其在新的赛事、新的球队逐渐适应，再以新的平均分进行替代。

（5）国内杯赛评分以联赛同级别为记录依据准则，如英格兰有英联杯和足总杯，假设切尔西某赛季首轮参加英联杯面对一支英冠或者英格兰其他联赛级别的球队，那么这样的比赛不记录评分，直到第二轮或某轮对手是英超球队才开始记录评分。

（6）洲际杯赛评分以小组赛开始为记录依据准则，例如2021～2022赛季热刺队参加了欧会杯赛事，在正赛开始前，热刺踢了两场欧会杯的资格赛，这种资格赛不记录评分，要等到小组赛首轮与雷恩的比赛才开始记录。

（7）球员、球队平均分最少要有一个赛季的数据作为支撑，最好是3～5个赛季。

三、需要注意的事项

（1）不能用球员或者球队身价来定义基础实力，这样做是非常愚蠢的。世界足坛近几十年的发展中，高价低能或者低价高能的例子比比皆是。我们定位基础实力目的是培养自己对球队的直观认知。

（2）目前没有专业的足球教练评分网站，所以教练数据库的建立需要自己动一些脑子。目前，笔者的方法是计算教练执教场次的平均得分，如教练A总计执教了500场比赛（俱乐部联赛、俱乐部杯赛、国家队、友谊赛等），其中胜239场（每场3分计算）、平178场（每场1分计算）、负83场（每场0分计算），总计拿分895分，除以500场比赛得出场均平均拿1.79分，这个分数是笔者在做球队基础实力评估时参考的条件之一。

（3）基础实力评估只用球队所有球员表现进行定位，其他诸如俱乐部的实力、俱乐部的青训系统等都不纳入考虑范围。我们的目的是模仿当庄家，而不是经营俱乐部。

第四章　综合实力

一、综合实力概念

与基础实力相对应的概念是综合实力。综合实力等于球队的基础实力加上人气指数的总和，其中，人气指数又分为历史人气和即时人气，所以综合实力＝基础实力＋人气指数（历史人气＋即时人气），这个概念一定要弄清楚。

在历史人气中，球队历史上是否曾经夺冠（无论年代是否久远）、球队历史上是否曾经强盛等因素为主要加减分项；在即时人气中，球队近期是否连胜或者连续不胜、球队近期是否有核心球员伤停或者复出、球队近期是否有爆炸性新闻（如换帅、球员不续约等）、球队是否有战意加成等因素为主要加减分项。

二、综合实力如何分档

综合实力定位分为 8 个档位：

（1）人气强队：简称人强，球队实力与人气皆为顶尖。

（2）普强球队：简称普强，球队实力顶尖但是人气稍差。

（3）准强球队：简称准强，从字面意思就可以理解为准备成为强者的球队。

（4）中强球队：简称中强，中游球队里的最强。

（5）中上球队：简称中上，中游球队里的中上游。

（6）中游球队：简称中游，中游球队里的中间。

（7）中下球队：简称中下，中游球队里的最差。

（8）下游球队：简称下游，球队实力与人气皆差。

其中，人强和普强球队大致可以对应基础实力分档中的强队；准强和中强球队大致可以对应基础实力分档中的中上球队；中上、中游、中下球队大致可以对应基础实力分档中的中游球队；下游可以对应基础实力分档中的下游球队。

以上只是大致区分对照。这里需要理解一个基本思路，基础实力与人气指数是不对等的，很多时候是有偏差的，甚至偏差很大。一支球队可以基础实力中游，但人气很高，从而综合实力定位成中强。

在综合实力划分为 8 档基础上，每个大的档位可以进一步细分为 3 个小的档位，其中，人强和下游只能细分为两个小档，具体如下：

人强：人强、人强减。

普强：普强加、普强、普强减。

准强：准强加、准强、准强减。

中强：中强加、中强、中强减。

中上：中上加、中上、中上减。

中游：中游加、中游、中游减。

中下：中下加、中下、中下减。

下游：下游加、下游。

举例：2021 年 10 月 23 日英超第 9 轮联赛前综合实力分档。

普强加：曼城。

普强：利物浦、切尔西。

普强减：曼联。

准强：热刺。

中强：阿森纳、莱切斯特城。

中上：埃弗顿、西汉姆联队。

中游加：布莱顿。

中游：阿斯顿维拉、布伦特福德、狼队。

中游减：利兹联队。

中下加：南安普顿、水晶宫。

中下：纽卡斯尔。

中下减：伯恩利。

下游加：沃特福德。

下游：诺维奇。

三、注意事项

（1）不同的综合实力，在开盘时考虑的赔率基本骨架位置不同。

（2）成为人强球队很难，可参照近 10 个赛季巴塞罗那、皇家马德里、拜仁慕尼黑曾经达到过的高度。简单判断人强球队的依据是看一支球队在联赛或者杯赛中对战同级别的球队时，其取胜赔率水位是否经常开到 1.10 以下。

（3）可以依托整体欧洲或者亚洲环境进行大定位，也可只对某联赛或者杯赛的小环境进行定位。如果进行小联赛的定位，档位数量可以酌情减少。

（4）不论采取大定位还是小定位，其中，中强、中上、中游、中下四档球队数量一定超过人强、普强、准强、下游总和。但如果定位后数量相当或者后者更多，那么定位一定是有问题的！

（5）定位的目的是寻找不同档位球队之间对战的区间位置，而球队严格来讲，每场比赛过后都需要重新评估。下一章将讲解影响球队综合实力的各种因素。

（6）所谓的人强、普强只是一种称谓，可以根据自己的喜好来命名。另外，初学者定档最好是 8 档起，学习研究到一定阶段后可以自己酌情加减。

（7）定档的目的是寻找不同综合实力球队对战的信心区间，寻找信心区间的目的是开骨架，开骨架的目的是自己评估不同的赛果，开完骨架后还需要做精算，精算就是在骨架位置的基础上进行精细定数值。所以，笔者现在基本已经不定档，只寻找准确的位置。

第五章　综合实力差距因素

一、引言

　　综合实力差是影响闲家投注思维的所有因素，综实差是包含三个方向的综合。单纯看胜（负）赔位置不全面，要看胜平负是否均衡。单看胜（负）容易将正常赛果盘口看成拉分平。对于各类对比与各类组合的配合是赔率分析的核心。

　　球队骨架性分档：球队按照综实分档是盘口基础，在此基础上受各种因素影响，要选择合适的赔率组合做盘。综实分档随着赛季的进展，会发生一些变化。中下游球队可能会在赛季某个阶段受到人员、近期情况、战意等因素影响导致其处于巅峰状态，但并不能过分改变核心实力。

　　综实分档的核心是基础实力，同一综实档次内球队对阵则难以精确区分综实差。档次差距较大时，盘口伸缩性较大，在不同形势对比下，盘口能力不同。注意，不可能有固定不变的盘口位置。

二、人气指数

　　（1）人气是历史与近况综合形成的球队底蕴或者闲家心理上的认知度，有欧洲赔率之欧洲人气与亚洲盘之亚洲人气上的区别。

　　（2）上升人气：像近两年意甲的维罗纳、西甲的皇家贝蒂斯等经常爆冷成就了其黑马形象。

　　（3）下降人气：像 2021～2022 赛季，西甲的巴塞罗那、意甲的尤文图斯，随着实力、战绩的下滑而人气下降。下降人气难以做平韬盘口，做类似盘口失利可能性大。

　　（4）历史人气：就是球队的底蕴，如历史上是否有过夺冠、是否曾经强盛过等。

　　（5）即时人气：两队近期战绩、往绩等。

　　（6）特殊人气：如澳彩开盘的亚洲比赛，中国队比赛的自然人气。再如英国威廉、立博开盘的比赛，英格兰的自然人气。

　　（7）人气对盘口影响：当实力接近时，绝对实力差很小，实力因素可比性比较模糊，接近盲点，在大众的思维判断中实力对比的明确性降低，相应的作用也降低，那么实力因素对于分布的影响权重也会随之降低，此时人气因素影响的权重开始增大。

　　（8）人气方向：有单向人气和双向人气之分，其关键在于对平局分布的影响不同。综实档位级别有明显差距时，不是低级别球队连胜就能产生足够的双向人气，双向人气的核心因素是综实档位级别的接近。

（9）人气形势：是人气变化的即时对比，现在很多比赛都是提前多轮开出初赔，从初赔开出到比赛临近，两队会因为近况变化导致人气也发生变化，所以这是盘口分析中潜在的核心内容，最容易被混淆。另外，这也是公司交叉盘、连续盘的做盘基础。很多即时对比形似的赔率组合，人气形势可能截然不同，所以表象因素的分析应加入人气形势分析。

分析要点：

第一，绝对人气：对阵两队中某一队的单独人气发展情况，是低迷，还是一般，或者是良好，抑或是非常好！

第二，相对人气：就是对阵两队的人气差距。

第三，人气变化：从初赔开出时的人气对比到比赛临近的人气变化，这是一种动态博弈过程，所以我们需要引入二次初赔、受注高峰赔率等概念进行深入分析，这些后文会讲到。

（10）人气与实力：强队具备超强人气是影响筹码分布的重要因素，但从纯粹足球的角度看，要论两队纯粹技战术的能力，实际上同级别赛事里不同球队之间差距不大。这是大众的一个误区，也是为什么强队输球爆冷门的心理基础。普强与准强、中强与中下球队的基础实力差距实际并不是很大。

（11）人气分布：这点是核心思维，两场或者多场不同的比赛，可能有近似的赛前形势或开出近似的赔率组合，但因内在的人气对比不同，影响到分布是不同的，同样影响到做盘思维也不同。

三、基础实力

基础实力是综合实力最核心的要素，目前研究球队的基础实力变化是主流（尤其是在欧美），所以基础实力是综实最核心、权重最大的因素，要多看比赛。

（1）球员实力：不言而喻，需要注意的是球队核心球员缺战或者复出对赔率数值影响很大。

（2）球队实力：指球队的整体精神气质，如中游球队往往不具备很强战斗意志以及决定比赛的能力，强队则很少溃败，而非强队有时顶不住就会溃败。像这个赛季，意甲的 AC 米兰打到现在，国内联赛 10 胜 2 平与那不勒斯并列积分榜第一名，但外战欧冠比赛则 1 平 3 负小组垫底（2021 年 11 月 16 日记）。

（3）教练组织：就是球队体系运转程度，球队磨合程度是基础实力的重要因素。利物浦自从克洛普带队后逐渐成为顶级强队，而曼联则在索尔斯克亚的带领下成为"神经刀"。

（4）状态周期：球员生理和心理周期，拿体能来说，现在不少球员一个赛季下来要参加很多场比赛，不是所有球员都是 C 罗那样的强人。连续一周双赛或者多赛下来，体能得不到很好的恢复，球员状态自然大打折扣。

（5）比赛节奏：一支球队有 1～2 个位置跟不上球队的整体节奏，就意味着败局已定。现代足球比赛过程运转得十分激烈快速，不允许有 1～2 个位置以八成节奏运转，想要取胜必须发挥 100％的精气神。强队打弱队，稍有放松，就会失球。

（6）基础实力差：基础实力差与双重性成正比。当对阵双方存在较明显的实力差距时，实力因素权重增大。当双方实力差非常小时，实力差距分析效果会显得不足，而其他两种因素（表象分布和赔率调节）的作用较明显。

（7）夺冠与降级赔率：夺冠与降级赔率基本属于概率性赔率，不能作为分析实力对比的全部依据，包括杯赛中的小组出线赔率。

（8）实力评估：第一，实力分档：强队、中上、中游、下游。

第二，体系成熟度：分档为 5 分（体系运转非常顺畅）、4 分（体系运转良好）、3 分（体系运转正常）、2 分（体系运转一般或较差）、1 分（体系运转差）。

第三，心理成熟度：分档为 5 分（心理成熟度非常强大）、4 分（心理成熟度良好）、3 分（心理成熟度正常）、2 分（心理成熟度一般或较差）、1 分（心理成熟度差）。

第四，组织纪律性：分档为 5 分（组织纪律性非常好）、4 分（组织纪律性良好）、3 分（组织纪律性正常）、2 分（组织纪律性一般或较差）、1 分（组织纪律性差）。

注意，联赛或者杯赛的不同阶段，上述三项都会发生变化。赛季开始和冬歇期，球队由于球员进出，基础实力也会发生变化。赛季开始或者中途以及收官阶段更换主教练，体系成熟度也会发生变化，较多的情况是联赛初期体系成熟度未达到最高水平，而中途换帅后反而体系能够调整到应有的水准。心理成熟度是球队的底蕴，包括球队的目标信心及渴望度（夺冠、保级、获得下赛季欧战参加资格等）、对自身实力的信心、对比赛取胜的信心、逆境时候的抗压能力、突发情况的应变能力等心理因素。此外，组织纪律性对球队战斗力也有相当程度的影响。

第五，人气指数：当有些情况发生时，球队人气指数会发生变化。强队欧冠比赛大胜后对人气变化影响很大，如欧冠 2016～2017 赛季 1/8 淘汰赛次轮，巴塞罗那 6∶1 大胜巴黎圣日耳曼（首轮巴塞罗那客场 0∶4 大败）后晋级，随后联赛客场 1∶2 败给了拉科鲁尼亚。这场联赛初赔在巴萨欧冠比赛之前就开出，而巴萨大比分逆转晋级后，联赛二次初赔依然保持在初赔范围内震荡，这是明显的诱盘做局；赛会制比赛连胜后也会影响人气，赛会制两轮比赛后人气就会发生较大变化；强强对战的比赛，其中一方取胜后人气会增加不少；中下游球队战胜强队后，人气也会相应提高。

第六，伤停指数：知名核心球员伤停对球队体系运转的影响不同，正常进度时，联赛或者杯赛对阵中下游球队，问题还不算很大。但如果是强强对话，知名球员就很重要了，欧战赛事赛程紧密时，核心球员的重要性更为凸显。

第七，战意指数：不同战意影响区间和分布是不同的，但这个幅度有范围限制，超出范围要考虑诱和阻。另外，夺冠进行时、保级进行时、争夺下赛季欧战名额时，或者其中一方追求明显不足时（如随后有杯赛或者联赛分心），都会影响做盘思维。

第八，新赛季开始球队实力变化评估：升班马如果发挥正常，战斗力相当于顶级中游的实力，个别时段对中上球队也不落下风，对中下游球队则具备一定优势。像上赛季的利兹联队（2020~2021赛季），普通中游球队若不在最佳状态则很难击败它，而其对阵中下球队则具备取胜能力，还有这个赛季目前的西汉姆联队也是如此。但也有升班马打不出信心，这个赛季德甲的菲尔特就是这样。也总有甲级队下滑，像上赛季德甲的沙尔克04和云达不来梅，赛季结束后直接降级。

四、往绩

（1）一边倒的往绩是做盘的重要因素之一，对于平梯度拉胜分散是相当好的题材。

（2）两队最近的交战记录也是重要的做盘因素之一，像强队最近的交战记录关注度非常高。联赛中，两队首轮的交战记录是次轮做盘的重要因素，而首轮交战大众往往喜欢参考上赛季两队交战成绩。再有两队刚刚在联（杯）赛中交手，随后不久又在杯（联）赛再次遭遇也是做盘的重要因素。

（3）回合制杯赛中，首轮交战成绩重要性会增大，因为杯赛很多时候双方可比性模糊，明确判断因素不多，首轮交战成绩便是最明确、最可能被关注到的因素。

（4）不同往绩权重不同，如两队最近一次交手是友谊赛与最近一次交手是联赛对现盘做局的权重完全不同。

（5）两队往绩或者近期无交手记录，此时大众偏爱寻找参照物进行对比。例如，甲队VS乙队的比赛，大众发现无交手记录参考，就会寻找近期与两队均交过手的丙队进行参考，会通过对比甲队VS丙队、乙队VS丙队的比赛开赔和比赛结果来对甲队VS乙队的比赛进行分析。这里画重点，这种思维非常容易被公司用来进行阻诱做局，综合实力原则上每轮都要进行调整。

五、近况

（1）球队连续取胜或者连续不胜对综合实力有影响。

（2）近期有意外表现，例如，联（杯）赛刚刚大胜或者大败、联（杯）赛击败强敌、强队联（杯）赛失利、弱队联（杯）赛逼平或战胜强队等。

（3）两队最近一场比赛成绩的权重占比较大，净胜球对盘口都有影响。其中一队刚刚大胜对比另外一队刚刚小胜或者不胜来说，肯定是大胜的球队为大众增加的好感更多。再有某强队刚刚小胜弱旅，大众对其信心是有损失的，强弱对比明显的比赛，大众的正常心理幅度应该是至少净胜2球。

（4）强队失利或者被逼平对信心也会造成较大损失，因为强队受关注程度高，胜利是常态，输球或者被逼平容易成为大众的记忆点，自然对信心影响偏大，但要注意，输球和被逼平对于信心影响是不同的。再有强队失利，特别是连续失利，对其客场综实影响更大。所以，强队近况低迷的时候，客场让出正常盘口或者更深盘口，则极大可能是诱盘。

（5）赛会制比赛的战绩权重更大，如这个赛季意甲 AC 米兰虽然现在联赛 10 胜 2 平，但欧冠小组赛成绩目前是 1 平 3 负，这样 AC 米兰在欧冠赛事中的盘能就会降低。

（6）热身赛的战绩也是影响开盘的重要因素。

（7）需要注意的是，近况影响的主要是球队的人气指数，强队连续不胜与弱队连胜并不能提高基础实力，而人气指数的上升或者下跌则是存在极限的。

六、主客场战绩

球队主客场战绩对应综合实力有不同影响，比较典型的就是主场龙客场虫的球队。例如，西甲、德甲较多的主场龙球队，其主场综合实力要略增，而典型的客场虫球队，客场综合实力要减小。

七、排名

（1）不同情况。

第一，综合实力同级球队：同级别球队对阵排名对开赔有影响，排名接近、主队排名高、客队排名高对主队盘能影响不同。

第二，综合实力不同级别球队：大众往往有个错觉，综实低但排名高的球队对比综实高但排名低的球队盘能会相当甚至前者具有略高的人气，这个认知能引发大众从公司开变赔中寻找证据以支持自己的感觉，这是一种自以为是的错误思维。

第三，综合实力接近的强强对话：盘口位置与排名有关，像现在英超的利物浦和切尔西，综合实力相当，谁排名联赛榜首谁的综实就会略增。

（2）两队排名差距大可能是用来夸大盘能的重要因素，有时传统强队排名低，此时开出深盘，大众往往有错觉认为开深了，认为这是拉低诱盘的表现。传统强队除非像上个赛季德甲的沙尔克 04 那样落到溃败的地步，其对手盘能方可增大。另外，传统顶级联赛中下游队人气要强于升班马。

（3）排名经常与综合实力错位：要认识到排名差距是一种重要的做盘、诱盘因素。积分制的排名方法并不能体现球队综合实力的全部。

而国家队排名由于情况变化较大，与综合实力错位的现象更明显。近年来，比利时的世界排名长期保持第 1，显然超过其综合实力定位。

联赛中，像这个赛季英超西汉姆联队目前排名第 3、西甲皇家社会排名第 1、德甲弗莱堡排名第 3、意甲尤文图斯排名第 8、法甲朗斯排名第 2 是明显的排名与综实不符现象。弱队排名靠前与强队排名靠后的现象时有发生，但底蕴、人气等双方还是不能比肩的。

（4）特殊排名：球队身价排名，FIFA 的足球俱乐部排名，各种网站、报刊、足球相关 APP 的自定排名等，看看就好，不要当真。

（5）不论是什么类型的排名，对公司开赔做局、对阵形势影响等都偏低，一般不是核心因素。

八、渊源

（一）德比战

（1）同城或地区德比：例如，AC 米兰 VS 国际米兰、皇家马德里 VS 马德里竞技、曼联 VS 曼城、多特蒙德 VS 沙尔克 04 等。

（2）国家德比：巴塞罗那 VS 皇家马德里、曼联 VS 利物浦等。

（3）特殊德比：水晶宫 VS 布莱顿（M23 公路德比）、曼联 VS 利兹联队（玫瑰德比）等。

（4）五大联赛国家及其他地区主要德比战。

英格兰：

曼联 VS 利物浦（国家德比）

阿森纳 VS 热刺（北伦敦德比）

切尔西 VS 富勒姆（西伦敦德比）

西汉姆联队 VS 米尔沃尔（东伦敦德比）

水晶宫 VS 查尔顿 VS 米尔沃尔（南伦敦德比）

阿森纳 VS 切尔西 VS 热刺 VS 西汉姆联队（大伦敦德比）

布伦特福德 VS 富勒姆 VS 切尔西 VS 女王公园巡游者（波鲁德比）

曼城 VS 曼联（曼彻斯特德比，又名曼市德比）

利物浦 VS 埃弗顿（默西塞德德比）

伯明翰 VS 阿斯顿维拉（伯明翰德比，又名第二城市德比）

南安普顿 VS 朴次茅斯（南岸德比）

斯托克城 VS 维尔港（波特里斯德比）

狼队 VS 西布朗 VS 沃尔索尔（黑区德比）

卡迪夫城 VS 斯旺西（南威尔士德比）

纽卡斯尔 VS 米德尔斯堡 VS 桑德兰（泰恩提斯威尔德比）

博尔顿 VS 布莱克本（兰开夏郡德比）

布莱克本 VS 伯恩利（东兰开夏德比）

普雷斯顿 VS 布莱克浦（西兰开夏德比）

谢菲尔德联队 VS 谢菲尔德星期三（谢菲尔德德比，又名钢铁之城德比）

诺维奇 VS 伊普斯维奇（东安格利亚德比，又名东盎格鲁德比）

布里斯托尔城 VS 布里斯托尔流浪者（布里斯托尔德比）

科尔彻斯特联 VS 索森德联（埃塞克斯德比）

诺丁汉森林 VS 诺茨郡（诺丁汉德比）

德比郡 VS 诺丁汉森林（东米德兰德比）

剑桥联队 VS 彼得堡联队（剑桥德比）

沃特福德 VS 卢顿郡（沃特福德—卢顿德比）

牛津联队 VS 斯温顿（A420 公路德比）

莱切斯特城 VS 考文垂（M69 公路德比）

水晶宫 VS 布莱顿（M23 公路德比）

曼联 VS 利兹联队（玫瑰德比）

西班牙：

巴塞罗那 VS 皇家马德里（国家德比，又名世纪德比）

皇家马德里 VS 马德里竞技 VS 赫塔菲 VS 巴列卡诺（马德里德比）

巴塞罗那 VS 西班牙人（巴塞罗那德比）

塞维利亚 VS 皇家贝蒂斯（塞维利亚德比）

瓦伦西亚 VS 莱万特（瓦伦西亚德比）

埃尔库莱斯 VS 阿利坎特（阿利坎特德比）

奥萨苏纳 VS 皇家社会 VS 阿拉维斯 VS 桑坦德竞技 VS 毕尔巴鄂竞技（巴斯克大区德比）

格拉纳达 VS 马拉加（安达卢西亚大区德比）

卡迪斯 VS 赫雷斯（安达卢西亚小德比）

拉科鲁尼亚 VS 维戈塞尔塔（加利西亚大区德比）

希洪竞技 VS 奥维耶多（阿斯图里亚斯大区德比）

特内里费 VS 拉斯帕尔马斯（加纳利群岛德比）

德国：

拜仁慕尼黑 VS 多特蒙德（国家德比）

拜仁慕尼黑 VS 慕尼黑 1860（慕尼黑德比）

汉堡 VS 圣保利（汉堡德比）

汉堡 VS 云达不来梅（北部德比）

沃尔夫斯堡 VS 布伦瑞克 VS 汉诺威 96（下萨克森州德比）

多特蒙德 VS 沙尔克 04（北莱茵德比，又名鲁尔区德比）

斯图加特 VS 卡尔斯鲁厄（巴登—符腾堡州德比）

拜仁慕尼黑 VS 纽伦堡（巴伐利亚州德比）

多特蒙德 VS 门兴格拉德巴赫（普鲁士德比）

纽伦堡 VS 菲尔特（弗兰肯德比）

莱比锡红牛 VS 莱比锡火车头（莱比锡德比，莱比锡红牛的前身是萨克森莱比锡，其在 2009 年破产）

法兰克福 VS 奥芬巴赫踢球者（美因河德比）

柏林赫塔 VS 柏林联合（柏林德比）

比勒菲尔德 VS 帕德博恩（东威斯特法利亚德比）

科隆 VS 门兴格拉德巴赫 VS 勒沃库森 VS 杜塞尔多夫（莱茵河德比）

拜仁慕尼黑 VS 斯图加特（南德意志德比）

意大利：

尤文图斯 VS 国际米兰（国家德比）

AC 米兰 VS 国际米兰（米兰德比）

尤文图斯 VS 都灵（都灵德比）

罗马 VS 拉齐奥（罗马德比）

热那亚 VS 桑普多利亚（热那亚德比，又名灯塔德比）

维罗纳 VS 切沃（维罗纳德比）

罗马 VS 那不勒斯（西海岸德比）

巴里 VS 莱切（普利亚德比）

那不勒斯 VS 巴里 VS 帕勒莫（南意大利德比）

佛罗伦萨 VS 锡耶纳 VS 利沃诺（托斯卡纳德比）

巴勒莫 VS 卡塔尼亚 VS 梅西纳（西西里岛德比）

佛罗伦萨 VS 博洛尼亚（亚平宁山脉德比）

亚特兰大 VS 布雷西亚（北意大利德比）

梅西纳 VS 雷吉纳（海峡德比）

亚特兰大 VS 阿尔比诺菲莱（贝尔加莫德比）

巴勒莫 VS 卡利亚里（两岛德比）

法国：

巴黎圣日耳曼 VS 马赛、马赛 VS 圣埃蒂安（国家德比）

朗斯 VS 里尔（加莱海峡大区德比）

阿雅克肖 VS 巴斯蒂亚（科西嘉岛德比）

马赛 VS 摩纳哥 VS 尼斯（蓝岸德比）

里昂 VS 圣埃蒂安（罗讷—阿尔卑斯德比）

蒙彼利埃 VS 尼姆斯（朗格多克德比）

波尔多 VS 图卢兹（加龙河德比）

卡昂 VS 勒阿弗尔（诺曼底德比）

南特 VS 昂热（西部德比）

索肖 VS 斯特拉斯堡 VS 南锡 VS 梅斯（东部德比）

昂热 VS 勒芒（安茹—马恩德比）

雷恩 VS 南特、甘冈 VS 布雷斯特（布列塔尼德比）

里昂 VS 马赛（奥林匹克德比）

其他地区：

本菲卡 VS 波尔图（葡萄牙国家德比）

本菲卡 VS 里斯本竞技（葡萄牙里斯本德比）

凯尔特人 VS 格拉斯哥流浪者（苏格兰国家德比）

阿贾克斯 VS 埃因霍温、阿贾克斯 VS 费耶诺德（荷兰国家德比）

基辅迪纳摩 VS 顿涅茨克矿工（乌克兰国家德比）

博卡青年 VS 河床（阿根廷国家德比）

（5）关注度高的德比战，两队综实差距要缩小。注意，这里说的关注度高是指在当地，如英格兰众多的德比战，很多世界其他地区彩民对之并不是很了解，有的比赛，大众都不知道是一场德比战，但比赛两队因为当地足球文化导致德比战味道非常浓，双方战意盎然。

（6）德比战因为比赛性质的特殊，分布自然就倾向胜负两端，公司往往利用大众这种思维进行做局。

（二）派系战

笔者不否认有派系球队的存在，某些大的俱乐部会把一些年轻球员租借到中小规模的球队踢比赛，这样大俱乐部达到锻炼新人的目的，而中小球队以较低付出就可以得到比较优质的球员进行征战。时间一长，慢慢地施舍笼络、感恩回馈就会形成球队之间联系的纽带，这种纽带的形成不仅仅是球员租借，也包括很多不为大众常知的联系，如私下的金钱往来、球队高层的私交等，还有如奥地利的萨尔茨堡红牛与德国的莱比锡红牛都隶属于红牛集团这种联系。

但我们不应该把主要精力放在这里，赛前努力去寻找两队蛛丝马迹的联系证据，以这种所谓的证据分析比赛，尝试解读赔率是一种非常愚蠢的思维模式。即使是同城德比战的比赛，当两队都拿一分即可双双完成保级任务，难道两队还真的拼出一个你死我活吗？不要以为两队的俱乐部高层人士都是傻子。

九、其他

（1）各类消息：一般来说，各种消息对球队影响有限，不要作为定位综合实力的主要判断依据。而传播度广、关注度高的消息对区间内水位有影响。但像这个赛季初曼联引进C罗，巴黎圣日耳曼欧冠比赛前夕突然宣布梅西伤停，多特蒙德主力前锋哈兰德国际比赛日过后就缺战等消息对于球队的综实影响较大。

（2）微妙因素：在盘口判断中不具备普遍适用性的对比因素。例如，德甲2020～2021赛季第32轮，拜仁慕尼黑6：0大胜门兴后提前赛季夺冠，随后拜仁慕尼黑第33轮做客弗莱堡，赛前弗莱堡没有降级忧虑，向上也不可能冲击欧战资格，但最后弗莱堡2：2逼平拜仁慕尼黑。这场比赛就有微妙因素在内，可以理解为球队在配合盘口踢球，这样的比赛不能算是假球，可以归为问题球一类。另外，联赛后段保级队与争冠和冲击欧战资格队的比赛胜负分散力增大，此时综实定位要考虑的因素会与联赛前的不同。

（3）球队的精神面貌：从物质运动角度来讲，足球比赛本身也是双方几十个人精气神的对比。

（4）排兵布阵：有时球队因为排兵布阵的问题导致失利或者状态持续低迷，并不代表球队的综合实力下滑，这点要在观看比赛中自己尝试去甄别。

（5）体能：体能只有在赛程过度紧密时起作用，中等强度赛程对体能影响不大，豪门的替补阵容较强就是为了弥补这个因素的。但要注意的是，这里指在球队没有太多或者主要伤病的背景前提下。如果球队轮换球员伤病较多，核心球员经过一周双赛后势必体能会下降，肯定会影响球队整体的综合实力。

（6）天气：虽然极端天气的情况出现较少，但只要出现，则对赛果的影响甚至高于体能，特别是大雪和大雨。而经常遇到的是一些球队从舒适环境突然要到较差环境去比赛，如从温度适宜的地区到极寒地带，低海拔球队去高海拔场地比赛等，这种情况会对球队综实有影响，但非主要因素。

十、总结

（1）各种因素在综实定位的过程中，在不同的对比形势下，起到的作用不同。大原则是辅助因素让位于核心因素。

（2）多看比赛对于定位有很大帮助，如果自己的时间和精力不多，可以先从一个联赛入手。

（3）下一篇讲述如何利用赔率数据简易定位综合实力，但这个方法适合初学者，不建议长期沉迷投机取巧。

第六章　简易定位球队盘能

一、如何简易定位

　　很多彩友刚刚开始研究赔率时，不知道如何入手，对于球队的实力不能很好地把握。不少新手只是心里有比较模糊的强队和弱队概念，但对于一些中游球队谁高谁低不甚明了，对于一些下游球队，更是完全摸不着头脑，尤其是一些升班马该如何定位也没有很好的依据。平时工作、学习花费大量时间和精力，很难再有空闲时间观看比赛，不能熟悉球员以及技战术打法等，这样综合实力定位就成为了难点。笔者把这些年研究比赛总结的一套利用公司开赔进行简易定位综实的方法分享给大家。

　　很多人认为一个赛季最终的排名，是决定不同球队实力高低的证明。所以，每个赛季开始，很多人都利用上个赛季的联赛排名进行定位，稍微复杂一些的还会加入球队主客场的不同排名来把不同球队主客场实力进行区分，再辅助上赛季总体进失球、主客场胜平负场次、主客场进失球等数据来进行细化分档。前文已述，赛季排名有一定的偶然性，所以这样的方法难以准确地定位综合实力。

　　我们之所以要学习如何定位综实，目的是找出不同档位对战的心理区间，进而自己模仿当庄开出赔率骨架与公司的真实赔率进行对比，从差异或者相同近似等细节进行真实赛果的推演，那么综合实力就是不同球队的盘能体现，不管你怎么定位综合实力，最后都要反馈到开赔上。曼城在自己的主场对阵阿斯顿维拉，主胜赔率开 1.75 肯定是不合适的，过高了。而曼城主场对战利物浦开 1.20 也是不合适的，过低了。公司的开赔肯定存在异常情况，但我们需要有对比的一个标杆，才能识别比赛公司开出了异常赔率。所以，可以利用一些高精尖的博彩公司（威廉、立博、Bet365）对球队不同比赛开出的长期赔率组合来为球队进行盘能划分。

　　意甲 2020～2021 赛季的冠军是国际米兰，国际米兰整个赛季联赛所有比赛的赔率组合如表 6-1 所示（注：以比赛时间顺序进行排列）。

表 6-1　赔率组合

轮次	时间	威廉	立博	Bet365	赛果
1	2020 年 9 月 27 日	1.53/4.33/6.00	1.50/4.25/6.00	1.50/4.33/6.00	国际米兰 4：3 佛罗伦萨
2	2020 年 10 月 1 日	8.50/5.50/1.33	8.50/4.80/1.36	8.50/4.75/1.36	贝内文托 2：5 国际米兰
3	2020 年 10 月 4 日	2.70/3.50/2.55	2.70/3.50/2.45	2.70/3.50/2.45	拉齐奥 1：1 国际米兰

续表

轮次	时间	威廉	立博	Bet365	赛果
4	2020 年 10 月 18 日	1.85/3.70/4.00	2.10/3.50/3.30	2.00/3.50/3.60	国际米兰 1：2AC 米兰
5	2020 年 10 月 25 日	8.00/5.00/1.38	7.00/4.60/1.44	8.00/5.00/1.36	热那亚 0：2 国际米兰
6	2020 年 11 月 1 日	1.30/5.50/10.0	1.30/5.25/10.0	1.29/5.75/9/00	国际米兰 2：2 帕尔玛
7	2020 年 11 月 8 日	2.62/3.80/2.45	2.55/3.70/2.50	2.62/3.40/2.60	亚特兰大 1：1 国际米兰
8	2020 年 11 月 22 日	1.36/5.25/8.00	1.33/5.25/8.50	1.36/5.50/6.50	国际米兰 4：2 都灵
9	2020 年 11 月 28 日	5.25/4.33/1.60	5.20/4.20/1.57	5.50/4.00/1.57	莎索罗 0：3 国际米兰
10	2020 年 12 月 6 日	1.44/4.75/7.00	1.44/4.50/6.00	1.40/5.00/7.00	国际米兰 3：1 博洛尼亚
11	2020 年 12 月 13 日	8.50/5.25/1.35	7.50/4.60/1.40	8.50/5.50/1.30	卡利亚里 1：3 国际米兰
12	2020 年 12 月 17 日	2.10/3.60/3.40	2.05/3.50/3.40	2.05/3.50/3.40	国际米兰 1：0 那不勒斯
13	2020 年 12 月 20 日	1.33/5.00/9.00	1.22/6.00/13.0	1.22/6.00/12.0	国际米兰 2：1 斯佩齐亚
14	2020 年 12 月 24 日	4.60/3.90/1.70	4.60/3.80/1.70	5.75/4.20/1.55	维罗纳 1：2 国际米兰
15	2021 年 1 月 3 日	1.22/6.00/15.0	1.25/5.80/13.0	1.20/6.50/13.0	国际米兰 6：2 克罗托内
16	2021 年 1 月 6 日	5.80/4.33/1.55	5.50/4.00/1.57	6.00/4.20/1.50	桑普 2：1 国际米兰
17	2021 年 1 月 10 日	3.00/3.30/2.40	2.80/3.50/2.35	2.62/3.50/2.50	罗马 2：2 国际米兰
18	2021 年 1 月 18 日	2.50/3.60/2.70	2.50/3.50/2.65	2.55/3.25/2.80	国际米兰 2：0 尤文图斯
19	2021 年 1 月 24 日	6.00/3.70/1.62	5.25/3.80/1.62	5.50/3.80/1.62	乌迪内斯 0：0 国际米兰
20	2021 年 1 月 31 日	1.29/5.50/11.0	1.25/6.00/12.0	1.20/7.00/11.0	国际米兰 4：0 贝内文托
21	2021 年 2 月 6 日	4.40/3.80/1.75	4.40/3.80/1.73	4.75/3.60/1.73	佛罗伦萨 0：2 国际米兰

续表

轮次	时间	威廉	立博	Bet365	赛果
22	2021 年 2 月 15 日	1.70/3.90/4.80	1.62/4.00/5.25	1.67/4.00/4.75	国际米兰 3：1 拉齐奥
23	2021 年 2 月 21 日	3.40/3.60/2.05	3.40/3.60/2.00	3.60/3.50/2.00	AC 米兰 0：3 国际米兰
24	2021 年 2 月 28 日	1.20/6.50/13.0	1.22/6.00/15.0	1.20/6.50/13.0	国际米兰 3：0 热那亚
25	2021 年 3 月 5 日	11.0/5.50/1.29	11.0/5.50/1.29	9.00/5.50/1.29	帕尔玛 1：2 国际米兰
26	2021 年 3 月 9 日	2.00/3.60/3.70	2.05/3.50/3.40	2.05/3.75/3.20	国际米兰 1：0 亚特兰大
27	2021 年 3 月 14 日	8.00/4.80/1.40	7.00/4.50/1.44	7.00/4.75/1.40	都灵 1：2 国际米兰
28	2021 年 4 月 4 日	7.50/4.40/1.44	7.50/4.60/1.40	6.50/4.75/1.40	博洛尼亚 0：1 国际米兰
29	2021 年 4 月 8 日	1.29/5.80/10.0	1.33/5.25/9.00	1.33/5.00/9.00	国际米兰 2：1 莎索罗
30	2021 年 4 月 11 日	1.24/6.00/13.0	1.20/5.50/12.0	1.29/5.50/10.0	国际米兰 1：0 卡利亚里
31	2021 年 4 月 19 日	3.00/3.30/2.45	2.90/3.50/2.30	3.00/3.40/2.30	那不勒斯 1：1 国际米兰
32	2021 年 4 月 22 日	8.00/4.60/1.42	9.00/5.00/1.33	7.00/5.00/1.36	斯佩齐亚 1：0 国际米兰
33	2021 年 4 月 25 日	1.30/5.00/11.0	1.33/5.00/9.50	1.36/4.75/8.50	国际米兰 1：0 维罗纳
34	2021 年 5 月 2 日	12.0/6.00/1.22	12.0/6.00/1.25	12.0/7.00/1.20	克罗托内 0：2 国际米兰
35	2021 年 5 月 9 日	1.25/6.00/12.0	1.30/5.20/10.0	1.33/5.00/9.00	国际米兰 5：1 桑普
36	2021 年 5 月 13 日	1.53/4.33/6.00	1.50/4.33/6.00	1.44/4.75/6.00	国际米兰 3：1 罗马
37	2021 年 5 月 16 日	2.38/3.50/2.80	2.30/3.40/3.00	2.38/3.10/3.20	尤文图斯 3：2 国际米兰
38	2021 年 5 月 23 日	1.50/4.50/6.00	1.36/5.00/7.50	1.44/4.75/6.00	国际米兰 5：1 乌迪内斯

通过对表 6-1 中国际米兰取胜位的威廉、立博、Bet365 赔率数值相加得到总和分别是 62.69、62.55、62.58，其中，主场分别是 28.93、28.85、28.88，客场分别是 33.76、33.7、33.7，这样就得到了 2020～2021 赛季国际米兰的盘能数据，然后再把

其他 19 支球队分别计算出来，如表 6-2 所示。

表 6-2　盘能列表

队名	威廉			立博			Bet365		
	总和	主场	客场	总和	主场	客场	总和	主场	客场
尤文图斯	62.97	28.93	34.04	62.47	28.62	33.85	62.06	28.99	33.07
国际米兰	62.69	28.93	33.76	62.55	28.85	33.7	62.58	28.88	33.7
亚特兰大	70.28	32.13	38.15	68.26	31.9	36.36	68.58	31.81	36.77
那不勒斯	74.26	33.03	41.23	72.41	32.46	39.95	72.55	32.42	40.13
AC 米兰	77.99	35.39	42.6	75.81	34.88	41	75.48	34.84	40.64
罗马	81.5	36.4	45.1	80.53	36.26	44.27	80.05	35.66	44.39
拉齐奥	82.53	35.97	46.56	83.99	36.62	47.37	83.13	36.5	46.63
佛罗伦萨	121.18	52.78	68.4	117.74	49.6	68.14	120.19	51.24	68.95
莎索罗	121.7	53.31	68.39	121.69	53.67	68.02	122.47	52.98	69.49
乌迪内斯	143.12	59.67	83.45	136.95	56.5	80.45	134.48	58.87	75.61
博洛尼亚	140.8	61.55	79.25	140.09	63.61	76.48	137.32	62.29	75.03
都灵	147.38	64.51	82.87	145.25	62.37	82.88	144.92	63.2	81.72
维罗纳	150.09	60.96	89.13	146.58	58.88	87.7	147.16	62.48	84.68
桑普	150.6	60.2	90.4	148.3	59.77	88.53	149.33	61.1	88.23
卡利亚里	173.41	72.58	100.83	170.19	70.66	99.53	169.74	74.64	95.1
帕尔玛	181.66	75.86	105.8	186.74	80.73	106.01	179.22	76.18	103.04
热那亚	192.78	75.9	116.88	192.94	74.39	118.55	191.56	77.16	114.4
斯佩齐亚	199.56	77.31	122.25	206.92	78.97	127.95	192.36	76.2	116.16
贝内文托	206.78	81	125.78	209.67	77.97	131.7	199.07	79.71	119.36
克罗托内	249.11	91.5	157.61	243.45	91.15	152.3	226.1	89.93	136.27

　　盘能列表出来后，看得就比较清晰了。尤文图斯与国际米兰盘能相当；亚特兰大和那不勒斯以及 AC 米兰看作一档；罗马和拉齐奥这对同城死敌实力相当；佛罗伦萨、莎索罗不相上下；乌迪内斯、博洛尼亚、都灵、维罗纳、桑普这些球队可以看作一个大档位，其中，乌迪内斯、博洛尼亚和都灵靠上，维罗纳和桑普靠下；卡利亚里和帕尔玛可以看作一档，但要分上下；热那亚与斯佩齐亚看作一档；贝内文托和克罗托内可以看作一档，也要分上下。

　　以上是笔者利用博彩公司赔率数值总结的盘能定位方法，起名"纳氏盘能定位法"。在进行盘面定位的时候，最好是以近 3 个赛季的数据进行定位。有时候，一些升班马球队没有以往赛季的数据，或者以往数据不足 3 个赛季，遇到这种情况时，如果有以往赛季的，有几个赛季就用几个赛季。如果没有，就取用球队变化和夺冠赔率进行赛季初定位即可，在赛季中的定位加上当赛季的盘能平均值就可以了。

二、注意事项

（1）纳氏盘能定位法适用于新手阶段，当赔率分析解读自我感觉有了一定基础后，综合实力最好还是依靠看比赛，用熟悉球员、球队的方法进行定位。

（2）纳氏盘能定位法适用于联赛效果会更好，杯赛要考虑杯赛性质、规模、参赛球队等诸多因素，在欧冠、欧联、欧会杯等比赛中可以适当对比。

（3）定位所采用的数值建议采用初赔，也可以采用终赔，不管采用什么时间段的赔率，但要注意一致统一。

（4）联赛积分、进失球等数据可采用平均值与盘能平均值组合来用，但要考虑好采用范畴以及主次权重等问题。

（5）不同球队的不同比赛场次数值中虽然有实盘、中庸、韬盘等不同情况，但当延长到3个赛季以上，此问题对于所有球队影响应都相当。

三、2020～2021赛季英超、西甲、德甲、法甲盘能

（一）英超

表6-3　英超盘能（2020～2021赛季）

队名	威廉			立博			Bet365		
	总和	主场	客场	总和	主场	客场	总和	主场	客场
曼城	54.56	25.23	29.33	53.99	24.93	28.46	53.48	24.96	28.52
利物浦	63.29	28.95	34.34	62.55	28.94	33.61	62.45	28.85	33.6
切尔西	73.25	32.79	40.46	70.73	32.57	38.16	71.97	33.04	38.93
曼联	77.9	34.75	43.15	77.2	34.36	42.84	76.02	34.58	41.44
热刺	89.68	36.98	52.7	88.14	36.9	51.24	88.86	37.32	51.54
阿森纳	98.94	41.69	57.25	94.78	41.36	53.42	97	42.11	54.89
莱切斯特城	102.17	42.36	59.81	97.58	41.5	56.08	101.32	44.04	57.28
埃弗顿	111.8	48.01	63.79	107.77	45.77	62	111.33	47.42	63.91
狼队	135.33	53.88	81.45	133.45	53.8	79.65	129.92	53.49	76.43
南安普顿	135.71	56.01	79.7	136.59	56.14	80.45	130.59	54.64	75.95
西汉姆	144.49	59.26	85.23	131.9	54.73	77.17	133.5	54.45	79.05
利兹联队	143.31	56.21	87.1	134.88	57.07	77.81	135.26	56.4	78.86

续表

队名	威廉			立博			Bet365		
	总和	主场	客场	总和	主场	客场	总和	主场	客场
阿斯顿	141.04	60.89	80.15	134.88	62	72.88	137.09	62.34	74.75
布莱顿	155.98	61.38	94.6	139.92	57.53	82.39	143.44	59.86	83.58
水晶宫	189.47	75.17	114.3	184.47	73.67	110.8	178.45	76.65	101.8
伯恩利	194.72	84.12	110.6	193.32	81.72	111.6	176.93	83.28	93.65
富勒姆	202.52	80.22	122.3	190.22	76.42	113.8	186.26	76.16	110.1
纽卡斯尔	201.9	77.5	124.4	207.43	78.03	129.4	186.6	74.1	112.5
谢菲联	211.98	78.58	133.4	205.14	79.54	125.6	195.95	76.05	119.9
西布朗	235.05	87.35	147.7	250.18	98.18	152	220.82	91.62	129.2

（二）西甲

表 6-4　西甲盘能（2020～2021 赛季）

队名	威廉			立博			Bet365		
	总和	主场	客场	总和	主场	客场	总和	主场	客场
巴塞罗那	57.77	25.59	32.18	57.66	25.88	31.78	56.95	25.42	31.53
皇马	63.88	28.83	34.55	62.38	28.76	33.62	62.25	28.88	33.37
马德里竞技	71.43	30.69	40.74	71.2	30.94	40.26	70.38	30.85	39.53
塞维利亚	82.58	34.9	47.68	81.04	35.13	45.91	80.93	35.14	45.79
皇家社会	94.85	40.22	54.63	90.87	39.11	51.75	92.45	39.84	52.61
维拉利尔	101.2	40.45	60.75	95.36	38.9	56.46	95.19	39.77	55.42
毕尔巴鄂	118.92	46.29	72.63	114.53	45.27	69.26	116.83	46.2	70.63
皇家贝蒂斯	121.47	47.47	74	114.54	46.69	67.85	113.88	47.62	66.26
赫塔菲	133.74	48.49	85.25	126.59	49.66	76.93	121.43	48.02	73.41
塞尔塔	147.92	54.22	93.7	131.13	51.79	79.34	130.95	51.94	79.01
瓦伦西亚	139.39	55.66	83.73	141.25	57.65	83.6	141.71	58.11	83.6
格拉纳达	157.47	57.66	99.81	161.42	57.77	103.65	148.4	57.8	90.6
莱万特	158.71	64.28	94.43	154.46	62.71	91.75	157.95	62.12	95.83
奥萨苏纳	163.71	63.71	100	157.64	61.56	96.08	151.89	62.83	89.06
埃瓦尔	165.98	62.6	103.38	158.91	59.86	99.05	152.77	60.41	92.36
阿拉维斯	172.23	68.57	103.66	165.61	68.26	96.99	163.87	67.61	96.26

续表

队名	威廉			立博			Bet365		
	总和	主场	客场	总和	主场	客场	总和	主场	客场
韦斯卡	181.8	65.1	116.7	171.36	64.16	107.2	163.3	62.82	100.48
瓦拉多	176.24	67.19	109.05	177.53	65.55	111.98	166.23	65.1	101.13
卡迪斯	196.85	68.35	128.5	193.36	71.71	121.65	185.2	71.3	113.9
埃尔切	263.13	82.65	180.48	251.13	85.63	165.5	217.43	83.91	133.43

（三）德甲

表 6-5　德甲盘能（2020～2021 赛季）

队名	威廉			立博			Bet365		
	总和	主场	客场	总和	主场	客场	总和	主场	客场
拜仁慕尼黑	45.87	21.24	24.63	45.68	21.04	24.64	44.77	20.8	23.97
多特蒙德	61.56	27.27	34.29	61.41	27.61	33.8	60.56	27.03	33.56
莱比锡	63.13	27.2	35.93	62.98	27.37	35.61	63.28	27.44	35.84
勒沃库森	76.58	34.14	42.44	75.56	33.76	41.8	75.93	34	41.93
门兴	82.7	35.72	46.98	82.04	35.35	46.69	84.29	35.39	48.9
沃尔夫斯堡	92.74	38.48	54.26	93.39	37.8	55.59	91.7	38.9	52.8
法兰克福	98.06	40.82	57.24	98.77	40.64	58.13	102.28	40.96	61.32
霍芬海姆	112.78	45.65	67.13	112.89	45.66	67.23	110.11	44.63	65.48
斯图加特	120.42	49.02	71.4	118.76	49.45	69.31	117.11	48.6	68.51
柏林联合	119.74	48.53	71.21	119.06	47.47	71.59	117.61	48.56	69.05
柏林赫塔	128.56	49.94	78.62	128.22	48.25	79.97	122.37	49.15	73.22
弗莱堡	128.15	51.44	76.71	132.72	52.37	80.35	128.81	54	74.81
不来梅	151.3	58.52	92.78	149.26	58.13	91.13	148.26	60.11	88.15
奥格斯堡	154.73	61.03	93.7	161.2	66.65	94.55	159.79	64.26	95.53
科隆	162.32	67.45	94.87	161.38	65.28	96.1	149.8	61.25	88.55
美因茨 05	162.94	62.36	100.58	158.71	58.81	99.9	160.1	63.65	96.45
比勒菲尔德	198.62	90.71	108.45	199.05	80.5	118.55	176.53	77.43	99.1
沙尔克 04	195.9	79.6	116.3	205.72	78.52	127.2	197.28	83	114.28

（四）法甲

表 6-6　法甲盘能（2020～2021 赛季）

队名	威廉			立博			Bet365		
	总和	主场	客场	总和	主场	客场	总和	主场	客场
巴黎圣日耳曼	51.27	23.77	27.5	51.22	23.75	27.47	51.24	23.69	27.55
里昂	69.72	29.47	40.25	65.5	26.62	38.88	68.15	29.62	38.53
里尔	79.93	34.46	45.47	79.04	33.08	45.96	79.86	35.13	44.73
摩纳哥	80.77	36.47	44.3	80.42	35.28	45.14	80.84	35.72	45.12
马赛	99.58	46.05	53.53	97.39	43.74	53.65	98.5	46.31	52.19
雷恩	103.03	41.39	61.64	113.02	41.14	71.88	104.99	41.6	63.39
斯特拉斯堡	121.77	48.99	72.78	121.93	46.83	75.1	123.65	49.79	73.86
蒙彼利埃	124.07	50.24	73.83	121.11	47	74.11	121.82	49.54	72.28
朗斯	126.64	56.74	68.9	126.45	55.3	71.15	123.06	56.86	66.2
圣埃蒂安	134.18	56.53	77.65	132.85	51.8	81.05	129.84	54.22	75.62
波尔多	134.25	53.87	80.38	142.55	55.62	86.93	135.59	54.98	80.61
尼斯	141.43	50.62	90.81	143.83	48.6	95.23	137.49	52.31	85.18
南特	153.34	56.78	96.56	142.18	55	87.18	137.51	55.68	81.83
昂热	146.87	58.28	88.59	150.26	57.63	92.63	138.65	57.64	81.01
布雷斯特	159.23	63.2	96.03	153.67	60.62	93.05	143.21	59.85	83.36
兰斯	161.99	62.58	99.41	173.87	63.62	110.25	154.83	64.03	90.8
梅斯	177.5	62.94	114.56	174.62	59.8	114.82	162.8	61.55	101.25
洛里昂	171.23	67.92	103.31	185.34	68.3	117.04	162.83	63.85	98.98
尼姆	200.18	73.95	126.23	199.89	74.13	125.76	187.53	73.5	114.03
第戎	226.3	84.25	142.05	247.08	86.13	160.95	204.12	82.01	122.11

四、2021～2022 赛季英超、西甲、德甲、意甲、法甲盘能

读者朋友可以仔细对比五大联赛相同球队连续两个赛季的盘能值，这也是提高盘感的一个途径。

（一）英超

表 6-7 英超盘能（2021～2022 赛季）

队名	威廉			立博			Bet365		
	总和	主场	客场	总和	主场	客场	总和	主场	客场
曼城	52.7	24	28.7	52.17	24.18	27.99	52.14	23.87	28.27
利物浦	60	26.82	33.18	59.09	26.38	32.71	59.15	26.27	32.88
切尔西	65.25	28.91	36.34	64.83	28.78	36.05	65.7	28.91	36.79
曼联	85.35	34.38	50.97	83.91	34.76	49.15	86.33	35.02	51.31
阿森纳	95.17	40.47	54.7	95.73	40.97	54.76	92.91	39.72	53.19
热刺	99.07	40.86	58.21	99.79	40.38	59.41	101.85	41.78	60.07
西汉姆	117.16	49.25	67.91	115.4	48.47	66.93	113.9	50.42	63.48
莱切斯特城	130.45	48.2	82.25	131.79	49.74	82.05	130.14	49.3	80.84
布莱顿	145.01	54.69	90.32	137.55	53.74	83.81	136.02	53.09	82.93
阿斯顿	145.45	59.58	85.87	150.7	58.18	92.52	145.11	57.75	87.36
利兹联队	158.11	61.43	96.68	161.15	61.17	99.98	154.55	56.59	98.07
南安普顿	162.27	64.81	97.46	163.41	63.44	99.97	153.64	60.8	92.84
埃弗顿	165.73	62.05	103.68	162.58	61.58	101	157.76	59.8	97.96
狼队	166.16	69.23	96.93	163.56	65.18	98.38	159.06	65.93	93.13
水晶宫	170.15	65.6	104.55	172.08	65.74	106.34	160.56	62.66	97.9
布伦特	187.69	79.11	108.58	183	73.35	109.65	169.1	68.98	100.12
纽卡斯尔	196.9	77.74	119.16	204.78	74.63	130.15	197.63	78.73	118.9
伯恩利	219.96	78.68	141.28	210.15	79.22	130.93	196.16	77.18	118.98
沃特福德	221.67	80.57	141.1	248.65	84.4	164.25	215.83	84.68	131.15
诺维奇	261.66	104.48	157.18	294.7	108.1	186.6	258.6	102.4	156.2

（二）西甲

表 6-8 西甲盘能（2021～2022 赛季）

队名	威廉			立博			Bet365		
	总和	主场	客场	总和	主场	客场	总和	主场	客场
皇马	64.58	27.93	36.65	64.3	27.75	36.55	64.05	27.54	36.51
巴塞罗那	67.97	29.64	38.33	67.64	29.83	37.81	68.45	29.42	39.03

续表

队名	威廉			立博			Bet365		
	总和	主场	客场	总和	主场	客场	总和	主场	客场
马德里竞技	70.17	29.76	40.41	71.22	30.05	41.17	70.57	29.59	40.98
塞维利亚	83.68	34.75	48.93	83.25	34.32	48.93	84.52	34.53	49.99
维拉利尔	88.29	35.39	52.9	87.61	35.69	51.92	87.56	35.66	51.9
皇家社会	93.89	36.85	57.04	93.21	37.14	56.07	92.97	36.4	56.57
毕尔巴鄂	103.64	39.83	63.81	101.74	39.32	62.42	101.78	39.66	62.12
皇家贝蒂斯	101.86	42.14	59.72	102.79	41.1	61.69	102.39	40.59	61.8
塞尔塔	122.95	47.35	75.6	123.2	47	76.2	118.06	46.96	71.1
瓦伦西亚	132.65	50.9	81.75	127.67	49.19	78.48	126.42	50.06	76.36
奥萨苏纳	138.67	53.24	85.43	139.93	53.69	86.24	136.82	54.01	82.81
巴列卡诺	141.92	50.84	91.08	143.11	52.38	90.73	136.91	51.63	85.28
西班牙人	145.55	52.15	93.4	141.39	51.44	89.95	140.77	52.19	88.58
赫塔菲	150.2	57.15	93.05	149.44	56.01	93.43	143.57	54.12	89.45
莱万特	160.28	59.88	100.4	153.23	60.93	92.3	154.9	60.58	94.32
马洛卡	162.39	58.78	103.61	161.09	57.66	103.43	157.36	58.01	99.35
格拉纳达	176.09	62.09	114	174.93	62.78	112.15	171.79	64.98	106.81
阿拉维斯	192.74	67.11	125.63	189.41	66.73	122.68	172.03	67.05	104.98
卡迪斯	203.43	75.2	128.23	213.89	73.29	140.6	193.13	72.78	120.35
埃尔切	209.07	68.67	140.4	215.55	70.45	145.1	205.86	69.68	136.18

(三) 德甲

表 6-9　德甲盘能（2021～2022 赛季）

队名	威廉			立博			Bet365		
	总和	主场	客场	总和	主场	客场	总和	主场	客场
拜仁慕尼黑	45.65	20.79	24.86	44.99	20.63	24.36	44.63	20.52	24.11
莱比锡	62.74	27.1	35.64	63.24	27.61	35.63	63.19	27	36.19
多特蒙德	64.01	27.65	36.36	64.68	27.9	36.78	63.85	27.71	36.14
勒沃库森	80.91	34.45	46.46	76.85	33.11	43.74	77.38	34.25	43.13
门兴	95.48	39.06	56.42	97.67	39.37	58.3	94.42	38.28	56.14
霍芬海姆	100.57	38.96	61.61	99.36	38.64	60.72	99.47	39.69	59.78

续表

队名	威廉			立博			Bet365		
	总和	主场	客场	总和	主场	客场	总和	主场	客场
沃尔夫斯堡	100.88	38.7	62.18	101.93	40.26	61.67	101.33	39.14	62.19
美因茨05	109.54	44.16	65.38	109.62	43.92	65.7	108.58	44.33	64.25
弗莱堡	109.03	44.23	64.8	110.13	44.17	65.96	108.82	43.32	65.5
柏林联合	110.55	44.82	65.73	111.07	45.14	65.93	109.57	45.71	63.86
法兰克福	109.56	43.6	65.96	113.56	43.44	70.12	110	42.8	67.2
科隆	131.75	49.03	82.72	126.35	47.56	78.79	120.68	48.33	72.35
斯图加特	129.42	51.38	78.04	126.66	51.43	75.23	123.44	49.65	73.79
柏林赫塔	133.17	54.61	78.56	138.55	55.17	83.38	138.79	59.83	78.96
奥格斯堡	170.43	62.43	108	180.42	66.27	114.15	166.96	64.66	102.3
波鸿	172.56	61.81	110.75	196.03	66.58	129.45	174.11	63.88	110.23
比勒菲尔德	196.48	71.18	125.3	208.96	76.61	132.35	193.61	72.83	120.78
菲尔特	249.16	84.55	164.61	271.93	88.43	183.5	245.09	85.76	159.33

（四）意甲

表 6-10　意甲盘能（2021～2022 赛季）

队名	威廉			立博			Bet365		
	总和	主场	客场	总和	主场	客场	总和	主场	客场
国际米兰	61.91	27.89	34.02	61.95	27.9	34.05	60.98	27.75	33.23
尤文图斯	69.7	30.5	39.2	69.72	30.47	39.25	69.18	30.26	38.92
那不勒斯	70.99	32.29	38.7	71.39	31.89	39.5	71.4	31.83	39.57
亚特兰大	72.57	32.15	40.42	72.62	31.31	41.31	72.81	31.3	41.51
AC 米兰	74.65	32.41	42.24	74.4	32.28	42.12	73.59	31.64	41.95
罗马	84.96	36.39	48.57	84.83	36	48.83	84.87	36.31	48.56
拉齐奥	89.43	38.67	50.76	87.8	37.55	50.25	87.89	37.76	50.13
佛罗伦萨	109.72	41.88	67.84	105.72	41.76	63.96	106.37	40.67	65.7
莎索罗	121.85	52.7	69.15	122.3	49.11	73.19	120.95	50.54	70.41
维罗纳	127.36	50.31	77.05	124.51	49.81	74.7	123.9	51.11	72.79
都灵	127.84	52.38	75.46	124.91	50.82	74.09	121.83	50.47	71.36
乌迪内斯	146.49	55.31	91.18	140.98	54.48	86.5	146.44	56.82	89.62
博洛尼亚	147.25	56.2	91.05	146.49	54.33	92.16	144.56	56.22	88.34
桑普	165.31	58.31	107	149.81	55.43	94.38	153.69	57.66	96.03

队名	威廉			立博			Bet365		
	总和	主场	客场	总和	主场	客场	总和	主场	客场
恩波利	180.41	66.46	113.95	173.94	64.66	109.28	170.95	65.12	105.83
热那亚	190.15	76.6	113.55	179.94	72.26	107.68	180	73.07	106.93
卡利亚里	188.83	70.18	118.65	187.51	69.8	117.71	185.53	67.55	117.98
斯佩齐亚	197.93	76.65	121.28	197.22	75.07	122.15	192.31	76.18	116.13
威尼斯	236.28	83.2	153.08	231.75	79.25	152.5	223.5	81.6	141.9
萨勒尼塔纳	272.48	103.7	168.78	278.28	101.05	177.23	248.85	97.97	150.88

（五）法甲

表 6-11　法甲盘能（2021～2022 赛季）

队名	威廉			立博			Bet365		
	总和	主场	客场	总和	主场	客场	总和	主场	客场
巴黎圣日耳曼	51.99	23.6	28.39	51.87	23.86	28.01	51.79	23.51	28.28
摩纳哥	77.76	32	45.76	78.84	33.03	45.81	80.76	32.4	48.36
里昂	82.22	32.98	49.24	81.3	32.44	48.86	80.24	32.17	48.07
雷恩	88.07	39	49.07	87.06	38.36	48.7	85.35	37.66	47.69
马赛	91.15	38.41	52.74	90.58	38.78	51.8	89.14	37.64	51.5
里尔	96.58	39.05	57.53	96.65	38.83	57.82	96.79	39.96	56.83
尼斯	99.21	39.5	59.71	98.62	40.05	58.57	99.13	39.82	59.31
朗斯	107.39	42.44	64.95	108.79	42.84	65.95	106.41	41.92	64.49
斯特拉斯堡	108.54	41.19	67.35	109.91	42.36	67.55	109.62	41.97	67.65
南特	138.3	53.03	85.27	136.14	53.14	83	137.79	53.78	84.01
昂热	140.43	53.46	86.97	143.08	53.35	89.73	137.24	51.99	85.25
蒙彼利埃	143.57	53.96	89.61	149.33	54.45	94.88	145.26	54.64	90.62
圣埃蒂安	151.99	59.88	92.11	152.91	61.7	91.21	150.81	62.25	88.56
兰斯	157.3	66.2	91.1	159.28	67.69	91.59	150.47	63.94	86.53
布雷斯特	158.63	58.95	99.68	155.86	61.66	94.2	152.06	61.72	90.34
克莱蒙	162.06	54.76	107.3	155.09	56.34	98.75	154.22	53.57	100.65
洛里昂	161.86	60.18	101.68	163.41	61.43	101.98	155.81	61.86	93.95
波尔多	180.3	62.45	117.85	175.31	64.76	110.55	162.18	62.43	99.75
特鲁瓦	173.91	63.53	110.38	176	67.2	108.8	169.81	67.18	102.63
梅斯	194.62	76.37	118.25	194.96	78.91	116.05	187.3	75.12	112.18

第七章 区间讲解

一、区间的意义

我们经常会有疑问，一场比赛到底赔率开在多少适合？很多刚刚接触赔率研究的足彩爱好者对此都有一段迷茫期。前面我们讲解了把球队按照综合实力进行划分，而现在我们也要对赔率数值进行划分，这种划分是为了方便标记不同综实球队间对战的区间位置在哪里。区间含义有深刻思维，分析比赛时，确定区间很重要，不同区间影响的分布不同。另外，区间是骨架思维，水位是必要的辅助手段。

二、返还率

足彩老玩家经常说的 94 体系、89 体系指的是返还率，又叫赔付率。其定义是指按照什么比例给彩民返还奖金。如果一个公司开出 94 体系的赔率组合，表面含义是指这场比赛所收投注金的 94% 都会拿出来进行赔付，而具体到不同的公司、不同的比赛，这个值不一定相同。但内在含义，一场比赛，公司是绝对不可能只为了盈利那区区百分之几的"水钱"而冒巨大的风险开盘。以笔者的观测看，一场比赛把赛前、赛中的标准盘以及各种附加盘都算上的话，公司能拿出 50%~80% 的投注金进行赔付就不错了，这还是说对所有盘口的赔付。

返还率换算公式如下：

$$W = A \times B \times C / (A \times B + B \times C + A \times C)$$

返还率（用 W 表示），而胜、平、负的赔率数值分别用 A、B、C 表示。

比如，某场比赛的赔率是 2.20/3.10/3.50，那么返还率就是：

$$W = 2.20 \times 3.10 \times 3.50 / (2.20 \times 3.10 + 3.10 \times 3.50 + 2.20 \times 3.50) = 94.088\%$$

我们经常在彩票网站上看到的赔率胜、平、负概率就是根据返还率算出的，公式如下：

$$胜的概率 = 返还率/胜赔$$
$$平的概率 = 返还率/平赔$$
$$负的概率 = 返还率/负赔$$

还是以上面这组赔 2.20/3.10/3.50 为例，那么：

$$胜的概率 = 返还率/胜赔 = 94.088/2.20 = 42.77\%$$
$$平的概率 = 返还率/平赔 = 94.088/3.10 = 30.35\%$$
$$负的概率 = 返还率/负赔 = 94.088/3.50 = 26.88\%$$

三、区间概念

既然公司的赔率返还率不会超过100%，那么一组赔率中包含胜平负三个数值，其中必然有一个到两个低数值（指相同），对应地有另外两个到一个高数值（指相同）。在大型赛事里，一组赔率中的低数值方不会有两个数超过3.00，所以我们就可以认定胜负赔区间范围就是1.00～3.00。其中，1.00在小数盘上体现出来是1，在分数盘上是无限接近于1，但永远不会是1/1。

而平赔心理区间，目前笔者在大型赛事中看到打出的最低值是1.83，最高值是19，这两个数字指"三大"（威廉、立博、Bet365）的初赔数据。

四、赔率开盘区间

赔率心理区间的基础思维是判断一场比赛用何种开盘思路可以达到利益最大化或者损失最小化，有实低盘、实盘、中庸盘、韬光盘、超高盘多种选择。所以，一场比赛公司的设局思路和手段不止一种，而且有时一场会用多种盘赔思路来回调换而迷惑大众，那么对应的破局思路也肯定不止一种。

赔率开盘的核心是首先选择心理区间，无论是做局胜平负哪种赛果。首先是确定骨架心理区间，然后在区间内以各种思维手法做盘。

区间选择的核心思维是要评估对阵双方的形势和各种影响分布的表象因素，以达到引导（诱惑或阻滞）和赔付的双重目标，要对盘口区间进行综合考虑、精算，同时考虑欧洲整体形势和自身市场策略。

五、组合做盘

（1）组合做盘就是指针对N场比赛进行整体设局的一种开盘策略，一般是2～7场。分析时首先区分不同比赛的关注度（决定受注总量多少），其次把不同比赛进行分类，尝试辨析哪些比赛是饵、哪些是坑，分析时既要独立又要联系进行解盘。原则上焦点比赛对中庸特别是韬光手法比较慎重，而小型赛事运用手法空间则比较宽裕。有时大小比赛做组合交叉盘，单独看小型赛事比赛赔付高于正常心理值，实际上是在为大型赛事比赛牺牲部分利益。

（2）原则上强强对话、中强对话、德比赛事、赛季末的各种资格战、黑马球队、连胜或连败球队、换帅球队等赛事关注度偏高。另外，大型赛事关注度高，如五大联赛和欧冠、世界杯、欧洲杯等，而小联赛关注度一般。但要注意特例，如中国彩民对于日本、澳洲的赛事关注度很高，原因是这些赛事的时间段符合中国人的作息规律。

（3）一个联赛整个赛季下来可以分为多个阶段，笔者一般将其划分为：赛季开局期；上半赛季混杂各种国际、洲际、国内的小组赛或者资格赛等杯赛时期；冬歇期前后；下半赛季混杂国际、洲际、国内杯赛淘汰赛等时期；赛季收官期。赛季的不同阶段都有属于自身阶段的大小比赛。原则上，周中的比赛相对周末赛事受注量偏低。当然，欧冠比赛等例外。

（4）博彩公司有各自的主力商品，不同地区的博彩公司其主力商品不同。英国公司威廉、立博最主力商品肯定是英国本土的赛事，意大利 SNAI 的主力商品肯定是意甲、意乙、意大利杯等。而强强对话的重要赛事肯定是众多公司的主力商品。

第八章　区间划分

一、胜负赔心理区间

赔率组合一般是三种形式：

（1）左倾：赔率组合中最左面的数值处在最低位即为左倾盘，如 1.44/4.33/7.50、2.35/3.20/3.10 等，笔者做赔率统计时记录为 A 盘。

（2）右倾：赔率组合中最右面的数值处在最低位即为右倾盘，如 7.50/5.00/1.36、3.40/3.30/2.20 等，笔者记录为 B 盘。

（3）平衡：赔率组合中最左和最右数值相同即为平衡盘，如 2.70/3.10/2.70、2.60/3.20/2.60 等。

注意：有时平赔会处在最低位置，如意甲 2012～2013 赛季第 36 轮都灵 0：0 热那亚的比赛，威廉初赔 2.80/1.83/4.50，这场比赛对比胜负赔数值，胜赔数值偏低，所以算作左倾盘范畴。再比如，意甲 2011～2012 赛季第 38 轮卡塔尼亚 0：2 乌迪内斯的比赛，威廉初赔 3.50/2.05/2.88，这场比赛胜负赔对比是负赔较低，所以算作右倾盘范畴。

从划分看，1.40/3.75/7.00 这组赔率中的 1.40 是表 8-1 中 6 区间低水，所以 1.40/3.75/7.00 这组赔率就是 6 区间 A 盘口低水，简称 6A 低水。7.00/3.75/1.40 这组赔率是 6 区间 B 盘口低水，简称 6B 低水。如果遇到平赔数值为最低的情况，如上文所说都灵 0：0 热那亚的比赛，威廉初赔 2.80/1.83/4.50，这个时候还是看胜负赔哪个数值更低以确定 AB 盘，威廉赔率组合中 2.80 低于 4.50，立博赔率组合中 2.62 低于 4.50，这场比赛威廉和立博都记录为 1A 高水。

0 区间与 1 区间水位有相当数量的重叠，例如 2.60/3.20/2.60 这组赔率记录为 0 区中水，但 2.60/3.20/2.62 就要记录为 1A 高水了。

表 8-1　欧赔胜负赔心理区间

	0	1	2	3	4	5	6	7	8	9	10
低水	2.40	2.30	2.00	1.80	1.60	1.50	1.40	1.30	1.20	1.10	1.00
	2.50				1.61					1.11	1.01
					(1.62)						1.02
中低	2.55	2.35	2.05	1.83	1.65	1.53	1.42	1.33	1.22	1.12	1.03
	2.60	2.37		1.85	1.66					(1.13)	1.04
		(2.38)			(1.67)					1.14	
		2.40									

续表

	0	1	2	3	4	5	6	7	8	9	10
中水	2.62 2.65	2.45 2.50	2.10 2.15	1.87 (1.88)	1.70	1.55	1.44 1.45	1.35	1.25	1.15	1.05 1.06
中高	2.70 2.75	2.55	2.20	1.90 (1.91)	1.72 (1.73)			1.36	1.27	1.16 (1.17)	1.07
高水	2.80 2.90 3.00	2.60 2.62 2.65 2.70 2.75 2.80 2.87 (2.88) 2.90 3.00	2.25	1.95	1.75 1.78	1.57	1.47	1.38	1.28 (1.29)	1.18	1.08 1.09

二、平赔心理区间

欧赔平赔心理区间分为十大区，分别为正五区和负五区，以 3.00 这个水位为正负界限。还是用赔率组合举例说明：如 1.40/3.75/7.00 这组赔率，在记录比赛的时候先记录为 6A 低水，然后记录平赔为 +4 区。再比如 2.50/3.20/2.50 这组赔率，在记录比赛的时候先记录为 0 区低水，然后记录平赔为 +2 区。

在赔率统计平赔时，可以只统计打出平局的比赛，也可以把所有比赛的平赔数值都进行区间划分。如表 8-2 所示。

表 8-2　欧赔平赔心理区间

	+5 区间	+4 区间	+3 区间	+2 区间	+1 区间	-1 区间	-2 区间	-3 区间	-4 区间	-5 区间
	4.0以上	3.6~3.99	3.4~3.59	3.2~3.39	3.0~3.19	2.8~2.99	2.6~2.79	2.3~2.59	2.0~2.29	1.8~1.99
低水	4.00 4.10 4.20 4.25 4.33 4.40	3.60	3.40	3.20	3.00	2.80	2.60	2.30	2.00	1.80

续表

	+5区间	+4区间	+3区间	+2区间	+1区间	-1区间	-2区间	-3区间	-4区间	-5区间
	4.0以上	3.6~3.99	3.4~3.59	3.2~3.39	3.0~3.19	2.8~2.99	2.6~2.79	2.3~2.59	2.0~2.29	1.8~1.99
中低水 4.50		3.70					2.62	2.35	2.05	1.83
4.60								2.37	2.10	1.85
4.75								(2.38)		
4.80										
5.00										
5.20										
5.25										
中水 5.50		3.75		3.25		2.87	2.65	2.40	2.15	1.87
5.75						(2.88)		2.45		(1.88)
5.80										
6.00										
中高 6.50		3.80					2.70	2.50	2.20	1.90
7.00										(1.91)
7.50										
8.00										
8.50										
9.00										
高水 10.0		3.90	3.50	3.30	3.10	2.90	2.75	2.55	2.25	1.95
11.0										
12.0										
13.0										
17.0										
19.0										

第九章 标准表

工欲善其事，必先利其器。对赔率分析研究离不开资料和数据的收集以及统计。要多注意对基本面的体会，有时间和精力的话，一定要观看比赛直播、录像等最客观的资料。不必看专家媒体网站论坛的分析，时间应花在刀刃上，保持自己的清晰思路。尽量做到不管风吹雨打，胜似闲庭信步的最佳思维状态。

一、比赛资料表

（1）比赛性质要在表格中有体系，是联赛还是杯赛，是杯赛还是欧冠，是欧联还是国内的杯赛都要分别记录好。

（2）比赛时间要把日期和时间段分别记录上。

（3）威廉、立博、Bet365"三大"的数据一定要记录详细：

1）胜、平、负赔率数据（在 Excel 表格此处插入记录的赔率数据：初赔、变赔、终赔等）。

2）体系列出。

3）胜负赔心理区间。

4）平赔心理区间（打出平局的比赛）。

5）胜负赔水位高低。

6）"三大"开赔时间先后要分颜色进行标记。

（4）主队、客队、比分、赛果要分别记录，并且依据不同的结果进行颜色标记。

（5）主队排名、主队积分、客队排名、客队积分要分别记录。

（6）主客两队综合实力分别列出。

（7）主客两队盘能分别列出。

（8）盘型单独列出。

（9）思路也要单独列出（在 Excel 表格此处插入两队赛前情况、往绩以及随后赛事、新闻、伤停等资料）。

（10）最后列出一格备注栏，标记特殊比赛。

下面以 2021～2022 赛季英超西汉姆联队前 10 场比赛为例，因为页面篇幅缘故，分列表 9-1～表 9-4，在实际数据记录时应把表 9-1～表 9-4 合并。

二、赔率统计表

（1）分赛事统计：联赛、杯赛，英超、意甲，欧冠、欧联等。

（2）分公司统计：如威廉、立博、Bet365、SNAI、韦德、BWIN 等，如表 9-5 所示。

表 9-1 赛程

比赛	轮次	时间		时
		日		
英超	第一轮	2021 年 8 月 15 日		21:00
英超	第二轮	2021 年 8 月 24 日		03:00
英超	第三轮	2021 年 8 月 28 日		22:00
英超	第四轮	2021 年 9 月 11 日		22:00
欧联杯	H 小组第一轮	2021 年 9 月 17 日		00:45
英超	第五轮	2021 年 9 月 19 日		21:00
英联杯	第三轮	2021 年 9 月 23 日		02:45
英超	第六轮	2021 年 9 月 25 日		22:00
欧联杯	H 小组第二轮	2021 年 10 月 1 日		03:00
英超	第七轮	2021 年 10 月 3 日		21:00

表 9-2　博彩公司数据

	威廉							立博							Bet365						
胜	平	负	体系	SF区	水位	P区	胜	平	负	体系	SF区	水位	P区	胜	平	负	体系	SF区	水位	P区	
3.25	3.25	2.15	92	2B	中水		3.20	3.20	2.00	89	2B	中水		3.00	3.50	2.25	94	2B	高水		
2.88	3.40	2.40	94	1B	中低		2.62	3.40	2.50	93	1B	中低		2.87	3.40	2.37	94	1B	中低		
1.57	4.00	5.80	94	5A	高水	+5	1.60	3.80	5.50	93	4A	低水	+4	1.66	3.75	5.00	94	4A	低水	+4
2.88	3.50	2.35	94	1B	中低	+3	3.00	3.40	2.25	93	2B	高水	+3	2.80	3.40	2.40	94	1B	中低	+3
3.40	3.40	2.05	92	2B	中水		3.60	3.50	2.00	94	2B	低水		3.40	3.40	2.10	94	2B	中水		
3.10	3.50	2.20	94	2B	高水		3.50	3.60	1.95	93	3B	高水		3.40	3.60	2.00	93	2B	低水		
1.50	4.00	5.80	92	5A	低水		1.53	4.00	6.50	95	5A	中低		1.50	4.00	7.00	94	5A	低水		
2.45	3.50	2.70	94	1A	中水		2.35	3.50	2.80	94	1A	中水		2.30	3.40	3.00	94	1A	低水		
1.33	5.00	9.00	94	7A	中低		1.30	5.20	10.0	94	7A	低水		1.33	5.00	9.00	94	7A	中低		
1.67	3.70	5.25	94	4A	中低		1.62	3.60	5.50	93	4A	低水		1.66	3.75	5.25	95	4A	中低		

注：1. 表格记录每场比赛的初赔数据，并要在此处插入批注。批注中分别记录威廉、立博、Bet365 的初赔，变赔，终赔的数值，时间以及体系。
　　2. 威廉、立博、Bet365 开赔时间先后赔时要后赔用不同颜色进行标记。

表 9-3 比赛结果

主队	比分	客队	赛果	主队排名	主队积分	客队排名	客队积分
纽卡斯尔	2:4	西汉姆联队	胜				
西汉姆联队	4:1	莱切斯特城	胜	9	3	11	3
西汉姆联队	2:2	水晶宫	平	2	6	14	1
南安普顿	0:0	西汉姆联队	平	14	2	2	7
萨格勒布迪那摩	0:2	西汉姆联队	胜				
西汉姆联队	1:2	曼联	负	8	8	3	10
曼联	0:1	西汉姆联队	胜	17	3	9	8
利兹联队	1:2	西汉姆联队	胜	1	3	3	0
西汉姆联队	2:0	维也纳快速	胜	7	11	10	9
西汉姆联队	1:2	布伦特福德	负				

注：表格记录每场比赛结果的同时，要依据不同的赛果进行颜色标记，这样在将来利用 Excel 的筛选功能时可以一目了然。

表 9-4 综实及盘能

主队综合实力	客队综合实力	主队盘能	客队盘能	盘型	思路	备注
中下	中游			主受让人右倾主负		
中游加	中上加			主平人黏稠主胜		
中上	中下减			主让人左倾平局		
中下加	中上减			主受让人左倾平局		
中强	准强加			主受让人右倾主负		
中上加	普强			主受让人右倾主负		
中游减	中上			主让人右倾主负		
准强加	中下加			主让人左倾主胜		
中上加	中下加			主让人左倾主负		

注：①综实只把联赛和洲际杯赛进行划分，国内杯赛没有，读者可以参考酌酌。
②盘能详见第六章。
③盘型后面会讲列。

表 9-5　赔率统计

威廉体系	立博	Bet365	胜	平	负
1.70/4.00/4.75	1.60/4.20/5.25	1.66/3.80/5.00			2020～2021赛季欧冠小组赛H小组第1轮：巴黎圣日耳曼1：2曼联
	1.70/3.80/4.50	1.72/4.00/4.33	2020～2021赛季英超第13轮：利物浦2：1热刺		
1.80/3.60/4.33	1.80/3.60/4.40	1.72/3.75/4.50	2020～2021赛季欧联小组赛G小组第3轮：莱斯特城4：0布拉加		
	1.95/3.40/3.75	1.85/3.75/4.00			2020～2021赛季英超第6轮：曼联1：6热刺
2.00/3.40/3.90	1.87/3.40/3.80	1.85/3.60/4.20	2020～2021赛季英超第8轮：西汉姆联队1：0富勒姆		
	2.10/3.25/3.40	2.05/3.30/3.60		2020～2021赛季英超第13轮：西汉姆联队1：1水晶宫	

续表

威廉体系	立博	Bet365	胜	平	负
	2.10/3.40/3.20	2.10/3.50/3.25			2020~2021赛季英超第8轮：曼联0:1阿森纳
	2.10/3.40/3.30	2.10/3.50/3.30		2020~2021赛季英超第16轮：南安普顿1:1西汉姆联队	
2.10/3.60/3.40	2.20/3.30/3.00	2.10/3.30/3.50	2020~2021赛季英超第34轮：布莱顿2:0利兹联队		

2.15/3.40/3.40

顺序依次类推

注：此表以威廉赔率数据为核心，其他公司的表格可以按照此模型举一反三自己制作。

三、盘型归类表

（1）分盘型进行统计：以胜平负、实中韬、人气分布倾向三者结合进行三再三盘型分类统计（后文会讲到）。

（2）不同国家（地区）赛事分开统计：英格兰、西班牙、德国、意大利、法国等。

（3）不同盘型表格把不同赛事区分开：联赛、洲际杯赛、国内杯赛、友谊赛。

表 9-6　盘型分类

主队主场让球	人气分布偏左倾			赛果胜（主让人左倾主胜）	
西甲 2021～2022 赛季第 1 轮：巴塞罗那 4∶2 皇家社会	威　廉：1.42 立　博：1.50 Bet365：1.44	4.60 4.40 4.75	7.00 6.00 6.00	主 401，主场近况 3 连胜。客 402。往 820，巴塞罗那主场近 24 次交手全胜，两队最近一次交手 2021 年 3 月巴塞罗那客场 6∶1 胜皇家社会 注： ①主 401 是指主队近期成绩 4 胜 0 平 1 负，客 402 是指客队近期成绩 4 胜 0 平 2 负 ②主场近况 3 连胜是指巴塞罗那近期成绩主场 3 连胜。连胜、主场连胜、客场连胜、连平负、主场连平负、客场连平负等均要记录上 ③往 820 是指主队对战客队近期成绩 8 胜 2 平 0 负 ④两队最近一次交手如果时间在近两年内要写出 ⑤主队近期成绩以及客队近期成绩还有往绩以近 10 场为记录标准	主胜实盘位在 1.65 左右，（此处填写解盘思路，赛后如果预测正确则复盘如果打出其他两种赛果要如何开变赔，如果预测错误则分析错误原因）
西甲 2021～2022 赛季第 9 轮：皇家马德里 1∶0 毕尔巴鄂竞技（补赛）注：如果比赛有延期或者提前的情况要标记出来	威　廉：1.47 立　博：1.44 Bet365：1.44	4.00 4.33 4.75	7.50 7.00 6.50	主 811，近况 6 连胜。客 262，近况 4 平 1 负，客场近况 5 连平。往 541，两队最近一次交手 2021 年 5 月皇家马德里客场 1∶0 胜毕尔巴鄂竞技	主胜实盘位在 1.42 左右，×××××

续表

主队主场让球　人气分布偏左倾　赛果胜（主让人左倾主胜）		
西甲 2021～2022 赛季第16轮：塞维利亚 1∶0 维拉利尔	威　廉：1.87　3.50　4.20 立　博：1.87　3.40　4.20 Bet365：1.95　3.50　3.80	主 442，近况 1 平 1 负，刚刚国王杯加时赛客胜弱旅后晋级，4 天半后欧冠小组赛做客萨尔茨堡。客 424，刚刚国王杯客场大胜弱旅后晋级，4 天半后欧冠小组赛做客亚特兰大。往 253，两队最近一次交手 2021 年 5 月塞维利亚客场 0∶4 负维拉利尔 注： ①主客两队如果周中刚踢完其他赛事要记录上结果 ②主客两队随后如果有其他赛事分心要记录上	主胜实盘位在 1.85 左右，×××××××

第十章 赔率骨架位置

关于赔率骨架位置的确定，整体是个复杂过程。因为不仅仅是胜、平、负赔单一位置的问题，而是三个方向的综合考量和计算。胜赔一样，平负赔的不同数值，可以营造截然不同的受注形势，从而导致赛果也是不同的，所以，先从单个位置的分析入手是学习研究的一个必然阶段。

首选分析的是赔率组合中的低赔数值方，也就是两队中稍强一方的取胜实盘位。如果综合实力相当，则两队取胜实盘位要同时分析确定。另外，如果赔率形态为平赔数值最低，则还要分析两队中综实强的一方取胜实盘位。

本章中，笔者把近几个赛季四大联赛（英超、西甲、德甲、意甲）、欧冠、欧联的骨架位置一一列举出来，其中，实盘位、中庸位、韬盘位都有涉及。原则上这些位置不是固定的，会随着即时对比形势的不同而略有变化。这个感觉的培养就像前锋或者后卫的位置感，除了有意识地进行一些条理化工作外，随着接触比赛的数量增多，必要的顿悟很关键，因为位置不是固定的，需要靠量变的积累来引发质变。

在所有位置中，只以大的档位进行对比划分。例如，普强 VS 准强，那么范围包括普加 VS 准加、普加 VS 准强、普加 VS 准减、普强 VS 准加、普强 VS 准强、普强 VS 准减、普减 VS 准加、普减 VS 准强、普减 VS 准减共 9 种组合。

一、人强

（一）人强 VS 人强

近几年，笔者认为能够达到人气强队级别的球队只有三支，分别是巴塞罗那、皇家马德里、拜仁慕尼黑，曼城始终没有达到过这种高度。而人强之间对战，近几年笔者收集到的只有 2017～2018 赛季巴塞罗那与皇家马德里之间的西超杯决赛。

首轮：2017 年 8 月 14 日，赛果是巴塞罗那 1：3 皇家马德里，威廉和 Bet365 初赔开巴塞罗那取胜赔率 1.91，立博初赔开 1.83。

次轮：2017 年 8 月 17 日，赛果是皇家马德里 2：0 巴塞罗那，威廉和立博初赔开皇家马德里取胜赔率 2.40，Bet365 初赔开 2.30。

（二）人强 VS 普强

主场：3 区中水～6 区中水。

2016 年 10 月 20 日，欧冠 2016～2017 赛季小组赛 C 小组第 3 轮：巴塞罗那 4：0 曼城。

2017 年 4 月 13 日，欧冠 2016～2017 赛季 1/4 决赛首轮：拜仁慕尼黑 1：2 皇家马德里。

2018 年 5 月 7 日，西甲 2017～2018 赛季第 36 轮：巴塞罗那 2：2 皇家马德里。

2019 年 4 月 17 日，西甲 2018～2019 赛季第 31 轮：巴塞罗那 2：0 马德里竞技。

（2）中立场：2 区低水～3 区低水。

2017 年 8 月 9 日，欧洲超级杯 2017～2018 赛季决赛：皇家马德里 2：1 曼联。

（三）人强 VS 准强

（1）主场：5 区高水～8 区中水。

2016 年 12 月 22 日，德甲 2016～2017 赛季第 16 轮：拜仁慕尼黑 3：0 莱比锡红牛。

2017 年 10 月 18 日，欧冠 2017～2018 赛季小组赛 H 小组第 3 轮：皇家马德里 1：1 热刺。

2018 年 10 月 21 日，西甲 2018～2019 赛季第 9 轮：巴塞罗那 4：2 塞维利亚。

（2）中立场：5 区。

2018 年 8 月 13 日，西班牙超级杯 2018～2019 赛季决赛：巴塞罗那 2：1 塞维利亚。

（四）人强 VS 中强

主场：6 区低水～9 区中低水。

2016 年 12 月 7 日，欧冠 2016～2017 赛季小组赛 C 小组第 6 轮：巴塞罗那 4：0 门兴。

2017 年 11 月 5 日，西甲 2017～2018 赛季第 11 轮：巴塞罗那 2：1 塞维利亚。

2019 年 2 月 3 日，西甲 2018～2019 赛季第 22 轮：巴塞罗那 2：2 瓦伦西亚。

（五）人强 VS 中上

主场：8 区高水～10 区中高水。

2016 年 9 月 14 日，欧冠 2016～2017 赛季小组赛 C 小组第 1 轮：巴塞罗那 7：0 凯尔特人。

2017 年 8 月 28 日，西甲 2017～2018 赛季第 2 轮：皇家马德里 2：2 瓦伦西亚。

2018 年 11 月 11 日，西甲 2018～2019 赛季第 12 轮：巴塞罗那 3：4 皇家贝蒂斯。

（六）人强 VS 中游

主场：8 区中水～10 区中水。

2016 年 8 月 21 日，西甲 2016～2017 赛季第 1 轮：巴塞罗那 6：2 皇家贝蒂斯。

2017 年 5 月 20 日，德甲 2016～2017 赛季第 34 轮：拜仁慕尼黑 4：1 弗莱堡。

2017 年 9 月 21 日，西甲 2017～2018 赛季第 5 轮：皇家马德里 0：1 皇家贝蒂斯。

2018 年 9 月 24 日，西甲 2018～2019 赛季第 5 轮：巴塞罗那 2：2 赫罗纳。

（七）人强 VS 中下

主场：9 区高水～10 区中低水。

2016 年 9 月 14 日，欧冠 2016～2017 赛季小组赛 D 小组第 1 轮：拜仁慕尼黑 5：0 罗斯托夫。

2017 年 4 月 22 日，德甲 2016～2017 赛季第 30 轮：拜仁慕尼黑 2：2 美因茨 05。

2017 年 10 月 22 日，西甲 2017～2018 赛季第 9 轮：巴塞罗那 2：0 马拉加。

2017 年 10 月 23 日，西甲 2017～2018 赛季第 9 轮：皇家马德里 3：0 埃瓦尔。

2019 年 2 月 17 日，西甲 2018～2019 赛季第 24 轮：巴塞罗那 1：0 瓦拉多利德。

（八）人强 VS 下游

主场：9 区高水～10 区低水。

2016 年 9 月 11 日，西甲 2016～2017 赛季第 3 轮：巴塞罗那 1：2 阿拉维斯。

2017 年 9 月 9 日，西甲 2017～2018 赛季第 3 轮：皇家马德里 1：1 莱万特。

2018 年 9 月 3 日，西甲 2018～2019 赛季第 3 轮：巴塞罗那 8：2 韦斯卡。

二、普强

（一）普强 VS 人强

（1）主场：1 区高水～2 区中低水。

2016 年 9 月 29 日，欧冠 2016～2017 赛季小组赛 D 小组第 2 轮：马德里竞技 1：0 拜仁慕尼黑。

2017 年 11 月 23 日，欧冠 2017～2018 赛季小组赛 D 小组第 5 轮：尤文图斯 0：0 巴塞罗那。

2019 年 5 月 8 日，欧冠 2018～2019 赛季半决赛次轮：利物浦 4：0 巴塞罗那。

（2）客场：1 区高水～3 区中高水。

2016 年 11 月 2 日，欧冠 2016～2017 赛季小组赛 C 小组第 4 轮：曼城 3：1 巴塞罗那。

2018 年 2 月 21 日，欧冠 2017～2018 赛季 1/8 淘汰赛首轮：切尔西 1：1 巴塞罗那。

2019 年 3 月 3 日，西甲 2018～2019 赛季第 26 轮：皇家马德里 0：1 巴塞罗那。

（二）普强 VS 普强

（1）主场：1 区高水～3 区中水。

2016 年 12 月 3 日，英超 2016～2017 赛季第 14 轮：曼城 1：3 切尔西。

2017 年 11 月 6 日，英超 2017～2018 赛季第 11 轮：切尔西 1：0 曼联。

2018 年 10 月 9 日，英超 2018～2019 赛季第 8 轮：利物浦 0：0 曼城。

（2）客场：1 区高水～2 区高水。

2016 年 9 月 10 日，英超 2016～2017 赛季第 4 轮：曼联 1：2 曼城。

2016 年 9 月 28 日，欧冠 2016～2017 赛季小组赛 F 小组第 2 轮：多特蒙德 2：2 皇家马德里。

2018 年 2 月 25 日，英超 2017～2018 赛季第 28 轮：曼联 2：1 切尔西。

（3）中立场：2 区高水～3 区高水。

2017 年 6 月 4 日，欧冠 2016～2017 赛季决赛：尤文图斯 1：4 皇家马德里。

2017 年 8 月 6 日，德国超级杯 2017～2018 赛季决赛：多特蒙德 2：2 拜仁慕尼黑。

2018 年 8 月 16 日，欧洲超级杯 2018～2019 赛季决赛：皇家马德里 2：2 马德里竞技。

（三）普强 VS 准强

主场：2 区低水～5 区低水。

2016 年 10 月 30 日，意甲 2016～2017 赛季第 11 轮：尤文图斯 2：1 那不勒斯。

2018 年 3 月 14 日，欧冠 2017～2018 赛季 1/8 淘汰赛次轮：曼联 1：2 塞维利亚。

2018 年 10 月 25 日，欧冠 2018～2019 赛季小组赛 C 小组第 3 轮：巴黎圣日耳曼 2：2 那不勒斯。

2019 年 4 月 7 日，德甲 2018～2019 赛季第 28 轮：拜仁慕尼黑 5：0 多特蒙德。

2019 年 11 月 27 日，欧冠 2019～2020 赛季小组赛 D 小组第 5 轮：尤文图斯 1：0 马德里竞技。

（四）普强 VS 中强

主场：3 区高水～6 区中水。

2016 年 10 月 15 日，英超 2016～2017 赛季第 8 轮：曼城 1：1 埃弗顿。

2017 年 5 月 21 日，西甲 2016～2017 赛季第 38 轮：马德里竞技 3：1 毕尔巴鄂竞技。

2017 年 10 月 15 日，意甲 2017～2018 赛季第 8 轮：尤文图斯 1：2 拉齐奥。

（五）普强 VS 中上

主场：3 区中水～7 区高水。

2016 年 8 月 20 日，英超 2016～2017 赛季第 2 轮：曼联 2：0 南安普顿。

2017 年 10 月 29 日，西甲 2017～2018 赛季第 10 轮：马德里竞技 1：1 维拉利尔。

2019 年 5 月 18 日，德甲 2018～2019 赛季第 34 轮：拜仁慕尼黑 5：1 法兰克福。

（六）普强 VS 中游

主场：4 区中高水～8 区低水。

2016 年 11 月 28 日，英超 2016～2017 赛季第 13 轮：曼联 1：1 西汉姆联队。

2017 年 10 月 21 日，英超 2017～2018 赛季第 9 轮：切尔西 4：2 沃特福德。

2019 年 1 月 7 日，西甲 2018～2019 赛季第 18 轮：皇家马德里 0：2 皇家社会。

2019 年 8 月 17 日，德甲 2019～2020 赛季第 1 轮：拜仁慕尼黑 2：2 柏林赫塔。

（七）普强 VS 中下

主场：5 区低水～9 区低水。

2016 年 12 月 11 日，西甲 2016～2017 赛季第 15 轮：皇家马德里 3：2 拉科鲁尼亚。

2017 年 8 月 12 日，英超 2017～2018 赛季第 1 轮：切尔西 2：3 伯恩利。

2018 年 9 月 27 日，意甲 2018～2019 赛季第 6 轮：尤文图斯 3：0 博洛尼亚。

2020 年 2 月 17 日，西甲 2019～2020 赛季第 24 轮：皇家马德里 2：2 塞尔塔。

（八）普强 VS 下游

主场：8 区高水～10 区低水。

2016 年 10 月 20 日，欧冠 2016～2017 赛季小组赛 F 小组第 3 轮：皇家马德里 5：1 华沙莱吉亚。

2017 年 9 月 13 日，欧冠 2017～2018 赛季小组赛 C 小组第 1 轮：切尔西 6：0 卡拉巴赫。

2018 年 11 月 24 日，德甲 2018～2019 赛季第 12 轮：拜仁慕尼黑 2：2 杜赛尔多夫。

2019 年 2 月 17 日，西甲 2018～2019 赛季第 24 轮：皇家马德里 1：2 赫罗纳。

三、准强

（一）准强 VS 人强

客场：2 区中水～4 区低水。

2016 年 11 月 7 日，西甲 2016～2017 赛季第 11 轮：塞维利亚 1：2 巴塞罗那。

2017 年 11 月 2 日，欧冠 2017～2018 赛季小组赛 H 小组第 4 轮：热刺 3：1 皇家马德里。

2018 年 4 月 1 日，西甲 2017～2018 赛季第 30 轮：塞维利亚 2：2 巴塞罗那。

（二）准强 VS 普强

（1）主场：1 区高水～4 区中高水。

2016 年 11 月 23 日，欧冠 2016～2017 赛季小组赛 H 小组第 5 轮：塞维利亚 1：3 尤文图斯。

2017 年 5 月 14 日，英超 2016～2017 赛季第 37 轮：热刺 2：1 曼联。

2018 年 11 月 4 日，英超 2018～2019 赛季第 11 轮：阿森纳 1：1 利物浦。

（2）客场：1 区高水～3 区高水。

2016 年 10 月 2 日，英超 2016～2017 赛季第 7 轮：热刺 2：0 曼城。

2017 年 11 月 2 日，欧冠 2017～2018 赛季小组赛 F 小组第 4 轮：那不勒斯 2：4 曼城。

2019 年 9 月 18 日，欧冠 2019～2020 赛季小组赛 F 小组第 1 轮：多特蒙德 0：0 巴塞罗那。

（3）中立场：2 区高水～2 区低水。

2016 年 8 月 15 日，德国超级杯 2016～2017 赛季决赛：多特蒙德 0：2 拜仁慕尼黑。

2019 年 6 月 2 日，欧冠 2018～2019 赛季决赛：热刺 0：2 利物浦。

（三）准强 VS 准强

（1）主场：1 区高水～3 区低水。

2017 年 2 月 10 日，英超 2016～2017 赛季第 27 轮：热刺 1：0 阿森纳。

2017 年 10 月 15 日，意甲 2017～2018 赛季第 10 轮：罗马 0：1 那不勒斯。

2018 年 10 月 29 日，意甲 2018～2019 赛季第 10 轮：那不勒斯 1：1 罗马。

（2）客场：1 区高水～2 区中低水。

2017 年 10 月 2 日，意甲 2017～2018 赛季第 7 轮：AC 米兰 0：2 罗马。

2019 年 3 月 2 日，英超 2018～2019 赛季第 29 轮：热刺 1：1 阿森纳。

2019 年 3 月 31 日，意甲 2018～2019 赛季第 29 轮：罗马 1：4 那不勒斯。

（四）准强 VS 中强

主场：1 区中水～4 区低水。

2016 年 9 月 15 日，欧冠 2016～2017 赛季小组赛 E 小组第 1 轮：热刺 1：2 摩纳哥。

2017 年 11 月 3 日，欧联 2017～2018 赛季小组赛 E 小组第 4 轮：里昂 3：0 埃弗顿。

2019 年 1 月 21 日，意甲 2018～2019 赛季第 20 轮：那不勒斯 2：1 拉齐奥。

2019 年 2 月 21 日，欧联 2018～2019 赛季 1/16 淘汰赛次轮：塞维利亚 2：0 拉

齐奥。

2019 年 10 月 19 日，德甲 2019～2020 赛季第 8 轮：莱比锡红牛 1：1 沃尔夫斯堡。

（五）准强 VS 中上

主场：2 区高水～6 区低水。

2016 年 9 月 29 日，欧冠 2016～2017 赛季小组赛 A 小组第 2 轮：阿森纳 2：0 巴塞尔。

2017 年 8 月 28 日，意甲 2017～2018 赛季第 2 轮：那不勒斯 3：1 亚特兰大。

2018 年 11 月 12 日，英超 2018～2019 赛季第 12 轮：阿森纳 1：1 狼队。

2019 年 9 月 28 日，德甲 2019～2020 赛季第 6 轮：莱比锡红牛 1：3 沙尔克 04。

（六）准强 VS 中游

主场：3 区中高水～7 区中低水。

2016 年 12 月 12 日，英超 2016～2017 赛季第 15 轮：利物浦 2：2 西汉姆联队。

2017 年 12 月 16 日，意甲 2017～2018 赛季第 17 轮：国际米兰 1：3 乌迪内斯。

2018 年 10 月 8 日，西甲 2018～2019 赛季第 8 轮：塞维利亚 2：1 塞尔塔。

2018 年 11 月 30 日，欧冠 2018～2019 赛季小组赛 A 小组第 5 轮：勒沃库森 1：1 卢多格雷茨。

2020 年 1 月 5 日，西甲 2019～2020 赛季第 19 轮：马德里竞技 2：1 莱万特。

（七）准强 VS 中下

主场：4 区中低水～8 区低水。

2016 年 11 月 4 日，欧联 2016～2017 赛季小组赛 L 小组第 4 轮：维拉利尔 1：2 安卡拉。

2017 年 11 月 30 日，英超 2017～2018 赛季第 14 轮：阿森纳 5：0 哈德斯菲尔德。

2018 年 11 月 29 日，欧冠 2018～2019 赛季小组赛 A 小组第 5 轮：多特蒙德 0：0 布鲁日。

2019 年 11 月 23 日，德甲 2019～2020 赛季第 12 轮：莱比锡红牛 4：1 科隆。

（八）准强 VS 下游

主场：6 区中水～10 区中低水。

2016 年 12 月 15 日，英超 2016～2017 赛季第 16 轮：热刺 3：0 赫尔城。

2017 年 9 月 21 日，意甲 2017～2018 赛季第 5 轮：AC 米兰 2：0 斯帕尔。

2019 年 5 月 12 日，英超 2018～2019 赛季第 38 轮：曼联 0：2 卡迪夫城。

2019 年 11 月 23 日，德甲 2019～2020 赛季第 12 轮：多特蒙德 3：3 帕德博恩。

四、中强

（一）中强 VS 人强

客场：3 区中低水～7 区低水。

2016 年 9 月 10 日，德甲 2016～2017 赛季第 2 轮：沙尔克 04 0：2 拜仁慕尼黑。

2017 年 4 月 5 日，德甲 2016～2017 赛季第 27 轮：霍芬海姆 1：0 拜仁慕尼黑。

2019 年 2 月 20 日，欧冠 2018～2019 赛季 1/8 淘汰赛首轮：里昂 0：0 巴塞罗那。

（二）中强 VS 普强

客场：1 区中水～7 区中水。

2016 年 11 月 24 日，欧冠 2016～2017 赛季小组赛 C 小组第 5 轮：门兴 1：1 曼城。

2017 年 4 月 30 日，英超 2016～2017 赛季第 35 轮：埃弗顿 0：3 切尔西。

2018 年 12 月 13 日，欧冠 2018～2019 赛季小组赛 E 小组第 6 轮：阿贾克斯 3：3 拜仁慕尼黑。

2020 年 1 月 25 日，西甲 2019～2020 赛季第 21 轮：瓦伦西亚 2：0 巴塞罗那。

（三）中强 VS 准强

（1）主场：1 区高水～3 区低水。

2016 年 11 月 23 日，欧冠 2016～2017 赛季小组赛 E 小组第 5 轮：摩纳哥 2：1 热刺。

2017 年 4 月 10 日，意甲 2016～2017 赛季第 31 轮：拉齐奥 0：3 那不勒斯。

2018 年 11 月 9 日，欧联 2018～2019 赛季小组赛 F 小组第 4 轮：皇家贝蒂斯 1：1 AC 米兰。

（2）客场：1 区高水～3 区低水

2016 年 8 月 28 日，德甲 2016～2017 赛季第 1 轮：门兴 2：1 勒沃库森。

2018 年 2 月 23 日，欧联 2017～2018 赛季 1/16 淘汰赛次轮：亚特兰大 1：1 多特蒙德。

2020 年 2 月 21 日，欧联 2019～2020 赛季 1/16 淘汰赛首轮：奥林匹亚科斯 0：1 阿森纳。

（四）中强 VS 中强

（1）主场：1 区高水～4 区中水。

2016 年 9 月 28 日，欧冠 2016～2017 赛季小组赛 G 小组第 2 轮：莱切斯特城 1：0 波尔图。

2017年3月10日，欧联2016～2017赛季1/8淘汰赛首轮：沙尔克04 1∶1门兴。

2019年11月2日，德甲2019～2020赛季第10轮：勒沃库森1∶2门兴。

（2）客场：1区高水～2区低水。

2017年5月14日，意甲2016～2017赛季第36轮：佛罗伦萨3∶2拉齐奥。

2018年3月16日，欧联2017～2018赛季1/8淘汰赛次轮：泽尼特1∶1莱比锡红牛。

2018年4月19日，意甲2017～2018赛季第33轮：佛罗伦萨3∶4拉齐奥。

（五）中强 VS 中上

主场：1区中低水～6区中水。

2016年12月8日，欧冠2016～2017赛季小组赛G小组第6轮：波尔图5∶0莱切斯特城。

2017年2月24日，欧联2016～2017赛季1/16淘汰赛次轮：顿涅茨克矿工0∶1塞尔塔。

2017年8月26日，德甲2017～2018赛季第2轮：勒沃库森2∶2霍芬海姆。

2019年12月13日，欧联2019～2020赛季小组赛I小组第6轮：沃尔夫斯堡1∶0圣埃蒂安。

（六）中强 VS 中游

主场：2区中低水～7区中高水。

2017年4月1日，西甲2016～2017赛季第29轮：维拉利尔2∶3埃瓦尔。

2018年2月16日，欧联2017～2018赛季1/16淘汰赛首轮：皇家社会2∶2萨尔茨堡。

2018年12月2日，意甲2018～2019赛季第14轮：AC米兰2∶1帕尔玛。

2019年5月4日，英超2018～2019赛季第37轮：埃弗顿2∶0伯恩利。

2019年10月27日，德甲2019～2020赛季第9轮：勒沃库森2∶2云达不来梅。

（七）中强 VS 中下

主场：3区中水～8区中水。

2016年9月18日，英超2016～2017赛季第5轮：埃弗顿3∶1米德尔斯堡。

2017年9月23日，英超2017～2018赛季第6轮：埃弗顿2∶1伯恩茅斯。

2018年9月1日，西甲2018～2019赛季第3轮：维拉利尔0∶1赫罗纳。

2019年10月27日，德甲2019～2020赛季第9轮：沃尔夫斯堡0∶0奥格斯堡。

2020年1月11日，英超2019～2020赛季第22轮：狼队1∶1纽卡斯尔。

（八）中强 VS 下游

主场：4 区高水～10 区高水。

2016 年 9 月 26 日，西甲 2016～2017 赛季第 6 轮：维拉利尔 3∶1 奥萨苏纳。

2017 年 11 月 6 日，西甲 2017～2018 赛季第 11 轮：维拉利尔 2∶0 马拉加。

2019 年 3 月 17 日，意甲 2018～2019 赛季第 28 轮：亚特兰大 1∶1 切沃。

2019 年 12 月 29 日，英超 2019～2020 赛季第 20 轮：莱切斯特城 0∶1 卡迪夫城。

五、中上

（一）中上 VS 人强

客场：3 区中水～8 区中水。

2016 年 10 月 3 日，西甲 2016～2017 赛季第 7 轮：塞尔塔 4∶3 巴塞罗那。

2016 年 11 月 2 日，欧冠 2016～2017 赛季小组赛 D 小组第 4 轮：埃因霍温 1∶2 拜仁慕尼黑。

2017 年 10 月 29 日，西甲 2017～2018 赛季第 10 轮：毕尔巴鄂竞技 0∶2 巴塞罗那。

2018 年 4 月 18 日，西甲 2017～2018 赛季第 33 轮：塞尔塔 2∶2 巴塞罗那。

（二）中上 VS 普强

客场：2 区中水～7 区中水。

2017 年 1 月 15 日，英超 2016～2017 赛季第 21 轮：埃弗顿 4∶0 曼城。

2017 年 9 月 14 日，欧冠 2017～2018 赛季小组赛 F 小组第 1 轮：费耶诺德 0∶4 曼城。

2018 年 9 月 1 日，英超 2018～2019 赛季第 4 轮：莱切斯特城 1∶2 利物浦。

2018 年 12 月 26 日，意甲 2018～2019 赛季第 18 轮：亚特兰大 2∶2 尤文图斯。

（三）中上 VS 准强

客场：1 区中水～5 区中低水。

2016 年 8 月 13 日，英超 2016～2017 赛季第 1 轮：埃弗顿 1∶1 热刺。

2017 年 11 月 29 日，英超 2017～2018 赛季第 14 轮：莱切斯特城 2∶1 热刺。

2018 年 8 月 20 日，意甲 2018～2019 赛季第 1 轮：都灵 0∶1 罗马。

2020 年 2 月 23 日，德甲 2019～2020 赛季第 23 轮：沙尔克 04 0∶5 莱比锡红牛。

（四）中上 VS 中强

（1）主场：1 区高水～3 区中水。

2016 年 9 月 16 日，欧联 2016～2017 赛季小组赛 F 小组第 1 轮：莎索罗 3：0 毕尔巴鄂竞技。

2017 年 11 月 20 日，西甲 2017～2018 赛季第 12 轮：毕尔巴鄂竞技 1：1 维拉利尔。

2019 年 2 月 3 日，德甲 2018～2019 赛季第 20 轮：沙尔克 04 0：2 门兴。

（2）客场：1 区高水～4 区中水。

2016 年 9 月 16 日，欧联 2016～2017 赛季小组赛 G 小组第 1 轮：标准列日 1：1 塞尔塔。

2020 年 1 月 26 日，意甲 2019～2020 赛季第 21 轮：都灵 0：7 亚特兰大。

2020 年 2 月 1 日，德甲 2019～2020 赛季第 20 轮：霍芬海姆 2：1 勒沃库森。

（五）中上 VS 中上

（1）主场：1 区高水～4 区中水。

2016 年 10 月 30 日，德甲 2016～2017 赛季第 9 轮：霍芬海姆 1：0 柏林赫塔。

2019 年 3 月 3 日，西甲 2018～2019 赛季第 26 轮：皇家贝蒂斯 1：2 赫塔菲。

2019 年 3 月 31 日，意甲 2018～2019 赛季第 29 轮：佛罗伦萨 1：1 都灵。

（2）客场：1 区高水～2 区高水。

2016 年 9 月 25 日，英超 2016～2017 赛季第 6 轮：西汉姆联队 0：3 南安普顿。

2016 年 11 月 5 日，德甲 2016～2017 赛季第 10 轮：柏林赫塔 3：0 门兴。

2018 年 4 月 9 日，德甲 2017～2018 赛季第 29 轮：法兰克福 1：1 霍芬海姆。

（六）中上 VS 中游

主场：2 区高水～6 区中水。

2016 年 10 月 19 日，欧冠 2016～2017 赛季小组赛 G 小组第 3 轮：莱切斯特城 1：0 哥本哈根。

2017 年 1 月 28 日，德甲 2016～2017 赛季第 18 轮：沙尔克 04 0：1 法兰克福。

2018 年 11 月 5 日，西甲 2018～2019 赛季第 11 轮：皇家贝蒂斯 3：3 塞尔塔。

2020 年 1 月 11 日，英超 2019～2020 赛季第 22 轮：埃弗顿 1：0 布莱顿。

（七）中上 VS 中下

主场：2 区中低水～7 区低水。

2016 年 11 月 19 日，英超 2016～2017 赛季第 12 轮：埃弗顿 1：1 斯旺西。

2017 年 11 月 6 日，西甲 2017～2018 赛季第 11 轮：皇家社会 3：1 埃瓦尔。

2018 年 10 月 22 日，意甲 2018～2019 赛季第 9 轮：佛罗伦萨 1：1 卡利亚里。

2018 年 12 月 10 日，西甲 2018～2019 赛季第 15 轮：皇家社会 1：2 瓦拉多利德。

2020 年 2 月 24 日，德甲 2019～2020 赛季第 23 轮：沃尔夫斯堡 4：0 美因茨 05。

（八）中上 VS 下游

主场：3 区高水～9 区中水。

2017 年 4 月 5 日，英超 2016～2017 赛季第 31 轮：莱切斯特城 2：0 桑德兰。

2017 年 5 月 20 日，德甲 2016～2017 赛季第 34 轮：门兴 2：2 达姆斯塔特。

2019 年 4 月 7 日，意甲 2018～2019 赛季第 31 轮：佛罗伦萨 0：1 弗洛辛诺内。

2019 年 11 月 23 日，英超 2019～2020 赛季第 13 轮：埃弗顿 0：2 诺维奇。

六、中游

（一）中游 VS 人强

客场：5 区中低水～9 区高水。

2016 年 10 月 15 日，德甲 2016～2017 赛季第 7 轮：法兰克福 2：2 拜仁慕尼黑。

2017 年 8 月 26 日，德甲 2017～2018 赛季第 2 轮：云达不来梅 0：2 拜仁慕尼黑。

2018 年 5 月 14 日，西甲 2017～2018 赛季第 37 轮：莱万特 5：4 巴塞罗那。

2019 年 3 月 18 日，西甲 2018～2019 赛季第 28 轮：皇家贝蒂斯 1：4 巴塞罗那。

（二）中游 VS 普强

客场：3 区高水～8 区低水。

2019 年 2 月 15 日，欧联 2018～2019 赛季 1/16 淘汰赛首轮：马尔默 1：2 切尔西。

2019 年 4 月 24 日，西甲 2018～2019 赛季第 34 轮：阿拉维斯 0：2 巴塞罗那。

2019 年 5 月 5 日，英超 2018～2019 赛季第 37 轮：纽卡斯尔 2：3 利物浦。

（三）中游 VS 准强

客场：1 区中水～7 区中水。

2016 年 9 月 10 日，英超 2016～2017 赛季第 4 轮：斯托克城 0：4 热刺。

2018 年 3 月 4 日，英超 2017～2018 赛季第 29 轮：布莱顿 2：1 阿森纳。

2019 年 3 月 17 日，西甲 2018～2019 赛季第 28 轮：西班牙人 0：1 塞维利亚。

2019 年 10 月 5 日，德甲 2019～2020 赛季第 5 轮：弗莱堡 2：2 多特蒙德。

（四）中游 VS 中强

客场：1 区高水～4 区中水。

2016 年 11 月 25 日，欧联 2016～2017 赛季小组赛 L 小组第 5 轮：苏黎世 1：1 维拉利尔。

2017 年 11 月 25 日，德甲 2017～2018 赛季第 13 轮：法兰克福 0：1 勒沃库森。

2018 年 4 月 22 日，意甲 2017～2018 赛季第 34 轮：莎索罗 1：0 佛罗伦萨。

2019 年 9 月 19 日，欧冠 2019～2020 赛季小组赛 C 小组第 1 轮：萨格勒布迪纳摩 4：0 亚特兰大。

（五）中游 VS 中上

（1）主场：1 区高水～4 区高水。

2016 年 12 月 14 日，英超 2016～2017 赛季第 16 轮：伯恩茅斯 1：0 莱切斯特城。

2017 年 12 月 14 日，英超 2017～2018 赛季第 17 轮：纽卡斯尔 0：1 埃弗顿。

2018 年 10 月 18 日，西甲 2018～2019 赛季第 8 轮：西班牙人 3：1 维拉利尔。

2018 年 12 月 9 日，意甲 2018～2019 赛季第 15 轮：莎索罗 3：3 佛罗伦萨。

（2）客场：1 区高水～3 区低水。

2016 年 9 月 25 日，德甲 2016～2017 赛季第 5 轮：霍芬海姆 2：1 沙尔克 04。

2017 年 4 月 30 日，英超 2016～2017 赛季第 32 轮：西布朗 0：1 南安普顿。

2017 年 5 月 21 日，西甲 2016～2017 赛季第 38 轮：塞尔塔 2：2 皇家社会。

（六）中游 VS 中游

（1）主场：1 区高水～4 区中低水。

2016 年 10 月 16 日，英超 2016～2017 赛季第 8 轮：水晶宫 0：1 西汉姆联队。

2017 年 11 月 25 日，德甲 2017～2018 赛季第 13 轮：汉诺威 96 1：1 斯图加特。

2018 年 12 月 16 日，意甲 2018～2019 赛季第 16 轮：桑普多利亚 2：0 帕尔玛。

（2）客场：1 区高水～1 区中水。

2016 年 11 月 27 日，英超 2016～2017 赛季第 13 轮：沃特福德 0：1 斯托克城。

2017 年 12 月 3 日，德甲 2017～2018 赛季第 14 轮：柏林赫塔 1：2 法兰克福。

2018 年 5 月 20 日，意甲 2017～2018 赛季第 38 轮：热那亚 1：2 都灵。

（七）中游 VS 中下

主场：1 区中低水～5 区低水。

2016 年 12 月 17 日，德甲 2016～2017 赛季第 15 轮：美因茨 05 3：1 汉堡。

2017 年 5 月 15 日，西甲 2016～2017 赛季第 37 轮：埃瓦尔 0：1 希洪竞技。

2018 年 4 月 21 日，西甲 2017～2018 赛季第 34 轮：雷加利斯 0：0 拉科鲁尼亚。

2019 年 8 月 31 日，意甲 2019～2020 赛季第 1 轮：博洛尼亚 1：0 斯帕尔。

（八）中游 VS 下游

主场：2 区高水～8 区高水。

2016 年 12 月 19 日，意甲 2016～2017 赛季第 17 轮：热那亚 3：4 巴勒莫。

2017 年 5 月 26 日，德甲 2016～2017 赛季升降级附加赛首轮：沃尔夫斯堡 1：0 不伦瑞克。

2018 年 9 月 1 日，西甲 2018～2019 赛季第 3 轮：赫塔菲 0：0 瓦拉多利德。

2018 年 11 月 26 日，英超 2018～2019 赛季第 13 轮：狼队 0：2 哈德斯菲尔德。

2018 年 12 月 1 日，西甲 2018～2019 赛季第 14 轮：塞尔塔 2：0 韦斯卡。

七、中下

（一）中下 VS 人强

客场：6 区低水～10 区高水。

2016 年 9 月 24 日，德甲 2016～2017 赛季第 5 轮：汉堡 0：1 拜仁慕尼黑。

2017 年 10 月 29 日，西甲 2017～2018 赛季第 10 轮：赫罗纳 2：1 皇家马德里。

2017 年 11 月 1 日，欧冠 2017～2018 赛季小组赛 D 小组第 4 轮：奥林匹亚科斯 0：0 巴塞罗那。

（二）中下 VS 普强

客场：4 区中水～9 区低水。

2016 年 11 月 6 日，英超 2016～2017 赛季第 11 轮：斯旺西 1：3 曼城。

2017 年 4 月 30 日，英超 2016～2017 赛季第 35 轮：米德尔斯堡 2：2 曼城。

2017 年 11 月 18 日，英超 2017～2018 赛季第 12 轮：西布朗 0：4 切尔西。

2018 年 10 月 7 日，西甲 2018～2019 赛季第 8 轮：阿拉维斯 1：0 皇家马德里。

（三）中下 VS 准强

客场：2 区低水～8 区中低水。

2016 年 10 月 22 日，英超 2016～2017 赛季第 9 轮：伯恩茅斯 0：0 热刺。

2017 年 10 月 19 日，欧冠 2017～2018 赛季小组赛 H 小组第 3 轮：希腊人竞技 1：1 多特蒙德。

2017 年 10 月 20 日，欧联 2017～2018 赛季小组赛 J 小组第 3 轮：厄斯特松德 2：2 毕尔巴鄂竞技。

2017 年 11 月 18 日，德甲 2017～2018 赛季第 12 轮：斯图加特 2：1 多特蒙德。

2018 年 10 月 7 日，英超 2018～2019 赛季第 8 轮：富勒姆 1：5 阿森纳。

2018 年 12 月 17 日，意甲 2018～2019 赛季第 16 轮：卡利亚里 0：1 那不勒斯。

（四）中下 VS 中强

客场：1 区低水～6 区高水。

2016 年 9 月 13 日，英超 2016～2017 赛季第 4 轮：桑德兰 0：3 埃弗顿。

2017 年 1 月 14 日，西甲 2016～2017 赛季第 18 轮：雷加利斯 0：0 毕尔巴鄂竞技。

2017 年 2 月 24 日，欧联 2016～2017 赛季 1/16 淘汰赛次轮：阿普尔 2：0 毕尔巴鄂竞技。

2019 年 11 月 29 日，欧联 2019～2020 赛季小组Ⅰ小组第 5 轮：亚里山德里亚 0：1 沃尔夫斯堡。

（五）中下 VS 中上

客场：1 区中水～4 区低水。

2016 年 10 月 17 日，西甲 2016～2017 赛季第 8 轮：希洪竞技 1：2 瓦伦西亚。

2017 年 8 月 26 日，德甲 2017～2018 赛季第 2 轮：奥格斯堡 2：2 门兴。

2018 年 10 月 6 日，德甲 2018～2019 赛季第 7 轮：杜塞尔多夫 0：2 沙尔克 04。

2019 年 10 月 22 日，意甲 2019～2020 赛季第 8 轮：布雷西亚 0：0 佛罗伦萨。

（六）中下 VS 中游

（1）主场：1 区高水～4 区中水。

2017 年 1 月 2 日，英超 2016～2017 赛季第 20 轮：米德尔斯堡 0：0 莱切斯特城。

2017 年 8 月 26 日，英超 2017～2018 赛季第 3 轮：纽卡斯尔 3：0 西汉姆联队。

2018 年 9 月 2 日，西甲 2018～2019 赛季第 3 轮：阿拉维斯 2：1 西班牙人。

2020 年 1 月 18 日，德甲 2019～2020 赛季第 18 轮，美因茨 05 1：2 弗莱堡。

（2）客场：1 区高水～3 区中水。

2016 年 10 月 23 日，意甲 2016～2017 赛季第 9 轮：恩波利 0：0 切沃。

2016 年 11 月 5 日，英超 2016～2017 赛季第 11 轮：伯恩利 3：2 水晶宫。

2018 年 1 月 14 日，西甲 2017～2018 赛季第 19 轮：莱万特 0：1 塞尔塔。

（七）中下 VS 中下

（1）主场：1 区高水～4 区低水。

2016 年 8 月 20 日，英超 2016～2017 赛季第 2 轮：桑德兰 1：2 米德尔斯堡。

2018 年 1 月 1 日，英超 2017～2018 赛季第 22 轮：布莱顿 2：2 伯恩茅斯。

2018 年 8 月 26 日，英超 2018～2019 赛季第 3 轮：富勒姆 4：2 伯恩利。

（2）客场：1 区高水～2 区高水。

2017 年 12 月 16 日，英超 2017～2018 赛季第 20 轮：哈德斯菲尔德 1：1 斯托克城。

2018 年 5 月 6 日，西甲 2017～2018 赛季第 36 轮：马拉加 0：3 阿拉维斯。

2019 年 5 月 19 日，西甲 2018～2019 赛季第 38 轮：阿拉维斯 2：1 赫罗纳。

（八）中下 VS 下游

主场：1 区中低水～6 区中水。

2016 年 10 月 19 日，英超 2016～2017 赛季第 10 轮：沃特福德 1∶0 赫尔城。

2018 年 2 月 25 日，西甲 2017～2018 赛季第 25 轮：雷加利斯 0∶0 拉斯帕尔马斯。

2019 年 2 月 24 日，德甲 2018～2019 赛季第 23 轮：杜塞尔多夫 2∶1 纽伦堡。

2020 年 2 月 15 日，意甲 2019～2020 赛季第 24 轮：莱切 2∶1 斯帕尔。

八、下游

（一）下游 VS 人强

客场：8 区高水～10 区中水。

2016 年 11 月 24 日，欧冠 2016～2017 赛季小组赛 D 小组第 5 轮：罗斯托夫 3∶2 拜仁慕尼黑。

2017 年 4 月 3 日，西甲 2016～2017 赛季第 29 轮：格拉纳达 1∶4 巴塞罗那。

2017 年 9 月 23 日，西甲 2017～2018 赛季第 6 轮：阿拉维斯 1∶2 皇家马德里。

2018 年 3 月 2 日，西甲 2017～2018 赛季第 26 轮：拉斯帕尔马斯 1∶1 巴塞罗那。

（二）下游 VS 普强

客场：5 区高水～9 区低水。

2016 年 12 月 27 日，英超 2016～2017 赛季第 18 轮：赫尔城 0∶3 曼城。

2017 年 8 月 20 日，西甲 2017～2018 赛季第 1 轮：赫罗纳 2∶2 马德里竞技。

2018 年 12 月 13 日，欧冠 2018～2019 赛季小组赛 H 小组第 6 轮：年轻人 2∶1 尤文图斯。

2019 年 9 月 28 日，德甲 2019～2020 赛季第 6 轮：帕德博恩 2∶3 拜仁慕尼黑。

（三）下游 VS 准强

客场：3 区高水～8 区低水。

2017 年 4 月 9 日，意甲 2016～2017 赛季第 31 轮：克罗托内 2∶1 国际米兰。

2017 年 5 月 21 日，英超 2016～2017 赛季第 38 轮：赫尔城 1∶7 热刺。

2018 年 3 月 1 日，西甲 2017～2018 赛季第 26 轮：马拉加 0∶1 塞维利亚。

2019 年 2 月 19 日，德甲 2018～2019 赛季第 22 轮：纽伦堡 0∶0 多特蒙德。

（四）下游 VS 中强

客场：2 区高水～6 区中水。

2016 年 12 月 10 日，德甲 2016～2017 赛季第 14 轮：因戈尔施塔特 1∶0 莱比锡红牛。

2016 年 12 月 17 日，西甲 2016～2017 赛季第 16 轮：希洪竞技 1∶3 维拉利尔。

2017 年 4 月 2 日，意甲 2016～2017 赛季第 30 轮：佩斯卡拉 1：1AC 米兰。

（五）下游 VS 中上

客场：1 区中低水～4 区中水。

2016 年 10 月 22 日，德甲 2016～2017 赛季第 8 轮：达姆斯塔特 3：1 沃尔夫斯堡。

2017 年 8 月 26 日，英超 2017～2018 赛季第 3 轮：哈德斯菲尔德 0：0 南安普顿。

2018 年 11 月 3 日，英超 2018～2019 赛季第 11 轮：卡迪夫城 0：1 莱切斯特城。

2019 年 11 月 30 日，意甲 2019～2020 赛季第 14 轮：布雷西亚 0：1 亚特兰大。

（六）下游 VS 中游

客场：1 区中水～4 区高水。

2016 年 8 月 29 日，意甲 2016～2017 赛季第 2 轮：克罗托内 1：3 热那亚。

2017 年 4 月 26 日，西甲 2016～2017 赛季第 34 轮：希洪竞技 1：1 西班牙人。

2018 年 9 月 16 日，意甲 2018～2019 赛季第 4 轮：弗洛辛诺内 0：5 桑普多利亚。

2019 年 3 月 9 日，英超 2018～2019 赛季第 30 轮：卡迪夫城 2：0 西汉姆联队。

（七）下游 VS 中下

（1）主场：1 区高水～3 区中水。

2016 年 10 月 1 日，英超 2016～2017 赛季第 7 轮：桑德兰 0：0 西布朗。

2018 年 2 月 18 日，意甲 2017～2018 赛季第 25 轮：切沃 2：1 卡利亚里。

2019 年 5 月 13 日，西甲 2018～2019 赛季第 37 轮：巴列卡诺 1：2 瓦拉多利德。

（2）客场：1 区高水～3 区高水。

2016 年 10 月 1 日，德甲 2016～2017 赛季第 6 轮：达姆斯塔特 2：2 云达不来梅。

2017 年 8 月 20 日，英超 2017～2018 赛季第 2 轮：哈德斯菲尔德 1：0 纽卡斯尔。

2017 年 4 月 17 日，西甲 2016～2017 赛季第 32 轮：格拉纳达 0：3 塞尔塔。

（八）下游 VS 下游

（1）主场：1 区高水～3 区低水。

2016 年 11 月 19 日，英超 2016～2017 赛季第 12 轮：桑德兰 3：0 赫尔城。

2016 年 12 月 23 日，意甲 2016～2017 赛季第 18 轮：巴勒莫 1：1 佩斯卡拉。

2017 年 2 月 12 日，西甲 2016～2017 赛季第 22 轮：雷加利斯 0：2 希洪竞技。

（2）客场：1 区高水～1 区中低水。

2016 年 11 月 19 日，德甲 2016～2017 赛季第 11 轮：达姆斯塔特 0：1 因戈尔施塔特。

2017 年 4 月 23 日，西甲 2016～2017 赛季第 33 轮：奥萨苏纳 2：2 希洪竞技。

2019 年 4 月 4 日，意甲 2018～2019 赛季第 30 轮：弗洛辛诺内 3：2 帕尔马。

注：

（1）2020 年 3 月开始的四大联赛、欧冠、欧联都因为新冠肺炎疫情原因停赛。重新恢复比赛是 2020 年 6 月，重新开始后的比赛都是空场进行（没有观众），这种情况持续到 2021 年 3 月开始逐渐有观众进场观战，但达不到满场情况。从空场比赛开始，笔者发现比赛位置发生了变化，所以选用范围是 2016 年 8 月～2020 年 3 月正常情况的数据。

（2）比赛数据整体范围在 6300 场左右，其中包括四大联赛所有球队参加的联赛（英超、西甲、德甲、意甲）、欧冠、欧联所有赛事。四大联赛球队参加的国内杯赛、国际其他杯赛（世俱杯、欧冠和欧联的资格赛、国际冠军杯）、友谊赛等数据没有计入范围。

（3）某些极端情况下（强战意等）的赛事数据没有划入范围内。

第十一章 战意

按照普罗大众的理解认知，每场比赛两支球队的目的应该都是力争取胜，但实际情况千差万别。一个赛季下来，不同球队在不同阶段的战意不尽相同，本章主要讲解球队战意。

一、基本战意

（1）赛季整体目标：每支球队都有自己的展望规划，按照这种期待在赛前开始前招兵买马、调整阵容或者更换主帅等。

（2）阶段目标：弱队因为阵容深度不够，经常想在赛季初球员身体健康时尽力抢分。强队因为经常要多线作战，不同阶段对所参加的不同赛事目标也不同。赛季末不少球队会争冠、保级、冲击下赛季欧战资格，同时有些球队保级已经成功，冲击欧战资格无望处于打酱油心态等。

（3）单独目标：单场比赛是否涉及资格争夺、小组出线、保级、争冠、德比战等情况。

二、阶段战意

每个赛季的联赛，不同阶段球队战意不同，随着赛事进程发展，不同球队战意随时变化；另外，不同杯赛，球队战意每个阶段也不同，如欧冠小组赛与淘汰赛阶段战意明显有差异；国内各种杯赛初期顶级联赛球队往往派出大量二三线球员参战，而到了后期争冠阶段尽出主力迎战就是阶段性战意的最好体现。

"战意＋实力"是比赛分析的两大核心因素。单纯以综实定位分档分析盘口并不完善，因为实力不是决定赛果的唯一条件。战意决定于不同赛事的规则、不同赛事外界对其的关注度、不同赛事对不同球队的重要程度。

三、赛事战意

对于联赛、国内杯赛、洲际杯赛、国际杯赛、友谊赛等各种赛事，不同档次的球队战意不同。强队心态是都想要的；次强球队有可能是打着看；中游球队上赛季幸运获得了这赛季的欧战资格，赛季开始可能就会放弃国内杯赛，一心想要打好联赛与洲际杯赛；下游球队保级为先，其他都是次要的比赛。

（1）一般来说，球队联赛战意强于杯赛战意，尤其是比赛转播分成高的赛事更是如此，但欧冠赛事战意高于联赛。战意排序为：欧冠＞联赛＞欧联＞国内杯赛＞欧会杯＞友谊赛，世俱杯赛事为特殊情况。

（2）在赛季过程中，偶尔会遇到两队在杯赛与联赛中接连遭遇的情况，此时可能会发生两队默契配合互换的情况。例如，英超2021～2022赛季第5轮西汉姆1∶2曼联，比赛最后时刻西汉姆联队获得了一粒点球，主教练莫耶斯专门换上16号诺布尔主罚，结果点球罚失。4天后，当赛季英联杯第3轮曼联再次遭遇西汉姆联队，结果西汉姆联队客场一球小胜晋级下一轮。

（3）球队在参加不同赛事时会选择不同的阵容，如英联杯2019～2020赛季1/4淘汰赛阿斯顿维拉5∶0利物浦，这场比赛在2019年12月18日3∶45开始，而不到一天时间后，也就是2019年12月19日1∶30，利物浦要去中立场踢世俱杯。利物浦一线队根本不可能在这么短的时间内两处作战，利物浦的选择是主力球员去踢世俱杯，青年队留在国内参加英联杯。除了这种极端例子外，强队经常在欧联、欧会杯、国内杯赛等赛事中轮换主力球员以应对多线作战的体能消耗，此时综合实力评估要适当进行调整。

（4）某些情况下会产生特殊战意，如2021年欧洲杯小组赛B小组第1轮丹麦0∶1芬兰的比赛中，丹麦球员埃里克森突发心脏病，经过在场内急救后被送往比赛当地医院进行检查治疗。这场比赛因为突发事件被长时间中断，后又在当天继续完成，结果丹麦输球。但这届欧洲杯丹麦队最终进入了四强，半决赛在加时赛阶段被英格兰淘汰。埃里克森的突然病倒，反而激发其他丹麦球员超水平发挥，在小组赛前两轮全输球的情况下，丹麦最终能进入四强，算是一个奇迹。

（5）收官战意：联赛收官；洲际杯赛小组赛收官（欧冠、欧联、亚冠、解放者杯等）；国际杯赛小组赛收官（世界杯、欧洲杯、亚洲杯、美洲杯、奥运会等）；世界杯、欧洲杯、亚洲杯等前期预选赛的小组赛收官。由于球队目标与正常比赛不同，此时开出的盘赔与正常盘口相比显得怪异，平局往往使用高平手法。收官阶段超盘条件包括实力相当、强队体能不足、同级对手的确无求、赛果透明度极高等。

（6）首次回合制战意：杯赛制比赛首轮与次轮的战意不同，算是一场180分钟比赛的上下两个半场，而首轮结果对次轮分布有重要影响。

（7）决赛战意：虽然决赛一般综实差距减少，但两队是曾经都夺冠过，还是一队有过夺冠历史另外一队没有，或者是两队都没有夺冠过，不同条件决定战意不同。

（8）目标战意：夺冠、保级、争各类资格等。

（9）特殊战意：几乎欧洲顶级联赛的球队都把德比战看作头等大事，英格兰的英冠、英甲等赛事中的德比战也是火药味十足。再有就是国家队比赛的特殊战意，美国VS伊朗、朝鲜VS韩国、中国VS日本、英格兰VS苏格兰、英格兰VS德国等，有时这种国家间的恩怨会经由洲际杯赛或者友谊赛体现出来。

四、综合实力调整

（1）球队参加单场比赛涉及夺冠、小组出线、保级、德比战、冲击欧战资格等目标，综合实力至少上调 1 档。

（2）赛季最后阶段，球队参加涉及有望争冠、冲击欧战资格、力争保级等所有比赛时，综合实力至少上调 0.5 档。

（3）球队已经完成争冠、小组第一出线权、保级、下赛季欧战资格等目标，综合实力至少下调 1 档。主客两队都是这种情况时，主队下调 0.5 档，客队下调 1 档。

（4）在赛季中后期阶段，经常会产生一批冲击欧战资格无望、保级无忧的球队。这些球队由于战意处于打酱油状态，综合实力需下调 0.5 档，尤其是在战绩下滑时更需要下调。主客两队都是这种情况时，主队不下调，客队下调。

第十二章 分布

分布是赔率研究中的核心思维概念，分布有人气分布与筹码分布两大概念，两种分布有时统一、有时相异，可以肯定的是，两种分布存在必然联系。因为分布是与赔率利润最相关的概念，所以研究分布对于分析赔率盘口非常有帮助。

一、人气分布

赔率调节目的是影响筹码分布，但在初赔开出前，综合实力、人气分布、公司预计的筹码分布倾向等因素会决定赔率开出的初始数值。初赔开出后会产生筹码分布，但此时并不会产生很多的下注筹码，可以简单地理解为人气分布决定初赔如何开，初赔开出后开始影响人气以及筹码分布走向，人气和筹码分布走向变化进一步影响公司的变赔趋势。

（一）顺分布

简而言之，就是人气分布倾向于让盘方的对阵格局。赛前两队人气差距较大，至少50%的大众都看好让盘方。人气分布右倾的顺分布格局一般主客两队综实差距较大，而人气分布左倾的比赛中，即使两队综合实力档位相当，也有可能形成顺分布格局。

顺分布格局的比赛如果是让盘方取胜的结果，公司一般都比较难开。很多公司会采取营造更优解策略（以后会讲解）进行开赔以及变赔，此时经常会利用突发新闻（伤停、其他花边新闻）、往绩等因素采取韬开的思路。所以我们始终要记住一点，公司只能利用双方都知道的消息进行引导诱盘或者阻盘。我们不知道的消息，即使公司知道，它们也很难利用其进行设局。

（1）英超2021~2022赛季第16轮：利物浦1:0阿斯顿维拉。

威　廉：1.29/5.50/9.50

立　博：1.29/5.50/10.0

Bet365：1.25/6.00/11.0

主811，近况6连胜，主场近况4连胜，刚刚欧冠小组赛最后一轮客场2:1胜AC米兰后晋级16强。客406。往703，近2次交手利物浦全胜，利物浦主场近3次交手全胜，两队最近一次交手是2021年4月，利物浦主场2:1胜阿斯顿维拉。

赛前的新闻发布会上克洛普对台下的记者提到了阿斯顿维拉的主教练杰拉德，而杰拉德曾经是利物浦的队长，算是利物浦的名宿了。克洛普在谈到杰拉德的时候说，虽然我很尊敬他，但我认为他是来带队抢3分的。这就构成了这场比赛的看点，利物浦想抢3分力争联赛夺冠，阿斯顿维拉也想抢3分争取尽快保级成功，顺分布格局成立。

(2) 德甲 2021~2022 赛季第 15 轮：菲尔特 1：0 柏林联合。

威　廉：4.20/3.70/1.80

立　博：4.00/3.70/1.83

Bet365：4.50/3.80/1.72

主 12 连负，近况 4 平 16 负。客 343，刚刚欧会杯小组赛最后一轮主场 1：1 平布拉格斯拉维亚后被淘汰。往 433，近 2 次交手菲尔特 1 平 1 负，两队最近一次交手是 2019 年 4 月 20 日德乙菲尔特主场 1：1 平柏林联合。

菲尔特是这个赛季德甲的升班马，这场比赛之前成绩是 1 平 13 负，未尝一胜，急需积分保级。而柏林联合周中刚刚参加完欧会杯赛事，最后结果被淘汰，球队体力士气受到双重打击，但球队目前联赛排名第 6，非常有可能去竞争下赛季的欧战资格，所以也需要抢分。两队都需要积分，但柏林联合综合实力更强，导致其人气更强，顺分布格局成立。

(3) 意甲 2021~2022 赛季第 17 轮：威尼斯 1：1 尤文图斯。

威　廉：8.00/4.60/1.42

立　博：8.00/4.50/1.40

Bet365：8.00/4.75/1.36

主 316，近况 3 连负，2 天半后意大利杯主场迎战特尔纳纳。客 604，近况 3 连胜，刚刚欧冠小组赛主场 1：0 胜马尔默后晋级 16 强。往 015，往绩久远。

威尼斯是这个赛季意甲的升班马，需要积分保级。尤文图斯这个赛季前半段表现一般，也需要抢分以争夺下赛季的欧冠资格，两队都有战意，顺分布格局成立。

（二）逆分布

赛前或者因为受让方球队的战意强过让盘方球队，或者因为赛前近况受让方球队更好、让盘方球队则近况不好或有隐忧等因素，导致人气逐渐从让盘方球队向受让方球队转移，这种情况就是逆分布的赛事。逆分布格局赛事，因为受让方球队战意更强或者人气增幅更多，所以公司经常开出实盘或者实低盘。这样的开法看似是笋盘，但要有个限度，要平衡赔率与信心之间的关系。不要本来是大众认为受让方战意强所以看好它，但赔率开出后，大众通过公司开赔又认为还是让盘方打出，往往这样的比赛结果是冷门的温床。

(1) 德甲 2020~2021 赛季第 34 轮：柏林联合 2：1 莱比锡红牛。

威　廉：3.30/3.70/2.05

立　博：2.90/3.60/2.20

Bet365：3.25/3.60/2.10

主 334，近况 1 平 1 负，主场近况 2 连胜。客 334，近况 2 平 2 负，客场近况 1 平 2 负。往 115，近 6 次交手柏林联合 1 平 5 负，两队最近一次交手是 2021 年 1 月柏林联合客场 0：1 负莱比锡红牛。

欧足联宣布下个赛季要新开一项赛事——欧洲协会杯（以下简称欧协杯或者欧会杯），德甲最终联赛排名第 7 的球队可以获得下赛季的欧会杯资格赛资格。目前柏林联合排名第 7，积分 47，只要取胜即可获得下赛季欧会杯的参赛资格，在自己的主场又有名次要争夺，柏林联合的战意不言而喻了；而莱比锡红牛目前排名第 2，积分 65，当时拜仁慕尼黑已经早早赛季夺冠，莱比锡红牛即使取胜也还是排名第 2，而莱比锡红牛此时的积分又比排名第 3 的多特蒙德多 4 分，这场比赛即使输球还是排名第 2，可以说是战意缺乏。在这种背景下，三大变赔还是拉低客胜赔率，哪怕莱比锡红牛近况不好，战意缺少，公司还是利用其历史人气进行强拉诱盘，最后打出主胜。

（2）欧冠 2021～2022 赛季小组赛 E 小组第 6 轮：拜仁慕尼黑 3：0 巴塞罗那。

威　　廉：1.73/4.20/4.33

立　　博：1.67/4.20/4.40

Bet365：1.66/4.33/4.50

主 802，近况 3 连胜，主场近况 4 连胜。客 433。往 613，近 3 次交手拜仁慕尼黑全胜，拜仁慕尼黑主场近 3 次交手全胜，两队最近一次交手是 2021 年 9 月拜仁慕尼黑客场 3：0 胜巴塞罗那。

赛前拜仁慕尼黑已经确定小组第 1 出线权，而巴塞罗那只要取胜即可小组第 2 出线，如果打平或者输球要看同组另一场比赛来决定其是否可以小组出线。上周末巴塞罗那联赛已经适当轮休主力球员，巴塞罗那战意强于拜仁慕尼黑，逆分布格局成立。

（3）欧冠 2021～2022 赛季小组赛 F 小组第 6 轮：曼联 1：1 年轻人。

威　　廉：1.42/4.75/7.50

立　　博：1.40/4.60/7.50

Bet365：1.36/5.00/8.50

主 523，近况 2 连胜。客 226，客场近况 1 平 4 负。往 201，两队最近一次交手是 2021 年 9 月曼联客场 1：2 负年轻人。

赛前曼联已经确定小组第 1 出线权，所以这场比赛轮休了 C 罗。而年轻人虽然已经小组出线无望，但可以争夺小组第 3 的欧联杯淘汰赛资格，而且两队小组首次交手时年轻人主场逆转战胜了曼联，战意上强于曼联，逆分布格局成。

（三）缓冲分布

这是一类比较隐蔽的人气分布格局，属于综合实力接近或者相当的两队对战。对阵双方各有缺点，谁的缺点更大更明显，或者两队近况状态都好，其中谁的状态给大众感觉更好，人气分布就会向着缺点更小或者状态更优的一方倾斜，可为平局或者另一方的胜出提供筹码分布上的缓冲。在实际比赛中，很多冷门赛果与此类对阵有关，想辨析缓冲分布有一定难度。

（1）欧冠 2021～2022 赛季 1/8 淘汰赛次轮：曼联 0：1 马德里竞技。

威　廉：2.00/3.30/3.90

立　博：2.00/3.10/4.00

Bet365：2.00/3.25/4.00

主451。客613，近况3连胜，客场近况2连胜。往010，首轮曼联客场1∶1平马德里竞技。

在首轮交手过后，两队各进行了三场比赛，曼联的成绩是1胜1平1负，马德里竞技是3连胜。单纯看两队近况，是不是都认为马德里竞技的表现更好？就在这场欧冠赛事的3天前，曼联在自己的主场3∶2战胜了热刺。在比赛中，37岁的C罗独中三元，总进球达到了807球，成为"历史最高进球数"的纪录创造者。这一下C罗和曼联成为近期议论的焦点，可想而知，只要欧冠比赛C罗出场，那么曼联的人气肯定会大幅度超过马德里竞技。结果三大变赔抬胜拉负，最后打出了客胜，马德里竞技晋级欧冠8强。

（2）欧冠2021～2022赛季小组赛D小组第6轮：皇家马德里2∶0国际米兰。

威　廉：1.85/3.80/4.00

立　博：1.95/3.60/3.50

Bet365：1.85/3.80/4.00

主910，近况8连胜。客820，近况5连胜。往510，近4次交手皇家马德里全胜，两队最近一次交手是2021年9月皇家马德里客场1∶0胜国际米兰。

这场比赛决定两队小组出线名次，赛前皇家马德里排名第1，小组赛首轮交手皇家马德里又客胜国际米兰，这场比赛只要打平即可获得小组第一出线权。而国际米兰虽然近况也好，但暂时小组排名第2，近况成绩和往绩都不占优。本来应该是皇家马德里为国际米兰提供缓冲，但在上周末的联赛里，皇家马德里队内的主力前锋本泽马伤退，这场欧冠赛事连大名单都没有进入。小组赛前5轮，皇家马德里一共进了12球，其中本泽马自己进了5球，他的伤缺让皇家马德里的优点一下子不明显了，从而形成国际米兰可以为皇家马德里提供缓冲的局面。

（3）西甲2021～2022赛季第9轮：莱万特0∶0赫塔菲。

威　廉：2.38/3.00/3.30

立　博：2.70/2.90/2.80

Bet365：2.70/3.00/2.80

主145，近况4平5负，主场近况2平3负。客127，近况1平7负。往433，莱万特主场近2次交手全胜，两队最近一次交手是2021年5月莱万特客场1∶2负赫塔菲。

这个赛季打到现在，两队都还未尝一胜。其中，莱万特4平4负，赫塔菲1平7负，自然是赫塔菲给大众感觉缺点更大，而且往绩莱万特主场近9次迎战赫塔菲3胜6平。综合这些条件可以看出，变赔只要拉低主胜赔率即可对大众形成诱惑性的暗示引导，三大变赔也确实这样操盘，缓冲分布格局成立。

（四）中庸分布

中庸分布顾名思义是人气分布带有趋向中庸、黏稠、不易调节等特点。像262、343这种两头低中间高的，424这种两头高中间低的，433、334这种一头略微高一点但不明显的分布比例都可以算作是中庸分布行列，所以中庸分布格局在所有赛事中所占比例最大，这类格局的比赛，公司往往会采取主动进行调整的策略，如初赔开得怪异或者变赔大幅度，这样自然会让大众胡思乱想，再结合适时出现的消息、新闻等因素，筹码分布自然就受到影响了。

（1）欧冠2021～2022赛季小组赛B小组第6轮：波尔图1：3马德里竞技。

威　廉：2.75/3.25/2.62

立　博：2.80/3.10/2.50

Bet365：2.75/3.30/2.60

主712，近况2连胜，主场近5连胜。客334。往232，近3次交手波尔图1平2负，两队最近一次交手是2021年9月波尔图客场0：0平马德里竞技。

赛前波尔图只要取胜即可获得小组第2出线权，打平要看同组另外一场比赛结果，才能确定是否可以小组出线，但打平至少可以获得欧联杯淘汰赛资格。马德里竞技则必须全力争胜，即使取胜也要看同组另外一场比赛结果才能确定其是否可以小组出线，而且随后马德里竞技联赛要做客皇家马德里。这个小组中，四支球队里表现最好的是利物浦，其他三队表现都不好，表现最差的就是马德里竞技。但马德里竞技的综合实力肯定要超过波尔图，大众倾向分散，看什么的都有，中庸分布格局成立。

另外，这场比赛值得一提的是，比赛刚刚开场13分钟，马德里竞技的主力前锋苏亚雷斯就表示自己因伤不能再坚持比赛，要求被换下场，这个突发情况的出现，极大地影响了走地盘的分布倾向。

（2）英超2021～2022赛季第16轮：水晶宫3：1埃弗顿。

威　廉：2.30/3.10/3.30

立　博：2.25/3.10/3.25

Bet365：2.30/3.25/3.25

主253，近况1平3负。客226，客场近况2平4负。往055，近13次交手水晶宫7平6负，水晶宫主场近10次交手5平5负，两队最近一次交手是2021年4月水晶宫客场1：1平埃弗顿。

赛前水晶宫刚刚遭遇3连败，这是维埃拉上任后的第一个低谷期，而埃弗顿在经历长期低迷期后，上轮终于主胜阿森纳，双方人气此消彼长。但因为水晶宫占据主场优势，所以人气分布趋向中庸，而两队综合实力有一定差距，又不能看作是缓冲分布，所以归入中庸分布格局类型。

（3）西甲2021～2022赛季第17轮：卡迪斯1：1格拉纳达。

威　廉：2.50/3.10/3.00

立　博：2.40/3.10/3.00

Bet365：2.37/3.10/3.10

主235，主场近况5平5负，3天后国王杯做客阿尔瓦塞特。客433，近况2连胜，3天后国王杯做客曼查雷亚尔。往243，卡迪斯主场近2次交手全平，两队最近一次交手是2021年5月卡迪斯客场1:0胜格拉纳达。

赛前卡迪斯近况表现差，但卡迪斯占据主场优势，而且上赛季卡迪斯主平客胜格拉纳达。格拉纳达近两场比赛客平毕尔巴鄂竞技后又主胜阿拉维斯，有比较明显的回暖迹象。两队各有优缺点，大众难以形成比较统一的人气分布倾向，中庸分布格局成立。

（4）说明。

关于中庸分布需要特别说明，像262、343这种分布倾向经常会出现在大众认为两队都已经是酱油心态的比赛上。一定要注意，是大众认为两队没有战意了，实际上，我们要仔细辨别这种情况下两队是否真的战意缺少。

还有就是424这种分布，大众经常认为会出现在德比战、强强对话、两队都要力争保级、两队都要抢夺欧战资格等赛事中，而实际情况要辨别对阵的两队战意是否真的那么强。

二、筹码分布

足球比赛分析一定要明确一个观点：人气分布与筹码分布是两回事。很多彩民喜欢查看不同网站上的比赛人气调查，如国内的有懂球帝、澳客网等。大家往往认为上面的人气分布比例就代表这场比赛投注金的大致分布比例，实际上不是如此。

做调查与真金白银的购买有很大区别，调查时我们可以在胜平负之间随意选择，没有任何顾忌。但用自己的钱去投注时就有了心理负担，这点对所有人来说都一样。调查时选择了主胜，购买时未必是单挑主胜，可能会产生变化而购买了平负其中一项或者做了双选。也有可能从标准盘改为了附加盘，如从单选主胜改为平手盘或者平局下退款的主胜等盘口。

意甲2021～2022赛季第22轮：莎索罗2:4维罗纳。

威　廉：2.10/3.70/3.20	终赔：2.38/3.30/3.00
立　博：2.10/3.60/3.25	终赔：2.40/3.40/2.80
Bet365：2.20/3.50/3.10	终赔：2.37/3.50/2.87

主352，主场近况1平1负，3天半后意大利杯主场迎战卡利亚里。客325。往622，近3次交手莎索罗全胜，两队最近一次交手2021年8月莎索罗客场3:2胜维罗纳。

上一轮莎索罗客场大胜恩波利，但队内最佳射手兼最佳助攻手贝拉尔迪领到了一张黄牌，现在累计5张黄牌停赛，但上轮各入两球的拉斯帕多里和斯卡马卡这场比赛都可以正常出赛。

　　不少大众看到贝拉尔迪虽然缺赛，但莎索罗其他两大射手都能出赛，认为公司变赔大幅度抬高主胜赔率是一种阻盘的体现，但这种抬高确实带来了一定的心理焦虑，导致彩民对标准盘的主胜信心减弱，开始寻求附加盘的机会。这场比赛赛前国外人气调查主胜接近 60%，而筹码分布则是标准盘与附加盘共同成为主力受注盘。

　　另外，这场比赛值得一说的是，像贝拉尔迪这种球员对于莎索罗来说，缺赛抬高 0.3 左右并不过分。但三大开出初赔的时候还不知道贝拉尔迪这场比赛会停赛，而初赔开出时的主胜实盘位应在 1.95 左右，所以从初赔三大就开高了主胜赔率，随后贝拉尔迪领到了黄牌！

　　近些年来，笔者在进行比赛分析的时候经常是标准盘与附加盘一起研究。比如，主胜赔率 2.50，此时并不是说主胜筹码分布超过了四成，就肯定打不出主胜了，博彩公司并不是所有比赛的标准盘都能做到盈利。但对于热点高的如世界杯、欧洲杯、五大联赛、欧冠、欧联等赛事，公司基本都可以实现把赛前标准盘、附加盘、走地盘作为一个大的整体而盈利的目标。

第十三章　影响分布的因素

一、常态条件

（一）近况、未来以及往绩

（1）两队近10场成绩：有的彩友喜欢看近6场，笔者习惯是参考近10场，而且不对赛事进行区分：

1）主队主场近10场成绩。

2）客队客场近10场成绩。

（2）两队近期是否有连胜或者连平负的情况：

1）主队主场近期是否有连胜或者连平负的情况。

2）客队客场近期是否有连胜或者连平负的情况。

（3）两队近期是否有胜强或负弱的情况：

1）主队主场近期是否有胜强或负弱的情况。

2）客队客场近期是否有胜强或负弱的情况。

（4）两队近期是否有大比分胜或负的情况：

1）主队主场近期是否有大比分胜或负的情况。

2）客队客场近期是否有大比分胜或负的情况。

（5）两队最近一场比赛成绩：

1）主队主场同性质赛事最近一场比赛成绩。

2）客队客场同性质赛事最近一场比赛成绩。

3）两队最近是否有联赛、杯赛等影响体力的赛事（已经结束的比赛）。

（6）两队未来比赛情况：

1）两队未来5场比赛情况，这个是看趋势。

2）两队未来最近一场比赛的情况（是否为决定性赛事，如影响夺冠、保级、欧战区排名、外战杯赛出线权等）。

（7）两队往绩近10场成绩：

1）两队往绩近期是否有连胜或者连平负的情况。

2）两队往绩近期是否有大比分胜或负的情况。

3）两队往绩主队主场近期是否有连胜或者连平负的情况。

4）两队往绩客队客场近期是否有连胜或者连平负的情况。

5）两队往绩主队主场近期是否有大比分胜或负的情况。

6）两队往绩客队客场近期是否有大比分胜或负的情况。

7）两队最近一次交手成绩（是否为同赛季，影响权重不一样）。

8）两队最近一次同性质赛事的交手成绩（杯赛是否为双循环比赛，影响权重不一样）。

（二）俱乐部、球队、教练、球员

（1）俱乐部的规模。

（2）球队打法。

（3）球队体系成熟度。

（4）球队心理成熟度。

（5）球队组织纪律性。

（6）教练情况（名气、性格、擅长打法）。

（7）球员伤停情况：这点影响非常大，尤其是关键球员的伤停或者复出。

（8）球员伤停的位置：同位置替补球员的情况。

（9）球队核心球员近期发挥情况。

（三）两队数据

（1）两队在当赛季本赛事中的各自排名对比。

（2）两队在当赛季本赛事中的各自积分对比。

（3）两队在当赛季本赛事中的各自进球数对比。

（4）两队在当赛季本赛事中的各自失球数对比。

（5）两队在当赛季本赛事中的主客场排名对比：主队看所有球队主场总体排名在多少位，客队看所有球队客场排名在多少位。

（6）两队在当赛季本赛事中的主客场积分：主队看自己的主场拿分，客队看自己的客场拿分。

（7）两队在当赛季本赛事中的主客场进球数：主队看自己的主场进球数，客队看自己的客场进球数。

（8）两队在当赛季本赛事中的主客场失球数：主队看自己的主场失球数，客队看自己的客场失球数。

（9）两队近 10 场比赛的各自进球数。

（10）两队近 10 场比赛的各自失球数。

（11）两队在往绩中近 10 场比赛的各自进球数。

（12）两队在往绩中近 10 场比赛的各自失球数。

（四）本场因素

（1）赛前两队是否各自有利好和利差新闻或者消息等（重要球员的伤停或复出、

俱乐部财政问题、教练和球员的关系、教练和俱乐部的关系等）。

（2）本场比赛是否影响夺冠（只有主队受到影响、只有客队受到影响、两队都受到影响、两队都不受到影响）。

（3）本场比赛是否影响争夺下赛季欧战资格（只有主队受到影响、只有客队受到影响、两队都受到影响、两队都不受到影响）。

（4）本场比赛是否影响保级或者升降级（只有三队受到影响、只有客队受到影响、两队都受到影响、两队都不受到影响）。

（5）本场比赛是否影响晋级、淘汰（只有主队受到影响、只有客队受到影响、两队都受到影响、两队都不受到影响）。

（6）两队联赛等级是否相差，如果相差谁占优（例如：同一个国家内的英超球队对阵英冠球队，那肯定是英超球队更吸引人气；非同一个国家两支球队对战，英超球队可能就比葡超或者荷甲球队更受欢迎）。

（7）比赛是否在中立场进行。

（8）两队在其他因素里哪方占优（人文、环境、地区、场地、民众、气候）。

（9）本场比赛时间：比赛时间，早、中、晚场的分布都不相同。

（10）本场比赛同时间是否有其他赛事分流，即是否有组合做盘的可能性。

（11）本场比赛性质级别（顶级赛事、次级赛事、一般赛事、低级赛事）。

二、非常态条件

（1）两队渊源（德比、派系、关系等）。

（2）两队在大众心中的基础实力定位，也就是说大部分是如何看待两队的，是强队、中游球队还是弱旅。

（3）两队在大众心中是否有形象定位（主场龙、客场虫、专克强队、尽负弱旅、遇强不胜、对弱稳定、联赛强军、联赛鱼腩、杯赛大师、杯赛酱油等）。

（4）两队历史成绩（赛事冠军、从来没夺冠过、多次进头几名、多次排中游、多次排中下游、进入各种赛事决赛的情况、升班马、经常升降级）。

第十四章　赔率数值的高和低

研究赔率的新手在达到一定层次后会开始思考，到底开出什么样的一组赔率才是适合的？胜赔、平赔、负赔的位置是开高了还是开低了？其实对于公司而言，每一场比赛都不止一种开法。做局的思路有多种，从中选出最适合这场比赛的策略就可以了。公司因为有庞大的数据库支撑，它们可以从数据库中寻找出以往与当前比赛类似的案例进行参考。可以看到该类型的比赛总体受注规模一般是在什么范围内，大致的投注人群是什么类型，以往这类型的比赛采用什么做盘设局思路效果比较好，等等。有了这些数据做参考，再结合本场比赛的结果以及赛前情况等各方面因素，从众多的做盘思路中选择出最适合这场比赛的策略进行开赔。

但我们普通彩民，没有能力收集翔实可靠的球员、教练、场地、天气等数据，更没有能力通过这些数据计算赛果。而且我们也不能清楚明确地知道每场比赛的受注筹码总数，不能得知胜平负三项的受注比例是什么。那么我们怎么办？所以现在需要进阶一个层次来思考。

前面提到，公司开赔是多种策略进行选择，实际上这些选择会有差异性，主要体现在利润目标或者综合目标上。有时这些选择间差异很小，有时则很大。但归根结底无非是两种思维的体现，那就是实盘思维方向和韬盘思维方向。其中，实低盘和实盘都算作实盘思维，而中庸盘、韬光盘和韬高盘都算作韬盘策略。所以公司开出的每场比赛都是在两种大的思维方向中做选择，也就是从两个优解中选择一个。

开盘的选择是一对矛盾统一体。降低水位就会增加信心，但想降低赔付就需要降低水位。抬高水位可以阻滞信心，但抬高水位一定会增加赔付。公司需要进行辩证统一的工作，以有效驾驭这对矛盾。简单的理解是：实盘方向是以降低赔付占主导思维的开盘模式。韬盘方向是以阻碍、阻滞、降低大众信心占主导思维的开盘模式。在现实中，公司有时会开出介于实盘与韬盘之间的赔率组合，也就是实盘和韬盘的中间态，定义为中庸思维开赔模式。

我们分析一场比赛，首先是通过定位两队综合实力的方法来分析这场比赛实盘和韬盘位置分别在哪。这两个位置的中间就是中庸位。这样通过三种比赛结果和三种开赔思维模式进行两两组合，可以得到九种排序。笔者取名叫"三再三"组合，分别如下：

低赔方实盘赛果打出、低赔方中庸赛果打出、低赔方韬盘赛果打出；

平赔实盘赛果打出、平赔中庸赛果打出、平赔韬盘赛果打出；

高赔方实盘赛果打出、高赔方中庸赛果打出、高赔方韬盘赛果打出。

通过以上排序可以看出，一组赔率中不光是低赔方存在实、中、韬三个位置，高赔方和平赔一样存在。所以在实际比赛中，有可能出现低赔中庸、平赔实盘、高赔韬盘或者低赔实盘、平赔韬盘、高赔中庸等各种情况。通过笔者分析的几万场比赛看，不敢肯定说三者都为实盘或都为韬盘的情况不存在，但目前为止还没有遇到过。笔者理解是因为受限于返还率，全部实盘达不到公司自己承诺的返还率要求，完全韬盘又超出了返还率的上限，所以公司设局做套必须是阻盘和诱盘结合，因此，赔率本质上是连通器、跷跷板的思维体现。

那么低赔方的位置可以通过定综实找区间的方法获得，平赔和高赔方的位置区间怎么办？还记得前文提到的赔率统计表吗？威廉、立博、Bet365 这些公司的赔率组合虽然这几年有增多趋势，但数量总归还是有限的。把低赔方这个数值搭配的所有赔率组合中的平赔和高赔都统计起来，平赔和高赔的区间范围就有了，其中，最低数值是实盘位，最高数值是韬盘位，中间数值是中庸位。现在再看胜平负是开高还是开低这个问题，是不是就清晰了很多？

下面进入案例讲解。

一、低赔方

（一）低赔方实盘位

英超 2021～2022 赛季第 4 轮：埃弗顿 3：1 伯恩利。

威　廉：1.78/3.60/4.50

立　博：1.73/3.60/4.60

Bet365：1.70/3.60/5.00

主 421，近况 2 连胜，主场近况 2 连胜。客 223，近况 2 平 3 负。往 415，近 2 次交手埃弗顿 1 平 1 负，两队最近一次交手是 2021 年 3 月埃弗顿主场 1：2 负伯恩利。

低赔方实盘位在 1.67～1.75。这个赛季开始后，埃弗顿前 3 轮 2 胜 1 平，而伯恩利则是 1 平 2 负。赛前埃弗顿主力中后卫霍尔盖特轮休，主力前锋勒温伤缺，其中，勒温的缺赛对埃弗顿综实影响颇大。三大初赔开在实盘范围内，变赔初期全部拉低主胜水位，到了两队首发名单排出后，又全部抬高主胜水位，但抬高后始终保持在实盘范围内震荡。笔者理解是公司认为即使勒温缺赛，这场比赛埃弗顿拿下也没有问题。因为勒温在前三轮全部有进球，他缺赛后不抬高主胜水位的话反而会引起大众怀疑，所以主胜水位有抬高（相比已经变赔初赔的主胜位而言）但不过度，不会超过实盘位增加额外赔付。

（二）低赔方中庸位

德甲 2017～2018 赛季第 33 轮：法兰克福 3：0 汉堡。

威　廉：1.85/3.75/4.00

立　博：1.95/3.50/3.70

Bet365：1.57/4.00/5.50

主 415，近况 2 连负，主场近况 1 平 1 负。客 325，近况 2 连胜。往 451，法兰克福主场近 2 次交手全平，两队最近一次交手 2017 年 12 月法兰克福客场 2∶1 胜汉堡。

低赔方实盘位在 1.70～1.80。当时的形势是法兰克福联赛排名第 7 积分 46，排名第 4 的霍芬海姆积分 52。因为法兰克福当时的联赛净胜球是负 2 个，而霍芬海姆当时的净胜球是正 18 个，所以即使法兰克福联赛最后两轮全胜拿下 6 分，其他能竞争欧冠资格的球队在最后两轮全部输球，法兰克福也不能获得下赛季的欧冠资格。而同时法兰克福已经进入当赛季的德国杯决赛，决赛对手是拜仁慕尼黑，拜仁慕尼黑当时已经联赛夺冠获得了下赛季的欧冠资格，所以法兰克福即使在德国杯决赛中输球，也能获得下赛季的欧联杯资格，这样看来法兰克福联赛已经没有战意。反观汉堡就不行了，当时联赛排名 17 积分 28，而同轮排名第 16 的沃尔夫斯堡积分 30。近况是法兰克福 2 连败，汉堡 2 连胜。把当时赛前背景情况一一写明，彩友应该就能理解这场比赛威立为什么要开中庸盘口了，三大公司中，Bet365 虽然初赔开低主胜位，但变赔跟随其他两大脚步抬高主胜水位进入中庸区间，最后顺利打出主胜。

（三）低赔方韬盘位

西甲 2019～2020 赛季第 7 轮：格拉纳达 1∶0 雷加利斯。
威　廉：2.25/3.20/3.40
立　博：2.25/3.00/3.50
Bet365：2.20/3.00/3.60
主 721。客 334，近况 3 平 4 负。往 103，两队最近一次交手是 2017 年 3 月格拉纳达客场 0∶1 负雷加利斯。

低赔方实盘位在 1.83～1.95。格拉纳达是当赛季西甲的升班马，其在季前友谊赛的时候表现很不错，联赛前 6 轮 3 胜 2 平 1 负，上个主场刚刚赢了巴塞罗那。雷加利斯这边是前 6 轮 2 平 4 负，但近两场连平瓦伦西亚与毕尔巴鄂竞技两支劲旅。这场比赛看似格拉纳达占尽优势，为何初赔韬开，变赔继续抬高主胜水位还能打出主胜？有意思的一点是，赛前人气倾向居然是中庸分布，比例大概是 433，为何雷加利斯拉力这么强？有三点原因：①格拉纳达是这个赛季的升班马，从季前赛到前 6 轮一直表现不错，市场开始期待格拉纳达了；②雷加利斯在 2018～2019 赛季最终排名第 13，连平两支劲旅后，市场上有相当数量的大众看好要反弹；③两队往绩交手格拉纳达不占优，尤其是近 2 次交手全败。所以，这场比赛公司在开盘之前就做好了强韬的准备，为此还专门低开平赔水位营造洼地效果，最后打出主胜。

二、平赔

（一）平赔实盘位

意甲 2019～2020 赛季第 6 轮：卡利亚里 1∶1 维罗纳。

威　　廉：2.30/3.20/3.20
立　　博：2.20/3.10/3.40
Bet365：2.37/3.10/3.10

主 523，近况 3 连胜。客 261，近况 1 平 2 负。往 424，两队最近一次交手是 2018 年 4 月卡利亚里客场 0：1 负维罗纳。

平赔实盘位在 3.00～3.20。卡利亚里赛季开始后前两轮 2 连败，随后调整状态完成一波 3 连胜，上轮更是客场战胜了那不勒斯；维罗纳则是这个赛季意甲的升班马，赛季前两轮 1 胜 1 平，随后 3 轮 1 平 2 负。两队近况正好是呈基本完全相反的状态，而往绩上虽然看似比较均衡，但看近 6 次交手无一平局，而且卡利亚里胜少负多。这场比赛三大公司把主胜全部严重高开，变赔保持主胜高位，同时又全部抬高客胜水位超过平赔。这样的话，整体思路是卡利亚里近况好信心足，所以抬高主胜做加水诱盘，同时变赔把客胜水位调整为回报最高值，弱化平赔的存在感，平赔数值始终在实盘范围内震荡，最后顺利打出平局。

（二）平赔中庸位

西甲 2019～2020 赛季第 20 轮：毕尔巴鄂竞技 1：1 塞尔塔。
威　　廉：1.83/3.40/4.75
立　　博：1.83/3/30/4.60
Bet365：1.80/3.40/4.75

主 541，3 天后国王杯做客埃尔切。客 334，3 天后国王杯做客米兰德斯。往 712，两队最近一次交手是 2019 年 10 月毕尔巴鄂竞技客场 0：1 负塞尔塔。

平赔实盘位在 3.10～3.25。当时毕尔巴鄂竞技的情况明显好过塞尔塔，这场比赛的初赔在西甲第 19 轮前就开出，当时毕尔巴鄂竞技的主力门将伤停，已经确认要缺赛一段时间，所以初赔开高主胜数值。此时其实已经有了异常，因为主力门将缺赛导致精算结果后主胜位也不应该开进 3 区间内。随后二次初赔威廉与 Bet365 进一步抬高主胜水位，不久后立博也跟随，这种缓慢抬高主胜的操盘策略一直持续到赛前两个小时左右，也就是大众刚刚可以得知准确的首发名单后，三大公司突然全部大幅度拉胜抬客，到临场终赔三大公司把赔率数值全部调整回到初赔范围左右。

整体思路是先利用毕尔巴鄂竞技主力门将伤停开高主胜，让大众感觉是因为实力导致的正常调整，随后在前提的受注低潮阶段缓慢抬高主胜水位，目的是最好在受注最高峰时刻突然大幅度拉低主胜，让大众认为公司有了什么内幕所以才进行大幅度拉低，其实是想在保持主胜水位肉的厚度前提下，一种变相地拉胜分平。

（三）平赔韬盘位

德甲 2019～2020 赛季第 9 轮：勒沃库森 2：2 云达不来梅。
威　　廉：1.60/4.33/5.25

立　博：1.57/4.20/5.20

Bet365：1.53/4.33/5.50

主325，近况1平3负，刚刚欧冠小组赛客负马德里竞技，3天后德国杯主场迎战帕德博恩。客334，近况3平2负，4天后德国杯主场迎战海登海姆。往334，勒沃库森主场近2次交手1平1负，两队最近一次交手是2019年3月勒沃库森主场1：3负云达不来梅。

平赔实盘位在3.50～3.70。当时两队近况都不好，勒沃库森是各项赛事4场不胜，云达不来梅则各项赛事5场不胜，随后两队还都有国内杯赛分心。两队中肯定是勒沃库森实力强而且人气更高，但两队最近一次交手云达不来梅客场大胜勒沃库森，这让一部分大众产生期望值。所以，三大公司把主胜与客胜的赔率数值实盘开出，平赔数值是韬盘开出。因为开赔时间比较早，到了二次初赔最大的变化是勒沃库森主力中场哈弗茨伤停，导致勒沃库森综合实力有所下降，因此三大公司变赔全部采取略微抬高主胜然后对应拉低客胜水位的调整，也就是采取短赔策略，而平赔数值始终处在韬位震荡。从始至终营造强烈分胜负的感觉，从初赔坚持到终赔，最后打出平局。

三、高赔方

（一）高赔方实盘位

意甲2019～2020赛季第16轮：博洛尼亚2：1亚特兰大。

威　廉：3.75/3.60/1.95

立　博：3.40/3.60/2.00

Bet365：3.60/3.60/1.95

主226，近况2连负，主场近况1平2负。客532，近况4连胜，刚刚欧冠客场大胜顿涅茨克矿工后小组出线。往109，近7次交手博洛尼亚全负，两队最近一次交手是2019年4月博洛尼亚客场1：4负亚特兰大。

高赔方实盘位在3.30～3.70。当时亚特兰大刚刚创造了一个纪录，3天前欧冠小组赛最后一轮客场大胜顿涅茨克矿工后成为欧冠历史上第一支欧冠小组赛前3轮全负后还能小组出线的球队。这场比赛初赔开出时，亚特兰大已经完成2连胜，人气已经开始上涨，虽然初赔三大公司都把客胜位开低了，但把主胜位也开低就是不正常的体现。如果说主胜位开低是因为博洛尼亚在联赛第14轮刚刚客胜那不勒斯的话，那随后博洛尼亚就是杯赛联赛两连败，而到二次初赔主胜位依然保持在实盘范畴内，此时亚特兰大已经完成一波4连胜，可以说气势如虹，往绩上博洛尼亚又是7连败，平赔还始终顶在高位的回报最高点，这样的比赛不出冷门还有什么比赛能出冷门？

（二）高赔方中庸位

英超2018～2019赛季第27轮：莱切斯特城1：4水晶宫。

威　廉：2.35/3.20/3.20

立　博：2.20/3.20/3.40

Bet365：2.25/3.20/3.25

主316，近况1平5负，主场近况3连负。客523。往325，近4次交手莱切斯特城1平3负，两队最近一次交手是2018年12月莱切斯特城客场0：1负水晶宫。

高赔方实盘位在2.90～3.10。这场比赛对于看盘老手来说是一场很不好猜的比赛，记得当时笔者就预测错了，赛前认为是场平局。

赛前情况是莱切斯特城近况非常糟糕，而且队内伤病众多，反观水晶宫则近况表现不错，队内也有伤病，但情况不如莱切斯特城严重，往绩近3次交手莱切斯特城全败。笔者预测错误的原因是，认为莱切斯特城近况糟糕，而且伤病严重，所以如果要打出主胜，变赔应该抬胜阻盘，同时不看好客胜的理由是水晶宫既然近况、人员、往绩都好过莱切斯特城，变赔不应该再突出客胜水位的回报丰厚感。赛后复盘发现这场比赛主胜人气分布还是占到半数以上（估计与很多大众看好莱切斯特城要反弹有关），所以如果要打出平局，变赔应该采取胜负拉伸或者是错向调整的策略，其中胜负拉伸策略为更优解。这里要注意一点，错向调整也是变赔抬高主胜位。与打出主胜的区别是：如果要打出主胜，变赔抬胜拉平负保留；而打出平局是抬胜平保留负拉低。

（三）高赔方韬盘位

西甲2017～2018赛季第3轮：雷加利斯1：2赫塔菲。

威　廉：2.00/3.00/4.40

立　博：1.91/3.00/4.20

Bet365：1.90/3.25/4.33

主511，近况3连胜。客031，前2轮1平1负。往522，两队最近一次交手是2004年5月西乙雷加利斯主场0：0平赫塔菲。

高赔方实盘位在3.40～3.75。2015～2016赛季，雷加利斯冲甲成功，而赫塔菲则降入西乙。双方经过一个赛季的征战，在2016～2017赛季雷加利斯最终排名第17，将保级成功，而赫塔菲最终经过升级附加赛冲甲成功。此时若论人气，谈不上高低差距特别明显。但2017～2018赛季开局，雷加利斯就完成了一波2连胜，赫塔菲则1平1负。如果说历史人气差别不大，此时即时人气开始体现差距。恰逢这场比赛是联赛第3轮的首场比赛，属于独立时间段的赛事。

在赛季刚开始，雷加利斯近况2连胜，又没有重要人员伤病，随后也没有其他比赛分心，初赔客胜位韬开的背景下，三大公司把主胜位还开高，明显就是在进行诱盘，因而初赔就否定主胜。既然初赔主胜和客胜位都开高，平赔水位肯定就是开低了，可如果要打出平局，首先初赔就不应该把平赔水位开得过低，造成了平局洼地效果；其次变赔应该借助雷加利斯近况2连胜的余威进行拉胜诱盘，三大公司怎么做的呢？变赔主胜抬高平赔震荡客胜拉低，到此大家也看出端倪了。

第十五章　赔率组合

一、注解

（1）五大联赛近五个赛季所有球队所有比赛的赔率，包括联赛、欧冠、欧联、国内杯赛、世俱杯、升降级附加赛等。

（2）因为篇幅有限，这里只收录 93～95 体系所有赔率组合。其他体系赔率组合会在笔者微信公众号上逐渐发出。

（3）三大赔率组合中的 1.16（1.17）、1.28（1.29）、1.61（1.62）、1.66（1.67）、1.72（1.73）、1.90（1.91）、2.37（2.38）、2.87（2.88）实际都为同一数值，只不过是三大公司赔率数值从分数盘转换成小数盘后的不同体现形式。

（4）这一篇非常重要，自己开赔时可作为参考依据。

二、赔率组合

表 15-1　赔率组合

威廉				立博				Bet365			
胜	平	负	体系	胜	平	负	体系	胜	平	负	体系
左倾				左倾				左倾			
1.01	21.0	46.0	94	1.02	21.0	41.0	95	1.02	16.0	41.0	94
1.02	13.0	46.0	93	1.02	26.0	126	97	1.02	17.0	37.0	93
1.02	13.0	51.0	93	1.03	19.0	41.0	94	1.02	19.0	23.0	95
1.02	15.0	41.0	93	1.04	17.0	34.0	95	1.02	23.0	23.0	94
1.02	15.0	51.0	94	1.04	19.0	81.0	97	1.02	23.0	41.0	95
1.02	17.0	51.0	94	1.05	15.0	81.0	97	1.03	15.0	34.0	94
1.02	17.0	101	95	1.05	17.0	61.0	97	1.03	17.0	29.0	94
1.03	12.0	41.0	93	1.06	11.0	34.0	94	1.04	13.0	34.0	94
1.03	13.0	41.0	93	1.06	11.0	41.0	94	1.04	15.0	29.0	94
1.03	15.0	29.0	93	1.06	12.0	41.0	95	1.04	15.0	34.0	95
1.03	15.0	41.0	94	1.06	13.0	34.0	95	1.05	11.0	21.0	92
1.03	17.0	51.0	95	1.06	13.0	41.0	96	1.05	11.0	34.0	93

续表

威廉				立博				Bet365			
胜	平	负	体系	胜	平	负	体系	胜	平	负	体系
左倾				左倾				左倾			
1.04	13.0	26.0	93	1.06	13.0	46.0	96	1.05	12.0	34.0	94
1.04	13.0	41.0	94	1.06	13.0	71.0	97	1.05	13.0	23.0	93
1.04	15.0	29.0	94	1.06	15.0	34.0	96	1.05	13.0	26.0	94
1.04	15.0	34.0	95	1.06	15.0	41.0	97	1.05	13.0	29.0	94
1.05	12.0	23.0	93	1.06	15.0	46.0	97	1.05	13.0	35.0	95
1.05	12.0	36.0	94	1.06	15.0	51.0	97	1.05	13.0	41.0	95
1.05	12.0	41.0	94	1.06	15.0	56.0	97	1.05	15.0	23.0	94
1.05	13.0	26.0	94	1.06	15.0	61.0	97	1.05	15.0	26.0	95
1.05	13.0	29.0	94	1.07	10.0	29.0	94	1.06	11.0	26.0	93
1.05	13.0	34.0	94	1.07	10.0	41.0	94	1.06	11.0	29.0	94
1.05	15.0	26.0	95	1.07	11.0	34.0	95	1.06	11.0	34.0	94
1.05	15.0	34.0	95	1.07	12.0	41.0	96	1.06	12.0	23.0	93
1.06	12.0	26.0	94	1.07	12.0	46.0	96	1.06	12.0	26.0	94
1.06	12.0	29.0	94	1.07	12.0	51.0	96	1.06	12.0	29.0	94
1.06	12.0	34.0	95	1.07	13.0	34.0	96	1.06	13.0	21.0	94
1.06	13.0	23.0	94	1.07	13.0	41.0	97	1.06	13.0	23.0	94
1.07	9.50	41.0	94	1.07	13.0	46.0	97	1.06	15.0	29.0	96
1.07	10.0	26.0	93	1.07	13.0	51.0	97	1.07	10.0	29.0	94
1.07	10.0	36.0	94	1.08	9.50	29.0	94	1.07	10.0	34.0	94
1.07	11.0	26.0	94	1.08	10.0	34.0	95	1.07	11.0	23.0	94
1.07	11.0	29.0	94	1.08	11.0	34.0	96	1.07	11.0	26.0	94
1.07	11.0	34.0	95	1.08	11.0	41.0	96	1.07	11.0	29.0	94
1.07	11.0	36.0	95	1.08	11.0	46.0	96	1.07	11.0	34.0	95
1.07	12.0	21.0	94	1.08	11.0	51.0	96	1.07	12.0	21.0	94
1.07	12.0	23.0	94	1.08	12.0	34.0	96	1.07	12.0	23.0	94
1.07	12.0	29.0	95	1.08	12.0	41.0	97	1.07	13.0	17.0	93
1.08	9.00	34.0	93	1.09	9.00	29.0	94	1.07	13.0	21.0	94
1.08	9.50	29.0	94	1.09	9.50	29.0	95	1.08	9.00	29.0	93
1.08	10.0	26.0	94	1.09	10.0	34.0	96	1.08	10.0	23.0	94
1.08	10.0	34.0	95	1.09	11.0	29.0	96	1.08	10.0	24.0	94
1.08	11.0	21.0	94	1.09	11.0	34.0	96	1.08	10.0	25.0	94

续表

威廉				立博				Bet365			
胜	平	负	体系	胜	平	负	体系	胜	平	负	体系
左倾				左倾				左倾			
1.08	11.0	23.0	94	1.09	11.0	41.0	97	1.08	10.0	26.0	94
1.08	11.0	26.0	95	1.10	8.00	26.0	93	1.08	11.0	19.0	94
1.08	11.0	29.0	95	1.10	8.00	29.0	94	1.08	11.0	21.0	94
1.08	12.0	21.0	95	1.10	8.50	23.0	93	1.08	11.0	23.0	94
1.10	8.00	51.0	95	1.10	8.50	29.0	94	1.08	11.0	26.0	95
1.10	8.50	19.0	93	1.10	9.50	41.0	96	1.08	11.0	34.0	96
1.10	8.50	29.0	94	1.10	10.0	26.0	95	1.09	10.0	19.0	93
1.10	9.00	17.0	93	1.10	10.0	29.0	96	1.09	10.0	23.0	94
1.10	9.00	21.0	94	1.10	10.0	34.0	96	1.10	8.00	17.0	92
1.10	9.00	23.0	94	1.10	11.0	26.0	96	1.10	8.00	20.0	92
1.10	9.00	26.0	94	1.10	11.0	29.0	97	1.10	8.50	26.0	94
1.10	9.00	29.0	95	1.10	11.0	34.0	97	1.10	9.00	19.0	93
1.10	9.50	21.0	94	1.11	8.00	19.0	93	1.10	9.00	20.0	93
1.10	9.50	23.0	95	1.11	8.00	21.0	93	1.10	9.00	21.0	94
1.10	9.50	26.0	95	1.11	8.00	26.0	94	1.10	9.00	22.0	94
1.10	9.50	29.0	95	1.11	8.50	23.0	94	1.10	9.00	23.0	94
1.10	10.0	19.0	94	1.11	8.50	26.0	95	1.10	9.50	19.0	94
1.10	10.0	23.0	95	1.11	8.50	29.0	95	1.10	9.50	21.0	94
1.10	11.0	21.0	95	1.11	8.50	34.0	95	1.10	10.0	17.0	94
1.11	8.00	26.0	94	1.11	9.00	23.0	95	1.10	10.0	18.0	94
1.11	8.50	17.0	93	1.11	9.00	26.0	95	1.10	10.0	19.0	94
1.11	8.50	23.0	94	1.11	9.00	29.0	96	1.10	10.0	21.0	95
1.11	8.50	29.0	95	1.11	9.00	34.0	96	1.10	10.0	23.0	95
1.11	8.50	34.0	95	1.11	9.00	41.0	96	1.10	10.0	26.0	95
1.11	9.00	15.0	93	1.11	9.00	46.0	97	1.10	11.0	15.0	94
1.11	9.00	21.0	94	1.11	9.50	21.0	95	1.10	11.0	21.0	95
1.11	9.00	23.0	95	1.11	9.50	23.0	95	1.11	7.00	21.0	92
1.11	9.00	26.0	95	1.11	9.50	26.0	96	1.11	8.00	23.0	94
1.11	9.50	21.0	95	1.11	9.50	29.0	96	1.11	8.50	21.0	94
1.11	9.50	23.0	95	1.11	9.50	34.0	97	1.11	9.00	17.0	93

续表

威廉				立博				Bet365			
胜	平	负	体系	胜	平	负	体系	胜	平	负	体系
左倾				左倾				左倾			
1.11	10.0	17.0	94	1.11	10.0	23.0	96	1.11	9.00	19.0	94
1.11	10.0	19.0	95	1.11	10.0	26.0	96	1.11	9.00	21.0	94
1.11	11.0	17.0	95	1.11	10.0	29.0	97	1.11	9.00	23.0	95
1.12	7.50	23.0	93	1.12	7.00	26.0	93	1.11	10.0	19.0	95
1.12	8.00	21.0	94	1.12	7.50	34.0	94	1.11	11.0	15.0	94
1.12	8.00	23.0	94	1.12	8.00	21.0	94	1.12	7.50	15.0	92
1.12	8.00	26.0	95	1.12	8.00	23.0	94	1.12	7.50	21.0	93
1.12	8.50	19.0	94	1.12	8.00	26.0	95	1.12	7.50	23.0	93
1.12	8.50	21.0	95	1.12	8.50	21.0	95	1.12	8.00	17.0	93
1.12	8.50	23.0	95	1.12	8.50	23.0	95	1.12	8.00	19.0	93
1.12	8.50	26.0	95	1.12	8.50	26.0	95	1.12	8.00	21.0	94
1.12	9.00	15.0	93	1.12	8.50	29.0	96	1.12	8.00	23.0	94
1.12	9.00	17.0	94	1.12	9.00	21.0	95	1.12	8.50	15.0	93
1.12	9.00	19.0	95	1.12	9.00	23.0	95	1.12	8.50	17.0	94
1.12	9.00	21.0	95	1.12	9.00	26.0	96	1.12	8.50	19.0	94
1.12	9.50	15.0	94	1.12	9.00	29.0	96	1.12	9.00	13.0	93
1.12	9.50	17.0	95	1.12	9.50	21.0	96	1.12	9.00	15.0	93
1.12	10.0	17.0	95	1.12	9.50	23.0	96	1.12	9.00	16.0	94
1.14	7.50	17.0	94	1.12	10.0	21.0	97	1.12	9.00	17.0	94
1.14	7.50	19.0	94	1.14	7.00	21.0	94	1.12	9.00	19.0	95
1.14	7.50	21.0	95	1.14	7.00	23.0	94	1.12	9.00	21.0	95
1.14	7.50	23.0	95	1.14	7.50	17.0	94	1.12	10.0	13.0	93
1.14	8.00	15.0	94	1.14	7.50	19.0	94	1.12	10.5	13.0	94
1.14	8.00	17.0	94	1.14	7.50	21.0	95	1.14	7.00	17.0	93
1.14	8.00	19.0	95	1.14	7.50	23.0	95	1.14	7.00	21.0	94
1.14	8.00	21.0	95	1.14	7.50	26.0	95	1.14	7.00	23.0	94
1.14	8.50	15.0	94	1.14	7.50	29.0	96	1.14	7.50	17.0	94
1.14	9.00	13.0	94	1.14	8.00	19.0	95	1.14	7.50	19.0	94
1.14	9.00	15.0	95	1.14	8.00	21.0	95	1.14	8.00	15.0	94
1.15	6.00	51.0	95	1.14	8.00	23.0	96	1.14	8.00	17.0	94

威廉				立博				Bet365			
胜	平	负	体系	胜	平	负	体系	胜	平	负	体系
左倾				左倾				左倾			
1.15	6.50	23.0	94	1.14	8.00	26.0	96	1.14	8.00	19.0	95
1.15	7.00	19.0	94	1.14	8.50	17.0	95	1.14	8.50	13.0	93
1.15	7.00	23.0	95	1.14	8.50	19.0	95	1.14	8.50	15.0	94
1.15	7.50	15.0	94	1.14	8.50	21.0	96	1.14	8.50	17.0	94
1.15	7.50	17.0	94	1.14	9.00	19.0	96	1.14	9.00	13.0	94
1.15	7.50	19.0	95	1.15	7.00	15.0	95	1.16	6.00	23.0	93
1.15	7.50	21.0	95	1.15	7.00	17.0	93	1.16	6.50	13.0	92
1.15	8.00	15.0	94	1.15	7.00	19.0	94	1.16	6.50	17.0	93
1.15	8.00	17.0	95	1.15	7.00	21.0	94	1.16	6.50	19.0	94
1.15	8.00	19.0	95	1.15	7.00	23.0	95	1.16	7.00	13.0	92
1.17	6.50	15.0	93	1.15	7.50	17.0	94	1.16	7.00	15.0	93
1.17	6.50	17.0	94	1.15	7.50	19.0	95	1.16	7.00	17.0	94
1.17	6.50	19.0	94	1.15	7.50	21.0	95	1.16	7.50	13.0	93
1.17	6.50	21.0	95	1.15	7.50	23.0	96	1.16	7.50	15.0	94
1.17	7.00	13.0	93	1.15	7.50	26.0	96	1.16	7.50	17.0	95
1.17	7.00	15.0	94	1.15	8.00	17.0	95	1.16	8.00	11.0	93
1.17	7.00	17.0	95	1.15	8.00	19.0	95	1.16	8.00	12.0	93
1.17	7.00	19.0	95	1.15	8.00	21.0	96	1.16	8.00	13.0	94
1.17	7.50	13.0	94	1.15	8.50	17.0	96	1.16	8.00	15.0	95
1.17	7.50	15.0	95	1.15	8.50	19.0	96	1.16	9.00	11.0	94
1.17	8.00	13.0	95	1.17	6.00	17.0	93	1.18	6.50	15.0	94
1.18	6.00	15.0	93	1.17	6.50	15.0	93	1.18	6.50	19.0	95
1.18	6.00	19.0	94	1.17	6.50	17.0	94	1.18	7.00	10.0	92
1.18	6.00	21.0	94	1.17	6.50	19.0	94	1.18	7.00	13.0	94
1.18	6.50	13.0	93	1.17	6.50	21.0	95	1.18	7.00	15.0	95
1.18	6.50	15.0	93	1.17	7.00	12.0	93	1.18	7.50	12.0	94
1.18	6.50	17.0	94	1.17	7.00	13.0	93	1.20	5.50	21.0	94
1.18	6.50	19.0	95	1.17	7.00	17.0	95	1.20	5.75	17.0	94
1.18	7.00	13.0	94	1.17	7.00	19.0	95	1.20	6.00	11.0	92
1.18	7.00	15.0	95	1.17	7.00	21.0	96	1.20	6.00	12.0	92

威廉				立博				Bet365			
胜	平	负	体系	胜	平	负	体系	胜	平	负	体系
左倾				左倾				左倾			
1.18	7.00	17.0	95	1.17	7.00	23.0	96	1.20	6.00	15.0	94
1.18	7.50	13.0	95	1.17	7.50	17.0	96	1.20	6.25	14.0	94
1.18	7.50	15.0	95	1.17	7.50	19.0	96	1.20	6.50	11.0	93
1.18	8.00	13.0	95	1.17	7.50	21.0	97	1.20	6.50	12.0	93
1.20	5.80	15.0	93	1.17	8.00	15.0	96	1.20	6.50	13.0	94
1.20	5.80	17.0	94	1.17	8.00	17.0	96	1.20	6.50	14.0	94
1.20	6.00	13.0	93	1.18	6.00	15.0	93	1.20	6.50	15.0	95
1.20	6.00	15.0	94	1.18	6.00	19.0	94	1.20	7.00	11.0	94
1.20	6.00	17.0	94	1.18	6.00	26.0	95	1.20	7.00	12.0	94
1.20	6.50	11.0	93	1.18	6.50	15.0	94	1.20	7.00	13.0	95
1.20	6.50	13.0	94	1.18	6.50	17.0	94	1.20	7.50	10.0	94
1.20	6.50	15.0	95	1.18	6.50	19.0	95	1.20	7.50	12.0	95
1.20	7.00	11.0	94	1.18	6.50	21.0	95	1.20	8.00	9.00	94
1.20	7.00	12.0	94	1.18	7.00	13.0	94	1.22	5.50	11.0	92
1.20	7.00	13.0	95	1.18	7.00	15.0	95	1.22	5.50	15.0	94
1.20	7.50	11.0	95	1.18	7.00	17.0	95	1.22	5.75	13.0	93
1.22	5.50	13.0	93	1.18	7.00	19.0	96	1.22	5.75	15.0	94
1.22	5.50	17.0	94	1.18	7.50	15.0	95	1.22	6.00	10.0	92
1.22	5.80	13.0	94	1.18	7.50	17.0	96	1.22	6.00	11.0	93
1.22	5.80	15.0	94	1.18	7.50	19.0	97	1.22	6.00	12.0	93
1.22	5.80	17.0	95	1.20	5.75	17.0	94	1.22	6.00	13.0	94
1.22	6.00	11.0	93	1.20	5.80	15.0	93	1.22	6.50	10.0	93
1.22	6.00	12.0	93	1.20	6.00	13.0	93	1.22	6.50	10.5	94
1.22	6.00	13.0	94	1.20	6.00	15.0	94	1.22	6.50	11.0	94
1.22	6.00	15.0	95	1.20	6.00	17.0	94	1.22	6.50	12.0	95
1.22	6.50	11.0	94	1.20	6.00	19.0	95	1.22	6.50	13.0	95
1.22	6.50	12.0	95	1.20	6.50	12.0	93	1.22	7.00	10.0	94
1.22	6.50	13.0	95	1.20	6.50	13.0	94	1.22	7.00	11.0	95
1.22	7.00	10.0	94	1.20	6.50	15.0	95	1.22	7.50	9.00	94
1.22	7.00	11.0	95	1.20	6.50	17.0	96	1.25	5.25	11.0	92

威廉				立博				Bet365			
胜	平	负	体系	胜	平	负	体系	胜	平	负	体系
左倾				左倾				左倾			
1.25	5.00	13.0	93	1.20	7.00	13.0	95	1.25	5.25	13.0	94
1.25	5.00	17.0	94	1.20	7.00	15.0	96	1.25	5.50	10.0	92
1.25	5.25	15.0	95	1.20	7.50	13.0	96	1.25	5.50	11.0	93
1.25	5.50	11.0	93	1.22	5.50	13.0	93	1.25	5.50	12.0	94
1.25	5.50	12.0	94	1.22	5.75	13.0	93	1.25	5.50	13.0	94
1.25	5.50	13.0	94	1.22	5.75	15.0	94	1.25	5.75	9.00	92
1.25	5.50	15.0	95	1.22	5.75	17.0	95	1.25	5.75	10.0	93
1.25	5.80	11.0	94	1.22	5.80	13.0	94	1.25	5.75	11.0	94
1.25	5.80	12.0	95	1.22	5.80	15.0	94	1.25	6.00	8.50	92
1.25	5.80	13.0	95	1.22	5.80	17.0	95	1.25	6.00	9.00	93
1.25	6.00	10.0	94	1.22	6.00	11.0	93	1.25	6.00	10.0	94
1.25	6.00	11.0	95	1.22	6.00	12.0	93	1.25	6.00	11.0	95
1.25	6.00	12.0	95	1.22	6.00	13.0	94	1.25	6.00	12.0	95
1.25	6.50	9.00	94	1.22	6.00	15.0	95	1.25	6.25	9.50	94
1.25	6.50	9.50	94	1.22	6.00	17.0	96	1.25	6.50	9.00	94
1.25	6.50	10.0	95	1.22	6.50	11.0	94	1.28	4.50	15.0	93
1.25	7.00	8.50	94	1.22	6.50	12.0	95	1.28	4.75	10.0	92
1.27	5.00	13.0	94	1.22	6.50	13.0	95	1.28	4.75	13.0	94
1.27	5.25	10.0	93	1.22	6.50	15.0	96	1.28	5.00	11.0	93
1.27	5.25	12.0	94	1.25	5.00	13.0	93	1.28	5.00	12.0	94
1.27	5.25	13.0	95	1.25	5.00	17.0	94	1.28	5.25	8.50	92
1.27	5.25	15.0	95	1.25	5.20	13.0	94	1.28	5.25	10.0	93
1.27	5.50	10.0	94	1.25	5.25	12.0	93	1.28	5.25	11.0	95
1.27	5.50	11.0	94	1.25	5.25	13.0	94	1.28	5.50	8.00	92
1.27	5.50	12.0	95	1.25	5.50	11.0	93	1.28	5.50	9.00	93
1.27	5.50	13.0	95	1.25	5.50	12.0	94	1.28	5.50	9.50	94
1.27	5.80	10.0	94	1.25	5.50	13.0	94	1.28	5.50	10.0	94
1.27	5.80	11.0	95	1.25	5.75	9.50	93	1.28	5.50	11.0	95
1.27	6.00	9.50	94	1.25	5.75	10.0	93	1.28	5.75	8.50	93
1.27	6.00	10.0	95	1.25	5.75	11.0	94	1.28	5.75	9.00	94

续表

威廉				立博				Bet365			
胜	平	负	体系	胜	平	负	体系	胜	平	负	体系
左倾				左倾				左倾			
1.29	5.00	9.50	93	1.25	5.75	12.0	95	1.28	5.75	9.50	94
1.29	5.00	12.0	94	1.25	5.75	13.0	95	1.28	5.75	10.0	95
1.29	5.00	13.0	95	1.25	5.75	15.0	96	1.28	6.00	8.00	93
1.29	5.25	10.0	93	1.25	5.80	10.0	93	1.28	6.00	8.50	94
1.29	5.25	11.0	95	1.25	5.80	11.0	94	1.28	6.50	7.50	94
1.29	5.25	12.0	95	1.25	5.80	12.0	95	1.30	4.50	13.0	94
1.29	5.50	8.50	93	1.25	5.80	13.0	95	1.30	4.75	9.00	92
1.29	5.50	9.00	94	1.25	6.00	10.0	94	1.30	4.75	12.0	94
1.29	5.50	9.50	94	1.25	6.00	11.0	95	1.30	5.00	9.00	93
1.29	5.50	10.0	95	1.25	6.00	12.0	95	1.30	5.00	9.50	93
1.29	5.50	11.0	95	1.25	6.00	13.0	96	1.30	5.00	10.0	94
1.29	5.80	9.00	94	1.25	6.50	10.0	95	1.30	5.00	11.0	94
1.29	5.80	10.0	95	1.25	6.50	11.0	96	1.30	5.25	9.00	93
1.29	6.00	8.50	94	1.29	4.75	15.0	94	1.30	5.25	9.50	94
1.29	6.00	9.00	95	1.29	5.00	10.0	93	1.30	5.25	10.0	94
1.30	4.80	12.0	94	1.29	5.00	11.0	94	1.30	5.50	7.50	92
1.30	4.80	13.0	95	1.29	5.00	13.0	95	1.30	5.50	8.50	94
1.30	5.00	9.00	93	1.29	5.20	10.0	94	1.30	5.50	9.00	94
1.30	5.00	10.0	94	1.29	5.20	11.0	94	1.30	5.50	9.50	95
1.30	5.00	11.0	94	1.29	5.25	10.0	94	1.30	5.50	10.0	95
1.30	5.00	12.0	95	1.29	5.25	11.0	95	1.30	5.75	8.00	94
1.30	5.25	10.0	94	1.29	5.25	12.0	95	1.30	5.75	9.00	95
1.30	5.25	11.0	95	1.29	5.25	13.0	96	1.30	6.00	8.00	94
1.30	5.50	8.00	93	1.29	5.50	10.0	95	1.33	4.50	8.50	92
1.30	5.50	9.00	94	1.29	5.50	11.0	95	1.33	4.50	9.00	92
1.30	5.50	9.50	95	1.29	5.50	12.0	96	1.33	4.50	11.0	94
1.30	5.50	10.0	95	1.29	5.75	9.00	94	1.33	4.75	9.00	93
1.30	5.80	8.50	94	1.29	5.75	9.50	95	1.33	4.75	9.50	94
1.30	5.80	9.00	95	1.29	5.75	10.0	95	1.33	4.75	10.0	94
1.30	6.00	8.00	94	1.29	5.75	11.0	96	1.33	4.75	11.0	95

威廉				立博				Bet365			
胜	平	负	体系	胜	平	负	体系	胜	平	负	体系
左倾				左倾				左倾			
1.33	4.20	12.0	93	1.29	5.80	10.0	95	1.33	5.00	8.00	93
1.33	4.60	9.00	93	1.30	4.60	11.0	93	1.33	5.00	8.50	94
1.33	4.60	10.0	94	1.30	4.75	11.0	93	1.33	5.00	9.00	94
1.33	4.75	10.0	94	1.30	4.75	12.0	94	1.33	5.25	8.00	94
1.33	4.75	11.0	95	1.30	4.80	12.0	94	1.33	5.25	8.50	94
1.33	4.80	8.50	93	1.30	4.80	13.0	95	1.33	5.25	9.00	95
1.33	4.80	9.50	94	1.30	5.00	9.00	93	1.33	5.50	7.00	93
1.33	4.80	10.0	94	1.30	5.00	9.50	93	1.33	5.50	7.50	94
1.33	4.80	11.0	95	1.30	5.00	10.0	94	1.33	5.50	8.00	94
1.33	5.00	8.00	93	1.30	5.00	11.0	94	1.33	5.50	8.50	95
1.33	5.00	8.50	94	1.30	5.00	12.0	95	1.33	5.50	9.00	96
1.33	5.00	9.00	94	1.30	5.20	9.00	93	1.33	5.75	7.50	94
1.33	5.00	9.50	95	1.30	5.20	9.50	94	1.36	4.33	8.00	92
1.33	5.00	10.0	95	1.30	5.20	10.0	94	1.36	4.33	8.50	92
1.33	5.25	8.50	94	1.30	5.20	11.0	95	1.36	4.33	10.0	94
1.33	5.25	9.00	95	1.30	5.25	8.50	93	1.36	4.50	7.50	92
1.33	5.25	9.50	95	1.30	5.25	9.00	93	1.36	4.50	8.50	93
1.33	5.50	7.50	94	1.30	5.25	9.50	94	1.36	4.50	9.00	94
1.33	5.50	8.00	94	1.30	5.25	10.0	94	1.36	4.60	8.50	93
1.33	5.50	8.50	95	1.30	5.25	11.0	95	1.36	4.75	7.00	92
1.35	4.20	12.0	94	1.30	5.50	9.00	94	1.36	4.75	7.50	93
1.35	4.40	10.0	94	1.30	5.50	9.50	95	1.36	4.75	8.00	93
1.35	4.40	12.0	95	1.30	5.50	10.0	95	1.36	4.75	8.50	94
1.35	4.50	10.0	94	1.30	5.75	9.00	95	1.36	4.75	9.00	95
1.35	4.50	11.0	95	1.30	6.00	8.50	95	1.36	4.80	8.00	94
1.35	4.60	9.50	94	1.33	4.60	9.50	93	1.36	5.00	7.50	94
1.35	4.75	9.00	94	1.33	4.60	11.0	94	1.36	5.00	8.00	94
1.35	4.75	10.0	95	1.33	4.60	12.0	94	1.36	5.00	8.50	95
1.35	4.80	9.00	94	1.33	4.60	12.0	95	1.36	5.25	7.00	94
1.35	4.80	9.50	95	1.33	4.75	8.50	93	1.36	5.50	6.50	93

续表

威廉				立博				Bet365			
胜	平	负	体系	胜	平	负	体系	胜	平	负	体系
左倾				左倾				左倾			
1.35	4.80	10.0	95	1.33	4.75	9.00	93	1.36	5.75	7.00	95
1.35	5.00	8.50	94	1.33	4.75	9.50	94	1.40	4.00	9.50	94
1.35	5.00	9.00	95	1.33	4.75	10.0	94	1.40	4.00	10.0	94
1.35	5.25	7.50	94	1.33	4.75	12.0	96	1.40	4.10	9.50	94
1.35	5.25	8.00	95	1.33	4.80	8.50	93	1.40	4.20	9.00	94
1.35	5.25	8.50	95	1.33	4.80	9.00	93	1.40	4.33	8.00	93
1.35	5.50	8.00	95	1.33	4.80	9.50	94	1.40	4.33	8.50	94
1.36	4.50	9.00	94	1.33	4.80	10.0	94	1.40	4.50	6.50	92
1.36	4.50	9.50	94	1.33	5.00	8.00	93	1.40	4.50	7.00	93
1.36	4.50	10.0	95	1.33	5.00	8.50	94	1.40	4.50	7.50	93
1.36	4.50	11.0	95	1.33	5.00	9.00	94	1.40	4.50	8.00	94
1.36	4.60	9.00	94	1.33	5.00	9.50	95	1.40	4.50	8.50	95
1.36	4.60	10.0	95	1.33	5.00	10.0	95	1.40	4.60	7.50	94
1.36	4.75	7.50	93	1.33	5.20	8.00	94	1.40	4.75	6.00	92
1.36	4.75	8.00	93	1.33	5.20	8.50	94	1.40	4.75	6.50	93
1.36	4.75	8.50	94	1.33	5.20	9.00	95	1.40	4.75	7.00	94
1.36	4.75	9.50	95	1.33	5.20	9.50	95	1.40	4.75	7.50	95
1.36	4.80	8.00	94	1.33	5.25	8.00	94	1.40	4.75	8.00	95
1.36	4.80	8.50	94	1.33	5.25	8.50	94	1.40	5.00	6.50	94
1.36	4.80	9.00	95	1.33	5.25	9.00	95	1.40	5.00	7.00	95
1.36	5.00	7.00	93	1.33	5.25	9.50	95	1.40	5.00	7.50	95
1.36	5.00	7.50	94	1.33	5.50	8.00	94	1.40	5.25	6.25	94
1.36	5.00	8.00	94	1.33	5.50	8.50	95	1.40	5.25	7.00	95
1.36	5.00	8.50	95	1.35	4.75	9.00	94	1.40	5.50	6.00	94
1.36	5.25	7.50	94	1.35	4.75	9.50	95	1.44	3.75	9.50	94
1.36	5.25	8.00	95	1.35	5.00	8.00	94	1.44	3.80	9.00	94
1.36	5.50	7.00	94	1.35	5.00	8.50	94	1.44	4.00	8.00	94
1.36	5.50	7.50	95	1.35	5.00	9.00	95	1.44	4.10	6.50	92
1.38	4.33	9.50	94	1.36	4.20	11.0	94	1.44	4.10	7.50	93
1.38	4.40	9.00	94	1.36	4.25	9.50	93	1.44	4.20	6.25	92

续表

威廉				立博				Bet365			
胜	平	负	体系	胜	平	负	体系	胜	平	负	体系
左倾				左倾				左倾			
1.38	4.50	8.50	94	1.36	4.25	11.0	94	1.44	4.20	7.50	94
1.38	4.50	9.50	95	1.36	4.25	12.0	95	1.44	4.33	6.50	93
1.38	4.60	8.50	94	1.36	4.33	9.50	93	1.44	4.33	7.00	94
1.38	4.60	9.00	95	1.36	4.33	10.0	94	1.44	4.33	7.50	94
1.38	4.75	7.50	93	1.36	4.33	11.0	95	1.44	4.33	8.50	94
1.38	4.75	8.00	94	1.36	4.50	8.50	93	1.44	4.40	7.00	94
1.38	4.75	8.50	95	1.36	4.50	9.00	94	1.44	4.50	6.00	92
1.38	4.80	8.00	95	1.36	4.50	9.50	94	1.44	4.50	6.50	93
1.38	4.80	8.50	95	1.36	4.50	10.0	95	1.44	4.50	7.00	94
1.38	5.00	7.50	95	1.36	4.60	8.00	93	1.44	4.50	7.50	95
1.38	5.00	8.00	95	1.36	4.60	8.50	93	1.44	4.60	6.50	94
1.38	5.25	7.00	95	1.36	4.60	9.00	94	1.44	4.75	5.75	93
1.38	5.25	7.50	95	1.36	4.60	9.50	95	1.44	4.75	6.00	93
1.38	5.50	7.00	95	1.36	4.60	10.0	95	1.44	4.75	6.50	94
1.40	4.00	11.0	94	1.36	4.75	7.50	93	1.44	4.75	7.00	95
1.40	4.20	8.00	93	1.36	4.75	8.00	93	1.44	5.00	5.75	94
1.40	4.33	7.50	93	1.36	4.75	8.50	94	1.44	5.00	6.00	94
1.40	4.33	8.50	94	1.36	4.75	9.00	95	1.45	3.75	10.0	95
1.40	4.33	9.50	95	1.36	4.75	9.50	95	1.45	4.00	7.50	93
1.40	4.33	10.0	95	1.36	4.80	8.00	94	1.45	4.00	8.00	94
1.40	4.40	8.00	93	1.36	4.80	8.50	94	1.45	4.00	8.50	95
1.40	4.40	8.50	94	1.36	4.80	9.00	95	1.45	4.10	7.50	94
1.40	4.40	9.00	95	1.36	4.80	9.50	95	1.45	4.20	7.50	94
1.40	4.50	7.00	93	1.36	5.00	7.00	93	1.45	4.30	7.00	94
1.40	4.50	7.50	93	1.36	5.00	7.50	94	1.45	4.33	6.00	92
1.40	4.50	8.00	94	1.36	5.00	8.00	94	1.45	4.33	7.00	94
1.40	4.50	8.50	95	1.36	5.00	8.50	95	1.45	4.50	6.00	93
1.40	4.60	7.00	93	1.36	5.20	7.50	94	1.45	4.50	6.25	93
1.40	4.60	7.50	94	1.36	5.20	8.00	95	1.45	4.50	6.50	94
1.40	4.60	8.50	95	1.40	4.00	10.0	94	1.45	4.50	7.00	95

威廉				立博				Bet365			
胜	平	负	体系	胜	平	负	体系	胜	平	负	体系
左倾				左倾				左倾			
1.40	4.75	7.50	95	1.40	4.20	7.50	94	1.45	4.75	6.00	94
1.40	4.75	8.00	95	1.40	4.20	9.00	94	1.45	4.75	6.50	95
1.40	4.80	6.50	93	1.40	4.20	10.0	95	1.50	3.60	8.00	94
1.40	4.80	7.00	94	1.40	4.25	8.00	93	1.50	3.75	6.50	92
1.40	4.80	7.50	95	1.40	4.25	8.50	94	1.50	3.75	7.50	94
1.40	4.80	8.00	95	1.40	4.25	9.50	95	1.50	3.80	7.00	93
1.40	5.00	6.50	94	1.40	4.33	8.00	93	1.50	3.80	7.50	94
1.40	5.00	7.00	95	1.40	4.33	8.50	94	1.50	3.90	7.00	94
1.40	5.00	7.50	95	1.40	4.33	9.00	95	1.50	4.00	6.00	92
1.40	5.50	6.50	95	1.40	4.33	9.50	95	1.50	4.00	6.50	93
1.42	4.00	9.00	94	1.40	4.40	7.50	93	1.50	4.00	6.75	94
1.42	4.00	10.0	95	1.40	4.40	8.00	94	1.50	4.00	7.00	94
1.42	4.20	8.00	93	1.40	4.40	8.50	94	1.50	4.00	7.50	95
1.42	4.20	8.50	94	1.40	4.40	9.00	95	1.50	4.10	5.50	92
1.42	4.20	9.00	95	1.40	4.50	7.00	93	1.50	4.10	6.50	94
1.42	4.20	9.50	95	1.40	4.50	7.50	93	1.50	4.20	5.75	93
1.42	4.33	8.00	94	1.40	4.50	8.00	94	1.50	4.20	6.00	93
1.42	4.33	8.50	95	1.40	4.50	8.50	95	1.50	4.20	6.25	94
1.42	4.40	7.50	94	1.40	4.50	9.00	95	1.50	4.20	6.50	94
1.42	4.40	8.00	95	1.40	4.60	7.00	93	1.50	4.20	7.00	95
1.42	4.40	8.50	95	1.40	4.60	7.50	94	1.50	4.33	5.75	93
1.42	4.50	7.50	94	1.40	4.60	8.00	95	1.50	4.33	6.00	94
1.42	4.50	8.00	95	1.40	4.60	8.50	95	1.50	4.33	6.50	95
1.42	4.60	6.50	93	1.40	4.75	6.50	93	1.50	4.50	5.50	93
1.42	4.60	7.00	94	1.40	4.75	7.00	94	1.50	4.50	5.75	94
1.42	4.60	7.50	95	1.40	4.75	7.50	95	1.50	4.50	6.00	95
1.42	4.75	7.00	94	1.40	4.75	8.00	95	1.50	4.50	6.50	96
1.42	4.75	7.50	95	1.40	4.80	7.00	94	1.50	4.75	5.50	94
1.42	4.80	7.00	95	1.40	4.80	7.50	95	1.50	5.00	5.50	95
1.42	4.80	7.50	95	1.40	4.80	8.00	95	1.53	3.60	7.50	94

续表

威廉				立博				Bet365			
胜	平	负	体系	胜	平	负	体系	胜	平	负	体系
左倾				左倾				左倾			
1.42	5.00	6.50	95	1.40	5.00	6.50	94	1.53	3.75	7.00	94
1.44	3.80	8.50	93	1.40	5.00	7.00	95	1.53	3.80	6.00	92
1.44	3.90	8.50	94	1.40	5.00	7.50	95	1.53	3.80	6.50	93
1.44	4.00	9.00	95	1.40	5.20	5.50	94	1.53	3.90	5.50	92
1.44	4.20	7.00	93	1.44	3.80	8.50	93	1.53	4.00	5.75	93
1.44	4.20	7.50	94	1.44	3.90	8.50	94	1.53	4.00	6.00	93
1.44	4.20	8.00	95	1.44	3.90	9.00	94	1.53	4.00	6.25	94
1.44	4.20	8.50	95	1.44	3.90	10.0	95	1.53	4.00	6.50	95
1.44	4.33	6.50	93	1.44	4.00	7.50	93	1.53	4.00	7.00	96
1.44	4.33	7.00	94	1.44	4.00	8.00	94	1.53	4.10	6.00	94
1.44	4.33	7.50	94	1.44	4.00	8.50	94	1.53	4.20	5.75	94
1.44	4.33	8.00	95	1.44	4.00	9.00	95	1.53	4.20	6.50	96
1.44	4.40	7.00	94	1.44	4.20	7.00	93	1.53	4.33	5.50	94
1.44	4.40	7.50	95	1.44	4.20	7.50	94	1.53	4.33	5.75	94
1.44	4.50	6.50	93	1.44	4.20	8.50	95	1.53	4.33	6.00	95
1.44	4.50	7.00	94	1.44	4.25	7.00	93	1.53	4.50	5.25	94
1.44	4.50	7.50	95	1.44	4.25	7.50	94	1.53	4.50	5.50	95
1.44	4.60	6.00	93	1.44	4.25	8.00	95	1.53	4.75	5.00	94
1.44	4.60	6.50	94	1.44	4.33	6.50	93	1.55	3.60	7.00	94
1.44	4.60	7.00	95	1.44	4.33	7.00	94	1.55	3.75	5.75	92
1.44	4.75	6.50	94	1.44	4.33	7.50	94	1.55	3.75	6.50	94
1.44	4.75	7.00	95	1.44	4.33	8.00	95	1.55	3.80	6.50	94
1.44	4.80	6.00	94	1.44	4.40	6.50	93	1.55	3.80	7.00	95
1.44	4.80	6.50	95	1.44	4.40	7.00	94	1.55	3.90	6.00	94
1.44	5.00	5.80	94	1.44	4.40	7.50	95	1.55	4.00	5.75	94
1.44	5.00	6.00	94	1.44	4.40	8.00	96	1.55	4.00	6.00	94
1.44	5.25	6.00	95	1.44	4.50	6.50	93	1.55	4.20	5.50	94
1.44	5.50	5.50	95	1.44	4.50	7.00	94	1.55	4.20	5.75	95
1.47	3.90	8.00	94	1.44	4.50	7.50	95	1.55	4.33	4.75	92
1.47	4.00	7.00	93	1.44	4.60	6.00	93	1.55	4.33	5.25	94

续表

威廉				立博				Bet365			
胜	平	负	体系	胜	平	负	体系	胜	平	负	体系
左倾				左倾				左倾			
1.47	4.00	7.50	94	1.44	4.60	6.50	94	1.55	4.33	5.50	95
1.47	4.00	8.50	95	1.44	4.60	7.00	95	1.55	4.33	5.75	95
1.47	4.20	6.50	93	1.44	4.75	6.00	93	1.55	4.50	5.00	94
1.47	4.20	7.00	94	1.44	4.75	6.50	94	1.57	3.40	7.50	94
1.47	4.20	7.50	95	1.44	4.75	7.00	95	1.57	3.50	5.75	92
1.47	4.33	6.50	94	1.44	4.80	6.00	94	1.57	3.60	6.50	94
1.47	4.33	7.00	95	1.44	5.00	5.75	94	1.57	3.60	7.00	95
1.47	4.40	6.50	94	1.47	4.00	7.00	93	1.57	3.70	6.25	94
1.47	4.40	7.00	95	1.47	4.20	6.50	93	1.57	3.70	6.50	94
1.47	4.50	6.00	93	1.47	4.20	7.00	94	1.57	3.75	6.00	93
1.47	4.50	6.50	95	1.47	4.33	6.00	93	1.57	3.75	6.25	94
1.47	4.60	6.00	94	1.47	4.33	6.50	94	1.57	3.80	5.25	92
1.47	4.60	6.50	95	1.47	4.33	7.00	95	1.57	3.80	5.75	93
1.47	4.75	6.00	95	1.47	4.50	6.00	93	1.57	3.80	6.00	94
1.47	4.80	5.80	94	1.50	3.75	7.50	94	1.57	3.80	6.50	95
1.50	3.70	7.00	93	1.50	3.80	7.50	94	1.57	3.90	5.50	93
1.50	3.70	9.00	95	1.50	3.80	8.00	95	1.57	3.90	5.75	94
1.50	3.80	7.50	94	1.50	3.90	6.50	93	1.57	3.90	6.00	94
1.50	3.80	8.00	95	1.50	3.90	7.00	94	1.57	4.00	5.50	94
1.50	3.90	8.00	95	1.50	3.90	7.50	95	1.57	4.00	5.75	94
1.50	4.00	6.50	93	1.50	3.90	8.00	95	1.57	4.00	6.00	95
1.50	4.00	7.00	94	1.50	4.00	6.50	93	1.57	4.10	5.50	94
1.50	4.00	7.50	95	1.50	4.00	7.00	94	1.57	4.20	5.25	94
1.50	4.00	8.00	95	1.50	4.00	7.50	95	1.57	4.20	5.50	94
1.50	4.20	6.00	93	1.50	4.20	6.00	93	1.57	4.20	5.75	95
1.50	4.20	6.50	94	1.50	4.20	6.50	94	1.57	4.33	5.00	94
1.50	4.20	7.00	95	1.50	4.20	7.00	95	1.57	4.50	5.00	94
1.50	4.33	5.50	93	1.50	4.25	6.00	94	1.60	3.50	6.50	94
1.50	4.33	6.00	94	1.50	4.25	6.50	95	1.60	3.60	6.00	94
1.50	4.33	6.50	95	1.50	4.25	7.00	96	1.60	3.70	6.00	94

威廉				立博				Bet365			
胜	平	负	体系	胜	平	负	体系	胜	平	负	体系
左倾				左倾				左倾			
1.50	4.40	6.00	94	1.50	4.33	5.80	93	1.60	3.75	5.75	94
1.50	4.40	6.50	95	1.50	4.33	6.00	94	1.60	3.80	5.50	93
1.50	4.50	5.80	94	1.50	4.33	6.50	95	1.60	3.80	5.75	94
1.50	4.50	6.00	95	1.50	4.40	5.75	94	1.60	3.80	6.00	95
1.50	4.60	5.80	95	1.50	4.40	5.80	94	1.60	4.00	5.00	93
1.50	4.60	6.00	95	1.50	4.40	6.00	94	1.60	4.00	5.25	94
1.50	4.75	5.50	94	1.50	4.40	6.50	95	1.60	4.00	5.50	95
1.50	4.75	5.80	95	1.50	4.50	5.75	94	1.60	4.20	5.00	94
1.50	4.80	5.50	95	1.50	4.50	5.80	94	1.60	4.20	5.25	95
1.53	3.70	8.00	95	1.50	4.50	6.00	95	1.60	4.33	5.00	95
1.53	3.75	7.00	94	1.50	4.50	6.50	96	1.61	3.25	7.00	93
1.53	3.80	7.00	94	1.50	4.60	5.50	94	1.61	3.40	6.50	94
1.53	3.80	7.50	95	1.50	4.60	5.75	95	1.61	3.50	6.25	94
1.53	3.90	6.00	93	1.50	4.60	5.80	95	1.61	3.50	6.50	94
1.53	3.90	6.50	94	1.50	4.60	6.00	95	1.61	3.60	6.00	94
1.53	3.90	7.00	95	1.50	4.75	5.25	94	1.61	3.70	5.75	94
1.53	4.00	6.00	93	1.50	4.75	5.50	94	1.61	3.75	5.50	93
1.53	4.00	6.50	95	1.53	3.75	7.00	94	1.61	3.75	5.75	94
1.53	4.20	5.50	93	1.53	3.75	7.50	95	1.61	3.75	6.00	95
1.53	4.20	5.80	94	1.53	3.80	6.50	93	1.61	3.80	5.00	92
1.53	4.20	6.00	94	1.53	3.80	7.00	94	1.61	3.80	5.25	93
1.53	4.33	5.50	94	1.53	3.90	6.50	94	1.61	3.80	5.50	94
1.53	4.33	5.80	95	1.53	3.90	7.00	95	1.61	3.80	5.75	95
1.53	4.33	6.00	95	1.53	4.00	5.75	93	1.61	4.00	4.75	92
1.53	4.40	5.50	94	1.53	4.00	5.80	93	1.61	4.00	5.00	93
1.53	4.40	5.80	95	1.53	4.00	6.00	93	1.61	4.10	5.00	94
1.53	4.40	6.00	95	1.53	4.00	6.50	95	1.61	4.20	4.75	93
1.53	4.50	5.50	95	1.53	4.20	5.50	93	1.61	4.20	5.00	94
1.53	4.50	5.80	95	1.53	4.20	5.75	94	1.61	4.33	4.75	94
1.53	4.50	6.00	95	1.53	4.20	5.80	94	1.61	4.50	4.50	94

续表

威廉				立博				Bet365			
胜	平	负	体系	胜	平	负	体系	胜	平	负	体系
左倾				左倾				左倾			
1.53	4.60	5.25	94	1.53	4.20	6.00	94	1.65	3.40	6.00	94
1.53	4.60	5.80	95	1.53	4.25	5.25	93	1.65	3.50	5.75	94
1.53	4.60	5.50	95	1.53	4.25	5.50	93	1.65	3.60	5.50	94
1.55	3.70	7.00	94	1.53	4.25	5.75	94	1.65	3.75	5.25	94
1.55	3.75	6.50	94	1.53	4.25	5.80	94	1.65	3.75	5.50	95
1.55	3.80	6.00	93	1.53	4.25	6.00	95	1.65	3.75	5.75	96
1.55	3.80	6.50	94	1.53	4.33	5.50	94	1.65	3.80	5.00	94
1.55	3.80	7.00	95	1.53	4.33	5.75	94	1.65	3.80	5.25	94
1.55	3.90	5.80	93	1.53	4.33	5.80	95	1.65	4.00	4.75	94
1.55	3.90	6.50	95	1.53	4.33	6.00	95	1.65	4.00	4.80	94
1.55	4.00	5.50	93	1.53	4.40	5.25	93	1.65	4.00	5.00	95
1.55	4.00	6.00	94	1.53	4.40	5.50	94	1.65	4.20	4.50	94
1.55	4.00	6.50	95	1.53	4.40	5.75	95	1.65	4.20	4.75	95
1.55	4.20	5.25	93	1.53	4.50	5.25	94	1.66	3.20	6.50	94
1.55	4.20	5.80	95	1.53	4.50	5.50	95	1.66	3.40	6.00	94
1.55	4.20	6.00	95	1.55	3.80	6.00	93	1.66	3.50	5.50	93
1.55	4.33	5.50	95	1.55	4.00	6.00	94	1.66	3.50	5.75	94
1.55	4.33	5.80	95	1.55	4.20	5.50	94	1.66	3.50	6.00	95
1.55	4.40	5.25	94	1.55	4.20	5.75	95	1.66	3.60	5.00	93
1.55	4.50	5.50	95	1.55	4.33	5.50	95	1.66	3.60	5.25	93
1.57	3.60	7.00	95	1.57	3.50	6.50	93	1.66	3.60	5.50	94
1.57	3.70	6.50	94	1.57	3.60	6.50	94	1.66	3.70	5.25	94
1.57	3.80	6.00	94	1.57	3.60	7.00	95	1.66	3.70	5.50	95
1.57	3.80	6.50	95	1.57	3.70	5.75	93	1.66	3.75	5.00	94
1.57	3.90	6.00	94	1.57	3.70	6.00	93	1.66	3.75	5.25	94
1.57	3.90	6.50	95	1.57	3.70	6.50	94	1.66	3.75	5.50	95
1.57	4.00	5.50	94	1.57	3.75	6.00	93	1.66	3.80	5.00	94
1.57	4.00	5.80	94	1.57	3.75	6.00	95	1.66	3.80	5.25	95
1.57	4.00	6.00	95	1.57	3.80	5.75	93	1.66	4.00	4.50	93
1.57	4.20	5.50	95	1.57	3.80	6.00	94	1.66	4.00	4.75	94

威廉				立博				Bet365			
胜	平	负	体系	胜	平	负	体系	胜	平	负	体系
左倾				左倾				左倾			
1.57	4.20	5.80	95	1.57	3.90	5.75	94	1.66	4.00	5.00	95
1.57	4.33	5.00	94	1.57	3.90	5.80	94	1.66	4.20	4.33	93
1.57	4.33	5.25	94	1.57	3.90	6.00	94	1.66	4.20	4.50	94
1.57	4.33	5.50	95	1.57	4.00	5.25	93	1.66	4.20	4.75	95
1.57	4.40	5.00	94	1.57	4.00	5.50	94	1.66	4.33	4.20	93
1.57	4.50	5.00	94	1.57	4.00	5.75	94	1.66	4.33	4.33	94
1.57	4.50	5.25	95	1.57	4.00	5.80	94	1.66	4.33	4.50	95
1.57	4.60	5.00	95	1.57	4.00	6.00	95	1.70	3.40	4.75	92
1.60	3.50	6.50	94	1.57	4.20	5.00	93	1.70	3.40	5.25	93
1.60	3.60	6.50	95	1.57	4.20	5.20	94	1.70	3.40	5.50	94
1.60	3.70	6.00	94	1.57	4.20	5.25	94	1.70	3.50	5.25	94
1.60	3.70	6.50	95	1.57	4.20	5.50	95	1.70	3.50	5.50	95
1.60	3.75	5.50	93	1.57	4.25	5.20	94	1.70	3.60	4.75	93
1.60	3.75	5.80	94	1.57	4.25	5.25	94	1.70	3.60	5.00	94
1.60	3.75	6.00	94	1.57	4.33	5.00	94	1.70	3.60	5.25	95
1.60	3.80	5.80	94	1.57	4.33	5.25	94	1.70	3.75	4.75	94
1.60	3.80	6.00	95	1.57	4.40	5.00	94	1.70	3.75	4.80	94
1.60	3.90	5.25	93	1.57	4.40	5.20	95	1.70	3.75	5.00	95
1.60	3.90	5.50	94	1.60	3.50	6.50	94	1.70	3.80	4.33	92
1.60	3.90	5.80	95	1.60	3.60	6.00	94	1.70	3.80	4.50	93
1.60	4.00	5.00	93	1.60	3.60	6.50	95	1.70	3.80	4.75	94
1.60	4.00	5.25	94	1.60	3.70	5.75	94	1.70	3.80	5.00	95
1.60	4.00	5.50	95	1.60	3.70	6.00	94	1.70	4.00	4.20	93
1.60	4.00	5.80	95	1.60	3.70	6.50	95	1.70	4.00	4.33	94
1.60	4.20	4.80	93	1.60	3.75	5.50	93	1.70	4.00	4.50	94
1.60	4.20	5.00	94	1.60	3.75	5.75	94	1.70	4.00	4.75	95
1.60	4.20	5.25	95	1.60	3.75	5.80	94	1.72	3.25	5.50	93
1.60	4.33	4.80	94	1.60	3.75	6.00	94	1.72	3.30	5.50	94
1.60	4.40	5.00	95	1.60	3.80	5.25	93	1.72	3.40	5.25	94
1.60	4.50	5.00	95	1.60	3.80	5.50	93	1.72	3.50	5.00	94

续表

威廉				立博				Bet365			
胜	平	负	体系	胜	平	负	体系	胜	平	负	体系
左倾				左倾				左倾			
1.62	3.50	6.50	95	1.60	3.80	5.75	94	1.72	3.50	5.25	95
1.62	3.60	5.50	93	1.60	3.80	5.80	94	1.72	3.60	4.75	93
1.62	3.60	5.80	94	1.60	3.80	6.00	95	1.72	3.60	4.80	94
1.62	3.60	6.00	94	1.60	3.90	5.25	93	1.72	3.60	5.00	94
1.62	3.60	6.50	95	1.60	3.90	5.50	94	1.72	3.70	4.50	93
1.62	3.70	5.80	94	1.60	3.90	5.75	95	1.72	3.70	4.60	94
1.62	3.70	6.00	95	1.60	4.00	5.20	94	1.72	3.75	4.50	93
1.62	3.75	5.50	94	1.60	4.00	5.25	94	1.72	3.75	4.75	94
1.62	3.75	5.80	95	1.60	4.00	5.50	95	1.72	3.75	5.00	95
1.62	3.80	5.00	93	1.60	4.20	5.00	94	1.72	3.80	4.50	94
1.62	3.80	5.50	94	1.60	4.20	5.20	95	1.72	3.80	4.75	95
1.62	3.80	5.80	95	1.60	4.20	5.25	95	1.72	3.90	4.33	94
1.62	3.90	5.50	95	1.62	3.40	6.50	94	1.72	4.00	4.20	94
1.62	3.90	5.80	95	1.62	3.50	6.00	93	1.72	4.00	4.33	94
1.62	4.00	5.00	94	1.62	3.60	5.50	93	1.72	4.00	4.50	95
1.62	4.00	5.25	95	1.62	3.60	5.75	94	1.72	4.20	4.00	94
1.62	4.00	5.50	95	1.62	3.60	5.80	94	1.72	4.33	4.00	94
1.62	4.20	4.50	93	1.62	3.60	6.00	95	1.75	3.20	5.25	93
1.62	4.20	4.75	94	1.62	3.70	5.20	93	1.75	3.20	5.50	94
1.62	4.20	4.80	94	1.62	3.70	5.50	94	1.75	3.25	5.50	94
1.62	4.20	5.00	95	1.62	3.70	5.75	94	1.75	3.30	4.75	92
1.62	4.20	5.25	95	1.62	3.70	5.80	94	1.75	3.30	5.25	94
1.62	4.33	4.75	94	1.62	3.75	5.20	93	1.75	3.40	5.00	94
1.62	4.33	4.80	95	1.62	3.75	5.25	93	1.75	3.50	4.33	92
1.62	4.33	5.00	95	1.62	3.75	5.50	94	1.75	3.50	4.75	94
1.62	4.50	4.80	95	1.62	3.75	5.75	95	1.75	3.50	5.00	95
1.62	4.60	4.50	94	1.62	3.80	5.20	93	1.75	3.50	5.25	95
1.62	4.60	4.60	95	1.62	3.80	5.25	93	1.75	3.60	4.50	93
1.62	4.75	4.50	95	1.62	3.80	5.50	94	1.75	3.60	4.60	94
1.65	3.50	5.50	93	1.62	3.80	5.75	95	1.75	3.60	4.75	94

威廉				立博				Bet365			
胜	平	负	体系	胜	平	负	体系	胜	平	负	体系
左倾				左倾				左倾			
1.65	3.50	6.00	94	1.62	3.90	5.00	93	1.75	3.60	5.00	95
1.65	3.60	5.80	94	1.62	3.90	5.20	94	1.75	3.70	4.50	94
1.65	3.60	5.50	94	1.62	3.90	5.25	94	1.75	3.75	4.20	93
1.65	3.60	6.00	95	1.62	3.90	5.50	95	1.75	3.75	4.33	94
1.65	3.70	5.50	95	1.62	4.00	4.80	93	1.75	3.75	4.50	94
1.65	3.70	5.80	95	1.62	4.00	5.00	94	1.75	3.75	4.75	95
1.65	3.75	4.80	93	1.62	4.00	5.20	94	1.75	3.80	4.20	93
1.65	3.75	5.00	93	1.62	4.00	5.25	95	1.75	3.80	4.33	94
1.65	3.75	5.25	94	1.62	4.00	5.50	95	1.75	3.80	4.50	95
1.65	3.75	5.50	95	1.62	4.20	4.75	94	1.75	3.90	4.20	94
1.65	3.80	5.00	93	1.62	4.20	4.80	94	1.75	4.00	4.20	94
1.65	3.80	5.50	95	1.62	4.20	5.00	95	1.75	4.20	4.00	94
1.65	3.90	4.75	93	1.62	4.25	4.60	93	1.75	4.33	4.00	95
1.65	3.90	5.00	94	1.65	3.75	5.25	94	1.80	3.10	5.25	94
1.65	3.90	5.25	95	1.65	3.75	5.50	95	1.80	3.20	5.00	94
1.65	4.00	4.80	94	1.65	3.80	5.00	94	1.80	3.25	5.00	94
1.65	4.00	5.00	95	1.65	3.80	5.25	94	1.80	3.30	4.33	92
1.65	4.20	4.60	94	1.65	4.00	4.75	94	1.80	3.30	4.75	94
1.65	4.20	4.80	95	1.65	4.33	4.50	94	1.80	3.40	4.20	92
1.65	4.33	4.75	95	1.67	3.25	6.50	94	1.80	3.40	4.33	93
1.65	4.40	4.60	95	1.67	3.40	5.50	94	1.80	3.40	4.75	94
1.67	3.40	5.50	93	1.67	3.40	5.75	94	1.80	3.50	4.00	92
1.67	3.40	6.00	94	1.67	3.40	6.00	94	1.80	3.50	4.20	93
1.67	3.50	5.50	94	1.67	3.50	5.20	94	1.80	3.50	4.50	94
1.67	3.50	6.00	95	1.67	3.50	5.50	94	1.80	3.50	4.60	94
1.67	3.60	5.00	93	1.67	3.50	5.75	94	1.80	3.50	4.75	95
1.67	3.60	5.25	93	1.67	3.50	5.80	94	1.80	3.60	4.20	93
1.67	3.60	5.50	94	1.67	3.50	6.00	95	1.80	3.60	4.33	94
1.67	3.60	5.80	95	1.67	3.60	5.00	93	1.80	3.60	4.50	95
1.67	3.70	5.50	95	1.67	3.60	5.20	94	1.80	3.70	4.20	94

续表

威廉				立博				Bet365			
胜	平	负	体系	胜	平	负	体系	胜	平	负	体系
左倾				左倾				左倾			
1.67	3.70	5.25	94	1.67	3.60	5.25	94	1.80	3.75	4.00	93
1.67	3.75	5.00	94	1.67	3.60	5.50	94	1.80	3.75	4.20	94
1.67	3.75	5.50	95	1.67	3.60	5.75	95	1.80	3.75	4.33	95
1.67	3.80	4.50	93	1.67	3.70	4.80	93	1.80	3.75	4.50	96
1.67	3.80	4.60	93	1.67	3.70	5.00	94	1.80	3.80	4.00	94
1.67	3.80	5.00	94	1.67	3.70	5.20	94	1.80	4.00	3.80	94
1.67	3.80	5.25	95	1.67	3.70	5.25	94	1.80	4.00	3.90	94
1.67	3.90	4.80	94	1.67	3.70	5.50	95	1.80	4.00	4.00	95
1.67	4.00	4.33	93	1.67	3.75	5.00	94	1.80	4.00	4.20	96
1.67	4.00	4.75	94	1.67	3.75	5.20	95	1.80	4.20	3.75	94
1.67	4.00	4.80	95	1.67	3.75	5.25	95	1.83	3.20	4.75	94
1.67	4.00	5.00	95	1.67	3.80	4.60	93	1.83	3.25	4.75	94
1.67	4.20	4.50	94	1.67	3.80	4.75	93	1.83	3.25	5.00	95
1.67	4.20	4.75	95	1.67	3.80	4.80	93	1.83	3.30	4.50	93
1.67	4.33	4.50	95	1.67	3.80	5.00	94	1.83	3.30	4.60	94
1.70	3.30	6.00	95	1.67	3.80	5.20	95	1.83	3.30	4.75	94
1.70	3.40	5.50	94	1.67	3.80	5.25	95	1.83	3.30	5.00	95
1.70	3.40	6.00	95	1.67	3.90	4.60	93	1.83	3.40	4.40	94
1.70	3.50	5.00	93	1.67	3.90	4.75	94	1.83	3.40	4.50	94
1.70	3.50	5.25	94	1.67	3.90	4.80	94	1.83	3.50	4.20	93
1.70	3.50	5.50	95	1.67	3.90	5.00	95	1.83	3.50	4.33	94
1.70	3.60	4.80	93	1.67	4.00	4.60	94	1.83	3.50	4.50	95
1.70	3.60	5.00	94	1.67	4.00	4.75	94	1.83	3.60	4.00	93
1.70	3.60	5.25	95	1.67	4.00	4.80	95	1.83	3.60	4.20	94
1.70	3.60	5.50	95	1.67	4.20	4.33	94	1.83	3.60	4.33	95
1.70	3.70	5.00	94	1.67	4.20	4.40	94	1.83	3.75	4.00	94
1.70	3.70	5.25	95	1.67	4.25	4.50	94	1.83	3.75	4.20	95
1.70	3.75	4.80	94	1.70	3.30	5.75	94	1.83	3.80	3.90	94
1.70	3.75	5.00	95	1.70	3.40	5.50	94	1.83	4.00	3.75	94
1.70	3.80	4.75	94	1.70	3.40	5.75	95	1.83	4.00	4.00	96

威廉				立博				Bet365			
胜	平	负	体系	胜	平	负	体系	胜	平	负	体系
左倾				左倾				左倾			
1.70	3.80	4.80	94	1.70	3.50	5.00	93	1.85	3.20	4.20	92
1.70	3.80	5.00	95	1.70	3.50	5.20	94	1.85	3.20	4.75	94
1.70	3.90	4.60	94	1.70	3.50	5.25	94	1.85	3.25	4.60	94
1.70	3.90	4.75	94	1.70	3.50	5.50	95	1.85	3.30	4.20	92
1.70	3.90	4.80	95	1.70	3.60	4.75	94	1.85	3.30	4.50	94
1.70	4.00	4.33	94	1.70	3.60	4.80	93	1.85	3.40	4.20	93
1.70	4.00	4.50	94	1.70	3.60	5.00	94	1.85	3.40	4.33	94
1.70	4.00	4.60	95	1.70	3.60	5.20	94	1.85	3.40	4.50	95
1.70	4.00	4.75	95	1.70	3.60	5.25	95	1.85	3.50	3.75	92
1.70	4.20	4.33	95	1.70	3.70	4.60	93	1.85	3.50	3.80	92
1.70	4.20	4.40	95	1.70	3.70	4.75	94	1.85	3.50	4.20	94
1.70	4.20	4.50	95	1.70	3.70	4.80	94	1.85	3.60	4.00	94
1.70	4.33	4.33	95	1.70	3.70	5.00	94	1.85	3.60	4.20	95
1.70	4.40	4.20	95	1.70	3.75	4.60	93	1.85	3.60	4.33	95
1.73	3.30	5.50	94	1.70	3.75	4.75	94	1.85	3.75	4.00	95
1.73	3.40	4.80	93	1.70	3.75	4.80	94	1.85	3.80	3.80	94
1.73	3.40	5.25	94	1.70	3.75	5.00	95	1.85	3.80	4.00	95
1.73	3.40	5.50	95	1.70	3.80	4.40	93	1.85	4.00	3.60	94
1.73	3.50	4.60	93	1.70	3.80	4.50	93	1.85	4.00	3.75	95
1.73	3.50	5.00	94	1.70	3.80	4.60	94	1.90	3.10	4.20	92
1.73	3.60	4.50	93	1.70	3.80	4.75	94	1.90	3.10	4.50	93
1.73	3.60	4.60	93	1.70	3.80	4.80	94	1.90	3.20	4.33	93
1.73	3.60	4.75	94	1.70	3.90	4.33	93	1.90	3.25	4.20	93
1.73	3.60	4.80	94	1.70	3.90	4.50	94	1.90	3.25	4.33	94
1.73	3.60	5.00	95	1.70	3.90	4.60	94	1.90	3.30	4.20	94
1.73	3.70	4.50	93	1.70	3.90	4.75	95	1.90	3.30	4.33	94
1.73	3.70	4.60	93	1.70	4.00	4.50	94	1.90	3.40	4.00	93
1.73	3.70	4.75	94	1.70	4.00	4.60	95	1.90	3.40	4.10	94
1.73	3.70	4.80	95	1.73	3.30	5.50	94	1.90	3.40	4.20	94
1.73	3.70	5.00	95	1.73	3.40	4.80	93	1.90	3.40	4.33	95

续表

威廉				立博				Bet365			
胜	平	负	体系	胜	平	负	体系	胜	平	负	体系
左倾				左倾				左倾			
1.73	3.75	4.50	94	1.73	3.40	5.00	93	1.90	3.50	3.60	92
1.73	3.75	4.60	94	1.73	3.40	5.20	94	1.90	3.50	3.80	93
1.73	3.75	4.75	95	1.73	3.40	5.25	94	1.90	3.50	3.90	94
1.73	3.75	4.80	95	1.73	3.40	5.50	95	1.90	3.50	4.00	94
1.73	3.80	4.50	94	1.73	3.50	4.60	93	1.90	3.50	4.20	95
1.73	3.80	4.60	94	1.73	3.50	4.80	93	1.90	3.60	3.75	93
1.73	3.80	4.75	95	1.73	3.50	5.00	94	1.90	3.60	3.80	94
1.73	3.90	4.40	94	1.73	3.50	5.20	95	1.90	3.60	4.00	95
1.73	3.90	4.50	95	1.73	3.60	4.50	94	1.90	3.70	3.70	94
1.73	3.90	4.60	95	1.73	3.60	4.60	93	1.90	3.75	3.60	93
1.73	4.00	4.33	94	1.73	3.60	4.75	94	1.90	3.75	3.75	94
1.73	4.00	4.50	95	1.73	3.60	4.80	94	1.90	3.75	3.80	95
1.73	4.00	4.60	95	1.73	3.60	5.00	95	1.90	3.80	3.60	94
1.75	3.25	5.50	94	1.73	3.70	4.60	94	1.90	4.00	3.40	93
1.75	3.30	5.00	93	1.73	3.70	4.75	94	1.90	4.20	3.50	95
1.75	3.40	4.80	93	1.73	3.70	4.80	95	1.95	3.00	4.50	94
1.75	3.50	4.60	93	1.73	3.75	4.50	94	1.95	3.10	4.33	94
1.75	3.50	4.75	94	1.73	3.75	4.60	94	1.95	3.20	4.20	94
1.75	3.50	5.00	95	1.73	3.80	4.20	93	1.95	3.20	4.33	95
1.75	3.50	5.25	95	1.73	3.80	4.33	93	1.95	3.25	4.10	94
1.75	3.60	4.33	93	1.73	3.80	4.40	94	1.95	3.25	4.20	94
1.75	3.60	4.60	94	1.73	3.80	4.50	94	1.95	3.25	4.33	95
1.75	3.60	4.75	94	1.73	3.80	4.60	94	1.95	3.30	3.75	92
1.75	3.60	4.80	95	1.73	3.90	4.25	93	1.95	3.30	3.80	93
1.75	3.60	5.00	95	1.73	3.90	4.33	94	1.95	3.30	4.00	94
1.75	3.70	4.50	94	1.73	3.90	4.40	94	1.95	3.30	4.20	95
1.75	3.70	4.60	94	1.73	3.90	4.60	95	1.95	3.40	3.50	92
1.75	3.70	4.75	95	1.73	4.00	4.33	94	1.95	3.40	3.75	93
1.75	3.70	4.80	95	1.75	3.20	5.50	94	1.95	3.40	3.80	93
1.75	3.75	4.50	94	1.75	3.25	5.20	93	1.95	3.40	3.90	94

威廉				立博				Bet365			
胜	平	负	体系	胜	平	负	体系	胜	平	负	体系
左倾				左倾				左倾			
1.75	3.75	4.60	95	1.75	3.25	5.50	94	1.95	3.40	4.00	95
1.75	3.75	4.75	95	1.75	3.30	5.00	93	1.95	3.50	3.60	93
1.75	3.80	4.40	94	1.75	3.30	5.20	94	1.95	3.50	3.70	94
1.75	3.80	4.60	95	1.75	3.30	5.25	94	1.95	3.50	3.75	94
1.75	3.90	4.33	94	1.75	3.40	4.75	93	1.95	3.50	3.80	94
1.75	3.90	4.50	95	1.75	3.40	4.80	93	1.95	3.50	4.00	95
1.75	4.00	4.20	94	1.75	3.40	5.00	94	1.95	3.60	3.50	93
1.75	4.00	4.33	95	1.75	3.40	5.20	95	1.95	3.60	3.60	94
1.75	4.00	4.40	95	1.75	3.50	4.50	93	1.95	3.75	3.40	93
1.75	4.20	4.00	94	1.75	3.50	4.60	93	1.95	3.75	3.50	94
1.75	4.20	4.20	95	1.75	3.50	4.75	94	1.95	3.80	3.40	93
1.75	4.33	4.00	95	1.75	3.50	4.80	94	1.95	3.80	3.50	94
1.78	3.20	5.80	95	1.75	3.50	5.00	95	1.95	4.00	3.40	95
1.78	3.25	5.50	95	1.75	3.60	4.33	93	2.00	3.00	4.33	94
1.78	3.30	5.00	94	1.75	3.60	4.40	93	2.00	3.10	4.20	94
1.78	3.30	5.25	95	1.75	3.60	4.50	93	2.00	3.20	3.60	92
1.78	3.40	4.80	94	1.75	3.60	4.60	94	2.00	3.20	3.80	93
1.78	3.40	5.00	95	1.75	3.60	4.75	94	2.00	3.20	3.90	94
1.78	3.50	4.40	93	1.75	3.70	4.20	93	2.00	3.20	4.00	94
1.78	3.50	4.75	95	1.75	3.70	4.33	93	2.00	3.25	3.75	93
1.78	3.50	4.80	95	1.75	3.70	4.40	94	2.00	3.25	3.90	94
1.78	3.50	5.00	95	1.75	3.70	4.50	94	2.00	3.25	4.00	95
1.78	3.60	4.50	94	1.75	3.70	4.60	94	2.00	3.30	3.50	92
1.78	3.60	4.60	95	1.75	3.75	4.20	93	2.00	3.30	3.75	93
1.78	3.60	4.75	95	1.75	3.75	4.25	93	2.00	3.30	3.80	94
1.78	3.60	4.80	95	1.75	3.75	4.33	94	2.00	3.30	4.00	95
1.78	3.70	4.33	94	1.75	3.75	4.40	94	2.00	3.40	3.60	93
1.78	3.70	4.40	94	1.75	3.75	4.50	94	2.00	3.40	3.70	94
1.78	3.70	4.50	95	1.75	3.80	4.20	93	2.00	3.40	3.75	94
1.78	3.70	4.60	95	1.75	3.80	4.25	93	2.00	3.40	3.80	95

续表

威廉				立博				Bet365			
胜	平	负	体系	胜	平	负	体系	胜	平	负	体系
左倾				左倾				左倾			
1.78	3.75	4.33	94	1.75	3.80	4.33	93	2.00	3.50	3.30	92
1.78	3.75	4.50	95	1.75	3.80	4.40	94	2.00	3.50	3.40	93
1.78	3.80	4.20	94	1.75	3.80	4.50	95	2.00	3.50	3.50	93
1.78	3.80	4.33	95	1.75	3.90	4.00	93	2.00	3.50	3.60	94
1.78	3.80	4.40	95	1.75	3.90	4.20	94	2.00	3.60	3.50	94
1.78	3.90	4.20	94	1.75	3.90	4.25	94	2.00	3.60	3.60	95
1.78	3.90	4.33	95	1.75	3.90	4.33	94	2.00	3.70	3.40	94
1.78	4.00	4.00	94	1.75	4.00	4.00	93	2.00	3.75	3.30	93
1.78	4.00	4.20	95	1.75	4.00	4.20	94	2.00	3.75	3.40	94
1.78	4.20	4.00	95	1.75	4.20	3.90	94	2.00	3.75	3.50	95
1.80	3.10	5.50	94	1.80	3.20	5.00	94	2.00	3.75	3.60	96
1.80	3.20	5.50	95	1.80	3.20	5.20	94	2.00	3.80	3.40	95
1.80	3.25	5.00	94	1.80	3.25	4.60	93	2.00	4.00	3.20	94
1.80	3.25	5.25	95	1.80	3.25	4.80	93	2.05	3.00	4.10	94
1.80	3.30	4.50	93	1.80	3.25	5.00	94	2.05	3.10	3.80	93
1.80	3.30	4.80	93	1.80	3.30	4.75	94	2.05	3.10	3.90	94
1.80	3.30	5.00	94	1.80	3.30	4.80	94	2.05	3.10	4.00	94
1.80	3.40	4.50	93	1.80	3.30	5.00	94	2.05	3.20	3.50	92
1.80	3.40	4.60	93	1.80	3.40	4.33	93	2.05	3.20	3.75	94
1.80	3.40	4.75	94	1.80	3.40	4.50	93	2.05	3.20	3.80	94
1.80	3.40	4.80	95	1.80	3.40	4.60	94	2.05	3.20	4.00	95
1.80	3.40	5.00	95	1.80	3.40	4.75	94	2.05	3.25	3.60	93
1.80	3.50	4.20	93	1.80	3.40	4.80	95	2.05	3.25	3.70	94
1.80	3.50	4.33	93	1.80	3.50	4.20	93	2.05	3.25	3.75	94
1.80	3.50	4.50	94	1.80	3.50	4.33	93	2.05	3.25	3.80	94
1.80	3.50	4.60	94	1.80	3.50	4.40	94	2.05	3.30	3.60	94
1.80	3.50	4.75	95	1.80	3.50	4.50	94	2.05	3.30	3.70	94
1.80	3.50	4.80	95	1.80	3.50	4.60	94	2.05	3.30	3.75	95
1.80	3.60	4.20	93	1.80	3.50	4.75	95	2.05	3.30	3.80	95
1.80	3.60	4.33	94	1.80	3.60	4.20	93	2.05	3.40	3.40	93

续表

威廉				立博				Bet365			
胜	平	负	体系	胜	平	负	体系	胜	平	负	体系
左倾				左倾				左倾			
1.80	3.60	4.40	94	1.80	3.60	4.25	94	2.05	3.40	3.50	94
1.80	3.60	4.50	95	1.80	3.60	4.33	94	2.05	3.40	3.60	94
1.80	3.60	4.60	95	1.80	3.60	4.40	94	2.05	3.40	3.75	95
1.80	3.70	4.20	94	1.80	3.60	4.50	95	2.05	3.50	3.40	94
1.80	3.70	4.33	95	1.80	3.70	4.00	93	2.05	3.50	3.50	94
1.80	3.70	4.40	95	1.80	3.70	4.20	94	2.05	3.50	3.60	95
1.80	3.70	4.50	95	1.80	3.70	4.25	94	2.05	3.60	3.30	94
1.80	3.75	4.00	93	1.80	3.70	4.33	95	2.05	3.60	3.40	94
1.80	3.75	4.20	94	1.80	3.75	4.00	93	2.05	3.70	3.40	95
1.80	3.75	4.33	95	1.80	3.75	4.20	94	2.05	3.75	3.20	94
1.80	3.80	4.20	95	1.80	3.75	4.25	95	2.05	3.75	3.25	94
1.80	3.80	4.33	95	1.80	3.80	4.00	94	2.05	3.75	3.40	95
1.80	3.90	4.00	94	1.80	3.80	4.20	95	2.05	3.80	3.10	93
1.80	3.90	4.20	95	1.80	3.90	3.90	94	2.05	3.80	3.20	94
1.80	4.00	3.90	94	1.80	3.90	4.00	94	2.10	3.00	4.00	94
1.83	3.20	4.60	93	1.80	4.00	3.90	94	2.10	3.10	3.40	92
1.83	3.20	5.00	94	1.83	3.20	4.75	94	2.10	3.10	3.70	94
1.83	3.20	5.25	95	1.83	3.20	4.80	94	2.10	3.10	3.75	94
1.83	3.25	4.80	94	1.83	3.20	5.00	94	2.10	3.10	3.80	94
1.83	3.30	4.33	93	1.83	3.25	4.60	93	2.10	3.10	4.00	95
1.83	3.30	4.75	94	1.83	3.30	4.50	93	2.10	3.20	3.30	92
1.83	3.30	4.80	95	1.83	3.30	4.60	94	2.10	3.20	3.50	93
1.83	3.30	5.00	95	1.83	3.30	4.75	94	2.10	3.20	3.60	94
1.83	3.40	4.20	93	1.83	3.40	4.33	93	2.10	3.20	3.75	94
1.83	3.40	4.33	93	1.83	3.40	4.40	94	2.10	3.25	3.25	92
1.83	3.40	4.40	93	1.83	3.40	4.50	94	2.10	3.25	3.50	93
1.83	3.40	4.50	94	1.83	3.50	4.20	93	2.10	3.25	3.60	94
1.83	3.40	4.60	95	1.83	3.50	4.25	94	2.10	3.30	3.20	92
1.83	3.40	4.75	95	1.83	3.50	4.33	94	2.10	3.30	3.40	93
1.83	3.40	4.80	95	1.83	3.50	4.40	94	2.10	3.30	3.50	94

威廉				立博				Bet365			
胜	平	负	体系	胜	平	负	体系	胜	平	负	体系
左倾				左倾				左倾			
1.83	3.50	4.20	93	1.83	3.50	4.50	95	2.10	3.30	3.60	95
1.83	3.50	4.33	94	1.83	3.60	4.00	93	2.10	3.40	3.20	92
1.83	3.50	4.40	94	1.83	3.60	4.20	94	2.10	3.40	3.40	94
1.83	3.50	4.50	95	1.83	3.60	4.25	94	2.10	3.40	3.50	95
1.83	3.50	4.60	95	1.83	3.60	4.33	95	2.10	3.40	3.60	95
1.83	3.60	4.00	93	1.83	3.70	4.00	94	2.10	3.50	3.25	93
1.83	3.60	4.20	94	1.83	3.75	3.90	94	2.10	3.50	3.30	94
1.83	3.60	4.33	95	1.83	3.75	4.00	94	2.10	3.50	3.40	95
1.83	3.60	4.40	95	1.83	3.80	3.80	93	2.10	3.60	3.20	94
1.83	3.70	4.20	95	1.83	3.80	3.90	94	2.10	3.60	3.25	94
1.83	3.70	4.33	95	1.83	3.90	3.80	94	2.10	3.75	3.10	94
1.83	3.75	4.00	94	1.83	4.00	3.75	94	2.10	3.80	3.10	94
1.83	3.75	4.20	95	1.83	4.00	3.80	94	2.15	2.87	4.00	94
1.83	3.80	4.00	94	1.85	3.20	4.75	94	2.15	3.00	3.75	94
1.83	3.80	4.20	95	1.85	3.25	4.50	93	2.15	3.00	3.80	94
1.83	3.90	3.90	94	1.85	3.25	4.60	94	2.15	3.00	4.00	95
1.83	3.90	4.00	95	1.85	3.25	4.75	94	2.15	3.10	3.40	92
1.83	4.00	3.80	94	1.85	3.30	4.33	93	2.15	3.10	3.60	94
1.83	4.00	3.90	95	1.85	3.30	4.40	93	2.15	3.20	3.50	94
1.83	4.20	3.80	95	1.85	3.30	4.50	94	2.15	3.20	3.60	95
1.85	3.10	5.25	95	1.85	3.30	4.60	94	2.15	3.20	3.70	95
1.85	3.20	4.60	93	1.85	3.40	4.20	93	2.15	3.25	3.30	93
1.85	3.20	5.00	95	1.85	3.40	4.25	93	2.15	3.25	3.40	94
1.85	3.25	4.75	94	1.85	3.40	4.33	94	2.15	3.30	3.10	92
1.85	3.30	4.50	94	1.85	3.40	4.40	94	2.15	3.30	3.25	93
1.85	3.30	4.60	94	1.85	3.40	4.50	95	2.15	3.30	3.30	93
1.85	3.30	4.75	95	1.85	3.50	4.00	93	2.15	3.30	3.40	94
1.85	3.30	4.80	95	1.85	3.50	4.20	94	2.15	3.40	3.25	94
1.85	3.40	4.40	94	1.85	3.50	4.25	94	2.15	3.40	3.30	94
1.85	3.40	4.50	95	1.85	3.50	4.33	95	2.15	3.40	3.40	95

威廉				立博				Bet365			
胜	平	负	体系	胜	平	负	体系	胜	平	负	体系
左倾				左倾				左倾			
1.85	3.40	4.60	95	1.85	3.60	3.90	93	2.15	3.40	3.50	96
1.85	3.50	4.00	93	1.85	3.60	4.00	94	2.15	3.50	3.10	93
1.85	3.50	4.20	94	1.85	3.60	4.20	95	2.15	3.50	3.20	94
1.85	3.50	4.33	95	1.85	3.70	3.75	93	2.15	3.50	3.25	94
1.85	3.50	4.40	95	1.85	3.70	3.90	94	2.15	3.50	3.30	95
1.85	3.50	4.50	95	1.85	3.70	4.00	94	2.15	3.50	3.40	96
1.85	3.60	4.20	95	1.85	3.75	3.70	93	2.15	3.60	2.87	92
1.85	3.60	4.33	95	1.85	3.75	3.80	93	2.15	3.60	3.10	94
1.85	3.70	4.00	94	1.85	3.75	3.90	94	2.15	3.60	3.20	95
1.85	3.70	4.20	95	1.85	3.75	4.00	95	2.15	3.75	3.10	95
1.85	3.75	3.90	94	1.85	3.80	3.75	93	2.15	3.80	3.10	95
1.85	3.75	4.00	95	1.85	3.80	3.80	94	2.20	3.00	3.60	94
1.85	3.80	3.90	94	1.85	3.90	3.75	94	2.20	3.10	3.50	94
1.85	3.80	4.00	95	1.87	3.10	4.60	93	2.20	3.10	3.60	95
1.85	3.90	3.90	95	1.87	3.10	4.80	94	2.20	3.20	3.30	93
1.85	4.00	3.75	95	1.87	3.10	5.00	94	2.20	3.20	3.40	94
1.85	4.00	3.80	95	1.87	3.20	4.40	93	2.20	3.20	3.50	95
1.87	3.20	4.60	94	1.87	3.20	4.50	94	2.20	3.25	3.25	93
1.87	3.20	4.80	95	1.87	3.20	4.60	94	2.20	3.25	3.30	94
1.87	3.30	4.40	94	1.87	3.25	4.40	93	2.20	3.25	3.40	95
1.87	3.30	4.50	94	1.87	3.25	4.50	94	2.20	3.30	3.10	93
1.87	3.30	4.60	95	1.87	3.30	4.25	93	2.20	3.30	3.25	94
1.87	3.40	4.20	94	1.87	3.30	4.33	94	2.20	3.30	3.30	94
1.87	3.40	4.33	95	1.87	3.30	4.40	94	2.20	3.30	3.40	95
1.87	3.40	4.40	95	1.87	3.30	4.50	94	2.20	3.40	3.00	92
1.87	3.40	4.50	95	1.87	3.40	4.00	93	2.20	3.40	3.20	94
1.87	3.50	3.90	93	1.87	3.40	4.20	94	2.20	3.40	3.25	95
1.87	3.50	4.00	93	1.87	3.40	4.25	94	2.20	3.40	3.30	95
1.87	3.50	4.20	94	1.87	3.40	4.33	94	2.20	3.50	3.00	93
1.87	3.50	4.33	95	1.87	3.50	4.00	93	2.20	3.50	3.10	94

威廉				立博				Bet365			
胜	平	负	体系	胜	平	负	体系	胜	平	负	体系
左倾				左倾				左倾			
1.87	3.60	4.00	94	1.87	3.50	4.20	94	2.20	3.60	3.00	94
1.87	3.60	4.20	95	1.87	3.60	3.80	93	2.20	3.60	3.10	95
1.87	3.70	3.90	94	1.87	3.60	3.90	94	2.20	3.75	2.90	94
1.87	3.70	4.00	95	1.87	3.60	4.00	94	2.20	3.80	2.90	94
1.87	3.75	3.80	94	1.87	3.70	3.75	93	2.20	3.80	3.00	95
1.87	3.75	4.00	95	1.87	3.70	3.80	94	2.20	3.90	2.90	95
1.87	3.80	3.80	94	1.87	3.70	3.90	94	2.20	4.20	2.70	94
1.87	3.80	3.90	95	1.87	3.75	3.75	94	2.25	2.90	3.60	94
1.87	3.90	3.70	94	1.87	3.75	3.80	94	2.25	3.00	3.50	94
1.87	4.00	3.70	95	1.87	3.80	3.75	94	2.25	3.00	3.60	95
1.87	4.00	3.75	95	1.91	3.10	4.50	94	2.25	3.10	3.10	92
1.91	3.00	5.25	95	1.91	3.20	4.25	93	2.25	3.10	3.40	94
1.91	3.10	4.75	95	1.91	3.20	4.33	94	2.25	3.20	3.00	92
1.91	3.10	4.80	95	1.91	3.20	4.40	94	2.25	3.20	3.20	94
1.91	3.20	4.50	94	1.91	3.20	4.50	94	2.25	3.20	3.25	94
1.91	3.20	4.60	95	1.91	3.25	4.20	94	2.25	3.20	3.30	94
1.91	3.25	4.33	94	1.91	3.25	4.25	94	2.25	3.25	3.20	94
1.91	3.25	4.40	94	1.91	3.25	4.33	94	2.25	3.25	3.25	94
1.91	3.25	4.50	95	1.91	3.30	3.75	94	2.25	3.25	3.40	96
1.91	3.25	4.60	95	1.91	3.30	4.00	93	2.25	3.30	3.10	93
1.91	3.30	4.00	93	1.91	3.30	4.20	94	2.25	3.30	3.20	94
1.91	3.30	4.20	94	1.91	3.30	4.25	94	2.25	3.40	3.10	94
1.91	3.30	4.33	95	1.91	3.30	4.33	95	2.25	3.40	3.20	95
1.91	3.30	4.40	95	1.91	3.40	3.80	93	2.25	3.50	2.87	93
1.91	3.30	4.50	95	1.91	3.40	3.90	93	2.25	3.50	3.00	94
1.91	3.40	3.80	93	1.91	3.40	4.00	94	2.25	3.50	3.10	95
1.91	3.40	4.00	94	1.91	3.40	4.20	95	2.25	3.60	2.87	93
1.91	3.40	4.20	95	1.91	3.50	3.80	93	2.25	3.60	2.90	94
1.91	3.40	4.33	95	1.91	3.50	3.90	94	2.25	3.75	2.80	94
1.91	3.50	3.75	93	1.91	3.50	4.00	94	2.25	3.75	2.87	94

威廉				立博				Bet365			
胜	平	负	体系	胜	平	负	体系	胜	平	负	体系
左倾				左倾				左倾			
1.91	3.50	3.90	94	1.91	3.60	3.50	94	2.25	3.75	2.90	95
1.91	3.50	4.00	94	1.91	3.60	3.60	93	2.25	4.00	2.75	95
1.91	3.50	4.20	95	1.91	3.60	3.70	93	2.30	2.60	4.00	94
1.91	3.60	3.80	94	1.91	3.60	3.75	94	2.30	2.75	3.75	94
1.91	3.60	3.90	95	1.91	3.60	3.80	94	2.30	2.87	3.30	92
1.91	3.60	4.00	95	1.91	3.60	3.90	95	2.30	3.00	3.20	93
1.91	3.70	3.75	94	1.91	3.70	3.60	93	2.30	3.00	3.40	94
1.91	3.70	3.80	94	1.91	3.70	3.70	94	2.30	3.10	3.00	92
1.91	3.70	3.90	95	1.91	3.70	3.75	94	2.30	3.10	3.20	93
1.91	3.75	3.70	94	1.91	3.70	3.80	95	2.30	3.10	3.25	94
1.91	3.75	3.80	95	1.91	3.75	3.60	94	2.30	3.10	3.30	94
1.91	3.80	3.60	94	1.91	3.75	3.70	94	2.30	3.10	3.40	95
1.91	3.80	3.75	95	1.91	3.80	3.50	93	2.30	3.20	2.90	92
1.91	3.90	3.70	95	1.91	3.80	3.60	94	2.30	3.20	3.10	93
1.91	4.00	3.50	94	1.91	3.80	3.70	95	2.30	3.20	3.20	94
1.95	3.10	4.20	93	1.91	3.90	3.60	95	2.30	3.25	3.10	94
1.95	3.10	4.40	94	1.95	3.00	4.50	94	2.30	3.25	3.20	95
1.95	3.10	4.60	95	1.95	3.00	4.60	94	2.30	3.25	3.25	95
1.95	3.20	4.00	93	1.95	3.10	4.20	93	2.30	3.30	3.10	94
1.95	3.20	4.20	94	1.95	3.10	4.25	93	2.30	3.30	3.20	95
1.95	3.20	4.40	95	1.95	3.10	4.33	94	2.30	3.40	2.80	92
1.95	3.20	4.50	95	1.95	3.10	4.50	95	2.30	3.40	3.00	94
1.95	3.25	4.00	93	1.95	3.20	4.00	93	2.30	3.40	3.10	95
1.95	3.25	4.20	94	1.95	3.20	4.20	94	2.30	3.40	3.20	96
1.95	3.25	4.33	95	1.95	3.20	4.25	94	2.30	3.50	2.75	92
1.95	3.25	4.40	95	1.95	3.25	4.00	93	2.30	3.50	2.87	94
1.95	3.30	3.80	93	1.95	3.25	4.20	94	2.30	3.50	2.90	94
1.95	3.30	3.90	93	1.95	3.30	3.80	93	2.30	3.50	3.00	95
1.95	3.30	4.00	94	1.95	3.30	3.90	93	2.30	3.60	2.80	93
1.95	3.30	4.20	95	1.95	3.30	4.00	94	2.30	3.60	2.87	94

威廉				立博				Bet365			
胜	平	负	体系	胜	平	负	体系	胜	平	负	体系
左倾				左倾				左倾			
1.95	3.30	4.33	95	1.95	3.40	3.70	93	2.30	3.60	2.90	95
1.95	3.40	3.90	94	1.95	3.40	3.75	93	2.30	3.75	2.75	94
1.95	3.40	4.00	95	1.95	3.40	3.80	93	2.30	3.75	2.80	94
1.95	3.50	3.60	93	1.95	3.40	3.90	94	2.30	4.00	2.62	94
1.95	3.50	3.75	94	1.95	3.40	4.00	95	2.35	3.00	3.30	94
1.95	3.50	3.80	94	1.95	3.50	3.60	93	2.35	3.10	3.20	94
1.95	3.50	3.90	95	1.95	3.50	3.70	94	2.35	3.20	3.10	94
1.95	3.50	4.00	95	1.95	3.50	3.75	94	2.35	3.25	3.00	94
1.95	3.60	3.50	93	1.95	3.50	3.80	94	2.35	3.30	3.00	94
1.95	3.60	3.60	94	1.95	3.50	3.90	95	2.35	3.40	2.90	94
1.95	3.60	3.70	94	1.95	3.60	3.50	93	2.35	4.00	2.60	94
1.95	3.60	3.75	95	1.95	3.60	3.60	94	2.37	2.87	3.40	94
1.95	3.60	3.80	95	1.95	3.60	3.70	94	2.37	2.90	3.30	93
1.95	3.70	3.60	94	1.95	3.70	3.50	94	2.37	3.00	3.00	92
1.95	3.70	3.70	95	1.95	3.70	3.60	94	2.37	3.00	3.20	94
1.95	3.70	3.75	95	1.95	3.75	3.50	94	2.37	3.00	3.25	94
1.95	3.75	3.60	95	1.95	3.75	3.60	95	2.37	3.10	3.10	94
1.95	3.75	3.70	95	2.00	3.00	4.20	93	2.37	3.10	3.20	95
1.95	3.80	3.50	94	2.00	3.10	4.00	93	2.37	3.20	3.00	94
1.95	3.80	3.60	95	2.00	3.10	4.20	94	2.37	3.20	3.10	95
1.95	3.90	3.60	95	2.00	3.10	4.25	95	2.37	3.20	3.20	96
2.00	2.90	4.80	95	2.00	3.20	3.75	94	2.37	3.25	3.00	94
2.00	3.00	4.40	94	2.00	3.20	3.80	93	2.37	3.25	3.10	95
2.00	3.10	4.20	94	2.00	3.20	3.90	94	2.37	3.30	2.87	93
2.00	3.10	4.33	95	2.00	3.20	4.00	94	2.37	3.30	2.90	93
2.00	3.20	4.00	94	2.00	3.20	4.20	95	2.37	3.30	3.00	94
2.00	3.20	4.20	95	2.00	3.25	3.70	94	2.37	3.30	3.10	95
2.00	3.25	3.70	93	2.00	3.25	3.75	93	2.37	3.40	2.80	93
2.00	3.25	3.80	93	2.00	3.25	3.80	93	2.37	3.40	2.87	94
2.00	3.25	3.90	94	2.00	3.25	3.90	94	2.37	3.40	2.90	94

威廉				立博				Bet365			
胜	平	负	体系	胜	平	负	体系	胜	平	负	体系
左倾				左倾				左倾			
2.00	3.25	4.00	95	2.00	3.25	4.00	95	2.37	3.40	3.00	95
2.00	3.30	3.75	93	2.00	3.30	3.70	93	2.37	3.50	2.80	94
2.00	3.30	3.80	94	2.00	3.30	3.75	93	2.37	3.50	2.90	95
2.00	3.30	3.90	94	2.00	3.30	3.80	94	2.37	3.60	2.70	93
2.00	3.30	4.00	95	2.00	3.30	3.90	94	2.37	3.60	2.75	94
2.00	3.40	3.50	93	2.00	3.40	3.50	93	2.37	3.60	2.80	95
2.00	3.40	3.60	93	2.00	3.40	3.60	93	2.40	2.90	3.25	94
2.00	3.40	3.70	94	2.00	3.40	3.70	94	2.40	3.00	2.62	94
2.00	3.40	3.75	94	2.00	3.40	3.75	94	2.40	3.00	3.00	92
2.00	3.40	3.80	95	2.00	3.40	3.80	95	2.40	3.00	3.20	94
2.00	3.40	3.90	95	2.00	3.50	3.50	93	2.40	3.00	3.30	95
2.00	3.50	3.50	93	2.00	3.50	3.60	94	2.40	3.10	3.00	93
2.00	3.50	3.60	94	2.00	3.50	3.70	95	2.40	3.10	3.10	94
2.00	3.50	3.70	95	2.00	3.60	3.25	94	2.40	3.10	3.20	95
2.00	3.50	3.75	95	2.00	3.60	3.30	93	2.40	3.20	2.75	92
2.00	3.50	3.80	95	2.00	3.60	3.40	93	2.40	3.20	2.90	93
2.00	3.60	3.50	94	2.00	3.60	3.50	94	2.40	3.20	3.00	94
2.00	3.60	3.60	95	2.00	3.70	3.30	93	2.40	3.25	2.87	93
2.00	3.60	3.70	95	2.00	3.70	3.40	94	2.40	3.25	2.90	94
2.00	3.70	3.40	94	2.00	3.75	3.40	94	2.40	3.30	2.87	94
2.00	3.70	3.60	95	2.00	3.80	3.25	93	2.40	3.30	2.90	94
2.00	3.75	3.40	94	2.00	3.80	3.30	94	2.40	3.30	3.00	95
2.00	3.75	3.50	95	2.00	3.90	3.30	94	2.40	3.40	2.62	92
2.00	3.80	3.50	95	2.05	3.00	4.00	93	2.40	3.40	2.80	94
2.00	3.90	3.30	94	2.05	3.10	3.70	93	2.40	3.40	2.87	94
2.00	4.00	3.25	95	2.05	3.10	3.75	93	2.40	3.50	2.62	92
2.05	3.00	4.20	94	2.05	3.10	3.80	93	2.40	3.50	2.70	93
2.05	3.00	4.33	95	2.05	3.10	3.90	94	2.40	3.50	2.75	94
2.05	3.00	4.40	95	2.05	3.10	4.00	94	2.40	3.50	2.80	94
2.05	3.10	3.75	93	2.05	3.20	3.70	93	2.40	3.50	2.87	95

威廉				立博				Bet365			
胜	平	负	体系	胜	平	负	体系	胜	平	负	体系
左倾				左倾				左倾			
2.05	3.10	4.00	94	2.05	3.20	3.75	94	2.40	3.60	2.70	94
2.05	3.10	4.20	95	2.05	3.20	3.80	94	2.40	3.60	2.80	95
2.05	3.20	3.75	93	2.05	3.20	3.90	95	2.40	3.75	2.62	94
2.05	3.20	3.80	94	2.05	3.25	3.60	93	2.40	3.75	2.70	95
2.05	3.20	3.90	95	2.05	3.25	3.70	94	2.45	2.90	3.20	94
2.05	3.20	4.00	95	2.05	3.25	3.75	94	2.45	2.90	3.25	94
2.05	3.25	3.60	93	2.05	3.25	3.80	94	2.45	3.00	3.00	93
2.05	3.25	3.75	94	2.05	3.30	3.50	93	2.45	3.00	3.10	94
2.05	3.25	3.80	94	2.05	3.30	3.60	94	2.45	3.10	3.00	94
2.05	3.25	3.90	95	2.05	3.30	3.70	94	2.45	3.10	3.10	95
2.05	3.30	3.60	94	2.05	3.40	3.40	93	2.45	3.20	2.87	94
2.05	3.30	3.70	94	2.05	3.40	3.50	94	2.45	3.20	2.90	94
2.05	3.30	3.75	95	2.05	3.40	3.60	94	2.45	3.20	3.00	95
2.05	3.30	3.80	95	2.05	3.50	3.30	93	2.45	3.20	3.10	96
2.05	3.30	3.90	95	2.05	3.50	3.40	94	2.45	3.25	2.87	94
2.05	3.40	3.50	93	2.05	3.50	3.50	94	2.45	3.25	2.90	94
2.05	3.40	3.60	94	2.05	3.60	3.25	93	2.45	3.30	2.80	94
2.05	3.40	3.70	95	2.05	3.60	3.30	94	2.45	3.30	2.87	94
2.05	3.40	3.75	95	2.05	3.60	3.40	94	2.45	3.30	2.90	95
2.05	3.50	3.40	94	2.05	3.70	3.20	93	2.45	3.40	2.75	94
2.05	3.50	3.50	94	2.05	3.70	3.25	94	2.45	3.40	2.80	94
2.05	3.50	3.60	95	2.05	3.70	3.30	94	2.45	3.40	2.87	95
2.05	3.60	3.30	94	2.05	3.75	3.20	94	2.45	3.50	2.60	93
2.05	3.60	3.40	94	2.05	3.80	3.10	93	2.45	3.50	2.62	93
2.05	3.60	3.50	95	2.05	3.90	3.20	95	2.45	3.50	2.70	94
2.05	3.70	3.30	94	2.10	3.00	3.70	93	2.45	3.50	2.80	95
2.05	3.70	3.40	95	2.10	3.00	3.75	93	2.45	3.60	2.62	94
2.05	3.75	3.25	94	2.10	3.00	3.80	93	2.45	3.60	2.70	95
2.05	3.75	3.30	94	2.10	3.00	3.90	94	2.45	3.75	2.62	95
2.05	3.75	3.40	95	2.10	3.00	4.00	94	2.50	2.87	3.20	94

威廉				立博				Bet365			
胜	平	负	体系	胜	平	负	体系	胜	平	负	体系
左倾				左倾				左倾			
2.05	3.80	3.25	94	2.10	3.10	3.60	93	2.50	2.90	3.10	94
2.05	3.80	3.30	95	2.10	3.10	3.70	94	2.50	3.00	3.00	94
2.05	3.90	3.20	94	2.10	3.10	3.75	94	2.50	3.00	3.10	95
2.05	3.90	3.25	95	2.10	3.10	3.80	94	2.50	3.10	2.87	93
2.05	4.00	3.10	94	2.10	3.20	3.50	93	2.50	3.10	2.90	94
2.10	3.00	4.00	94	2.10	3.20	3.60	94	2.50	3.10	3.00	95
2.10	3.00	4.20	95	2.10	3.20	3.70	94	2.50	3.20	2.80	93
2.10	3.10	3.60	93	2.10	3.20	3.75	95	2.50	3.20	2.87	94
2.10	3.10	3.75	94	2.10	3.25	3.40	93	2.50	3.20	2.90	95
2.10	3.10	3.80	94	2.10	3.25	3.50	93	2.50	3.25	2.60	92
2.10	3.10	3.90	95	2.10	3.25	3.60	94	2.50	3.25	2.75	93
2.10	3.10	4.00	95	2.10	3.30	3.40	93	2.50	3.25	2.80	94
2.10	3.20	3.50	93	2.10	3.30	3.50	94	2.50	3.25	2.90	95
2.10	3.20	3.60	94	2.10	3.30	3.60	95	2.50	3.30	2.75	94
2.10	3.20	3.70	94	2.10	3.40	3.25	93	2.50	3.30	2.80	94
2.10	3.20	3.75	95	2.10	3.40	3.30	93	2.50	3.40	2.62	93
2.10	3.20	3.80	95	2.10	3.40	3.40	94	2.50	3.40	2.70	94
2.10	3.25	3.40	93	2.10	3.40	3.50	95	2.50	3.40	2.80	95
2.10	3.25	3.50	93	2.10	3.50	3.20	93	2.50	3.50	2.62	94
2.10	3.25	3.60	94	2.10	3.50	3.25	93	2.50	3.50	2.70	95
2.10	3.25	3.70	95	2.10	3.50	3.30	94	2.50	3.50	2.75	95
2.10	3.25	3.75	95	2.10	3.50	3.40	95	2.50	3.60	2.60	94
2.10	3.30	3.40	93	2.10	3.60	3.10	93	2.50	3.75	2.60	95
2.10	3.30	3.50	94	2.10	3.60	3.20	94	2.55	2.87	3.10	94
2.10	3.30	3.60	95	2.10	3.60	3.25	94	2.55	2.90	3.00	93
2.10	3.30	3.70	95	2.10	3.60	3.30	95	2.55	3.00	3.10	95
2.10	3.40	3.25	93	2.10	3.70	3.20	94	2.55	3.10	2.87	94
2.10	3.40	3.30	93	2.10	3.75	3.10	94	2.55	3.10	2.90	94
2.10	3.40	3.40	94	2.15	3.00	3.60	93	2.55	3.20	2.75	94
2.10	3.40	3.50	95	2.15	3.00	3.70	94	2.55	3.20	2.80	94

威廉				立博				Bet365			
胜	平	负	体系	胜	平	负	体系	胜	平	负	体系
左倾				左倾				左倾			
2.10	3.40	3.60	95	2.15	3.00	3.75	94	2.55	3.20	2.90	95
2.10	3.50	3.20	93	2.15	3.00	3.80	94	2.55	3.25	2.75	94
2.10	3.50	3.25	93	2.15	3.10	3.50	93	2.55	3.25	2.80	95
2.10	3.50	3.40	95	2.15	3.10	3.60	94	2.55	3.30	2.70	94
2.10	3.50	3.50	95	2.15	3.10	3.70	95	2.55	3.30	2.75	94
2.10	3.60	3.25	94	2.15	3.20	3.40	93	2.55	3.30	2.80	95
2.10	3.60	3.30	95	2.15	3.20	3.50	94	2.55	3.40	2.60	93
2.10	3.60	3.40	95	2.15	3.20	3.60	95	2.55	3.40	2.62	94
2.10	3.70	3.25	95	2.15	3.25	3.30	93	2.55	3.40	2.70	95
2.10	3.70	3.30	95	2.15	3.25	3.40	94	2.55	3.50	2.60	94
2.10	3.75	3.00	93	2.15	3.25	3.50	94	2.60	2.50	3.60	94
2.10	3.75	3.20	95	2.15	3.30	3.25	93	2.60	2.87	3.00	94
2.10	3.75	3.25	95	2.15	3.30	3.30	93	2.60	2.87	3.10	95
2.10	3.80	3.10	94	2.15	3.30	3.40	94	2.60	2.90	2.80	92
2.10	4.00	3.00	94	2.15	3.30	3.50	95	2.60	2.90	3.00	94
2.15	2.90	4.00	94	2.15	3.40	3.20	93	2.60	3.00	2.70	92
2.15	3.00	3.75	94	2.15	3.40	3.25	94	2.60	3.00	2.87	94
2.15	3.00	3.80	94	2.15	3.40	3.30	94	2.60	3.00	2.90	94
2.15	3.00	3.90	95	2.15	3.50	3.10	93	2.60	3.00	3.00	95
2.15	3.10	3.70	95	2.15	3.50	3.20	94	2.60	3.10	2.80	94
2.15	3.10	3.75	95	2.15	3.50	3.25	94	2.60	3.10	2.90	95
2.15	3.10	3.80	95	2.15	3.60	3.00	93	2.60	3.20	2.70	94
2.15	3.20	3.30	93	2.15	3.60	3.10	94	2.60	3.20	2.75	94
2.15	3.20	3.50	94	2.15	3.70	3.00	94	2.60	3.20	2.80	95
2.15	3.20	3.60	95	2.15	3.70	3.10	95	2.60	3.20	2.87	96
2.15	3.20	3.70	95	2.15	3.75	3.00	94	2.60	3.25	2.70	94
2.15	3.25	3.25	93	2.20	2.90	3.70	93	2.60	3.25	2.75	95
2.15	3.25	3.40	94	2.20	3.00	3.50	93	2.60	3.30	2.62	94
2.15	3.25	3.50	94	2.20	3.00	3.60	94	2.60	3.30	2.70	95
2.15	3.25	3.60	95	2.20	3.00	3.70	95	2.60	3.40	2.62	94

威廉				立博				Bet365			
胜	平	负	体系	胜	平	负	体系	胜	平	负	体系
左倾				左倾				左倾			
2.15	3.30	3.30	93	2.20	3.10	3.40	93	2.62	2.87	3.00	94
2.15	3.30	3.40	94	2.20	3.10	3.50	94	2.62	3.00	2.87	94
2.15	3.30	3.50	95	2.20	3.20	3.20	93	2.62	3.00	2.90	94
2.15	3.40	3.20	93	2.20	3.20	3.30	93	2.62	3.10	2.75	94
2.15	3.40	3.25	94	2.20	3.20	3.40	94	2.62	3.10	2.80	94
2.15	3.40	3.30	94	2.20	3.25	3.25	93	2.62	3.20	2.70	94
2.15	3.40	3.40	95	2.20	3.25	3.30	94	2.62	3.20	2.80	95
2.15	3.50	3.20	94	2.20	3.25	3.40	95	2.62	3.25	2.70	94
2.15	3.50	3.25	94	2.20	3.30	3.10	93	2.62	3.25	2.75	95
2.15	3.50	3.30	95	2.20	3.30	3.20	93	2.70	2.87	2.90	94
2.15	3.60	3.20	95	2.20	3.30	3.25	94	2.70	3.00	2.75	93
2.15	3.60	3.25	95	2.20	3.30	3.30	94	2.70	3.00	2.80	94
2.15	3.70	3.10	95	2.20	3.40	3.10	93	2.70	3.00	2.87	95
2.15	3.70	3.20	95	2.20	3.40	3.20	94	2.70	3.20	2.75	96
2.15	3.75	3.10	94	2.20	3.40	3.25	95	2.75	2.87	2.80	94
2.15	3.80	3.00	94	2.20	3.50	3.00	93	平衡			
2.15	3.80	3.10	95	2.20	3.50	3.10	94	2.50	3.75	2.50	94
2.15	4.00	2.90	94	2.20	3.60	2.90	93	2.50	3.80	2.50	94
2.20	3.00	3.80	95	2.20	3.60	3.00	94	2.55	3.60	2.55	94
2.20	3.10	3.30	93	2.20	3.70	2.90	93	2.55	3.75	2.55	94
2.20	3.10	3.40	93	2.25	2.90	3.50	93	2.60	3.10	2.60	92
2.20	3.10	3.50	94	2.25	3.00	3.40	93	2.60	3.20	2.60	92
2.20	3.10	3.60	95	2.25	3.00	3.50	94	2.60	3.40	2.60	94
2.20	3.10	3.70	95	2.25	3.10	3.20	93	2.62	3.20	2.62	93
2.20	3.20	3.20	93	2.25	3.10	3.25	93	2.62	3.25	2.62	93
2.20	3.20	3.25	93	2.25	3.10	3.30	93	2.62	3.30	2.62	94
2.20	3.20	3.40	94	2.25	3.10	3.40	94	2.62	3.40	2.62	95
2.20	3.20	3.50	95	2.25	3.20	3.10	93	2.65	3.20	2.65	94
2.20	3.25	3.25	93	2.25	3.20	3.20	94	2.70	3.10	2.70	94

威廉				立博				Bet365			
胜	平	负	体系	胜	平	负	体系	胜	平	负	体系
左倾				左倾				平衡			
2.20	3.25	3.30	93	2.25	3.20	3.25	94	2.75	3.00	2.75	94
2.20	3.25	3.40	95	2.25	3.20	3.30	94	2.75	3.10	2.75	95
2.20	3.25	3.50	95	2.25	3.25	3.10	93	2.80	2.87	2.80	94
2.20	3.30	3.10	93	2.25	3.25	3.20	94	右倾			
2.20	3.30	3.20	93	2.25	3.25	3.25	94	2.80	2.87	2.75	94
2.20	3.30	3.25	93	2.25	3.30	3.00	93	2.75	3.10	2.70	95
2.20	3.30	3.30	94	2.25	3.30	3.10	93	2.87	3.00	2.70	95
2.20	3.30	3.40	95	2.25	3.30	3.20	94	2.80	3.00	2.70	94
2.20	3.40	3.10	93	2.25	3.40	3.00	93	2.75	3.00	2.70	94
2.20	3.40	3.20	94	2.25	3.40	3.10	94	3.00	2.90	2.70	95
2.20	3.40	3.25	95	2.25	3.50	2.90	93	2.87	2.87	2.70	94
2.20	3.40	3.30	95	2.25	3.50	3.00	95	2.70	3.30	2.62	95
2.20	3.50	3.00	93	2.25	3.60	2.88	93	2.75	3.25	2.62	95
2.20	3.50	3.10	94	2.25	3.60	2.90	94	2.75	3.20	2.62	95
2.20	3.50	3.20	95	2.25	3.60	3.00	95	2.70	3.20	2.62	94
2.20	3.50	3.25	95	2.25	3.80	2.80	94	2.75	3.10	2.62	94
2.20	3.60	3.10	95	2.30	2.80	3.30	94	2.87	3.00	2.62	94
2.20	3.70	3.10	95	2.30	2.90	3.40	93	3.00	2.87	2.62	94
2.20	3.75	2.90	94	2.30	3.00	3.25	93	2.70	3.40	2.60	95
2.20	3.75	3.00	95	2.30	3.00	3.30	93	2.62	3.40	2.60	94
2.20	3.90	2.88	94	2.30	3.00	3.40	94	2.75	3.30	2.60	95
2.25	2.90	3.70	94	2.30	3.10	3.10	93	2.70	3.30	2.60	95
2.25	2.90	3.75	95	2.30	3.10	3.20	93	2.62	3.30	2.60	94
2.25	3.00	3.50	94	2.30	3.10	3.25	94	2.75	3.25	2.60	95
2.25	3.00	3.60	95	2.30	3.10	3.30	94	2.70	3.25	2.60	94
2.25	3.00	3.70	95	2.30	3.20	3.00	93	2.62	3.25	2.60	93
2.25	3.10	3.20	93	2.30	3.20	3.10	93	2.75	3.20	2.60	94
2.25	3.10	3.40	94	2.30	3.20	3.20	94	2.70	3.20	2.60	94
2.25	3.10	3.50	95	2.30	3.20	3.25	95	2.80	3.10	2.60	94
2.25	3.20	3.25	94	2.30	3.25	3.00	93	2.90	3.00	2.60	94
2.25	3.20	3.30	94	2.30	3.25	3.10	94	2.87	3.00	2.60	94

威廉				立博				Bet365			
胜	平	负	体系	胜	平	负	体系	胜	平	负	体系
左倾				左倾				右倾			
2.25	3.20	3.40	95	2.30	3.25	3.20	95	3.00	2.90	2.60	94
2.25	3.25	3.20	94	2.30	3.30	3.00	93	3.00	2.87	2.60	94
2.25	3.25	3.25	94	2.30	3.30	3.10	94	2.70	3.50	2.55	95
2.25	3.30	3.00	93	2.30	3.40	2.88	93	2.60	3.50	2.55	94
2.25	3.30	3.20	94	2.30	3.40	2.90	93	2.75	3.40	2.55	95
2.25	3.30	3.25	95	2.30	3.40	3.00	94	2.70	3.40	2.55	95
2.25	3.30	3.30	95	2.30	3.50	2.80	93	2.62	3.40	2.55	94
2.25	3.40	2.80	94	2.30	3.50	2.88	94	2.80	3.30	2.55	95
2.25	3.40	3.00	93	2.30	3.50	2.90	94	2.75	3.30	2.55	94
2.25	3.40	3.10	94	2.30	3.60	2.80	93	2.70	3.30	2.55	94
2.25	3.40	3.20	95	2.30	3.60	2.88	94	2.62	3.30	2.55	93
2.25	3.50	2.88	93	2.30	3.80	2.70	94	2.80	3.25	2.55	95
2.25	3.50	3.00	94	2.35	2.90	3.40	94	2.75	3.25	2.55	94
2.25	3.50	3.10	95	2.35	3.00	3.20	93	2.80	3.20	2.55	94
2.25	3.60	3.00	95	2.35	3.00	3.25	94	2.75	3.20	2.55	94
2.25	3.70	2.90	94	2.35	3.00	3.30	94	2.70	3.20	2.55	93
2.25	3.70	3.00	95	2.35	3.10	3.10	93	2.87	3.10	2.55	94
2.25	3.75	2.90	95	2.35	3.10	3.20	94	3.00	3.00	2.55	94
2.25	3.80	2.90	95	2.35	3.20	3.00	93	2.90	3.00	2.55	93
2.25	3.90	2.88	95	2.35	3.20	3.10	94	3.10	2.87	2.55	94
2.30	2.90	3.60	95	2.35	3.25	3.00	94	2.60	3.60	2.50	94
2.30	3.00	3.40	94	2.35	3.30	2.90	93	2.75	3.50	2.50	95
2.30	3.00	3.50	95	2.35	3.30	3.00	94	2.70	3.50	2.50	95
2.30	3.10	3.10	93	2.35	3.40	2.88	94	2.62	3.50	2.50	94
2.30	3.10	3.20	93	2.35	3.40	2.90	94	2.80	3.40	2.50	95
2.30	3.10	3.25	94	2.35	3.50	2.80	94	2.75	3.40	2.50	95
2.30	3.10	3.30	94	2.35	3.50	2.88	94	2.70	3.40	2.50	94
2.30	3.10	3.40	95	2.35	3.60	2.75	94	2.87	3.30	2.50	95
2.30	3.20	3.00	93	2.35	3.60	2.80	94	2.80	3.30	2.50	94
2.30	3.20	3.10	93	2.35	3.75	2.65	94	2.75	3.30	2.50	94

续表

威廉				立博				Bet365			
胜	平	负	体系	胜	平	负	体系	胜	平	负	体系
左倾				左倾				右倾			
2.30	3.20	3.20	94	2.38	2.90	3.30	94	2.90	3.25	2.50	95
2.30	3.20	3.25	95	2.38	3.00	3.10	93	2.87	3.25	2.50	95
2.30	3.20	3.30	95	2.38	3.00	3.20	94	2.80	3.25	2.50	94
2.30	3.25	3.00	93	2.38	3.00	3.25	94	2.60	3.25	2.50	92
2.30	3.25	3.10	94	2.38	3.10	3.00	93	3.00	3.20	2.50	96
2.30	3.25	3.20	95	2.38	3.10	3.10	94	2.90	3.20	2.50	95
2.30	3.25	3.25	95	2.38	3.10	3.20	95	2.87	3.20	2.50	94
2.30	3.30	3.00	93	2.38	3.20	2.88	93	2.80	3.20	2.50	93
2.30	3.30	3.10	94	2.38	3.20	2.90	93	2.75	3.20	2.50	93
2.30	3.30	3.20	95	2.38	3.20	3.00	94	2.62	3.20	2.50	92
2.30	3.40	3.00	94	2.38	3.20	3.10	95	2.90	3.10	2.50	94
2.30	3.40	3.10	95	2.38	3.25	2.90	93	2.87	3.10	2.50	93
2.30	3.50	2.90	94	2.38	3.25	3.00	94	3.00	3.00	2.50	94
2.30	3.50	3.00	95	2.38	3.30	2.90	94	3.10	2.90	2.50	94
2.30	3.60	2.88	94	2.38	3.30	3.00	95	3.25	2.87	2.50	95
2.30	3.60	2.90	95	2.38	3.40	2.80	93	3.10	2.87	2.50	93
2.30	3.70	2.88	95	2.38	3.40	2.88	94	2.62	3.60	2.45	94
2.30	3.70	2.90	95	2.38	3.40	2.90	94	2.80	3.50	2.45	95
2.30	3.75	2.80	94	2.38	3.50	2.75	94	2.75	3.50	2.45	95
2.30	3.75	2.88	95	2.38	3.50	2.80	94	2.70	3.50	2.45	94
2.30	3.80	2.75	94	2.38	3.60	2.75	94	2.62	3.50	2.45	93
2.30	3.90	2.80	95	2.40	2.80	3.40	94	2.90	3.40	2.45	96
2.30	4.00	2.70	95	2.40	2.90	3.20	93	2.87	3.40	2.45	95
2.35	2.80	3.70	95	2.40	3.00	3.10	93	2.75	3.40	2.45	94
2.35	2.90	3.40	94	2.40	3.00	3.20	94	2.70	3.40	2.45	93
2.35	2.90	3.60	95	2.40	3.10	3.00	93	2.87	3.30	2.45	94
2.35	3.00	3.40	95	2.40	3.10	3.10	94	2.80	3.30	2.45	94
2.35	3.00	3.50	95	2.40	3.20	2.90	93	2.90	3.25	2.45	94
2.35	3.10	3.10	93	2.40	3.20	3.00	94	2.87	3.25	2.45	94

威廉				立博				Bet365			
胜	平	负	体系	胜	平	负	体系	胜	平	负	体系
左倾				左倾				右倾			
2.35	3.10	3.20	94	2.40	3.25	2.88	93	3.00	3.20	2.45	95
2.35	3.10	3.25	95	2.40	3.25	2.90	94	2.90	3.20	2.45	94
2.35	3.10	3.30	95	2.40	3.30	2.80	93	2.87	3.20	2.45	94
2.35	3.20	3.10	94	2.40	3.30	2.88	94	3.00	3.10	2.45	94
2.35	3.20	3.00	93	2.40	3.30	2.90	94	3.10	3.00	2.45	94
2.35	3.20	3.20	95	2.40	3.40	2.75	93	3.20	2.90	2.45	94
2.35	3.20	3.25	95	2.40	3.40	2.80	94	2.60	3.75	2.40	94
2.35	3.25	3.00	94	2.40	3.40	2.88	94	2.70	3.60	2.40	94
2.35	3.25	3.10	95	2.40	3.50	2.70	93	2.87	3.50	2.40	95
2.35	3.30	3.00	94	2.40	3.50	2.75	94	2.80	3.50	2.40	94
2.35	3.30	3.10	95	2.40	3.50	2.80	94	2.75	3.50	2.40	94
2.35	3.40	2.88	93	2.40	3.60	2.62	93	2.90	3.40	2.40	95
2.35	3.40	2.90	94	2.40	3.60	2.70	94	2.87	3.40	2.40	94
2.35	3.40	3.00	95	2.40	3.70	2.62	94	2.80	3.40	2.40	94
2.35	3.50	2.88	94	2.40	3.70	2.65	94	3.00	3.30	2.40	95
2.35	3.50	2.90	95	2.40	3.75	2.60	94	2.90	3.30	2.40	94
2.35	3.60	2.80	94	2.45	2.88	3.20	94	2.87	3.30	2.40	94
2.35	3.60	2.88	95	2.45	2.88	3.25	94	3.00	3.25	2.40	95
2.35	3.60	2.90	95	2.45	2.90	3.10	93	2.90	3.25	2.40	94
2.35	3.70	2.80	95	2.45	2.90	3.20	94	3.00	3.20	2.40	94
2.35	3.75	2.80	95	2.45	3.00	3.00	93	3.25	3.10	2.40	96
2.35	3.80	2.75	95	2.45	3.00	3.10	94	3.10	3.10	2.40	94
2.35	3.90	2.70	95	2.45	3.10	2.90	93	3.20	3.00	2.40	94
2.38	2.88	3.50	94	2.45	3.10	3.00	94	2.75	3.75	2.37	95
2.38	2.90	3.40	94	2.45	3.10	3.10	95	2.70	3.75	2.37	94
2.38	2.90	3.50	95	2.45	3.20	2.80	93	2.62	3.75	2.37	93
2.38	3.00	3.25	94	2.45	3.20	2.88	94	2.87	3.60	2.37	95
2.38	3.00	3.30	94	2.45	3.20	2.90	94	2.75	3.60	2.37	94
2.38	3.10	3.10	94	2.45	3.25	2.80	93	2.70	3.60	2.37	93

威廉				立博				Bet365			
胜	平	负	体系	胜	平	负	体系	胜	平	负	体系
左倾				左倾				右倾			
2.38	3.10	3.20	95	2.45	3.25	2.88	94	2.90	3.50	2.37	95
2.38	3.10	3.25	95	2.45	3.30	2.75	93	2.80	3.50	2.37	94
2.38	3.20	3.10	95	2.45	3.30	2.80	94	3.00	3.40	2.37	95
2.38	3.25	3.00	94	2.45	3.30	2.88	94	2.90	3.40	2.37	94
2.38	3.25	3.10	95	2.45	3.40	2.70	93	2.87	3.40	2.37	94
2.38	3.30	2.90	93	2.45	3.40	2.75	94	2.80	3.40	2.37	93
2.38	3.30	3.00	95	2.45	3.40	2.80	94	3.00	3.30	2.37	94
2.38	3.30	3.10	95	2.45	3.50	2.62	93	2.90	3.30	2.37	93
2.38	3.40	2.75	93	2.45	3.50	2.65	93	2.87	3.30	2.37	93
2.38	3.40	2.80	93	2.45	3.50	2.70	94	2.80	3.30	2.37	92
2.38	3.40	2.88	94	2.45	3.60	2.60	93	3.00	3.25	2.37	94
2.38	3.40	2.90	94	2.45	3.60	2.62	94	3.25	3.20	2.37	96
2.38	3.40	3.00	95	2.45	3.60	2.65	94	3.20	3.20	2.37	96
2.38	3.50	2.75	93	2.50	2.88	3.20	94	3.10	3.20	2.37	95
2.38	3.50	2.80	94	2.50	2.90	3.00	93	3.00	3.20	2.37	94
2.38	3.50	2.88	95	2.50	2.90	3.10	94	3.10	3.10	2.37	94
2.38	3.50	2.90	95	2.50	3.00	2.90	93	3.30	3.00	2.37	94
2.38	3.70	2.70	94	2.50	3.00	3.00	94	3.25	3.00	2.37	94
2.38	3.70	2.80	95	2.50	3.00	3.10	95	3.20	3.00	2.37	94
2.38	3.75	2.70	95	2.50	3.10	2.80	93	3.10	3.00	2.37	93
2.38	4.20	2.50	94	2.50	3.10	2.88	93	3.40	2.90	2.37	94
2.40	2.80	3.50	94	2.50	3.10	2.90	94	2.90	3.40	2.35	94
2.40	3.00	3.10	93	2.50	3.10	3.00	95	2.87	3.40	2.35	94
2.40	3.00	3.20	94	2.50	3.20	2.80	93	3.00	3.30	2.35	94
2.40	3.00	3.25	95	2.50	3.20	2.88	94	3.00	3.25	2.35	94
2.40	3.00	3.30	95	2.50	3.20	2.90	95	3.20	3.10	2.35	94
2.40	3.10	3.00	93	2.50	3.25	2.70	93	2.70	3.80	2.30	94
2.40	3.10	3.10	94	2.50	3.25	2.75	93	2.87	3.75	2.30	95
2.40	3.10	3.20	95	2.50	3.25	2.80	94	2.80	3.75	2.30	94

续表

威廉				立博				Bet365			
胜	平	负	体系	胜	平	负	体系	胜	平	负	体系
左倾				左倾				右倾			
2.40	3.20	3.00	94	2.50	3.25	3.00	96	2.75	3.75	2.30	94
2.40	3.20	3.10	95	2.50	3.30	2.70	93	2.90	3.60	2.30	95
2.40	3.25	2.90	94	2.50	3.30	2.75	94	2.87	3.60	2.30	94
2.40	3.30	2.88	94	2.50	3.30	2.80	94	2.80	3.60	2.30	93
2.40	3.30	2.90	94	2.50	3.40	2.62	93	3.00	3.50	2.30	95
2.40	3.30	3.00	95	2.50	3.40	2.65	93	2.90	3.50	2.30	94
2.40	3.40	2.75	93	2.50	3.40	2.70	94	2.87	3.50	2.30	94
2.40	3.40	2.80	94	2.50	3.40	2.75	95	3.40	3.40	2.30	95
2.40	3.40	2.88	95	2.50	3.50	2.55	93	3.00	3.40	2.30	94
2.40	3.40	2.90	95	2.50	3.50	2.60	93	2.87	3.40	2.30	93
2.40	3.50	2.80	94	2.50	3.50	2.62	94	3.10	3.30	2.30	94
2.40	3.50	2.88	95	2.50	3.50	2.65	94	3.00	3.30	2.30	93
2.40	3.50	2.90	95	2.50	3.60	2.55	93	3.25	3.25	2.30	95
2.40	3.60	2.60	93	2.50	3.60	2.60	94	3.10	3.25	2.30	94
2.40	3.60	2.70	94	2.55	2.88	3.10	94	3.25	3.20	2.30	95
2.40	3.60	2.75	95	2.55	2.90	3.00	93	3.20	3.20	2.30	94
2.40	3.60	2.80	95	2.55	3.00	2.88	93	3.10	3.20	2.30	93
2.40	3.70	2.75	95	2.55	3.00	2.90	93	3.30	3.10	2.30	94
2.40	3.75	2.62	94	2.55	3.00	3.00	94	3.25	3.10	2.30	94
2.40	3.75	2.70	95	2.55	3.10	2.80	93	3.20	3.10	2.30	93
2.40	3.80	2.62	94	2.55	3.10	2.88	94	3.40	3.00	2.30	94
2.45	2.88	3.30	94	2.55	3.10	2.90	94	2.90	3.75	2.25	95
2.45	2.88	3.40	95	2.55	3.20	2.70	93	2.80	3.75	2.25	94
2.45	2.90	3.25	94	2.55	3.20	2.75	94	3.00	3.60	2.25	95
2.45	3.00	3.10	94	2.55	3.20	2.80	94	2.90	3.60	2.25	94
2.45	3.00	3.20	95	2.55	3.25	2.65	93	2.80	3.60	2.25	93
2.45	3.10	2.88	93	2.55	3.25	2.70	93	3.10	3.50	2.25	95
2.45	3.10	3.00	94	2.55	3.25	2.75	94	3.00	3.50	2.25	94
2.45	3.10	3.10	95	2.55	3.30	2.62	93	3.20	3.40	2.25	95

续表

威廉				立博				Bet365			
胜	平	负	体系	胜	平	负	体系	胜	平	负	体系
左倾				左倾				右倾			
2.45	3.20	2.88	94	2.55	3.30	2.65	93	3.10	3.40	2.25	94
2.45	3.20	2.90	94	2.55	3.30	2.70	94	3.00	3.40	2.25	93
2.45	3.20	3.00	95	2.55	3.30	2.75	94	3.25	3.30	2.25	95
2.45	3.25	2.80	93	2.55	3.40	2.60	93	3.20	3.30	2.25	94
2.45	3.25	2.88	94	2.55	3.40	2.62	94	3.10	3.30	2.25	93
2.45	3.25	2.90	94	2.55	3.40	2.65	94	3.25	3.25	2.25	94
2.45	3.25	3.00	95	2.55	3.50	2.60	94	3.20	3.25	2.25	94
2.45	3.30	2.75	93	2.60	2.88	3.00	94	3.30	3.20	2.25	94
2.45	3.30	2.88	94	2.60	2.90	2.90	93	3.25	3.20	2.25	94
2.45	3.30	2.90	95	2.60	2.90	3.00	94	3.20	3.20	2.25	94
2.45	3.40	2.80	94	2.60	3.00	2.80	93	3.10	3.20	2.25	93
2.45	3.40	2.88	95	2.60	3.00	2.88	94	3.00	3.20	2.25	92
2.45	3.50	2.70	94	2.60	3.00	2.90	94	3.40	3.10	2.25	94
2.45	3.50	2.75	95	2.60	3.10	2.75	93	3.50	3.00	2.25	94
2.45	3.50	2.80	95	2.60	3.10	2.80	94	3.60	2.90	2.25	94
2.45	3.60	2.70	95	2.60	3.20	2.70	94	2.75	4.00	2.20	94
2.45	3.60	2.75	95	2.60	3.20	2.75	94	3.00	3.75	2.20	95
2.45	3.70	2.62	94	2.60	3.25	2.65	94	2.90	3.75	2.20	94
2.45	3.70	2.70	95	2.60	3.25	2.70	94	2.87	3.75	2.20	93
2.45	3.75	2.60	94	2.60	3.25	2.75	95	3.00	3.60	2.20	94
2.45	3.75	2.70	95	2.60	3.30	2.62	94	2.90	3.60	2.20	93
2.45	3.80	2.62	95	2.60	3.30	2.65	94	3.20	3.50	2.20	95
2.45	4.00	2.50	95	2.60	3.30	2.70	95	3.10	3.50	2.20	94
2.50	2.80	3.10	93	2.62	2.88	3.00	94	3.00	3.50	2.20	93
2.50	2.88	3.20	94	2.62	2.90	2.90	93	3.30	3.40	2.20	95
2.50	2.88	3.30	95	2.62	3.00	2.80	93	3.25	3.40	2.20	95
2.50	2.90	3.20	95	2.62	3.00	2.88	94	3.20	3.40	2.20	94
2.50	3.00	3.00	94	2.62	3.10	2.75	94	3.10	3.40	2.20	93
2.50	3.00	3.10	95	2.62	3.10	2.80	94	3.00	3.40	2.20	92

威廉				立博				Bet365			
胜	平	负	体系	胜	平	负	体系	胜	平	负	体系
左倾				左倾				右倾			
2.50	3.10	2.80	93	2.62	3.20	2.65	93	3.40	3.30	2.20	95
2.50	3.10	2.88	93	2.62	3.20	2.70	94	3.30	3.30	2.20	94
2.50	3.10	2.90	94	2.62	3.20	2.75	95	3.25	3.30	2.20	94
2.50	3.10	3.00	95	2.62	3.25	2.65	94	3.20	3.30	2.20	93
2.50	3.20	2.80	93	2.62	3.25	2.70	94	3.00	3.30	2.20	92
2.50	3.20	2.88	94	2.65	2.90	2.88	94	3.30	3.25	2.20	94
2.50	3.20	2.90	95	2.65	2.90	2.90	94	3.25	3.25	2.20	93
2.50	3.25	2.75	93	2.65	3.00	2.70	93	3.40	3.20	2.20	94
2.50	3.25	2.80	94	2.65	3.00	2.75	93	3.20	3.20	2.20	93
2.50	3.25	2.88	95	2.65	3.00	2.80	94	3.60	3.10	2.20	95
2.50	3.25	2.90	95	2.65	3.10	2.70	93	3.50	3.10	2.20	94
2.50	3.30	2.70	93	2.65	3.10	2.75	94	3.60	3.00	2.20	94
2.50	3.30	2.75	94	2.65	3.20	2.70	94	3.30	3.00	2.20	92
2.50	3.30	2.80	94	2.70	2.88	2.88	94	3.75	2.90	2.20	94
2.50	3.30	2.88	95	2.70	2.90	2.80	93	2.90	4.00	2.15	94
2.50	3.30	2.90	95	2.70	3.00	2.75	94	3.10	3.75	2.15	95
2.50	3.40	2.60	93	2.70	3.00	2.80	94	3.00	3.75	2.15	94
2.50	3.40	2.70	94	2.70	3.10	2.75	95	3.25	3.60	2.15	95
2.50	3.40	2.75	95	2.75	2.88	2.80	94	3.10	3.60	2.15	94
2.50	3.40	2.80	95	2.75	2.90	2.80	94	3.30	3.50	2.15	95
2.50	3.50	2.62	94	平衡				3.25	3.50	2.15	94
2.50	3.50	2.70	95	2.45	4.00	2.45	94	3.20	3.50	2.15	94
2.50	3.50	2.75	95	2.55	3.40	2.55	93	3.10	3.50	2.15	93
2.50	3.60	2.55	93	2.55	3.50	2.55	93	3.50	3.40	2.15	96
2.50	3.60	2.60	94	2.55	3.60	2.55	94	3.40	3.40	2.15	95
2.50	3.60	2.62	94	2.60	3.30	2.60	93	3.30	3.40	2.15	94
2.50	3.60	2.70	95	2.60	3.40	2.60	94	3.25	3.40	2.15	94
2.50	3.70	2.60	95	2.62	3.20	2.62	93	3.20	3.40	2.15	93
2.50	3.70	2.62	95	2.62	3.25	2.62	93	3.40	3.30	2.15	94
2.50	3.75	2.62	95	2.62	3.30	2.62	94	3.40	3.25	2.15	94

续表

威廉				立博				Bet365			
胜	平	负	体系	胜	平	负	体系	胜	平	负	体系
左倾				平衡				右倾			
2.50	3.80	2.60	95	2.65	3.10	2.65	93	3.50	3.20	2.15	94
2.55	2.88	3.25	95	2.65	3.20	2.65	94	3.20	3.20	2.15	92
2.55	3.00	3.00	94	2.70	3.00	2.70	93	3.60	3.10	2.15	94
2.55	3.00	3.10	95	2.70	3.10	2.70	94	3.00	4.00	2.10	94
2.55	3.10	2.80	93	2.75	3.00	2.75	94	3.10	3.80	2.10	94
2.55	3.10	2.88	94	右倾				3.20	3.75	2.10	95
2.55	3.10	2.90	94	2.88	2.80	2.80	94	3.10	3.75	2.10	94
2.55	3.10	3.00	95	2.80	2.90	2.75	94	3.40	3.60	2.10	95
2.55	3.20	2.80	94	2.80	3.00	2.70	94	3.30	3.60	2.10	95
2.55	3.20	2.88	95	2.75	3.00	2.70	94	3.25	3.60	2.10	94
2.55	3.20	2.90	95	2.88	2.90	2.70	94	3.20	3.60	2.10	94
2.55	3.25	2.75	94	2.80	2.90	2.70	93	3.40	3.50	2.10	94
2.55	3.25	2.80	95	2.88	2.88	2.70	94	3.30	3.50	2.10	94
2.55	3.30	2.75	94	2.80	3.10	2.65	95	3.25	3.50	2.10	93
2.55	3.30	2.80	95	2.75	3.10	2.65	94	3.60	3.40	2.10	95
2.55	3.40	2.70	95	2.70	3.10	2.65	93	3.50	3.40	2.10	95
2.55	3.40	2.75	95	2.88	3.00	2.65	94	3.40	3.40	2.10	94
2.55	3.50	2.62	94	2.80	3.00	2.65	94	3.10	3.40	2.10	92
2.55	3.50	2.70	95	2.75	3.00	2.65	93	3.50	3.30	2.10	94
2.55	3.60	2.62	95	2.90	2.90	2.65	94	3.60	3.25	2.10	94
2.60	2.75	3.10	93	2.88	2.90	2.65	94	3.50	3.25	2.10	93
2.60	2.80	3.10	94	2.70	3.25	2.62	94	3.25	3.25	2.10	92
2.60	2.90	3.00	94	2.65	3.25	2.62	94	3.75	3.20	2.10	95
2.60	2.90	3.10	95	2.70	3.20	2.62	94	3.60	3.20	2.10	94
2.60	3.00	2.80	93	2.80	3.10	2.62	94	3.30	3.20	2.10	92
2.60	3.00	2.90	94	2.75	3.10	2.62	94	3.75	3.10	2.10	94
2.60	3.00	3.00	95	2.70	3.10	2.62	93	3.40	3.10	2.10	92
2.60	3.10	2.80	94	2.88	3.00	2.62	94	3.10	4.00	2.05	94
2.60	3.10	2.88	95	2.80	3.00	2.62	93	3.25	3.80	2.05	94
2.60	3.10	2.90	95	2.90	2.90	2.62	93	3.25	3.75	2.05	94
2.60	3.20	2.70	94	2.88	2.90	2.62	93	3.50	3.60	2.05	95

威廉				立博				Bet365			
胜	平	负	体系	胜	平	负	体系	胜	平	负	体系
左倾				右倾				右倾			
2.60	3.20	2.75	94	3.00	2.80	2.62	93	3.40	3.60	2.05	94
2.60	3.20	2.80	95	2.62	3.40	2.60	94	3.30	3.60	2.05	94
2.60	3.25	2.62	93	2.70	3.30	2.60	95	3.60	3.50	2.05	95
2.60	3.25	2.70	94	2.65	3.30	2.60	94	3.50	3.50	2.05	94
2.60	3.25	2.80	95	2.62	3.30	2.60	94	3.40	3.50	2.05	94
2.60	3.30	2.70	95	2.70	3.25	2.60	94	3.30	3.50	2.05	93
2.60	3.30	2.75	95	2.65	3.25	2.60	93	3.60	3.40	2.05	94
2.60	3.40	2.62	94	2.62	3.25	2.60	93	3.50	3.40	2.05	94
2.60	3.40	2.70	95	2.75	3.20	2.60	94	3.30	3.40	2.05	92
2.60	3.50	2.62	95	2.70	3.20	2.60	94	3.60	3.30	2.05	94
2.62	2.90	3.00	94	2.80	3.10	2.60	94	3.40	3.30	2.05	92
2.62	3.00	2.75	93	2.75	3.10	2.60	93	3.75	3.25	2.05	94
2.62	3.00	2.88	94	2.90	3.00	2.60	94	3.80	3.20	2.05	94
2.62	3.00	2.90	94	2.88	3.00	2.60	94	3.75	3.20	2.05	94
2.62	3.00	3.00	95	3.00	2.90	2.60	94	4.00	3.10	2.05	94
2.62	3.10	2.70	93	2.90	2.90	2.60	93	3.20	4.00	2.00	94
2.62	3.10	2.75	94	3.00	2.88	2.60	94	3.40	3.80	2.00	95
2.62	3.10	2.80	94	2.62	3.50	2.55	94	3.40	3.75	2.00	94
2.62	3.10	2.88	95	2.60	3.50	2.55	94	3.30	3.75	2.00	93
2.62	3.10	2.90	95	2.65	3.40	2.55	94	3.60	3.60	2.00	95
2.62	3.20	2.70	94	2.62	3.40	2.55	94	3.50	3.60	2.00	94
2.62	3.20	2.75	95	2.60	3.40	2.55	93	3.40	3.60	2.00	93
2.62	3.20	2.80	95	2.70	3.30	2.55	94	3.75	3.50	2.00	95
2.62	3.25	2.70	94	2.65	3.30	2.55	93	3.60	3.50	2.00	94
2.62	3.25	2.75	95	2.75	3.25	2.55	94	3.50	3.50	2.00	93
2.62	3.30	2.70	95	2.70	3.25	2.55	93	3.80	3.40	2.00	95
2.70	2.80	3.10	95	2.65	3.25	2.55	93	3.75	3.40	2.00	94
2.70	2.88	3.00	95	2.80	3.20	2.55	94	3.70	3.40	2.00	94
2.70	2.90	2.88	94	2.75	3.20	2.55	94	3.60	3.40	2.00	93
2.70	2.90	2.90	94	2.90	3.10	2.55	94	4.00	3.30	2.00	95
2.70	2.90	3.00	95	2.88	3.10	2.55	94	3.80	3.30	2.00	94
2.70	3.00	2.75	94	2.80	3.10	2.55	93	3.75	3.30	2.00	93

续表

威廉				立博				Bet365			
胜	平	负	体系	胜	平	负	体系	胜	平	负	体系
左倾				右倾				右倾			
2.70	3.00	2.80	94	2.75	3.10	2.55	93	3.80	3.25	2.00	93
2.70	3.00	2.88	95	3.00	3.00	2.55	94	4.20	3.20	2.00	95
2.70	3.00	2.90	95	2.90	3.00	2.55	93	4.00	3.20	2.00	94
2.70	3.10	2.75	95	2.88	3.00	2.55	93	4.20	3.10	2.00	94
2.70	3.10	2.80	95	3.10	2.90	2.55	94	3.40	4.00	1.95	95
2.75	2.80	3.00	95	3.10	2.80	2.55	93	3.50	3.80	1.95	94
2.75	2.90	2.90	95	2.55	3.70	2.50	94	3.60	3.75	1.95	95
2.75	3.00	2.80	95	2.60	3.60	2.50	94	3.50	3.75	1.95	94
2.80	2.88	2.88	95	2.55	3.60	2.50	93	4.00	3.60	1.95	96
2.80	2.88	2.90	95	2.65	3.50	2.50	94	3.80	3.60	1.95	95
2.80	2.90	2.88	95	2.62	3.50	2.50	94	3.75	3.60	1.95	95
平衡				2.60	3.50	2.50	93	3.60	3.60	1.95	94
2.55	3.40	2.55	93	2.75	3.40	2.50	95	4.00	3.50	1.95	95
2.55	3.60	2.55	94	2.70	3.40	2.50	94	3.80	3.50	1.95	94
2.60	3.40	2.60	94	2.65	3.40	2.50	93	3.75	3.50	1.95	94
2.60	3.50	2.60	95	2.62	3.40	2.50	93	3.60	3.50	1.95	93
2.62	3.25	2.62	93	2.80	3.30	2.50	94	3.40	3.50	1.95	92
2.62	3.30	2.62	94	2.75	3.30	2.50	94	4.00	3.40	1.95	95
2.62	3.40	2.62	95	2.70	3.30	2.50	93	3.90	3.40	1.95	94
2.62	3.50	2.62	95	2.65	3.30	2.50	93	3.80	3.40	1.95	93
2.70	3.10	2.70	94	2.88	3.25	2.50	95	3.75	3.40	1.95	93
2.70	3.20	2.70	95	2.80	3.25	2.50	94	4.00	3.30	1.95	94
2.70	3.25	2.70	95	2.75	3.25	2.50	93	4.20	3.20	1.95	94
2.75	3.00	2.75	94	2.90	3.20	2.50	95	4.33	3.10	1.95	94
2.75	3.10	2.75	95	2.88	3.20	2.50	94	3.40	4.00	1.90	93
2.80	2.88	2.80	94	2.80	3.20	2.50	93	3.80	3.80	1.90	95
2.80	3.00	2.80	95	2.75	3.20	2.50	93	3.60	3.80	1.90	94
2.90	2.80	2.90	95	3.00	3.10	2.50	95	3.80	3.75	1.90	95
右倾				2.90	3.10	2.50	94	3.75	3.75	1.90	94
2.90	2.80	2.88	95	2.88	3.10	2.50	93	3.60	3.75	1.90	93
2.88	2.90	2.80	95	2.80	3.10	2.50	93	3.75	3.70	1.90	94
2.90	2.88	2.80	95	3.10	3.00	2.50	95	4.00	3.60	1.90	95

续表

威廉				立博				Bet365			
胜	平	负	体系	胜	平	负	体系	胜	平	负	体系
右倾				右倾				右倾			
2.88	2.88	2.80	95	3.00	3.00	2.50	94	3.80	3.60	1.90	94
2.80	3.00	2.75	95	2.90	3.00	2.50	93	3.75	3.60	1.90	93
2.90	2.90	2.75	95	3.10	2.90	2.50	94	4.20	3.50	1.90	95
3.00	2.75	2.75	94	2.60	3.70	2.45	94	4.00	3.50	1.90	94
2.80	3.10	2.70	95	2.55	3.70	2.45	93	3.90	3.50	1.90	94
2.75	3.10	2.70	95	2.65	3.60	2.45	94	3.80	3.50	1.90	93
2.90	3.00	2.70	95	2.62	3.60	2.45	94	3.75	3.50	1.90	93
2.80	3.00	2.70	94	2.70	3.50	2.45	94	4.20	3.40	1.90	94
3.00	2.90	2.70	95	2.65	3.50	2.45	93	4.10	3.40	1.90	94
2.90	2.90	2.70	94	2.80	3.40	2.45	94	4.00	3.40	1.90	93
3.00	2.88	2.70	95	2.75	3.40	2.45	94	3.75	3.40	1.90	92
2.90	2.88	2.70	94	2.70	3.40	2.45	93	4.20	3.30	1.90	94
2.75	3.30	2.62	95	2.88	3.30	2.45	94	4.00	3.30	1.90	93
2.70	3.30	2.62	95	2.80	3.30	2.45	94	4.50	3.25	1.90	95
2.75	3.25	2.62	95	2.75	3.30	2.45	93	4.20	3.25	1.90	93
2.70	3.25	2.62	94	2.88	3.25	2.45	94	4.33	3.20	1.90	93
2.80	3.20	2.62	95	2.80	3.25	2.45	93	4.50	3.10	1.90	93
2.75	3.20	2.62	95	3.00	3.20	2.45	95	3.50	4.20	1.85	94
2.70	3.20	2.62	94	2.90	3.20	2.45	94	3.60	4.00	1.85	94
2.90	3.10	2.62	95	2.88	3.20	2.45	94	4.00	3.80	1.85	95
2.88	3.10	2.62	95	3.00	3.10	2.45	94	3.80	3.80	1.85	94
2.80	3.10	2.62	94	2.90	3.10	2.45	93	4.20	3.75	1.85	96
2.70	3.10	2.62	93	3.10	3.00	2.45	94	4.00	3.75	1.85	95
3.00	3.00	2.62	95	3.00	3.00	2.45	93	3.90	3.75	1.85	94
2.88	3.00	2.62	94	3.20	2.88	2.45	94	3.80	3.75	1.85	93
3.10	2.88	2.62	95	2.70	3.60	2.40	94	4.00	3.70	1.85	94
3.00	2.88	2.62	94	2.62	3.60	2.40	93	4.20	3.60	1.85	95
2.62	3.50	2.60	95	2.80	3.50	2.40	94	4.00	3.60	1.85	94
2.70	3.40	2.60	95	2.75	3.50	2.40	94	4.33	3.50	1.85	95
2.62	3.40	2.60	94	2.70	3.50	2.40	93	4.20	3.50	1.85	94

威廉				立博				Bet365			
胜	平	负	体系	胜	平	负	体系	胜	平	负	体系
右倾				右倾				右倾			
2.75	3.30	2.60	95	2.88	3.40	2.40	95	4.10	3.50	1.85	93
2.70	3.30	2.60	95	2.80	3.40	2.40	94	4.33	3.40	1.85	94
2.62	3.30	2.60	94	2.75	3.40	2.40	93	4.50	3.30	1.85	94
2.80	3.25	2.60	95	2.90	3.30	2.40	94	4.75	3.20	1.85	94
2.70	3.25	2.60	94	2.88	3.30	2.40	94	3.60	4.20	1.83	94
2.62	3.25	2.60	93	2.80	3.30	2.40	93	3.80	4.00	1.83	94
2.80	3.20	2.60	95	2.90	3.25	2.40	94	3.75	4.00	1.83	94
2.75	3.20	2.60	94	2.88	3.25	2.40	93	3.60	4.00	1.83	93
2.62	3.20	2.60	93	3.00	3.20	2.40	94	4.00	3.80	1.83	94
2.90	3.10	2.60	95	2.90	3.20	2.40	93	3.80	3.80	1.83	93
2.88	3.10	2.60	95	2.88	3.20	2.40	93	4.20	3.75	1.83	95
2.80	3.10	2.60	94	3.10	3.10	2.40	94	4.00	3.75	1.83	94
2.70	3.10	2.60	93	3.00	3.10	2.40	93	4.00	3.70	1.83	94
3.00	3.00	2.60	95	3.20	3.00	2.40	94	4.20	3.60	1.83	94
2.90	3.00	2.60	94	3.10	3.00	2.40	93	4.00	3.60	1.83	93
3.10	2.90	2.60	95	2.70	3.70	2.38	94	4.50	3.50	1.83	95
3.00	2.90	2.60	94	2.80	3.60	2.38	95	4.33	3.50	1.83	94
2.62	3.60	2.55	95	2.70	3.60	2.38	94	4.20	3.50	1.83	93
2.60	3.60	2.55	95	2.80	3.50	2.38	94	4.50	3.40	1.83	94
2.70	3.50	2.55	95	2.75	3.50	2.38	94	4.00	3.40	1.83	92
2.62	3.50	2.55	94	2.90	3.40	2.38	94	4.75	3.25	1.83	94
2.60	3.50	2.55	94	2.88	3.40	2.38	94	5.25	3.00	1.83	93
2.75	3.40	2.55	95	2.80	3.40	2.38	93	3.75	4.20	1.80	94
2.70	3.40	2.55	95	3.00	3.30	2.38	95	4.00	4.00	1.80	95
2.80	3.30	2.55	95	2.90	3.30	2.38	94	3.80	4.00	1.80	94
2.75	3.30	2.55	94	2.88	3.30	2.38	93	4.33	3.80	1.80	95
2.88	3.25	2.55	95	3.00	3.25	2.38	94	4.20	3.80	1.80	95
2.80	3.25	2.55	95	2.90	3.25	2.38	93	4.00	3.80	1.80	94
2.75	3.25	2.55	94	3.10	3.20	2.38	94	3.80	3.80	1.80	92
2.90	3.20	2.55	95	3.00	3.20	2.38	94	4.33	3.75	1.80	95

威廉				立博				Bet365			
胜	平	负	体系	胜	平	负	体系	胜	平	负	体系
右倾				右倾				右倾			
2.88	3.20	2.55	95	3.20	3.10	2.38	95	4.20	3.75	1.80	94
2.80	3.20	2.55	94	3.10	3.10	2.38	94	4.20	3.70	1.80	94
3.00	3.10	2.55	95	3.00	3.10	2.38	93	4.50	3.60	1.80	95
2.90	3.10	2.55	94	3.20	3.00	2.38	94	4.33	3.60	1.80	94
2.88	3.10	2.55	94	3.10	3.00	2.38	93	4.20	3.60	1.80	93
2.80	3.10	2.55	93	2.70	3.70	2.35	94	3.90	3.60	1.80	92
3.10	3.00	2.55	95	2.80	3.60	2.35	94	4.75	3.50	1.80	95
3.00	3.00	2.55	94	2.75	3.60	2.35	94	4.50	3.50	1.80	94
3.20	2.90	2.55	95	2.88	3.50	2.35	94	4.00	3.50	1.80	92
2.60	3.80	2.50	95	2.80	3.50	2.35	94	4.75	3.40	1.80	94
2.55	3.70	2.50	94	2.90	3.40	2.35	94	4.75	3.30	1.80	94
2.70	3.60	2.50	95	2.88	3.40	2.35	94	5.25	3.25	1.80	95
2.62	3.60	2.50	94	2.80	3.40	2.35	93	5.00	3.25	1.80	94
2.60	3.60	2.50	94	3.00	3.30	2.35	94	5.75	3.00	1.80	94
2.75	3.50	2.50	95	2.90	3.30	2.35	93	4.00	4.20	1.75	94
2.70	3.50	2.50	95	3.10	3.25	2.35	95	4.33	4.00	1.75	95
2.80	3.40	2.50	95	3.00	3.25	2.35	94	4.20	4.00	1.75	94
2.75	3.40	2.50	95	3.10	3.20	2.35	94	4.33	3.80	1.75	94
2.70	3.40	2.50	94	3.00	3.20	2.35	93	4.20	3.80	1.75	93
2.90	3.30	2.50	95	3.25	3.10	2.35	95	4.75	3.75	1.75	95
2.88	3.30	2.50	95	3.20	3.10	2.35	94	4.50	3.75	1.75	94
2.80	3.30	2.50	94	3.10	3.10	2.35	93	4.33	3.75	1.75	94
2.75	3.30	2.50	94	3.30	3.00	2.35	94	4.20	3.75	1.75	93
2.70	3.30	2.50	93	3.20	3.00	2.35	93	4.50	3.70	1.75	94
2.90	3.25	2.50	95	3.30	2.90	2.35	93	4.75	3.60	1.75	94
2.80	3.25	2.50	94	2.88	3.60	2.30	94	4.60	3.60	1.75	94
2.75	3.25	2.50	93	2.80	3.60	2.30	93	4.50	3.60	1.75	93
2.90	3.20	2.50	95	3.00	3.50	2.30	95	4.20	3.60	1.75	92
2.88	3.20	2.50	94	2.90	3.50	2.30	94	4.75	3.50	1.75	94
2.80	3.20	2.50	93	2.88	3.50	2.30	94	5.00	3.40	1.75	94

威廉				立博				Bet365			
胜	平	负	体系	胜	平	负	体系	胜	平	负	体系
右倾				右倾				右倾			
2.75	3.20	2.50	93	2.80	3.50	2.30	93	5.25	3.25	1.75	94
3.00	3.10	2.50	95	3.00	3.40	2.30	94	5.00	3.20	1.75	92
3.10	3.00	2.50	94	2.90	3.40	2.30	93	4.00	4.20	1.72	94
3.40	2.80	2.50	95	2.88	3.40	2.30	93	4.50	4.00	1.72	95
2.62	3.80	2.45	95	3.10	3.30	2.30	94	4.33	4.00	1.72	94
2.70	3.70	2.45	95	3.00	3.30	2.30	93	4.20	4.00	1.72	94
2.62	3.70	2.45	95	3.20	3.25	2.30	95	4.75	3.80	1.72	95
2.75	3.60	2.45	95	3.10	3.25	2.30	94	4.50	3.80	1.72	94
2.70	3.60	2.45	95	3.00	3.25	2.30	93	4.33	3.80	1.72	93
2.80	3.50	2.45	95	3.20	3.20	2.30	94	4.60	3.75	1.72	94
2.75	3.50	2.45	95	3.10	3.20	2.30	93	4.50	3.75	1.72	93
2.70	3.50	2.45	94	3.00	3.20	2.30	93	4.75	3.70	1.72	94
2.88	3.40	2.45	95	3.30	3.10	2.30	94	4.50	3.70	1.72	93
2.80	3.40	2.45	94	3.25	3.10	2.30	94	5.25	3.60	1.72	95
2.70	3.40	2.45	93	3.20	3.10	2.30	93	4.80	3.60	1.72	94
2.90	3.30	2.45	95	3.10	3.10	2.30	93	4.75	3.60	1.72	93
2.88	3.30	2.45	94	3.40	3.00	2.30	94	5.00	3.50	1.72	94
2.75	3.30	2.45	93	3.30	3.00	2.30	93	5.25	3.40	1.72	94
3.00	3.25	2.45	95	3.25	3.00	2.30	93	5.50	3.30	1.72	94
2.90	3.25	2.45	94	3.20	3.00	2.30	93	5.75	3.20	1.72	94
2.88	3.25	2.45	94	2.75	3.90	2.25	94	4.75	4.00	1.70	95
3.00	3.20	2.45	95	2.88	3.75	2.25	94	4.50	4.00	1.70	94
2.88	3.20	2.45	94	2.88	3.70	2.25	94	4.33	4.00	1.70	94
3.10	3.10	2.45	95	2.80	3.70	2.25	93	4.75	3.80	1.70	94
3.00	3.10	2.45	94	3.00	3.60	2.25	95	4.50	3.80	1.70	93
2.90	3.10	2.45	93	2.90	3.60	2.25	94	4.20	3.80	1.70	92
2.88	3.10	2.45	93	2.88	3.60	2.25	93	4.75	3.75	1.70	94
3.20	3.00	2.45	95	2.80	3.60	2.25	93	5.00	3.70	1.70	94
3.10	3.00	2.45	94	3.00	3.50	2.25	94	4.75	3.70	1.70	94
3.00	3.00	2.45	93	2.90	3.50	2.25	93	5.00	3.60	1.70	94

威廉				立博				Bet365			
胜	平	负	体系	胜	平	负	体系	胜	平	负	体系
右倾				右倾				右倾			
2.70	3.75	2.40	95	3.10	3.40	2.25	94	5.25	3.50	1.70	94
2.75	3.70	2.40	95	3.00	3.40	2.25	93	4.33	4.33	1.66	94
2.70	3.70	2.40	95	3.20	3.30	2.25	94	4.75	4.20	1.66	95
2.80	3.60	2.40	95	3.10	3.30	2.25	93	4.50	4.20	1.66	94
2.75	3.60	2.40	95	3.00	3.30	2.25	93	4.33	4.20	1.66	93
2.70	3.60	2.40	94	3.25	3.25	2.25	94	4.20	4.20	1.66	93
2.90	3.50	2.40	95	3.20	3.25	2.25	94	4.50	4.10	1.66	94
2.88	3.50	2.40	95	3.10	3.25	2.25	93	5.00	4.00	1.66	95
2.80	3.50	2.40	94	3.30	3.20	2.25	94	4.75	4.00	1.66	94
2.75	3.50	2.40	94	3.25	3.20	2.25	94	4.50	4.00	1.66	93
2.70	3.50	2.40	93	3.20	3.20	2.25	94	5.50	3.80	1.66	95
2.90	3.40	2.40	95	3.40	3.10	2.25	94	5.00	3.80	1.66	94
2.88	3.40	2.40	95	3.30	3.10	2.25	93	4.75	3.80	1.66	93
2.80	3.40	2.40	94	3.50	3.00	2.25	94	5.25	3.75	1.66	94
2.75	3.40	2.40	93	3.40	3.00	2.25	93	5.00	3.75	1.66	94
3.00	3.30	2.40	95	3.30	3.00	2.25	93	4.50	3.75	1.66	92
2.90	3.30	2.40	94	3.60	2.90	2.25	94	5.50	3.60	1.66	94
2.88	3.30	2.40	94	3.50	2.90	2.25	93	5.25	3.60	1.66	93
3.00	3.25	2.40	95	2.80	3.90	2.20	94	5.00	3.60	1.66	93
3.10	3.20	2.40	95	3.10	3.60	2.20	95	5.50	3.50	1.66	94
3.00	3.20	2.40	94	3.00	3.60	2.20	94	6.00	3.40	1.66	94
3.20	3.10	2.40	95	2.90	3.60	2.20	93	4.33	4.75	1.65	95
3.10	3.10	2.40	94	3.10	3.50	2.20	94	4.75	4.33	1.65	95
3.40	2.88	2.40	94	3.00	3.50	2.20	93	5.00	4.20	1.65	96
2.75	3.75	2.38	95	3.25	3.40	2.20	95	4.75	4.20	1.65	95
2.80	3.60	2.38	95	3.20	3.40	2.20	94	4.50	4.20	1.65	94
2.75	3.60	2.38	94	3.10	3.40	2.20	93	5.25	4.00	1.65	96
2.90	3.50	2.38	95	3.30	3.30	2.20	94	4.75	4.00	1.65	94
2.88	3.50	2.38	95	3.25	3.30	2.20	94	5.00	3.90	1.65	94
2.80	3.50	2.38	94	3.20	3.30	2.20	93	5.25	3.80	1.65	94

续表

威廉				立博				Bet365			
胜	平	负	体系	胜	平	负	体系	胜	平	负	体系
右倾				右倾				右倾			
2.75	3.50	2.38	93	3.10	3.30	2.20	93	5.00	3.80	1.65	94
3.00	3.40	2.38	95	3.40	3.25	2.20	95	5.25	3.75	1.65	94
2.90	3.40	2.38	94	3.30	3.25	2.20	94	5.75	3.60	1.65	95
2.88	3.40	2.38	94	3.25	3.25	2.20	93	5.50	3.60	1.65	94
2.80	3.40	2.38	93	3.20	3.25	2.20	93	5.75	3.50	1.65	94
3.00	3.30	2.38	95	3.40	3.20	2.20	94	4.75	4.33	1.61	94
2.90	3.30	2.38	94	3.30	3.20	2.20	93	4.80	4.20	1.61	94
2.80	3.30	2.38	93	3.50	3.10	2.20	94	4.75	4.20	1.61	93
3.10	3.25	2.38	95	3.40	3.10	2.20	93	5.00	4.10	1.61	94
3.00	3.25	2.38	94	3.50	3.00	2.20	93	5.25	4.00	1.61	94
3.10	3.20	2.38	95	3.00	3.80	2.15	94	5.00	4.00	1.61	93
3.00	3.20	2.38	94	3.10	3.70	2.15	95	5.25	3.90	1.61	93
3.25	3.10	2.38	95	3.10	3.60	2.15	94	5.50	3.80	1.61	94
3.25	3.00	2.38	94	3.00	3.60	2.15	93	6.00	3.75	1.61	95
2.70	3.90	2.35	95	3.25	3.50	2.15	94	5.50	3.75	1.61	93
2.75	3.80	2.35	95	3.20	3.50	2.15	94	6.00	3.60	1.61	94
2.70	3.80	2.35	94	3.10	3.50	2.15	93	6.50	3.40	1.61	94
2.80	3.70	2.35	95	3.30	3.40	2.15	94	5.25	4.33	1.60	96
2.90	3.60	2.35	95	3.25	3.40	2.15	94	5.00	4.33	1.60	95
2.88	3.60	2.35	95	3.20	3.40	2.15	93	5.00	4.20	1.60	94
2.80	3.60	2.35	94	3.40	3.30	2.15	94	5.50	4.00	1.60	95
2.90	3.50	2.35	94	3.30	3.30	2.15	93	5.25	4.00	1.60	94
2.88	3.50	2.35	94	3.25	3.30	2.15	93	5.50	3.90	1.60	94
3.00	3.40	2.35	95	3.40	3.25	2.15	94	5.75	3.80	1.60	94
2.90	3.40	2.35	94	3.30	3.25	2.15	93	5.50	3.80	1.60	93
3.10	3.30	2.35	95	3.60	3.20	2.15	95	6.00	3.80	1.60	95
3.00	3.30	2.35	94	3.50	3.20	2.15	94	6.00	3.75	1.60	95
2.90	3.30	2.35	93	3.40	3.20	2.15	93	5.75	3.75	1.60	94
3.10	3.25	2.35	95	3.30	3.20	2.15	93	6.00	3.70	1.60	94
3.25	3.20	2.35	95	3.70	3.10	2.15	95	6.00	3.60	1.60	94

威廉				立博				Bet365			
胜	平	负	体系	胜	平	负	体系	胜	平	负	体系
右倾				右倾				右倾			
3.20	3.20	2.35	95	3.60	3.10	2.15	94	6.50	3.50	1.60	94
3.10	3.20	2.35	94	3.50	3.10	2.15	93	4.75	4.50	1.57	93
3.00	3.20	2.35	93	3.80	3.00	2.15	94	5.00	4.33	1.57	94
3.30	3.10	2.35	95	3.10	3.75	2.10	94	5.25	4.20	1.57	94
3.25	3.10	2.35	94	3.20	3.70	2.10	94	5.50	4.10	1.57	94
3.20	3.10	2.35	94	3.10	3.70	2.10	94	6.00	4.00	1.57	95
3.40	3.00	2.35	95	3.25	3.60	2.10	94	5.75	4.00	1.57	94
3.60	2.88	2.35	95	3.20	3.60	2.10	94	5.50	4.00	1.57	94
2.75	3.80	2.30	94	3.10	3.60	2.10	93	5.00	4.00	1.57	92
2.80	3.75	2.30	94	3.40	3.50	2.10	95	6.00	3.90	1.57	94
2.75	3.75	2.30	94	3.30	3.50	2.10	94	6.00	3.80	1.57	94
2.88	3.70	2.30	95	3.25	3.50	2.10	93	5.25	3.80	1.57	92
2.80	3.70	2.30	94	3.50	3.40	2.10	95	7.00	3.75	1.57	96
2.90	3.60	2.30	95	3.40	3.40	2.10	94	6.00	3.75	1.57	93
2.88	3.60	2.30	94	3.30	3.40	2.10	93	6.50	3.60	1.57	94
3.00	3.50	2.30	95	3.25	3.40	2.10	93	5.50	4.33	1.55	95
2.90	3.50	2.30	94	3.60	3.30	2.10	95	5.25	4.33	1.55	94
3.10	3.40	2.30	95	3.50	3.30	2.10	94	5.75	4.20	1.55	95
3.00	3.40	2.30	94	3.40	3.30	2.10	93	5.50	4.20	1.55	94
2.90	3.40	2.30	93	3.60	3.25	2.10	94	5.75	4.10	1.55	94
2.88	3.40	2.30	93	3.50	3.25	2.10	93	6.00	4.00	1.55	94
3.20	3.30	2.30	95	3.40	3.25	2.10	93	5.75	4.00	1.55	94
3.10	3.30	2.30	94	3.70	3.20	2.10	94	6.25	3.80	1.55	94
3.00	3.30	2.30	93	3.60	3.20	2.10	94	6.00	3.80	1.55	93
3.25	3.25	2.30	95	3.50	3.20	2.10	93	6.50	3.75	1.55	94
3.20	3.25	2.30	95	3.80	3.10	2.10	94	7.00	3.60	1.55	94
3.30	3.20	2.30	95	3.75	3.10	2.10	94	5.00	4.75	1.53	94
3.25	3.20	2.30	95	3.70	3.10	2.10	94	5.50	4.50	1.53	95
3.20	3.20	2.30	94	3.60	3.10	2.10	93	5.25	4.50	1.53	94
3.10	3.20	2.30	93	3.90	3.00	2.10	94	6.00	4.33	1.53	95

续表

威廉				立博				Bet365			
胜	平	负	体系	胜	平	负	体系	胜	平	负	体系
右倾				右倾				右倾			
3.00	3.20	2.30	93	3.80	3.00	2.10	93	5.75	4.33	1.53	94
3.40	3.10	2.30	95	3.00	4.00	2.05	93	5.50	4.33	1.53	94
3.30	3.10	2.30	94	3.25	3.80	2.05	94	6.00	4.20	1.53	94
3.20	3.10	2.30	93	3.20	3.80	2.05	94	5.75	4.20	1.53	94
3.10	3.10	2.30	93	3.10	3.80	2.05	93	5.50	4.20	1.53	93
3.50	3.00	2.30	95	3.25	3.75	2.05	94	6.00	4.10	1.53	94
3.40	3.00	2.30	94	3.20	3.75	2.05	94	6.25	4.00	1.53	94
3.30	3.00	2.30	93	3.30	3.70	2.05	94	6.00	4.00	1.53	93
3.75	2.88	2.30	95	3.25	3.70	2.05	94	5.50	4.00	1.53	92
2.80	4.00	2.25	95	3.40	3.60	2.05	94	6.50	3.80	1.53	93
2.88	3.90	2.25	95	3.30	3.60	2.05	94	7.00	3.75	1.53	94
2.80	3.90	2.25	95	3.25	3.60	2.05	93	6.00	3.75	1.53	92
2.90	3.80	2.25	95	3.20	3.60	2.05	93	6.00	4.75	1.50	96
2.80	3.80	2.25	94	3.50	3.50	2.05	94	5.50	4.75	1.50	94
2.90	3.75	2.25	95	3.40	3.50	2.05	94	5.25	4.75	1.50	94
2.88	3.75	2.25	94	3.30	3.50	2.05	93	6.00	4.50	1.50	95
3.00	3.70	2.25	95	3.60	3.40	2.05	94	5.75	4.50	1.50	94
2.90	3.70	2.25	94	3.50	3.40	2.05	94	5.50	4.50	1.50	93
3.00	3.60	2.25	95	3.40	3.40	2.05	93	7.00	4.33	1.50	96
2.90	3.60	2.25	93	3.75	3.30	2.05	95	6.50	4.33	1.50	95
3.10	3.50	2.25	95	3.70	3.30	2.05	94	6.00	4.33	1.50	94
3.00	3.50	2.25	94	3.60	3.30	2.05	94	6.50	4.20	1.50	94
2.88	3.50	2.25	93	3.50	3.30	2.05	93	6.25	4.20	1.50	94
3.20	3.40	2.25	95	3.80	3.25	2.05	94	6.00	4.20	1.50	93
3.10	3.40	2.25	94	3.75	3.25	2.05	94	6.50	4.10	1.50	94
3.00	3.40	2.25	93	3.70	3.25	2.05	94	7.00	4.00	1.50	94
3.30	3.30	2.25	95	3.60	3.25	2.05	93	6.75	4.00	1.50	94
3.25	3.30	2.25	95	3.90	3.20	2.05	95	6.50	4.00	1.50	93
3.20	3.30	2.25	94	3.80	3.20	2.05	94	6.00	4.00	1.50	92
3.10	3.30	2.25	93	3.75	3.20	2.05	94	7.00	3.90	1.50	94

右上角：续表

威廉				立博				Bet365			
胜	平	负	体系	胜	平	负	体系	胜	平	负	体系
右倾				右倾				右倾			
3.00	3.30	2.25	93	3.60	3.20	2.05	93	7.50	3.80	1.50	94
3.25	3.25	2.25	94	3.90	3.10	2.05	94	6.50	3.75	1.50	92
3.20	3.25	2.25	94	3.80	3.10	2.05	93	8.50	3.60	1.50	94
3.40	3.20	2.25	95	3.75	3.10	2.05	93	6.25	4.75	1.45	94
3.30	3.20	2.25	94	3.70	3.10	2.05	93	6.00	4.75	1.45	94
3.25	3.20	2.25	94	4.00	3.00	2.05	93	5.75	4.75	1.45	93
3.50	3.10	2.25	95	4.40	2.90	2.05	94	6.50	4.50	1.45	94
3.40	3.10	2.25	94	3.25	3.90	2.00	94	6.00	4.50	1.45	93
3.00	3.80	2.20	95	3.25	3.80	2.00	93	7.00	4.33	1.45	94
2.90	3.80	2.20	94	3.30	3.75	2.00	93	7.50	4.20	1.45	94
3.00	3.75	2.20	95	3.25	3.75	2.00	93	7.00	4.20	1.45	93
3.10	3.70	2.20	95	3.40	3.70	2.00	94	7.50	4.10	1.45	94
3.00	3.70	2.20	95	3.60	3.60	2.00	95	8.00	4.00	1.45	94
2.90	3.70	2.20	93	3.50	3.60	2.00	94	8.50	3.75	1.45	93
3.10	3.60	2.20	95	3.40	3.60	2.00	93	6.00	5.00	1.44	94
3.20	3.50	2.20	95	3.60	3.50	2.00	94	5.75	5.00	1.44	94
3.10	3.50	2.20	94	3.50	3.50	2.00	93	5.50	5.00	1.44	93
3.00	3.50	2.20	93	3.40	3.50	2.00	93	7.00	4.75	1.44	95
3.30	3.40	2.20	95	3.80	3.40	2.00	95	6.50	4.75	1.44	94
3.20	3.40	2.20	94	3.75	3.40	2.00	94	6.00	4.75	1.44	93
3.10	3.40	2.20	93	3.70	3.40	2.00	94	6.50	4.60	1.44	94
3.40	3.30	2.20	95	3.60	3.40	2.00	93	7.00	4.50	1.44	94
3.30	3.30	2.20	94	3.50	3.40	2.00	93	6.50	4.50	1.44	93
3.50	3.25	2.20	95	3.80	3.30	2.00	94	7.00	4.40	1.44	94
3.40	3.25	2.20	95	3.70	3.30	2.00	93	7.00	4.33	1.44	94
3.25	3.25	2.20	93	4.00	3.25	2.00	95	7.50	4.20	1.44	94
3.50	3.20	2.20	95	3.90	3.25	2.00	94	8.00	4.10	1.44	94
3.40	3.20	2.20	94	3.80	3.25	2.00	93	7.50	4.10	1.44	93
3.20	3.20	2.20	93	3.75	3.25	2.00	93	8.00	4.00	1.44	94
3.60	3.10	2.20	95	4.00	3.20	2.00	94	9.50	3.80	1.44	94

续表

威廉				立博				Bet365			
胜	平	负	体系	胜	平	负	体系	胜	平	负	体系
右倾				右倾				右倾			
3.50	3.10	2.20	94	4.00	3.10	2.00	93	6.00	5.50	1.40	94
3.90	3.00	2.20	95	4.33	3.00	2.00	94	7.00	5.00	1.40	95
2.90	4.00	2.15	94	3.40	3.90	1.95	94	6.50	5.00	1.40	94
3.00	3.80	2.15	94	3.50	3.80	1.95	94	8.00	4.75	1.40	95
3.10	3.75	2.15	95	3.60	3.75	1.95	95	7.50	4.75	1.40	95
3.00	3.75	2.15	94	3.50	3.75	1.95	94	7.00	4.75	1.40	94
3.20	3.70	2.15	95	3.60	3.70	1.95	94	6.50	4.75	1.40	93
3.10	3.70	2.15	95	3.50	3.70	1.95	94	6.00	4.75	1.40	92
3.25	3.60	2.15	95	3.40	3.70	1.95	93	7.50	4.60	1.40	94
3.20	3.60	2.15	95	3.70	3.60	1.95	94	8.00	4.50	1.40	94
3.10	3.60	2.15	94	3.60	3.60	1.95	94	7.50	4.50	1.40	93
3.40	3.50	2.15	94	3.50	3.60	1.95	93	7.00	4.50	1.40	93
3.30	3.50	2.15	95	3.80	3.50	1.95	94	6.50	4.50	1.40	92
3.25	3.50	2.15	94	3.75	3.50	1.95	94	8.50	4.33	1.40	94
3.20	3.50	2.15	94	3.70	3.50	1.95	94	8.00	4.33	1.40	93
3.40	3.40	2.15	95	3.60	3.50	1.95	93	9.50	4.00	1.40	94
3.30	3.40	2.15	94	3.90	3.40	1.95	94	6.50	5.50	1.36	93
3.25	3.40	2.15	94	3.80	3.40	1.95	93	7.50	5.25	1.36	94
3.50	3.30	2.15	95	3.75	3.40	1.95	93	7.00	5.25	1.36	94
3.40	3.30	2.15	94	3.70	3.40	1.95	93	8.00	5.00	1.36	94
3.60	3.25	2.15	95	4.20	3.30	1.95	95	7.50	5.00	1.36	94
3.50	3.25	2.15	94	4.00	3.30	1.95	94	7.00	5.00	1.36	93
3.40	3.25	2.15	94	3.90	3.30	1.95	93	8.50	4.80	1.36	94
3.70	3.20	2.15	95	4.20	3.25	1.95	94	8.00	4.80	1.36	94
3.60	3.20	2.15	95	4.00	3.25	1.95	93	8.50	4.75	1.36	94
3.50	3.20	2.15	94	4.20	3.20	1.95	94	8.00	4.75	1.36	93
3.80	3.10	2.15	95	4.00	3.20	1.95	93	7.50	4.75	1.36	93
3.75	3.10	2.15	95	4.20	3.10	1.95	93	10.0	4.50	1.36	95
3.70	3.10	2.15	95	3.60	3.90	1.91	95	9.50	4.50	1.36	94
3.80	3.00	2.15	94	3.70	3.80	1.91	95	9.00	4.50	1.36	94

续表

威廉				立博				Bet365			
胜	平	负	体系	胜	平	负	体系	胜	平	负	体系
右倾				右倾				右倾			
4.00	2.88	2.15	94	3.60	3.80	1.91	94	10.0	4.33	1.36	94
3.10	4.00	2.10	95	3.50	3.80	1.91	93	10.5	4.20	1.36	94
3.00	4.00	2.10	94	3.70	3.75	1.91	94	7.50	5.75	1.33	94
3.20	3.80	2.10	95	3.60	3.75	1.91	94	9.00	5.50	1.33	96
3.10	3.80	2.10	94	3.80	3.70	1.91	95	8.00	5.50	1.33	94
3.20	3.75	2.10	95	3.75	3.70	1.91	94	7.50	5.50	1.33	94
3.30	3.70	2.10	95	3.70	3.70	1.91	94	9.00	5.25	1.33	95
3.25	3.70	2.10	95	3.60	3.70	1.91	93	8.50	5.25	1.33	94
3.20	3.70	2.10	94	3.80	3.60	1.91	94	8.00	5.25	1.33	94
3.40	3.60	2.10	95	3.75	3.60	1.91	94	9.00	5.00	1.33	94
3.30	3.60	2.10	95	3.70	3.60	1.91	93	8.50	5.00	1.33	94
3.25	3.60	2.10	94	4.00	3.50	1.91	94	8.00	5.00	1.33	93
3.10	3.60	2.10	93	3.90	3.50	1.91	94	10.0	4.80	1.33	94
3.50	3.50	2.10	95	3.80	3.50	1.91	93	10.0	4.75	1.33	94
3.40	3.50	2.10	95	4.20	3.40	1.91	95	9.50	4.75	1.33	94
3.30	3.50	2.10	94	4.00	3.40	1.91	94	12.0	4.33	1.33	94
3.25	3.50	2.10	93	3.90	3.40	1.91	93	8.00	6.50	1.30	95
3.20	3.50	2.10	93	3.80	3.40	1.91	93	7.50	6.00	1.30	94
3.60	3.40	2.10	95	4.20	3.30	1.91	94	8.50	5.75	1.30	94
3.50	3.40	2.10	95	4.25	3.25	1.91	94	8.00	5.75	1.30	94
3.40	3.40	2.10	94	4.33	3.20	1.91	94	10.0	5.50	1.30	95
3.30	3.40	2.10	93	3.70	3.90	1.87	94	9.00	5.50	1.30	94
3.70	3.30	2.10	95	3.60	3.90	1.87	94	8.50	5.50	1.30	94
3.60	3.30	2.10	95	3.75	3.80	1.87	94	8.00	5.50	1.30	93
3.50	3.30	2.10	94	3.70	3.80	1.87	94	9.50	5.25	1.30	94
3.75	3.25	2.10	95	3.80	3.75	1.87	94	11.0	5.00	1.30	94
3.70	3.25	2.10	95	3.75	3.75	1.87	94	10.5	5.00	1.30	94
3.60	3.25	2.10	94	3.70	3.75	1.87	93	10.0	5.00	1.30	94
3.40	3.25	2.10	93	3.90	3.70	1.87	94	9.00	5.00	1.30	93
3.80	3.20	2.10	95	3.80	3.70	1.87	94	15.0	4.33	1.30	94

威廉				立博				Bet365			
胜	平	负	体系	胜	平	负	体系	胜	平	负	体系
右倾				右倾				右倾			
3.75	3.20	2.10	95	3.75	3.70	1.87	93	8.50	6.00	1.28	94
4.00	3.10	2.10	95	4.00	3.60	1.87	94	8.00	6.00	1.28	93
3.75	3.10	2.10	94	3.90	3.60	1.87	94	9.50	5.75	1.28	94
4.00	3.00	2.10	94	3.80	3.60	1.87	93	9.00	5.75	1.28	94
3.20	4.00	2.05	95	4.00	3.50	1.87	93	8.50	5.75	1.28	93
3.25	3.90	2.05	95	3.90	3.50	1.87	93	11.0	5.50	1.28	95
3.20	3.90	2.05	94	4.33	3.40	1.87	94	10.0	5.50	1.28	94
3.30	3.80	2.05	95	4.25	3.40	1.87	94	9.50	5.50	1.28	94
3.25	3.80	2.05	94	4.20	3.40	1.87	94	9.00	5.50	1.28	93
3.40	3.75	2.05	95	4.00	3.40	1.87	93	8.00	5.50	1.28	92
3.25	3.75	2.05	94	4.25	3.30	1.87	93	11.0	5.25	1.28	95
3.40	3.70	2.05	95	4.40	3.25	1.87	93	10.0	5.25	1.28	93
3.30	3.70	2.05	94	4.60	3.20	1.87	94	11.0	5.00	1.28	93
3.50	3.60	2.05	95	3.70	4.00	1.85	94	13.0	4.75	1.28	94
3.40	3.60	2.05	94	3.60	4.00	1.85	94	11.0	6.50	1.25	96
3.60	3.50	2.05	95	3.70	3.90	1.85	94	10.0	6.50	1.25	95
3.50	3.50	2.05	94	3.80	3.80	1.85	94	9.50	6.50	1.25	94
3.75	3.40	2.05	95	3.90	3.75	1.85	94	9.00	6.50	1.25	94
3.70	3.40	2.05	95	3.80	3.75	1.85	93	12.0	6.00	1.25	95
3.60	3.40	2.05	94	3.90	3.70	1.85	94	11.0	6.00	1.25	95
3.50	3.40	2.05	94	4.20	3.60	1.85	95	10.5	6.00	1.25	94
3.80	3.30	2.05	95	4.00	3.60	1.85	94	10.0	6.00	1.25	94
3.75	3.30	2.05	94	4.25	3.50	1.85	94	9.50	6.00	1.25	93
3.70	3.30	2.05	94	4.20	3.50	1.85	94	8.00	6.00	1.25	92
3.90	3.25	2.05	95	4.00	3.50	1.85	93	11.0	5.75	1.25	94
3.80	3.25	2.05	94	4.33	3.40	1.85	94	10.0	5.75	1.25	93
3.75	3.25	2.05	94	4.25	3.40	1.85	93	13.0	5.50	1.25	94
3.60	3.25	2.05	93	4.20	3.40	1.85	93	12.0	5.50	1.25	94
4.00	3.20	2.05	95	4.50	3.30	1.85	94	9.50	5.50	1.25	92
3.80	3.20	2.05	94	4.60	3.25	1.85	94	9.00	5.50	1.25	92

续表

威廉				立博				Bet365			
胜	平	负	体系	胜	平	负	体系	胜	平	负	体系
右倾				右倾				右倾			
3.70	3.20	2.05	93	4.75	3.20	1.85	94	13.0	5.25	1.25	94
3.60	3.20	2.05	93	3.75	4.00	1.83	94	11.0	5.00	1.25	92
4.00	3.10	2.05	94	3.80	3.90	1.83	94	10.0	7.50	1.22	95
4.40	3.00	2.05	95	4.00	3.80	1.83	94	12.0	7.00	1.22	96
3.40	3.90	2.00	95	3.90	3.80	1.83	94	11.0	7.00	1.22	95
3.25	3.90	2.00	94	3.80	3.80	1.83	93	10.0	7.00	1.22	94
3.50	3.80	2.00	95	4.00	3.75	1.83	94	12.0	6.50	1.22	95
3.40	3.80	2.00	95	3.90	3.75	1.83	94	11.0	6.50	1.22	94
3.50	3.75	2.00	95	4.20	3.70	1.83	95	10.0	6.50	1.22	93
3.40	3.75	2.00	94	4.00	3.70	1.83	94	13.0	6.00	1.22	94
3.60	3.70	2.00	95	4.33	3.60	1.83	95	12.0	6.00	1.22	93
3.50	3.70	2.00	95	4.25	3.60	1.83	94	13.0	5.75	1.22	93
3.40	3.70	2.00	94	4.20	3.60	1.83	94	11.0	7.50	1.20	95
3.70	3.60	2.00	95	4.00	3.60	1.83	93	10.0	7.50	1.20	94
3.50	3.60	2.00	94	3.90	3.60	1.83	93	13.0	7.00	1.20	95
3.40	3.60	2.00	93	4.33	3.50	1.83	94	12.0	7.00	1.20	94
3.30	3.60	2.00	93	4.25	3.50	1.83	94	11.0	7.00	1.20	94
3.80	3.50	2.00	95	4.20	3.50	1.83	93	10.0	7.00	1.20	93
3.75	3.50	2.00	95	4.60	3.40	1.83	95	13.0	6.50	1.20	94
3.70	3.50	2.00	95	4.50	3.40	1.83	94	12.0	6.50	1.20	93
3.60	3.50	2.00	94	4.33	3.40	1.83	93	15.0	6.00	1.20	94
3.40	3.50	2.00	93	4.20	3.40	1.83	93	13.0	6.00	1.20	93
3.90	3.40	2.00	95	4.50	3.30	1.83	93	11.0	6.00	1.20	92
3.80	3.40	2.00	95	4.75	3.25	1.83	94	13.0	5.50	1.20	92
3.75	3.40	2.00	94	4.60	3.25	1.83	93	12.0	7.50	1.18	94
3.70	3.40	2.00	94	3.80	4.00	1.80	94	13.0	7.00	1.18	94
3.60	3.40	2.00	93	4.00	3.90	1.80	94	15.0	6.50	1.18	94
4.00	3.30	2.00	95	4.20	3.80	1.80	95	21.0	6.00	1.18	94
3.90	3.30	2.00	94	4.00	3.80	1.80	94	15.0	8.00	1.16	95
3.75	3.30	2.00	93	4.33	3.75	1.80	95	12.0	8.00	1.16	93

威廉				立博				Bet365			
胜	平	负	体系	胜	平	负	体系	胜	平	负	体系
右倾				右倾				右倾			
3.60	3.30	2.00	93	4.25	3.75	1.80	94	15.0	7.50	1.16	94
4.00	3.25	2.00	95	4.20	3.75	1.80	94	13.0	7.50	1.16	93
3.90	3.25	2.00	94	4.00	3.75	1.80	93	17.0	7.00	1.16	94
3.75	3.25	2.00	93	4.33	3.70	1.80	95	15.0	7.00	1.16	93
4.20	3.20	2.00	95	4.25	3.70	1.80	94	13.0	6.50	1.16	92
3.75	3.20	2.00	93	4.20	3.70	1.80	94	15.0	8.50	1.14	94
3.40	4.00	1.95	95	4.00	3.70	1.80	93	13.0	8.50	1.14	93
3.40	3.90	1.95	94	4.50	3.60	1.80	95	15.0	8.00	1.14	94
3.60	3.80	1.95	95	4.40	3.60	1.80	94	19.0	7.50	1.14	94
3.50	3.80	1.95	94	4.33	3.60	1.80	94	17.0	7.50	1.14	94
3.60	3.75	1.95	95	4.25	3.60	1.80	94	23.0	7.00	1.14	94
3.70	3.70	1.95	95	4.20	3.60	1.80	93	15.0	10.0	1.12	94
3.60	3.70	1.95	94	4.60	3.50	1.80	94	15.0	9.00	1.12	93
3.80	3.60	1.95	95	4.50	3.50	1.80	94	17.0	8.50	1.12	94
3.75	3.60	1.95	95	4.40	3.50	1.80	94	21.0	8.00	1.12	94
3.70	3.60	1.95	94	4.33	3.50	1.80	93	15.0	10.0	1.11	94
3.60	3.60	1.95	94	4.20	3.50	1.80	93	21.0	9.00	1.11	94
4.00	3.50	1.95	95	4.80	3.40	1.80	95	17.0	9.00	1.11	93
3.90	3.50	1.95	95	4.75	3.40	1.80	94	19.0	10.0	1.10	94
3.80	3.50	1.95	94	4.60	3.40	1.80	94	17.0	10.0	1.10	94
3.75	3.50	1.95	94	4.50	3.40	1.80	93	21.0	9.50	1.10	94
3.60	3.50	1.95	93	4.80	3.30	1.80	94	23.0	9.00	1.10	94
4.00	3.40	1.95	95	4.75	3.30	1.80	94	21.0	9.00	1.10	94
3.90	3.40	1.95	94	5.20	3.25	1.80	95	18.0	8.00	1.10	92
3.80	3.40	1.95	93	5.00	3.25	1.80	94	17.0	8.00	1.10	92
4.20	3.30	1.95	95	4.80	3.25	1.80	93	26.0	7.00	1.10	92
4.00	3.30	1.95	93	4.00	4.20	1.75	94	21.0	10.0	1.09	94
3.90	3.30	1.95	93	4.20	4.00	1.75	94	29.0	9.00	1.09	94
3.80	3.30	1.95	93	4.00	4.00	1.75	93	23.0	9.00	1.09	93
4.20	3.25	1.95	94	4.33	3.90	1.75	94	29.0	8.50	1.09	94

威廉				立博				Bet365			
胜	平	负	体系	胜	平	负	体系	胜	平	负	体系
右倾				右倾				右倾			
3.60	4.00	1.91	95	4.25	3.90	1.75	94	26.0	11.0	1.08	95
3.50	4.00	1.91	94	4.20	3.90	1.75	94	21.0	11.0	1.08	94
3.60	3.90	1.91	95	4.00	3.90	1.75	93	19.0	11.0	1.08	94
3.80	3.80	1.91	95	4.50	3.80	1.75	95	26.0	10.0	1.08	94
3.75	3.80	1.91	95	4.40	3.80	1.75	94	23.0	10.0	1.08	94
3.60	3.80	1.91	94	4.33	3.80	1.75	94	23.0	9.50	1.08	93
3.80	3.75	1.91	95	4.25	3.80	1.75	93	29.0	9.00	1.08	93
3.75	3.75	1.91	95	4.20	3.80	1.75	93	23.0	9.00	1.08	92
3.70	3.75	1.91	94	4.50	3.75	1.75	94	34.0	10.0	1.07	94
3.60	3.75	1.91	94	4.40	3.75	1.75	94	26.0	11.0	1.07	94
3.50	3.75	1.91	93	4.33	3.75	1.75	94	23.0	11.0	1.07	94
3.90	3.70	1.91	95	4.25	3.75	1.75	93	31.0	10.0	1.07	94
3.75	3.70	1.91	94	4.20	3.75	1.75	93	29.0	13.0	1.06	95
3.70	3.70	1.91	94	4.60	3.70	1.75	94	21.0	13.0	1.06	94
4.00	3.60	1.91	95	4.50	3.70	1.75	94	21.0	12.0	1.06	93
3.90	3.60	1.91	95	4.40	3.70	1.75	94	31.0	11.0	1.06	94
3.80	3.60	1.91	94	4.33	3.70	1.75	93	29.0	11.0	1.06	94
3.75	3.60	1.91	94	4.75	3.60	1.75	94	17.0	15.0	1.05	93
3.70	3.60	1.91	93	4.60	3.60	1.75	94	34.0	13.0	1.05	94
3.60	3.60	1.91	93	4.50	3.60	1.75	93	29.0	13.0	1.05	94
4.20	3.50	1.91	95	4.33	3.60	1.75	93	26.0	13.0	1.05	94
4.00	3.50	1.91	94	5.00	3.50	1.75	95	21.0	13.0	1.05	93
3.80	3.50	1.91	93	4.80	3.50	1.75	94	21.0	11.0	1.05	92
3.75	3.50	1.91	93	4.75	3.50	1.75	94	41.0	15.0	1.04	95
4.33	3.40	1.91	95	4.60	3.50	1.75	93	51.0	13.0	1.04	95
4.20	3.40	1.91	95	5.20	3.40	1.75	95	34.0	13.0	1.04	94
4.00	3.40	1.91	94	5.00	3.40	1.75	94	26.0	13.0	1.04	93
3.80	3.40	1.91	93	4.80	3.40	1.75	93	41.0	21.0	1.03	96
4.33	3.30	1.91	95	5.00	3.30	1.75	93	29.0	21.0	1.03	95
4.00	3.30	1.91	93	4.33	4.00	1.73	94	41.0	19.0	1.03	95

威廉				立博				Bet365			
胜	平	负	体系	胜	平	负	体系	胜	平	负	体系
右倾				右倾				右倾			
4.60	3.20	1.91	95	4.33	3.90	1.73	94	26.0	17.0	1.03	94
3.75	4.00	1.87	95	4.25	3.90	1.73	93	51.0	15.0	1.03	95
3.80	3.90	1.87	95	4.50	3.80	1.73	94	41.0	15.0	1.03	94
3.70	3.90	1.87	94	4.40	3.80	1.73	94	23.0	13.0	1.03	92
3.90	3.80	1.87	95	4.33	3.80	1.73	93	34.0	26.0	1.02	95
3.80	3.80	1.87	94	4.75	3.75	1.73	95	23.0	23.0	1.02	94
3.75	3.80	1.87	94	4.60	3.75	1.73	94	51.0	21.0	1.02	95
4.00	3.75	1.87	95	4.50	3.75	1.73	94	29.0	21.0	1.02	94
3.90	3.75	1.87	95	4.80	3.70	1.73	95	26.0	21.0	1.02	94
3.80	3.75	1.87	94	4.75	3.70	1.73	94	34.0	19.0	1.02	94
4.00	3.70	1.87	95	4.60	3.70	1.73	94	51.0	17.0	1.02	94
3.90	3.70	1.87	94	4.40	3.70	1.73	93	34.0	17.0	1.02	94
4.20	3.60	1.87	95	5.00	3.60	1.73	95	51.0	34.0	1.01	96
4.00	3.60	1.87	94	4.80	3.60	1.73	94	41.0	34.0	1.01	96
4.33	3.50	1.87	95	4.50	3.60	1.73	93	41.0	26.0	1.01	95
4.20	3.50	1.87	94	5.00	3.50	1.73	94	34.0	26.0	1.01	95
4.00	3.50	1.87	93	4.80	3.50	1.73	93	29.0	26.0	1.01	94
4.33	3.40	1.87	94	5.25	3.40	1.73	94	34.0	21.0	1.01	94
4.20	3.40	1.87	94	5.50	3.30	1.73	94	29.0	21.0	1.01	93
4.40	3.30	1.87	94	4.00	4.40	1.70	94				
4.80	3.25	1.87	95	4.40	4.20	1.70	95				
4.80	3.10	1.87	94	4.33	4.20	1.70	95				
3.60	4.20	1.85	95	4.25	4.20	1.70	94				
3.80	4.00	1.85	95	4.20	4.20	1.70	94				
3.75	4.00	1.85	95	4.60	4.00	1.70	95				
3.90	3.90	1.85	95	4.50	4.00	1.70	94				
3.80	3.90	1.85	94	4.40	4.00	1.70	94				
4.00	3.80	1.85	95	4.60	3.90	1.70	94				
3.90	3.80	1.85	94	4.50	3.90	1.70	94				
4.00	3.75	1.85	95	4.40	3.90	1.70	93				

威廉				立博				Bet365			
胜	平	负	体系	胜	平	负	体系	胜	平	负	体系
右倾				右倾				右倾			
3.90	3.75	1.85	94	4.80	3.80	1.70	94				
4.20	3.70	1.85	95	4.75	3.80	1.70	94				
4.00	3.70	1.85	94	4.60	3.80	1.70	94				
4.33	3.60	1.85	95	4.50	3.80	1.70	93				
4.20	3.60	1.85	95	4.80	3.75	1.70	94				
4.40	3.50	1.85	95	4.75	3.75	1.70	94				
4.33	3.50	1.85	95	5.00	3.70	1.70	94				
4.20	3.50	1.85	94	4.80	3.70	1.70	94				
4.60	3.40	1.85	95	4.75	3.70	1.70	94				
4.50	3.40	1.85	95	5.20	3.60	1.70	94				
4.40	3.40	1.85	94	5.00	3.60	1.70	94				
4.20	3.40	1.85	93	5.75	3.40	1.70	95				
4.75	3.30	1.85	95	5.50	3.40	1.70	94				
5.00	3.25	1.85	95	4.40	4.33	1.67	95				
3.60	4.33	1.83	95	4.50	4.25	1.67	95				
3.70	4.20	1.83	95	4.60	4.20	1.67	95				
3.60	4.20	1.83	94	4.50	4.20	1.67	94				
3.90	4.00	1.83	95	5.00	4.00	1.67	95				
3.80	4.00	1.83	94	4.80	4.00	1.67	95				
4.00	3.90	1.83	95	4.75	4.00	1.67	94				
3.90	3.90	1.83	94	4.60	4.00	1.67	94				
4.20	3.80	1.83	95	4.50	4.00	1.67	93				
4.00	3.80	1.83	94	5.00	3.90	1.67	95				
4.20	3.75	1.83	95	4.80	3.90	1.67	94				
4.00	3.75	1.83	94	4.75	3.90	1.67	94				
3.75	3.75	1.83	93	4.60	3.90	1.67	93				
4.33	3.70	1.83	95	5.25	3.80	1.67	95				
4.20	3.70	1.83	95	5.20	3.80	1.67	95				
4.40	3.60	1.83	95	5.00	3.80	1.67	94				
4.33	3.60	1.83	95	4.80	3.80	1.67	93				

续表

威廉				立博				Bet365			
胜	平	负	体系	胜	平	负	体系	胜	平	负	体系
右倾				右倾				右倾			
4.20	3.60	1.83	94	4.75	3.80	1.67	93				
4.00	3.60	1.83	93	4.60	3.80	1.67	93				
4.60	3.50	1.83	95	5.25	3.75	1.67	95				
4.50	3.50	1.83	95	5.20	3.75	1.67	95				
4.40	3.50	1.83	94	5.00	3.75	1.67	94				
4.33	3.50	1.83	94	4.75	3.75	1.67	93				
4.80	3.40	1.83	95	5.50	3.70	1.67	95				
4.50	3.40	1.83	94	5.20	3.70	1.67	94				
4.75	3.30	1.83	94	5.00	3.70	1.67	94				
5.00	3.25	1.83	95	4.80	3.70	1.67	93				
3.60	4.33	1.80	94	4.75	3.70	1.67	93				
4.00	4.00	1.80	95	5.75	3.60	1.67	95				
3.90	4.00	1.80	94	5.50	3.60	1.67	94				
4.20	3.90	1.80	95	5.25	3.60	1.67	94				
4.00	3.90	1.80	94	5.20	3.60	1.67	94				
4.33	3.80	1.80	95	5.00	3.60	1.67	93				
4.20	3.80	1.80	95	5.50	3.50	1.67	94				
4.33	3.75	1.80	95	6.00	3.40	1.67	94				
4.20	3.75	1.80	94	5.00	4.00	1.65	95				
4.00	3.75	1.80	93	4.75	4.00	1.65	94				
4.50	3.70	1.80	95	5.00	3.80	1.65	94				
4.40	3.70	1.80	95	4.60	4.25	1.62	93				
4.20	3.70	1.80	94	5.00	4.20	1.62	94				
4.60	3.60	1.80	95	4.80	4.20	1.62	94				
4.40	3.60	1.80	94	4.75	4.20	1.62	94				
4.33	3.60	1.80	94	4.60	4.20	1.62	93				
4.20	3.60	1.80	93	5.25	4.00	1.62	95				
4.80	3.50	1.80	95	5.20	4.00	1.62	94				
4.75	3.50	1.80	95	5.00	4.00	1.62	94				
4.60	3.50	1.80	94	4.80	4.00	1.62	93				

威廉				立博				Bet365			
胜	平	负	体系	胜	平	负	体系	胜	平	负	体系
右倾				右倾				右倾			
4.50	3.50	1.80	94	5.50	3.90	1.62	94				
4.33	3.50	1.80	93	5.25	3.90	1.62	94				
4.20	3.50	1.80	93	5.20	3.90	1.62	94				
5.00	3.40	1.80	95	5.00	3.90	1.62	93				
4.80	3.40	1.80	95	5.75	3.80	1.62	95				
4.75	3.40	1.80	94	5.50	3.80	1.62	94				
4.50	3.40	1.80	93	5.25	3.80	1.62	93				
5.00	3.30	1.80	94	5.20	3.80	1.62	93				
4.60	3.25	1.80	93	5.75	3.75	1.62	95				
5.25	3.20	1.80	94	5.20	3.75	1.62	93				
4.00	4.20	1.78	95	5.50	3.70	1.62	94				
3.90	4.20	1.78	95	5.20	3.70	1.62	93				
4.20	4.00	1.78	95	5.80	3.60	1.62	94				
4.00	4.00	1.78	94	5.75	3.60	1.62	93				
4.33	3.90	1.78	95	6.00	3.50	1.62	93				
4.20	3.90	1.78	95	5.80	3.50	1.62	93				
4.33	3.80	1.78	95	4.80	4.25	1.60	94				
4.20	3.80	1.78	94	5.20	4.20	1.60	95				
4.50	3.75	1.78	95	5.00	4.20	1.60	94				
4.33	3.75	1.78	94	5.50	4.00	1.60	95				
4.60	3.70	1.78	95	5.25	4.00	1.60	94				
4.40	3.70	1.78	94	5.75	3.90	1.60	95				
4.33	3.70	1.78	94	5.50	3.90	1.60	94				
4.20	3.70	1.78	93	5.20	3.90	1.60	93				
4.80	3.60	1.78	95	5.80	3.80	1.60	94				
4.75	3.60	1.78	95	5.75	3.80	1.60	94				
4.50	3.60	1.78	94	5.50	3.80	1.60	93				
4.75	3.50	1.78	94	6.00	3.70	1.60	94				
4.50	3.50	1.78	93	6.50	3.60	1.60	94				
4.33	3.50	1.78	93	4.80	4.50	1.57	94				

威廉				立博				Bet365			
胜	平	负	体系	胜	平	负	体系	胜	平	负	体系
右倾				右倾				右倾			
5.25	3.40	1.78	95	5.25	4.33	1.57	94				
4.80	3.40	1.78	94	5.50	4.25	1.57	95				
4.80	3.30	1.78	93	5.25	4.25	1.57	94				
4.20	4.20	1.75	95	5.20	4.25	1.57	94				
4.00	4.20	1.75	94	5.75	4.20	1.57	95				
4.40	4.00	1.75	95	5.50	4.20	1.57	95				
4.33	4.00	1.75	95	5.25	4.20	1.57	94				
4.20	4.00	1.75	94	5.20	4.20	1.57	94				
4.50	3.90	1.75	95	5.75	4.00	1.57	94				
4.40	3.90	1.75	95	5.50	4.00	1.57	94				
4.33	3.90	1.75	94	5.25	4.00	1.57	93				
4.60	3.80	1.75	95	6.00	3.90	1.57	94				
4.40	3.80	1.75	94	5.80	3.90	1.57	94				
4.33	3.80	1.75	93	5.75	3.90	1.57	94				
4.75	3.75	1.75	95	5.50	3.90	1.57	93				
4.50	3.75	1.75	94	6.00	3.80	1.57	94				
4.33	3.75	1.75	94	6.50	3.75	1.57	95				
4.80	3.70	1.75	95	6.00	3.75	1.57	93				
4.60	3.70	1.75	94	6.50	3.70	1.57	94				
4.50	3.70	1.75	94	6.00	3.70	1.57	93				
5.00	3.60	1.75	95	7.00	3.60	1.57	95				
4.80	3.60	1.75	95	5.75	4.33	1.55	95				
4.75	3.60	1.75	94	5.50	4.33	1.55	95				
4.50	3.60	1.75	93	6.00	4.00	1.55	94				
5.50	3.30	1.75	95	6.50	3.80	1.55	94				
4.50	4.00	1.73	95	6.00	3.80	1.55	93				
4.33	4.00	1.73	94	5.20	4.60	1.53	94				
4.20	4.00	1.73	94	5.50	4.50	1.53	95				
4.60	3.90	1.73	95	5.50	4.40	1.53	94				
4.50	3.90	1.73	95	5.80	4.33	1.53	95				

续表

威廉				立博				Bet365			
胜	平	负	体系	胜	平	负	体系	胜	平	负	体系
右倾				右倾				右倾			
4.40	3.90	1.73	94	5.75	4.33	1.53	94				
4.80	3.80	1.73	95	5.25	4.33	1.53	93				
4.60	3.80	1.73	94	6.00	4.25	1.53	95				
4.50	3.80	1.73	94	5.80	4.25	1.53	94				
4.33	3.80	1.73	93	5.75	4.25	1.53	94				
4.20	3.80	1.73	93	5.50	4.25	1.53	93				
4.60	3.75	1.73	94	6.50	4.20	1.53	96				
4.50	3.75	1.73	94	6.00	4.20	1.53	94				
5.00	3.70	1.73	95	5.80	4.20	1.53	94				
4.75	3.70	1.73	94	5.75	4.20	1.53	94				
4.60	3.70	1.73	94	5.50	4.20	1.53	93				
5.25	3.60	1.73	95	6.50	4.00	1.53	95				
5.00	3.60	1.73	95	6.00	4.00	1.53	94				
4.75	3.60	1.73	93	5.80	4.00	1.53	93				
4.50	3.60	1.73	93	6.50	3.90	1.53	94				
5.50	3.40	1.73	95	6.50	3.75	1.53	93				
4.80	3.40	1.73	93	6.00	4.60	1.50	95				
6.00	3.30	1.73	95	5.75	4.60	1.50	95				
5.80	3.30	1.73	95	6.50	4.50	1.50	96				
4.33	4.33	1.70	95	6.00	4.50	1.50	95				
4.50	4.20	1.70	95	5.75	4.50	1.50	94				
4.40	4.20	1.70	95	6.50	4.40	1.50	95				
4.33	4.20	1.70	95	6.00	4.40	1.50	94				
4.20	4.20	1.70	94	5.80	4.40	1.50	94				
4.75	4.00	1.70	95	6.50	4.33	1.50	95				
4.60	4.00	1.70	95	6.00	4.33	1.50	94				
4.50	4.00	1.70	94	5.80	4.33	1.50	93				
4.80	3.90	1.70	95	5.75	4.33	1.50	93				
4.60	3.90	1.70	94	7.00	4.25	1.50	96				
5.00	3.80	1.70	95	6.50	4.25	1.50	95				

威廉				立博				Bet365			
胜	平	负	体系	胜	平	负	体系	胜	平	负	体系
右倾				右倾				右倾			
4.80	3.80	1.70	94	6.00	4.25	1.50	94				
4.75	3.80	1.70	94	5.80	4.25	1.50	93				
4.80	3.75	1.70	94	7.00	4.20	1.50	95				
5.25	3.70	1.70	95	6.50	4.20	1.50	94				
5.00	3.70	1.70	94	6.00	4.20	1.50	93				
5.50	3.60	1.70	95	5.80	4.20	1.50	93				
5.25	3.60	1.70	95	5.75	4.20	1.50	93				
5.25	3.50	1.70	94	7.00	4.00	1.50	94				
5.00	3.50	1.70	93	6.50	4.00	1.50	93				
4.20	4.50	1.67	94	7.00	3.90	1.50	94				
4.50	4.40	1.67	95	8.00	3.80	1.50	95				
4.40	4.40	1.67	95	7.00	3.80	1.50	93				
4.75	4.20	1.67	95	7.50	4.20	1.47	95				
4.60	4.20	1.67	95	7.00	4.20	1.47	94				
4.50	4.20	1.67	94	6.50	4.33	1.47	94				
5.00	4.00	1.67	95	6.50	4.20	1.47	93				
4.80	4.00	1.67	95	6.00	4.33	1.47	93				
4.75	4.00	1.67	94	6.00	4.50	1.47	94				
4.50	4.00	1.67	93	6.50	5.00	1.44	95				
4.80	3.90	1.67	94	6.50	4.80	1.44	95				
5.25	3.80	1.67	95	5.75	4.80	1.44	93				
5.00	3.80	1.67	94	7.00	4.75	1.44	95				
4.75	3.80	1.67	93	6.50	4.75	1.44	94				
5.00	3.75	1.67	94	6.00	4.75	1.44	93				
5.50	3.70	1.67	95	7.00	4.60	1.44	95				
5.25	3.70	1.67	94	6.50	4.60	1.44	94				
5.00	3.70	1.67	94	6.00	4.60	1.44	93				
5.50	3.60	1.67	94	7.50	4.50	1.44	95				
5.00	3.60	1.67	93	7.00	4.50	1.44	94				
6.00	3.50	1.67	95	6.50	4.50	1.44	93				

威廉				立博				Bet365			
胜	平	负	体系	胜	平	负	体系	胜	平	负	体系
右倾				右倾				右倾			
5.50	3.50	1.67	94	8.00	4.40	1.44	96				
4.60	4.33	1.65	95	7.50	4.40	1.44	95				
4.80	4.20	1.65	95	7.00	4.40	1.44	94				
4.60	4.20	1.65	94	6.50	4.40	1.44	93				
5.00	4.00	1.65	95	8.00	4.33	1.44	95				
4.80	4.00	1.65	94	7.50	4.33	1.44	94				
5.25	3.90	1.65	95	7.00	4.33	1.44	94				
5.00	3.90	1.65	94	6.50	4.33	1.44	93				
5.50	3.80	1.65	95	7.00	4.25	1.44	93				
5.25	3.80	1.65	94	8.00	4.20	1.44	95				
5.00	3.80	1.65	93	7.50	4.20	1.44	94				
5.50	3.75	1.65	95	7.00	4.20	1.44	93				
5.50	3.70	1.65	95	8.00	4.00	1.44	94				
4.75	4.50	1.62	95	7.50	5.00	1.40	95				
4.80	4.40	1.62	95	7.00	5.00	1.40	95				
4.50	4.40	1.62	94	8.00	4.80	1.40	95				
5.00	4.33	1.62	95	7.50	4.80	1.40	95				
4.80	4.33	1.62	95	7.00	4.80	1.40	94				
4.75	4.33	1.62	94	6.50	4.80	1.40	93				
4.60	4.33	1.62	94	8.00	4.75	1.40	95				
5.00	4.20	1.62	95	7.50	4.75	1.40	95				
4.80	4.20	1.62	94	7.00	4.75	1.40	94				
4.75	4.20	1.62	94	6.50	4.75	1.40	93				
5.25	4.00	1.62	95	8.50	4.60	1.40	95				
5.00	4.00	1.62	94	8.00	4.60	1.40	95				
4.75	4.00	1.62	93	7.50	4.60	1.40	94				
5.80	3.90	1.62	95	7.00	4.60	1.40	93				
5.50	3.90	1.62	95	8.50	4.50	1.40	95				
5.25	3.90	1.62	94	8.00	4.50	1.40	94				
5.80	3.80	1.62	95	7.50	4.50	1.40	93				

续表

威廉				立博				Bet365			
胜	平	负	体系	胜	平	负	体系	胜	平	负	体系
右倾				右倾				右倾			
5.50	3.80	1.62	94	7.00	4.50	1.40	93				
5.00	3.80	1.62	93	8.00	4.40	1.40	94				
6.00	3.75	1.62	95	7.50	4.40	1.40	93				
5.80	3.75	1.62	95	8.50	4.33	1.40	94				
6.00	3.70	1.62	95	8.00	4.33	1.40	93				
5.80	3.70	1.62	94	7.50	4.33	1.40	93				
5.50	3.70	1.62	94	9.50	4.20	1.40	95				
6.50	3.60	1.62	95	8.00	4.20	1.40	93				
6.00	3.60	1.62	94	8.00	5.25	1.36	95				
5.80	3.60	1.62	94	7.00	5.25	1.36	94				
5.50	3.60	1.62	93	8.00	5.20	1.36	95				
6.50	3.50	1.62	95	7.50	5.20	1.36	94				
5.00	4.50	1.60	95	8.50	5.00	1.36	95				
4.75	4.50	1.60	94	8.00	5.00	1.36	94				
4.80	4.40	1.60	94	7.50	5.00	1.36	94				
5.25	4.33	1.60	95	9.50	4.80	1.36	95				
5.25	4.20	1.60	95	9.00	4.80	1.36	95				
5.00	4.20	1.60	94	8.50	4.80	1.36	94				
5.80	4.00	1.60	95	8.00	4.80	1.36	94				
5.50	4.00	1.60	95	7.50	4.80	1.36	93				
6.00	3.90	1.60	95	9.50	4.75	1.36	95				
5.80	3.90	1.60	95	9.00	4.75	1.36	95				
5.50	3.90	1.60	94	8.50	4.75	1.36	94				
5.25	3.90	1.60	93	8.00	4.75	1.36	93				
6.00	3.80	1.60	95	9.00	4.60	1.36	94				
5.80	3.80	1.60	94	8.50	4.60	1.36	93				
5.50	3.80	1.60	93	8.00	4.60	1.36	93				
6.00	3.75	1.60	94	9.00	4.50	1.36	94				
6.00	3.70	1.60	94	8.50	4.50	1.36	93				
5.80	3.70	1.60	94	9.00	4.33	1.36	93				

威廉				立博				Bet365			
胜	平	负	体系	胜	平	负	体系	胜	平	负	体系
右倾				右倾				右倾			
6.50	3.60	1.60	95	8.50	5.25	1.35	95				
6.50	3.50	1.60	94	8.00	5.25	1.35	95				
4.80	4.80	1.57	95	9.00	5.00	1.35	95				
5.00	4.60	1.57	95	8.50	5.00	1.35	94				
5.25	4.50	1.57	95	8.00	5.00	1.35	94				
5.50	4.33	1.57	95	11.0	4.50	1.35	95				
5.25	4.33	1.57	94	8.50	5.50	1.33	95				
5.80	4.20	1.57	95	8.00	5.50	1.33	94				
5.50	4.20	1.57	94	9.00	5.25	1.33	95				
5.25	4.20	1.57	94	8.50	5.25	1.33	94				
6.00	4.00	1.57	95	8.00	5.25	1.33	94				
5.80	4.00	1.57	94	9.50	5.20	1.33	95				
5.50	4.00	1.57	94	9.00	5.20	1.33	95				
6.50	3.90	1.57	95	8.50	5.20	1.33	94				
6.50	3.80	1.57	95	8.00	5.20	1.33	94				
6.00	3.80	1.57	94	10.0	5.00	1.33	95				
7.00	3.70	1.57	95	9.50	5.00	1.33	95				
6.50	3.70	1.57	94	9.00	5.00	1.33	94				
7.00	3.60	1.57	95	8.50	5.00	1.33	94				
5.00	4.60	1.55	94	9.50	4.80	1.33	94				
5.50	4.50	1.55	95	8.50	4.80	1.33	93				
5.50	4.40	1.55	95	11.0	4.75	1.33	95				
5.25	4.40	1.55	94	10.0	4.75	1.33	94				
5.80	4.33	1.55	95	9.00	4.75	1.33	93				
5.50	4.33	1.55	95	8.50	4.75	1.33	93				
6.00	4.20	1.55	95	9.00	5.75	1.30	95				
5.80	4.20	1.55	95	10.0	5.50	1.30	95				
6.50	4.00	1.55	95	9.50	5.50	1.30	95				
6.00	4.00	1.55	94	9.00	5.50	1.30	94				
6.50	3.90	1.55	95	8.50	5.50	1.30	94				

威廉				立博				Bet365			
胜	平	负	体系	胜	平	负	体系	胜	平	负	体系
右倾				右倾				右倾			
7.00	3.80	1.55	95	10.0	5.25	1.30	94				
8.00	3.60	1.55	95	9.50	5.25	1.30	94				
5.00	4.75	1.53	94	9.00	5.25	1.30	93				
5.50	4.60	1.53	95	10.0	5.20	1.30	94				
5.80	4.50	1.53	95	9.50	5.20	1.30	94				
5.50	4.50	1.53	95	12.0	5.00	1.30	95				
6.00	4.40	1.53	95	11.0	5.00	1.30	94				
5.80	4.40	1.53	95	10.0	5.00	1.30	94				
5.50	4.40	1.53	94	9.00	5.00	1.30	93				
6.00	4.33	1.53	95	11.0	4.75	1.30	93				
5.80	4.33	1.53	95	10.0	5.80	1.29	95				
5.50	4.33	1.53	94	9.50	5.80	1.29	95				
6.00	4.20	1.53	94	9.00	5.80	1.29	94				
5.80	4.20	1.53	94	10.0	5.75	1.29	95				
6.50	4.00	1.53	95	12.0	5.50	1.29	96				
6.00	4.00	1.53	93	11.0	5.50	1.29	95				
7.00	3.90	1.53	95	10.0	5.50	1.29	95				
7.00	3.75	1.53	94	13.0	5.25	1.29	96				
6.50	3.75	1.53	93	12.0	5.25	1.29	95				
5.80	4.75	1.50	95	11.0	5.25	1.29	95				
5.50	4.75	1.50	94	10.0	5.25	1.29	94				
6.00	4.60	1.50	95	12.0	5.20	1.29	95				
5.80	4.60	1.50	95	10.0	5.20	1.29	94				
6.00	4.50	1.50	95	11.0	5.00	1.29	94				
5.80	4.50	1.50	94	10.0	5.00	1.29	93				
6.50	4.40	1.50	95	11.0	6.50	1.25	96				
6.00	4.40	1.50	94	13.0	6.00	1.25	96				
6.50	4.33	1.50	95	12.0	6.00	1.25	95				
6.00	4.33	1.50	94	11.0	6.00	1.25	95				
5.50	4.33	1.50	93	10.0	6.00	1.25	94				

威廉				立博				Bet365			
胜	平	负	体系	胜	平	负	体系	胜	平	负	体系
右倾				右倾				右倾			
7.00	4.20	1.50	95	13.0	5.80	1.25	95				
6.50	4.20	1.50	94	12.0	5.80	1.25	95				
6.00	4.20	1.50	93	11.0	5.80	1.25	94				
7.00	4.00	1.50	94	13.0	5.75	1.25	95				
6.50	4.00	1.50	93	12.0	5.75	1.25	95				
7.50	3.80	1.50	94	11.0	5.75	1.25	94				
9.00	3.70	1.50	95	10.0	5.75	1.25	93				
6.00	4.80	1.47	94	13.0	5.50	1.25	94				
5.80	4.75	1.47	94	12.0	5.50	1.25	94				
6.50	4.60	1.47	95	11.0	5.50	1.25	93				
6.00	4.60	1.47	94	13.0	5.00	1.25	93				
6.50	4.50	1.47	95	15.0	6.50	1.22	96				
7.00	4.40	1.47	95	13.0	6.50	1.22	95				
6.50	4.40	1.47	94	12.0	6.50	1.22	95				
7.50	4.33	1.47	95	15.0	6.00	1.22	95				
7.00	4.33	1.47	95	13.0	6.00	1.22	94				
6.50	4.33	1.47	94	12.0	6.00	1.22	93				
7.00	4.20	1.47	94	17.0	5.80	1.22	95				
8.50	4.00	1.47	95	15.0	5.80	1.22	95				
7.50	4.00	1.47	94	13.0	5.80	1.22	94				
7.00	4.00	1.47	93	12.0	5.80	1.22	93				
6.00	5.00	1.44	94	13.0	5.75	1.22	93				
6.50	4.80	1.44	95	12.0	5.75	1.22	93				
6.00	4.80	1.44	94	13.0	5.50	1.22	93				
7.00	4.75	1.44	95	15.0	7.00	1.20	96				
6.50	4.75	1.44	94	13.0	7.00	1.20	95				
6.00	4.75	1.44	93	17.0	6.50	1.20	96				
7.50	4.60	1.44	95	15.0	6.50	1.20	95				
7.00	4.60	1.44	95	13.0	6.50	1.20	94				
6.50	4.60	1.44	94	15.0	6.00	1.20	94				

威廉				立博				Bet365			
胜	平	负	体系	胜	平	负	体系	胜	平	负	体系
右倾				右倾				右倾			
7.00	4.50	1.44	94	13.0	6.00	1.20	93				
6.50	4.50	1.44	93	17.0	7.50	1.18	96				
7.50	4.40	1.44	95	15.0	7.50	1.18	95				
7.00	4.40	1.44	94	19.0	7.00	1.18	96				
8.00	4.33	1.44	95	17.0	7.00	1.18	95				
7.50	4.33	1.44	94	15.0	7.00	1.18	95				
6.50	4.33	1.44	93	13.0	7.00	1.18	94				
7.50	4.20	1.44	94	21.0	6.50	1.18	95				
8.50	4.00	1.44	94	19.0	6.50	1.18	95				
9.00	3.90	1.44	94	17.0	6.50	1.18	94				
9.00	3.80	1.44	93	15.0	6.50	1.18	94				
6.50	5.25	1.42	95	13.0	6.50	1.18	93				
6.50	5.00	1.42	95	15.0	6.00	1.18	93				
7.00	4.80	1.42	95	15.0	8.00	1.17	96				
7.50	4.75	1.42	95	21.0	7.50	1.17	97				
7.50	4.60	1.42	95	19.0	7.50	1.17	96				
7.00	4.60	1.42	94	17.0	7.50	1.17	96				
8.00	4.50	1.42	95	21.0	7.00	1.17	96				
7.50	4.50	1.42	94	19.0	7.00	1.17	95				
8.50	4.40	1.42	95	17.0	6.50	1.17	94				
7.50	4.40	1.42	94	15.0	6.50	1.17	93				
7.00	4.40	1.42	93	19.0	8.00	1.15	96				
8.50	4.33	1.42	95	23.0	7.50	1.15	96				
7.50	4.33	1.42	94	21.0	7.50	1.15	95				
9.00	4.20	1.42	95	19.0	7.50	1.15	95				
10.0	3.90	1.42	94	19.0	7.00	1.15	94				
6.50	5.25	1.40	94	17.0	7.00	1.15	93				
7.50	5.00	1.40	95	19.0	6.50	1.15	93				
7.00	5.00	1.40	95	19.0	8.50	1.14	95				
8.00	4.80	1.40	95	26.0	8.00	1.14	96				

威廉				立博				Bet365			
胜	平	负	体系	胜	平	负	体系	胜	平	负	体系
右倾				右倾				右倾			
7.50	4.80	1.40	95	23.0	8.00	1.14	96				
8.00	4.75	1.40	95	21.0	8.00	1.14	95				
7.50	4.75	1.40	95	19.0	8.00	1.14	95				
6.50	4.75	1.40	93	17.0	8.00	1.14	94				
8.00	4.60	1.40	95	26.0	7.50	1.14	95				
7.50	4.60	1.40	94	23.0	7.50	1.14	95				
7.00	4.60	1.40	93	19.0	7.00	1.14	93				
9.00	4.50	1.40	95	17.0	7.00	1.14	93				
8.50	4.50	1.40	95	19.0	9.50	1.12	95				
8.00	4.50	1.40	94	26.0	9.00	1.12	96				
9.00	4.40	1.40	95	23.0	9.00	1.12	95				
8.50	4.40	1.40	94	29.0	8.50	1.12	96				
8.50	4.33	1.40	94	26.0	8.50	1.12	95				
8.00	4.33	1.40	93	23.0	8.50	1.12	95				
9.00	4.20	1.40	94	19.0	8.50	1.12	94				
8.50	4.20	1.40	93	26.0	8.00	1.12	95				
7.50	5.25	1.38	95	21.0	8.00	1.12	94				
8.00	5.00	1.38	95	23.0	7.50	1.12	93				
7.50	5.00	1.38	95	21.0	7.50	1.12	93				
8.50	4.80	1.38	95	19.0	7.50	1.12	93				
8.00	4.80	1.38	95	23.0	7.00	1.12	93				
8.00	4.75	1.38	94	17.0	10.0	1.11	94				
8.50	4.60	1.38	94	34.0	9.50	1.11	97				
8.50	4.50	1.38	94	29.0	9.50	1.11	96				
7.50	5.50	1.36	95	21.0	9.50	1.11	95				
7.00	5.50	1.36	94	34.0	9.00	1.11	96				
8.00	5.25	1.36	95	29.0	9.00	1.11	96				
8.50	5.00	1.36	95	26.0	8.00	1.11	94				
8.00	5.00	1.36	94	21.0	8.00	1.11	93				
7.50	5.00	1.36	94	26.0	11.0	1.10	96				

威廉				立博				Bet365			
胜	平	负	体系	胜	平	负	体系	胜	平	负	体系
右倾				右倾				右倾			
8.50	4.80	1.36	94	34.0	10.0	1.10	96				
8.00	4.80	1.36	94	29.0	10.0	1.10	96				
8.50	4.75	1.36	94	26.0	10.0	1.10	95				
9.00	4.60	1.36	94	23.0	10.0	1.10	95				
8.50	4.60	1.36	93	41.0	9.50	1.10	96				
9.00	4.50	1.36	94	26.0	9.50	1.10	95				
8.00	5.50	1.35	94	26.0	8.50	1.10	94				
8.50	5.25	1.35	95	26.0	8.00	1.10	93				
8.00	5.25	1.35	95	23.0	8.00	1.10	93				
7.50	5.25	1.35	94	34.0	11.0	1.09	96				
9.00	5.00	1.35	95	46.0	10.0	1.09	96				
8.50	5.00	1.35	94	29.0	10.0	1.09	95				
9.50	4.80	1.35	95	26.0	9.00	1.09	94				
9.00	4.80	1.35	94	26.0	8.50	1.09	93				
8.50	4.80	1.35	94	41.0	12.0	1.08	97				
9.00	4.75	1.35	94	56.0	11.0	1.08	97				
9.50	4.60	1.35	94	41.0	11.0	1.08	96				
8.00	5.80	1.33	95	26.0	11.0	1.08	95				
8.50	5.50	1.33	95	29.0	9.50	1.08	94				
8.00	5.50	1.33	94	34.0	9.00	1.08	94				
7.50	5.50	1.33	94	51.0	13.0	1.07	97				
9.50	5.25	1.33	95	46.0	13.0	1.07	97				
9.00	5.25	1.33	95	41.0	13.0	1.07	97				
8.50	5.25	1.33	94	61.0	12.0	1.07	96				
10.0	5.00	1.33	95	56.0	12.0	1.07	97				
9.50	5.00	1.33	95	34.0	12.0	1.07	96				
9.00	5.00	1.33	94	29.0	12.0	1.07	95				
8.00	5.00	1.33	93	41.0	11.0	1.07	95				
8.50	4.80	1.33	93	34.0	11.0	1.07	95				
10.0	4.75	1.33	94	26.0	10.0	1.07	95				

威廉				立博				Bet365			
胜	平	负	体系	胜	平	负	体系	胜	平	负	体系
右倾				右倾				右倾			
11.0	4.60	1.33	94	34.0	9.50	1.07	94				
9.50	4.60	1.33	93	61.0	15.0	1.06	97				
8.50	5.80	1.30	94	51.0	15.0	1.06	97				
10.0	5.50	1.30	95	51.0	13.0	1.06	96				
9.50	5.50	1.30	95	46.0	13.0	1.06	96				
9.00	5.50	1.30	94	46.0	12.0	1.06	95				
8.50	5.50	1.30	94	41.0	12.0	1.06	95				
8.00	5.50	1.30	93	34.0	12.0	1.06	95				
11.0	5.25	1.30	95	56.0	11.0	1.06	95				
10.0	5.25	1.30	94	41.0	11.0	1.06	94				
9.50	5.25	1.30	94	41.0	10.0	1.06	94				
9.00	5.25	1.30	93	67.0	17.0	1.05	97				
11.0	5.00	1.30	94	61.0	17.0	1.05	97				
12.0	4.80	1.30	94	56.0	17.0	1.05	97				
9.50	6.00	1.29	95	41.0	15.0	1.05	96				
8.50	6.00	1.29	94	51.0	13.0	1.05	95				
10.0	5.80	1.29	95	71.0	19.0	1.04	97				
9.50	5.80	1.29	95	67.0	17.0	1.04	97				
9.00	5.80	1.29	94	41.0	17.0	1.04	96				
11.0	5.50	1.29	95	91.0	21.0	1.03	97				
10.0	5.50	1.29	95	126	19.0	1.03	97				
9.50	5.50	1.29	94	71.0	19.0	1.03	96				
9.00	5.50	1.29	94	56.0	19.0	1.03	96				
8.50	5.50	1.29	93	41.0	19.0	1.03	95				
12.0	5.25	1.29	95	67.0	17.0	1.03	96				
12.0	5.00	1.29	94	101	26.0	1.02	97				
10.0	5.00	1.29	93	91.0	23.0	1.02	97				
10.0	6.00	1.27	95	81.0	23.0	1.02	96				
9.50	6.00	1.27	94	67.0	23.0	1.02	96				
11.0	5.80	1.27	95	51.0	23.0	1.02	96				

威廉				立博				Bet365			
胜	平	负	体系	胜	平	负	体系	胜	平	负	体系
右倾				右倾				右倾			
10.0	5.80	1.27	94	41.0	15.0	1.02	93				
13.0	5.50	1.27	95	67.0	29.0	1.01	96				
12.0	5.50	1.27	95								
11.0	5.50	1.27	94								
12.0	5.25	1.27	94								
11.0	5.25	1.27	94								
13.0	5.00	1.27	94								
8.00	7.00	1.25	94								
9.50	6.50	1.25	94								
12.0	6.00	1.25	95								
11.0	6.00	1.25	95								
9.00	6.00	1.25	93								
12.0	5.80	1.25	95								
11.0	5.80	1.25	94								
10.0	5.80	1.25	93								
13.0	5.50	1.25	94								
11.0	5.50	1.25	93								
10.0	7.00	1.22	94								
13.0	6.50	1.22	95								
12.0	6.50	1.22	95								
11.0	6.50	1.22	94								
15.0	6.00	1.22	95								
13.0	6.00	1.22	94								
12.0	6.00	1.22	93								
11.0	6.00	1.22	93								
17.0	5.80	1.22	95								
13.0	5.50	1.22	93								
12.0	7.50	1.20	95								
11.0	7.50	1.20	94								
13.0	7.00	1.20	95								

威廉				立博				Bet365			
胜	平	负	体系	胜	平	负	体系	胜	平	负	体系
右倾				右倾				右倾			
12.0	7.00	1.20	94								
15.0	6.50	1.20	95								
13.0	6.50	1.20	94								
12.0	6.50	1.20	93								
15.0	6.00	1.20	94								
13.0	6.00	1.20	93								
17.0	5.80	1.20	94								
15.0	7.50	1.18	95								
13.0	7.50	1.18	95								
15.0	7.00	1.18	95								
13.0	7.00	1.18	93								
17.0	6.50	1.18	94								
15.0	6.50	1.18	94								
13.0	6.50	1.18	93								
13.0	8.00	1.17	95								
15.0	7.50	1.17	95								
19.0	7.00	1.17	95								
17.0	7.00	1.17	95								
19.0	6.50	1.17	94								
15.0	6.50	1.17	93								
17.0	8.00	1.15	95								
19.0	7.50	1.15	95								
17.0	7.50	1.15	94								
13.0	7.50	1.15	93								
21.0	7.00	1.15	94								
19.0	7.00	1.15	94								
26.0	6.50	1.15	94								
17.0	8.50	1.14	95								
15.0	8.50	1.14	94								
17.0	8.00	1.14	94								

威廉				立博				Bet365			
胜	平	负	体系	胜	平	负	体系	胜	平	负	体系
右倾				右倾				右倾			
19.0	7.50	1.14	94								
15.0	9.00	1.12	93								
19.0	8.50	1.12	94								
17.0	8.50	1.12	94								
23.0	8.00	1.12	94								
21.0	8.00	1.12	94								
19.0	8.00	1.12	93								
13.0	11.0	1.11	94								
17.0	10.0	1.11	94								
15.0	9.50	1.11	93								
21.0	9.00	1.11	94								
17.0	9.00	1.11	93								
23.0	8.50	1.11	94								
26.0	8.00	1.11	94								
21.0	8.00	1.11	93								
26.0	7.50	1.11	93								
21.0	9.50	1.10	94								
34.0	9.00	1.10	95								
17.0	9.00	1.10	93								
19.0	8.50	1.10	93								
41.0	8.00	1.10	94								
23.0	12.0	1.08	95								
26.0	10.0	1.08	94								
36.0	9.00	1.08	94								
19.0	13.0	1.07	94								
34.0	10.0	1.07	94								
26.0	10.0	1.07	93								
34.0	9.00	1.07	93								
29.0	12.0	1.06	94								
23.0	12.0	1.06	93								

威廉				立博				Bet365			
胜	平	负	体系	胜	平	负	体系	胜	平	负	体系
右倾				右倾				右倾			
41.0	11.0	1.06	94								
36.0	11.0	1.06	94								
23.0	11.0	1.06	93								
46.0	10.0	1.06	94								
29.0	13.0	1.05	94								
21.0	13.0	1.05	93								
36.0	12.0	1.05	94								
34.0	11.0	1.05	93								
34.0	17.0	1.04	95								
29.0	17.0	1.04	95								
29.0	15.0	1.04	94								
34.0	13.0	1.04	94								
29.0	13.0	1.04	93								
41.0	17.0	1.03	95								
34.0	13.0	1.03	93								
34.0	17.0	1.02	94								
34.0	15.0	1.02	93								
29.0	15.0	1.02	93								
91.0	13.0	1.02	94								
46.0	13.0	1.02	93								
67.0	21.0	1.01	95								
34.0	21.0	1.01	94								
51.0	19.0	1.01	94								
51.0	17.0	1.01	94								
34.0	17.0	1.01	93								
41.0	15.0	1.01	93								
46.0	29.0	1.00	95								
41.0	26.0	1.00	94								
41.0	19.0	1.00	93								

第十六章　赔率精算

前文提及定出两队综合实力后再寻找区间范围，但这个范围往往过大，在实战中经常会出现开赔都在范围内，但仍出现异常赛果的情况，所以我们需要通过精算把范围进一步缩小。最佳的效果是通过精算过程，把赔率组合中的低赔方精确到一个具体数字。

精算主要分为两大部分：一是基本面情况导致的精算，二是人员变化导致的精算。

一、基本面

（一）连胜或连平负

（1）强队连胜。强队连胜分为长期连胜与短期连胜，如果是 2 连胜或者 3 连胜，做精算时一般不需要调整，即使调整也在 0.05 以内，但如果短期连胜的也是其他强队或者劲旅，一般精算值是 0.05。强队 4 连胜开始，精算值调整从 0.05 开始，最高可到 0.5 以上。连胜时如果对手也是连胜强队，精算时一般不做调整，除非双方连胜差距比较大（5 场以上），如果对手为中游或者弱旅连胜，精算时数值适当酌减。

强队主场或者客场连胜，连胜数为 5 场以内一般不做调整，5 场以上精算值调整 0.05～0.1。

（2）强队连平负。强队连续平负也分为短期和长期，短期连续平负要看是否为人员缺失导致。如果不是，此时导致其连续平负的对手不论强弱，调整幅度一般是 0.05。强队长期连续平负（5 场以上），除了综合实力调整外，具体到精算调整范围一般是 0.1～0.2。强队主场或者客场连续平负一般不做调整。

（3）弱队连胜。弱旅一般很少有超过 5 连胜，从 2 连胜开始调整范围在 0.05～0.1，但连胜对手如果都为强队，调整幅度则至少在 0.1 之上。

弱旅主场连胜，从 2 连胜开始调整幅度最多到 0.1。而客场连胜一般不做调整，场次过多时调整幅度也不宜超过 0.05。

（4）弱队连平负。弱旅连续平负是常态，5 场以内一般不做调整，除非是 5 连败以上，调整幅度为 0.1～0.2。连续平负超过 5 场，从 0.05 开始，最高可到 0.5 以上。

弱旅主客场连续平负一般不做调整，但如果连续平负对手均为同级或者更低级别球队，从 5 场以上开始进行调整，主场 0.1～0.2，客场 0.05～0.1。

（二）负弱或胜强

（1）强队刚刚负弱旅。强队刚刚负弱旅，随后如果阵容完整，一般不做调整。

（2）弱旅刚刚胜强队。弱旅刚刚胜强队，随后阵容除非缺失太大太多，一般精算数值调整幅度为 0.1。

（三）往绩

（1）强 VS 强。连胜或者连平负 5 场以内不做调整，5 场以上时间比较久远（两年以上）也不做调整。只有在时间较近还在 5 场以上才进行调整，幅度一般在 0.05～0.1。

（2）强 VS 弱 或者 弱 VS 强。强队连胜不做调整，强队连续平负从 2 场开始，并且时间较近的就要进行调整，范围在 0.05～0.2。

（3）弱 VS 弱。连续平负 5 场以内不做调整，5 场以上并且时间较近的调整范围在 0.05～0.1。连续负 3 场并且时间较近的要开始调整，范围同前。

（四）刚刚结束其他赛事

不论强队还是弱旅，也不论刚刚结束的其他赛事结果如何，主要看球队的阵容厚度是否足够。强队轮换球员的调整涉及人员精算，这里先不说。弱旅一般是一套主力阵容应对各种赛事，这种情况下调整范围一般在 0.1～0.2。

（五）随后有其他赛事分心

强队即使做了人员更换后的精算调整，也要看当场比赛与随后赛事的重要程度哪一个更高，当场比赛更重要则不做调整，随后赛事重要则当场比赛精算范围调整一般在 0.05～0.1，弱旅则一般不做调整。

（六）事关争冠、保级、冲击欧战资格、小组出线

（1）强 VS 强。两方都要冲击资格，不做调整。其中一方要冲击资格，调整范围一般在 0.2～0.5。

（2）强 VS 弱 或者 弱 VS 强。两方都要冲击资格，强队方做调整，范围在 0.1～0.2。强队要冲击资格，调整范围在 0.2～0.5，弱队方要冲击资格，调整范围在 0.05～0.2。

（3）弱 VS 弱。两方都要冲击资格，不做调整。其中一方要冲击资格，调整范围一般在 0.1～0.3。

（七）事关记录

不甚重要的记录不论好坏，一般都不做调整，如主客场最长不败纪录、月最佳球队等。重要记录好的调整范围在 0.05～0.1，差的记录一般不做调整。

二、人员

（一）中轴线

（1）主力前锋。主要看战术作用，主锋缺赛或者复出一般不做调整，除非是战术

价值较大，替补球员很难做到有效替代，一般调整0.1左右。

（2）主力中场。缺赛或者复出都要做调整，范围在0.1～0.2。

（3）主力后腰和主力中卫。缺赛或者复出都要做调整，范围在0.05～0.1。

（4）主力门将。刚刚缺赛要调整0.05，复出一般不做调整。要注意的是中轴线人员即使全部轮换成替补球员，调整范围最大值也不宜超过0.3。

（二）非中轴线

（1）主力边锋或者边前卫。要看数据，数据一般的缺赛或者复出一般不做调整。数据突出的调整范围一般在0.05～0.1。

（2）主力边后卫。不论数据好坏，缺赛或者复出都要做调整，范围一般在0.05～0.1。

（三）教练

强队教练被禁赛一般调整范围在0.1～0.2，弱队教练被禁赛调整范围在0.05～0.1。

（四）核心球员

（1）队内最佳射手。不论强队还是弱旅，最佳射手的缺赛或者复出都要做大幅度调整，尤其是缺赛。强队最佳射手缺赛一般调整在0.2，复出调整在0.1～0.2。弱旅最佳射手缺赛一般调整幅度在0.3，复出调整范围在0.1～0.2。

（2）队内最佳助攻手。相比队内其他助攻手，如果数据并不是特别突出，一般不做调整。如果数据非常突出，如拜仁慕尼黑队内的穆勒那样，调整幅度一般在0.1。

（3）组织核心。这点让大众辨别有时比较难，尤其是很多彩民根本不看球。但还是写个大致范围以供参考吧，一般在0.1～0.3。

（4）队长。队长固然重要，但并非不可替代，当缺赛或者复出时一般不做调整。除非是铁血队长，如当年的切尔西的特里、利物浦的杰拉德、米兰的马尔蒂尼等，这种人物缺赛或者复出，在其位置精算调整数值之上另加0.05～0.1。

三、特殊情况

（一）大雨或者大雪

遇到这种情况，精算时要给主胜赔率增加0.1～0.2。

（二）高温或者严寒

遇到这两种情况，高温时为客胜赔率增加0.05～0.1，严寒时为客胜赔率增加0.1～0.2。

（三）高原

对赔率数值影响很小，高原对比赛双方都有影响，即使主队提前进入高原训练也难以有效应对高原反应，这事关球员的身体素质。

第十七章　最优解

大部分盘口受即时对比因素的影响，公司根据自身开赔的体系出发，结合欧洲大环境的形势，可以得出一个最适合受注的赔率组合，这个组合基本上是公司"最优"的选择。

有些比赛经过考量是无法得出一个最优解的，无论怎样做盘，利润都不大，甚至略亏损，这时的做盘原则就是"两害相衡取其轻"，即选择一个相对能减少风险的组合受注。这是下章讨论的要点。

一、实例

（一）英超 2021～2022 赛季第 21 轮：切尔西 2∶2 利物浦

威　廉：2.45/3.30/2.88

立　博：2.50/3.30/2.70

Bet365：2.50/3.50/2.70

主 451，主场近况 2 连平，3 天后英联杯半决赛主场迎战热刺。客 721，近况 2 平 1 负，4 天后英联杯半决赛做客阿森纳。往 334，两队最近一次交手是 2021 年 8 月切尔西客场 1∶1 平利物浦。

这样的强强对话，如果分胜负的话，平赔需要得到合适的运用，也就是充分使用平赔的分散作用（适用于多数的强强对话赛事）。现盘三大公司，都没有主动运用平赔诱盘手法，主动放弃最优解，已经包含不分胜负的看法。

这场比赛的时间是 2022 年 1 月 3 日的 00∶30，在 2021 年 12 月初的时候，切尔西主力前锋卢卡库私自在家接受了意大利天空体育的采访。采访中卢卡库声称自己在切尔西不开心，并且对切尔西主教练图赫尔的战术提出质疑。而且，卢卡库多次对前东家国际米兰表忠心，声称自己要在巅峰时刻重回蓝黑军团。在这场比赛的前一周，天空体育把这次采访内容进行了曝光。而这场比赛三大初赔开出的时间是 2021 年 12 月 26 日、27 日两天，也就是三大初赔刚刚开出，天空体育就把消息放了出来。消息爆出后，在 2021 年 12 月 30 日英超第 20 轮的比赛里，切尔西主场 1∶1 战平布莱顿，这场比赛卢卡库首发打满全场并且攻入切尔西的唯一进球。几天后与利物浦的比赛赛前，切尔西官方宣布卢卡库不在与利物浦比赛的大名单内，主教练图赫尔说"这引起了太多的噪声，而且离本轮比赛很近。我得保护球队的备战，所以他出局了。"

在这场比赛赛前，切尔西少赛一轮，联赛排名第 2，距离榜首的曼城相差 11 分，而且下轮联赛是做客曼城。利物浦少赛两轮，联赛排名第 3，距离曼城相差 12 分。此时两队任何一方都还有争夺联赛冠军的可能性，而卢卡库事件几乎没有引起太大的波澜，三大博彩公司由始至终坚持初赔思路。

因为这场比赛初赔开出是卢卡库事件之前，当时主胜实盘位在 2.35 左右。而卢卡库被图赫尔抛弃后，经过精算调整，主胜实盘位调整为 2.50 左右。所以，如果要打出主胜，初赔可以开 2.35/3.40/2.90，变到 2.45/3.40/2.80，或者变到 2.50/3.30/2.75。因为卢卡库事件肯定会造成影响，所以适当抬高主胜水位对应综实调整的同时起到一定的阻滞效果，而平赔要始终坚持中低位做姜太公钓鱼愿者上钩的策略进行吸筹，而客胜水位要进行拉低营造信心。

想要打出客胜就不一样了，初赔开 2.25/3.40/2.80，变赔 2.30/3.75/2.88，或者是变成 2.60/3.00/2.90，初赔思路是营造主胜绝对信心配合适当位置平赔起到拦截坝效果，变赔或者保持主胜信心加大拦截坝力度，或者是对应卢卡库事件抬高主胜水位变成高位诱盘，而把主力做盘点放在平赔上，大幅度拉低平赔水位营造平局洼地效果进行诱盘。

（二）西甲 2021～2022 赛季第 19 轮：马洛卡 0∶1 巴塞罗那

威　廉：5.00/3.70/1.70
立　博：4.75/3.60/1.73
Bet365：5.25/3.60/1.70

主 262，主场近况 4 连平，2 天半后国王杯做客埃瓦尔。客 352，客场近况 2 平 1 负，3 天后国王杯做客利拿拉斯。往 019，两队最近一次交手是 2020 年 6 月马洛卡主场 0∶4 负巴塞罗那。

巴塞罗那这个赛季虽然还属于强队范围里，但已经明显大不如前。这场比赛赛前，巴塞罗那的核酸检测结果显示多达 8 人感染了新冠肺炎，再加上受伤和停赛的布斯克茨，一线队有 14 人不能出战。这导致巴塞罗那的综合实力降低最少一档，本来客胜实盘位在 1.75 左右，经过人员调整的精算评估后，变成了在 2.20 左右。

如果两队都是最强阵容出战，三大公司中两家略微开低客胜，一家开在实盘范围左右，结合巴塞罗那近况一般，实盘开赔并震荡明显就是最优解的体现。但因为受到外界不可抗力因素干扰，所以变赔三大要客胜水位，但调整后还是在实盘位左右，进一步体现最优解思路。

如果要打出非客胜的赛果，初赔与现盘都一致，只是变赔有不同调整思路。平局的话，变赔可以调整为 4.20/3.25/1.95，或者是 3.80/3.20/2.05。因为巴塞罗那的情况，所以变赔还要抬高客胜位对应综实的变化。只是调整后的客胜位不能过于影响信心，同时胜平梯度差要保持，要突出主胜赔率值的回报丰厚感。

而想要打出主胜的话，变赔可以调整成 2.88/3.40/2.45，或者是 3.25/3.00/2.38。客胜的调整都是共同的，都要超过实盘位，不同在于平赔水位调整上分为两种，一种是低平洼地效果诱盘，一种是高或者略高平赔水位进行拦截。两者虽然变化不一样,但目的都是要把大众的眼球吸引到平赔上,而主胜位则要尽量弱化存在感。这样变赔后,到临场阶段还可以继续变化,如再进行几次拉低客胜位进行诱盘的操作,这涉及更多解的范畴了,我们后续再讲。

(三) 意甲 2019～2020 赛季第 17 轮:国际米兰 4∶0 热那亚

威　　廉:1.20/5.80/17.0
立　　博:1.22/5.80/15.0
Bet365:1.22/6.00/12.0

主 622,近况 2 平 1 负。客 235,近况 1 平 1 负,客场近况 4 平 5 负。往 604,近两次交手国际米兰全胜,国际米兰主场近 6 次交手全胜,两队最近一次交手是 2019 年 4 月国际米兰客场 4∶0 胜热那亚。

前面两个例子都存在意外情况,而且都是新冠肺炎疫情出现后的赛事。而这场比赛应该算是正常情况下的比赛,赛前国际米兰主力后卫布罗佐维奇与主力前锋马丁内斯都因为累积黄牌停赛。初赔也是提前开出,初赔开出后国际米兰两大主力才确定停赛。主胜实盘位在 1.40 左右,三大变赔全部抬高主胜水位到实盘位,最后主胜顺利打出。

大多数这种强弱对比明显的比赛,初赔都会开出实盘或者实低的赔率组合,原因是看好强队取胜的筹码太多,公司没有其他方法进行有效化解,所以只能开低减少赔付,这是最优解的思路体现。

在这场比赛里,虽然国际米兰两大主力缺赛,但因为尤文图斯要踢意超杯,所以提前 3 天进行比赛,客场战胜了桑普多利亚。国际米兰比赛前,积分 39 排名联赛第 2,与尤文图斯正好差 3 分。所以三大变赔主胜水位抬高只能到实盘位,如果主胜水位抬高超过实盘位或者先抬高后拉低,也就打不出主胜了。

二、如何确定最优解组合

绝大多数两队综合实力对比明显而且又是低赔方打出的比赛,低赔方实开或者实低开出即为最优解。而平局和高赔方打出的比赛判断优解主要包括两个方面。

(一) 实盘位

首先通过综实对比加精算确定出低赔方的实盘位在哪里,然后再根据胜平负的不同赛果结合实中韬赔率方向而开出不同骨架,最后对比公司开出的真实初赔,此时如果自己所开骨架组合中低赔方实盘打出的那组赔率与公司的真实赔率组合不相同,就要考虑平局和高赔方最优解的可能性了,原因是在开篇就讲过,赔率的本质是跷跷板、连通器原理,有高就有低。

(二) 赔率统计表

自己做的赔率组合统计表要时常翻看,可以感性认识一下,同时需要一定比赛科学的、有步骤的分析积累，这是真正有价值的积累。很多时候，寻找判断最优解，不一定要分析出具体位置，分析出相应的营造最优解的思路即可得到很大帮助。赔率有很多有效的分析思路，当然不是开高就不出、开低就出的简单理解。当类似思路积累多了，精准判定一场比赛是现实可及的，无论比赛场面多么热闹，也都仅仅是过程而已。

第十八章　更优解

明确一个观点，不是所有的比赛，公司都可以做到最优解。

有的比赛标准盘，不论开出什么样的赔率组合都会让公司很难受。此时，对于公司而言，这场比赛在标准盘上是没有最优解的，无论如何做盘设局，都会面临一定的损失。但公司一般不会选择回避，一些小型公司还在标榜自身的强大和受注承受能力，何况大公司？所以，此时就应运而出另一个概念"更优解"。

更优解分为几种，标准盘更优解、标准盘和附加盘组合更优解（赛前）、标准盘和附加盘加走地盘更优解（赛前加赛中）。

一、标准盘更优解

假设某场比赛有两种做盘设局方案，方案 A 和方案 B。方案 A 经过评估后会赔付受注本金总数的 105%，方案 B 经过评估后会赔付受注本金总额的 102%，那么方案 B 就是本场比赛的更优解，也就是"两害相衡取其轻"。对待这样的比赛，如果采取普通的利润分析方法去解决标准盘的问题根本行不通，建立固定利润模型的思路更显得幼稚。

（一）德甲 2021～2022 赛季第 14 轮：多特蒙德 2∶3 拜仁慕尼黑

威　廉：3.90/4.00/1.80
立　博：4.00/4.20/1.75
Bet365：4.00/4.20/1.75

主 604，3 天后欧冠小组赛主场迎战贝西克塔斯。客 802，近况 2 连胜，4 天后欧冠小组赛主场迎战巴塞罗那。客 208，近六次交手多全负，两队最近一次交手是 2021 年 8 月德超杯角色多特蒙德 1∶3 负拜仁慕尼黑。

德国的国家德比战，多特蒙德随后的欧冠赛事已经确定小组第三出局，而拜仁慕尼黑则已经确定欧冠小组第一出线权，这得以让两队可以全力投入这场联赛德比战中。三大初赔开出时，多特蒙德主力前锋哈兰德处于伤停状态，但这场比赛前，哈兰德在上轮已经伤愈替补出战并且进了一球，这场比赛大概率会首发。

以拜仁慕尼黑的状态，不论如何开赔，客胜分布都是最多的。而在三大初赔开出前，已经有消息称哈兰德将要伤愈复出。所以三大都采取胜平实高，客胜实低的方法开出初赔，随后对应哈兰德复出并马上就能取得进球的好状态，三大因此采取变赔大幅度拉低主胜赔率、平赔始终顶高、客胜微抬的策略进行调整。

这样调整的原因是因为不论客胜怎么调整，某些固定看好拜仁慕尼黑取胜的人很难轻易更改看法，但是还有很多大众处在徘徊状态。所以要预先设立主胜高开后有大幅度拉低的空间，而且拉低后的主胜水位还要让很多人感觉到值博。而平赔开高的原因是要保持高位在主胜赔率大幅度拉低后形成胜平赔率大梯度差距，此时贪婪的人会博取平赔高水，看趋势的人会看到主胜大幅度拉低后与平赔形成的大幅度差距从而认为公司在减少主胜赔付。因为赔率连通器原理，有拉低就要有抬高的，平赔既然要始终顶在高位不能动，所以客胜开低的原因，一是要预留后期抬高的空间，二是抬高后的客胜赔率不能吸引贪婪之人的眼球。总体达到了更优解的目的，这样开赔比正常开赔减少了客胜打出的赔付总额。

（二）德甲2021～2022赛季第15轮：弗莱堡1：2霍芬海姆

威　廉：2.30/3.60/2.88
立　博：2.40/3.50/2.75
Bet365：2.40/3.50/2.80
主523。客703，近况3连胜。往433，两队最近一次交手是2021年4月弗莱堡主场1：1平霍芬海姆。

弗莱堡在经过联赛3连败后在上轮客场6：0大胜门兴爆出冷门，而霍芬海姆近况3连胜也是拉力十足。这样的比赛对阵双方，如果要打出平局，何必初赔就把平赔数值开高来增加赔付？因此，初赔就判断没有平局。可这样公司就犯难了。霍芬海姆处于高赔方，霍芬海姆又是近况3连胜，无论怎么分散都会有不少人支持霍芬海姆，怎么办？公司采取初赔开低主胜赔率，变赔继续拉低主胜赔率的方法强行营造主胜信心。借助弗莱堡上轮客场大胜门兴的势头强行拉低主胜位、平赔保持震荡不动、客胜抬高进行阻盘，调整后的赔率主胜赔率拉低起到诱盘效果，平赔震荡起到姜太公钓鱼愿者上钩的效果，客胜抬高起到阻盘效果，而且客胜水位抬高始终没有超过平赔水位，让平赔始终起到拦截坝效果。

有的朋友可能会有疑虑，为什么不能采取初赔开高主胜开低平赔，然后变赔拉低主胜抬高平赔；或者是现盘开赔，然后变赔抬高主胜赔率拉低平赔的策略呢？对比现盘分别来说一下，第一种操盘手法，先开高主胜开低平赔，然后变赔拉胜抬平，这样会让看好平局的人越来越少。现盘虽然初赔开高平赔，但变赔不会再抬高，不会持续影响看好平局之人的信心，何况三大中的威立两家变赔还略微拉低了平赔水位进行组合诱盘。而第二种方法，现盘开赔，变赔抬胜拉平是不是更好？虽然变赔拉低平赔起到平局信心增强的效果，但这场比赛主客双方近况强势，大基调是看好分胜负的人多，看好平局的人少。所以采取平局诱盘策略本身就不可取，而且变赔抬高主胜赔率是在打击主胜信心，此时虽然拉低平赔起到信心增强的效果，但更多的筹码恐怕会跑到客胜上。两种方法都在强调是因为平局看好的人少所以不可取。这里专门强调一下，所谓的少只是相对于胜负来说的，标准盘筹码分布的比例我的估计是主胜在4成半左右、平局在2.5成左右、客胜在3成左右。

（三）意甲 2017～2018 赛季第 37 轮：亚特兰大 1∶1AC 米兰

威　　廉：2.20/3.25/3.25
立　　博：2.15/3.40/3.30
Bet365：2.20/3.25/3.30

主 532，主场近况 2 连胜。客 343，联赛近况 2 联赛，刚刚意大利杯决赛 0∶4 负尤文图斯后丢冠。往 433，两队最近一次交手是 2017 年 12 月亚特兰大客场 2∶0 胜 AC 米兰。

这轮意甲早场佛罗伦萨主场 0∶1 负卡利亚里，当时的情况是佛罗伦萨联赛已经完成 37 轮，积分 57 排名第 8，净胜球 12 个；AC 米兰方面是联赛完成 36 轮，积分 60 排名第 6，最后一轮的对手是主场迎战佛罗伦萨，所以在这场比赛里 AC 米兰只要再拿 1 分即可稳获下赛季欧联杯资格；而亚特兰大方面则是联赛完成 36 轮，积分 59 排名第 7，再拿 1 分正好比佛罗伦萨多 3 分，净胜球 19 个。这个赛季，亚特兰大与佛罗伦萨两次交手都是 1∶1，联赛最后一轮过后如果积分相同，就要对比净胜球多少来定联赛最终排名。也就是说，除非联赛最后一轮佛罗伦萨追上至少 7 个净胜球才有可能把亚特兰大挤下去，因此亚特兰大拿 1 分，已经是 99% 获得下赛季欧联杯资格了。这就形成了亚特兰大和 AC 米兰这场比赛默契平局的条件。

三大初赔开出，主胜赔率实低开出，随后变赔拉胜抬负，此时还想着依靠强行拉胜抬负做拉伸来进行平局筹码分流。直到临场受注高峰阶段，此时恐怕三大已经预计到早场佛罗伦萨输球后，这场比赛的平局筹码不管怎么调整都得不到有效控制，所以开始有意地调整赔率数值，逐渐抬高主胜赔率，拉低平赔同时大幅度抬高客胜赔率。最后形成主胜还是回到初赔数值范围内震荡，而平赔拉低到 3.00 左右减少赔付，而客胜高抬起做高水诱盘。没有其他办法，只能拉低平赔数值减少赔付，然后胜负赔之间形成较大梯度差距来形成心理诱导，让看好主胜的人认为主胜没有过度抬高坚定信心，让贪婪之人去追求高位的客胜。

值得一提的是，这场比赛的过程非常有意思，下半场客队 AC 米兰先进一球，5 分钟后主队亚特兰大被红牌罚下一人，10 分钟后 AC 米兰也被红牌罚下一人，在比赛最后补时阶段，亚特兰大完成进球扳平了比分。为何如此，读者自己考虑。

二、标准盘和附加盘组合更优解

很多强弱对比明显的比赛，低赔方打出，无论怎么做盘设局都会有亏损。此时公司往往会采取降低标准盘低赔方数值，起到低阻的效果，然后主力做局让分盘。

（一）西甲 2021～2022 赛季第 19 轮：维拉利尔 5∶0 莱万特

威　　廉：1.47/4.20/7.00

立　博：1.44/4.33/6.50

Bet365：1.44/4.00/7.50

主 613，近况 5 连胜，3 天后国王杯做客希洪竞技。客 145，近况 2 平 2 负。往 532，两队最近一次交手是 2021 年 7 月友谊赛维拉利尔主场 0：0 平莱万特。

赛前维拉利尔各项赛事 5 连胜，状态可以说非常好。而莱万特则是联赛前 18 轮 8 平 10 负，还没有完成赛季首胜，状态糟糕。标准盘主胜筹码分布根本无法阻挡，变赔只能采取继续拉低主胜赔率的做法来减少赔付。但是，莱万特近况虽然糟糕，最近两场联赛进球可是不少，先是客场 3：4 负西班牙人，随后主场 3：4 负瓦伦西亚。标准盘主胜赔率从 6 区中高水拉低到 7 区中低水后，这场比赛的让分主力盘就从一球盘变成了两球盘，而此时一球盘的让球平与让球负已经可以达到双选还有盈利的程度，这样一来就看出玄妙了。

公司的意图是，既然主胜无法阻挡，那么标准盘就直接拉低主胜赔率走最优解的套路，利用莱万特近两场比赛进球多只输一球的背景，然后主力做局让分盘，让这场比赛的标准盘和附加盘整体达到了更优解的效果。

（二）英超 2021～2022 赛季第 20 轮：布伦特福德 0：1 曼城

威　廉：17.0/6.50/1.18

立　博：15.0/6.00/1.22

Bet365：11.0/5.75/1.25

主 226，近况 2 连负。客 901，近况 4 连胜。

这场比赛就是典型的赛前盘和附加盘组合做更优解的例子，赛前曼城近 3 轮联赛的情况是主场 7：0 胜利兹联队、客场 4：0 胜纽卡斯尔、主场 6：3 胜莱切斯特城，最少净胜三球。这场比赛标准盘的客胜赔率初赔就已经开低，变赔进一步拉低，立博与 Bet365 把客胜位都从 8 区间拉低进入 9 区间，而威廉则从 9 区高水拉低到中低水，三大这样做的目的是因为标准盘低赔方根本就无法阻挡，只能拉低减少赔付。但标准盘低赔方进入 9 区间，让分主力盘就该变成三球盘了。

这场比赛布伦特福德射门 3 次，而曼城射门只有 7 次，比赛当中唯一进球发生在第 16 分钟，赛中看好曼城持续进球的人估计要砸电脑了，这就引入了下一节的内容。

三、标准盘和附加盘加走地盘更优解

这个不做过多解释，只讲解实例，懂得自然懂。

英超 2021～2022 赛季第 20 轮：曼联 3：1 伯恩利

威　廉：1.30/5.25/10.0

立　博：1.33/5.00/9.00

Bet365：1.33/5.00/9.00

主442。客163，近况4平1负，客场近况5平4负。往631，近两次交手曼联全胜，两队最近一次交手是2021年4月曼联主场3∶1胜伯恩利。

曼联这个赛季先是把主教练索尔斯克亚炒掉，然后让助理教练卡里克担任临时主教练，卡里克带队两场半后离职（最后一场主胜阿森纳的比赛，曼联已经官宣朗尼克为新任主教练，但是因为劳工签证的问题还不能临场指挥，所以卡里克最后又临场指挥了一场，这场比赛算是半个主教练），新任教练朗尼克正式上任。朗尼克上任后5场比赛3胜2平，其中英超联赛4场3胜1平，3场取胜的比赛全部只净胜一球。

三大初赔主胜赔率实位开出，变赔就始终围绕在7区中低水震荡，标准盘低赔方最优解，主力放在让分盘做局。但这场比赛让分盘做局与前面维拉利尔5∶0莱万特的例子不同，这场比赛让分盘的主力盘口从始至终就是两球盘。因为朗尼克上任后曼联进攻显示的疲软状态，让不少大众认为即使能够主场战胜伯恩利，也至多只净胜一球，此时两球盘的让球负就成为大众青睐的主选项了，达到了赛前标准盘和附加盘更优解的效果。

朗尼克上任后的四场联赛，在3∶2战胜阿森纳的比赛中曼联最早进球是44分钟扳平比分的进球；在1∶0战胜水晶宫的比赛中唯一进球是77分钟弗雷德打进的；在1∶0战胜诺维奇的比赛中唯一进球是75分钟C罗打进的；在1∶1客平纽卡斯尔的比赛中曼联进球是71分钟卡瓦尼打进的；3∶1战胜伯恩利这场比赛里，曼联35分钟就完成了3粒进球，随后38分钟伯恩利扳回一球，此后保持到比赛结束，赛前加赛中更优解。

第十九章　更多解

更多解并不能算是一个可以独立存在的概念，是对"最优解"和"更优解"的进一步扩充补充。因为现在公司开赔时间一般都提前很多天，从初赔开出后到比赛开始前这段时间内，可能会产生很多突发事件，这些事件会导致赛果发生变化。

一、左右倾互相调换

初赔开左倾或者右倾盘，变赔完全大掉角，左倾盘变右倾盘或者是右倾盘变左倾盘。

（一）有原因的调换

西甲 2021～2022 赛季第 14 轮：塞尔塔 1：1 维拉利尔。

威　廉：2.75/3.30/2.55		终赔：2.40/3.20/3.10
立　博：3.00/3.20/2.38		终赔：2.40/3.10/3.10
Bet365：2.80/3.20/2.50		终赔：2.37/3.20/3.10

主 325，近况 2 平 1 负，主场近况 1 平 2 负。客 424，近况 2 连胜，客场近况 2 连负，3 天半后欧冠小组赛主场迎战曼联。往 406，塞尔塔主场近两次交手全负，两队最近一次交手是 2021 年 5 月塞尔塔客场 4：2 胜维拉利尔。

这场比赛三大初赔全部开出右倾盘赔率组合，当初赔开出后，欧洲进入国际比赛（世预赛）日时间，等到这场比赛赛前，两队综合实力已经发生本质变化。塞尔塔受到国际比赛冲击更小，队内主力基本完整；而维拉利尔就不那么幸运了，队内多名主力因为在国际比赛日期间参加国家队赛事导致体力疲劳或者出现伤病，进而连带维拉利尔综合实力大幅度下降。

本来两队综合实力、近况等基本面对比是维拉利尔占优势，现在维拉利尔实力明显下降，此时如果赛果是客胜，则维持赔率形态为右倾盘或者调整成平衡盘都可以。但赛果是平局，在维拉利尔实力下降的背景下，势必会导致筹码分布由轻微右倾趋向于中庸分布。所以，三大变赔只能选择大幅度拉低主胜水位进行诱盘，同时配合大幅度抬高客胜水位贴近平赔水位，以弱化平赔水位回报的丰厚感。假设两队实力没有因为国际比赛受到冲击，变赔完全可以采取抬胜拉负策略进行拉伸分流，而现在只能采取拉胜抬负的错向分流手法。因变化而变化，算是更优解中的更多解一种体现方式。

（二）无原因或者原因晦暗不明的调换

西甲 2018～2019 赛季第 16 轮：阿拉维斯 0：0 毕尔巴鄂竞技。

威　廉：2.45/3.25/3.00　　　　　　终赔：3.10/3.10/2.45
立　博：2.55/3.10/2.88　　　　　　终赔：3.00/3.10/2.55
Bet365：2.40/3.20/3.00　　　　　　终赔：3.00/3.10/2.50

主424，近况1平3负。客343，近况2连胜。往325，阿拉维斯主场近两次交手全胜，两队最近一次交手是2021年5月阿拉维斯主场3∶1胜毕尔巴鄂竞技。

三大初赔全部开左倾盘，到终赔全部变成右倾盘，胜负赔倾向大掉角。从赛前来看，三大初赔开出的时候，阿拉维斯刚刚主平塞维利亚，而毕尔巴鄂竞技则客场0∶3大败于莱万特。随后阿拉维斯完成一波2连败，而毕尔巴鄂竞技完成一波2连胜，这样来看人气发生逆转，左倾变右倾貌似合理。但等到两队首发名单排出后，发现毕尔巴鄂竞技队内两名主要攻击手穆尼亚因与威廉姆斯都没有首发，现在再看变赔公司做的大幅度调整，是不是就感觉有些概念模糊了？

这场比赛是西甲2018～2019赛季第16轮的最后一场，同时间段同联赛只有莱万特0∶5巴塞罗那这场比赛，明显两场比赛不能组合在一起设局做盘，而当时欧洲赛场上也没有相当等级的赛事在进行，所以这场比赛是完全独立的赛事。

笔者始终认为，欧洲公司开赔并不是给我们看的，面向的受众人群并不是中国人。所以当赔率变化与我们收到的信息不对等的时候，可能是欧洲普遍大众可以了解到的事情或者受诱惑的点与我们有差异。因此，在遇到这种自己感觉无原因或者原因晦暗不明的大幅度调角变赔的比赛时，笔者建议是避开。

二、初赔到变赔有明显变化

（一）从初赔开出到赛前，双方有重要球员因为伤停或者复出等导致综合实力被动调整

意甲2021～2022赛季第16轮：那不勒斯2∶3亚特兰大。
威　廉：2.10/3.60/3.40　　　　　　终赔：2.60/3.40/2.70
立　博：2.05/3.70/3.25　　　　　　终赔：2.70/3.40/2.45
Bet365：2.00/3.60/3.60　　　　　　终赔：2.70/3.40/2.55

主532，5天后欧联小组赛主场迎战莱切斯特城。客541，近况2连胜，4天后欧冠小组赛主场迎战维拉利尔。往325，近三次交手那不勒斯1平2负，两队最近一次交手是2021年2月那不勒斯客场2∶4负亚特兰大。

三大初赔开出时间都是11月29日，初赔开出后，那不勒斯在上轮比赛里客场2∶2平莎索罗，而亚特兰大是主场4∶0大胜威尼斯。随后那不勒斯或因为体力或因为伤病等原因损失了三员大将，分别是主力前锋因希涅、主力中场法比安鲁伊斯、主力后卫库利巴利；亚特兰大方面也做了人员调整，影响最大的就是上轮比赛独中三元的主力中场佩萨里奇被放到了替补席。从公司的角度来看，那不勒斯三名主力都不能首发，而且连替

补都不是，综合实力损失更大；而大众的视角则是虽然那不勒斯损失了主力，但亚特兰大当时队内最佳射手佩萨里奇在上轮表现神勇，这轮竟然被放到了替补席上。

初赔开出时，主胜的实盘位在 2.05 左右。到了赛前主胜的实盘位因为受到人员变动的影响就应该调整为 2.35 左右。从初赔到终赔，三大中威廉从左倾盘调整为平衡盘，其他两家从左倾盘调整为右倾盘。不敢说如果那不勒斯三员大将如果没有损失，会不会赢球，但通过初赔分析笔者认为起码那不勒斯不会输球，但比赛最终的结果是客胜。通过观察三大的变赔轨迹可以发现，从两队上轮比赛后，三大就开始逐渐抬高主胜水位，笔者认为此时公司就已经通过实力评估把赛果方向进行调整。这整体的从初赔到变赔最终到终赔，可以看作是更多解的体现。

这场比赛如果要打出主胜，变赔应该抬高主胜水位到 2.35 左右后开始震荡，平赔水位略微拉低，而客胜水位大幅度拉低引诱大众去贪肉；如果要打出平局，变赔抬高主胜水位进入 1 区高水低位，同时平负水位进行拉低，其中平赔水位拉低幅度更大，最终形成赔率形态 233 的格局。

（二）从初赔开出到赛前，比赛双方的某种原因导致公司预计首发人员与实际首发差距很大

1. 国内杯赛的初中期阶段，比赛双方中的强队一方首发球员的不确定性
西班牙国王杯 2021～2022 赛季第 2 轮：阿尔科亚诺 3：3 莱万特

威　廉：8.00/4.33/1.40	终赔：3.30/3.20/2.05
立　博：7.50/4.33/1.40	终赔：3.30/3.40/2.15
Bet365：5.50/4.50/1.40	终赔：3.40/3.25/2.20

主 532，近况 2 连负。客 145，近况 1 平 1 负。往 010，两队最近一次交手是 2014年 10 月友谊赛阿尔科亚诺主场 1：1 平莱万特。

2021～2022 赛季，在这场比赛之前莱万特主要赛事踢了 18 场，只赢了 1 场，是国王杯首轮客场 8：0 大胜连西丙联赛都踢不上的美利拉飓风，当时莱万特排出了大量替补球员参战。到了国王杯第 2 轮，莱万特客场对阵西丙球队阿尔科亚诺，公司开出初赔时不确定莱万特是否会像上轮一样派出大量替补球员出战，所以只能按照比赛双方现有最强阵容开赔，直到确定莱万特还是派出了大量替补球员参战，变赔才大幅度抬高客胜赔率。这类型的比赛，公司肯定是准备了多套方案备选，莱万特全主力怎么变赔、莱万特半主力出赛怎么变、莱万特全替补怎么调整等，这样从初赔开出后，就存在了更多解。

2. 某些洲际杯赛因为比赛双方或者一方的战意不明或是双方实力差距巨大，强队一方认为派出大量替补球员参战也可以拿下比赛而导致的首发球员不确定性
欧联 2020～2021 赛季小组赛 A 小组第 1 轮：年轻人 1：2 罗马。

威　廉：4.20/3.70/1.80	终赔：2.45/3.40/2.80
立　博：4.00/3.60/1.85	终赔：2.40/3.50/2.75

Bet365：4.33/3.75/1.75　　　　　　终赔：2.40/3.60/2.80

主721，主场近况7连胜。客421，近况2连胜。

按照常理，小组赛首轮双方都应是战意十足，但不知是因为罗马的目标主要不在欧联杯上，还是因为当时罗马的主教练丰塞卡看不上欧联杯，又或者是几天后就要联赛做客AC米兰打一场硬仗等原因。总之，这场比赛罗马派出了大量替补球员参战，主力球员哲科、姆西塔良、佩莱格里尼等都是替补。即使如此，这场比赛客胜的筹码分布依然是最多的。公司没有办法，只能大幅度调整赔率从绝对右倾盘调整成为左倾盘，尽力拉低主胜赔率进行诱盘，同时保持平赔高位做组合诱，而客胜赔率还不能过度抬高增加太多的赔付。这样的比赛初赔与变赔的解析思路肯定不一样，是更多解的另外一种体现方式。

3. 某些洲际杯赛因为比赛双方其中一方或者两方已经拿到小组出线权，导致首发球员的不确定性

（1）欧冠2021～2022赛季小组赛A小组第6轮：莱比锡红牛2：1曼城。

威　廉：3.60/3.80/1.95　　　　　　终赔：4.20/4.00/1.70

立　博：3.40/3.70/1.95　　　　　　终赔：4.25/4.00/1.75

Bet365：3.80/3.75/1.90　　　　　　终赔：4.10/4.40/1.70

主523，近况2连负。客811，近况7连胜。往001，两队最近一次交手是2021年9月莱比锡红牛客场3：6负曼城。

当时的情况是莱比锡红牛已经没有可能小组出线，但还可以争夺小组第三的欧联杯淘汰赛资格，而曼城已经获得小组第一出线权。公司初赔开出的时候应该是认为曼城会派出大量替补球员参战，结果首发派出后，发现曼城确实轮换了一些首发，但轮换的程度并没有达到预计的程度，随后变赔还拉低客胜赔率。这场比赛普遍被认为是问题球，曼城在没有必要的前提下派出了不少主力球员出赛好保持彩民的信心，结果输掉了比赛。

（2）欧冠2021～2022赛季小组赛B小组第6轮：AC米兰1：2利物浦。

威　廉：2.30/3.70/2.90　　　　　　终赔：2.30/3.70/2.80

立　博：2.10/3.50/3.20　　　　　　终赔：2.35/3.60/2.80

Bet365：2.50/3.75/2.60　　　　　　终赔：2.25/3.75/2.90

主622，近况2连胜。客811，近况5连胜。往113，近三次交手AC米兰全负，两队最近一次交手是2021年9月AC米兰客场2：3负利物浦。

当时的情况是利物浦已经获得小组第一出线权，剩下的三支球队AC米兰、马德里竞技、波尔图争夺小组第二出线权。公司从初赔就认为利物浦已经缺少战意，中间变赔主胜赔率一度拉低到2区中低水，结果没想到利物浦主力前锋萨拉赫要竞争最佳射手，这场比赛首发还进了一球。

赛前萨拉赫并不是欧冠射手榜排名第一，所以公司也会为这种类型的比赛准备多套方案，初赔开出后萨拉赫首发怎么变，不首发怎么变。相类似的比赛还有欧冠同赛

季 D 小组第 6 轮的拜仁慕尼黑 3：0 巴塞罗那的比赛，拜仁慕尼黑队内主力射手莱万多夫斯基也是要竞争欧冠赛季最佳射手，当时巴塞罗那也是力争取胜而争夺小组第二出线权。

（3）欧冠 2021～2022 赛季小组赛 F 小组第 6 轮：亚特兰大 2：3 维拉利尔。

| 威　廉：1.83/4.00/3.90 | 终赔：1.73/3.80/4.50 |
| Bet365：1.83/4.00/4.00 | 终赔：1.66/4.00/5.00 |

威　廉：1.83/4.00/3.90　　　　　终赔：1.73/3.80/4.50

立　博：1.80/3.75/4.00　　　　　终赔：1.70/3.90/4.80

Bet365：1.83/4.00/4.00　　　　　终赔：1.66/4.00/5.00

主 640，近况 3 连胜，主场近况 2 连胜。客 325。往 010，两队最近一次交手是 2021 年 8 月亚特兰大客场 2：2 平维拉利尔。

这场比赛原定时间为 2021 年 12 月 9 日 4：00，当时情况是这个小组的曼联已经获得小组第一出线权，亚特兰大与维拉利尔争夺小组第二出线权，而同组的年轻人如果客场战胜了曼联，维拉利尔又客场战胜了亚特兰大，则亚特兰大不仅丢掉小组出线权，连小组第三的欧联杯淘汰赛资格也没有了。结果临近开赛，裁判组查看比赛场地后，宣布亚特兰大主场因为积雪太多不能进行比赛，把这场比赛延期到了 2021 年 12 月 10 日 2：00 进行。

比赛延期后，因为同轮的另一场比赛已经踢完，曼联主场被年轻人逼平，导致亚特兰大即使这场比赛输球，也可以获得小组第三的欧联杯淘汰赛资格，观察这场比赛延期前的第一次终赔与真正终赔就有了明显变化。虽然亚特兰大争胜的战意不变，但因为输球后的境遇不同，导致其球队上下的心态发生了一定变化，公司因时就势的调整赔率数值进行做盘设局。

4. 在联赛收官阶段，公司开出初赔后，比赛双方或其中一方有争冠、保级、竞争欧战资格等明确战意的球队因为赛事发展产生战意上的变化，导致公司变赔大幅度调整赔率数值以重新做盘设局

德甲 2019～2020 赛季第 34 轮：云达不来梅 6：1 科隆。

威　廉：1.91/3.80/3.75　　　　　终赔：1.55/4.60/5.25

立　博：1.67/4.00/4.60　　　　　终赔：1.53/4.50/5.25

Bet365：1.90/3.75/3.60　　　　　终赔：1.53/4.50/5.25

主 325，近况 2 连负，主场近况 1 平 6 负。客 145，近况 4 平 5 负。往 343，云达不来梅主场近两次交手全胜，两队最近一次交手是 2019 年 12 月云达不来梅客场 0：1 负科隆。

当时的情况是云达不来梅已经不能直接保级，但可以争夺升降级附加赛资格，而科隆已经完成了保级任务。这场比赛威廉与 Bet365 初赔开出时间是在 2020 年 6 月 20 日中午前后，到了 20 日晚上，科隆联赛第 33 轮主场战平了法兰克福，拿到 1 分后，科隆提前一轮完成了保级目标。随后 2020 年 6 月 21 日晚上立博开出初赔。在科隆提前完成保级任务后，威廉与 Bet365 迅速变赔调整赔率，它们大幅度变赔还都在立博开出初赔前。

　　这场比赛能非常好地体现出更多解的含义，因为比赛双方战意上的变化，导致公司的初赔开出思路与现实已经不符，从而迅速调整变赔以适应新的形势。另外，这场比赛值得一提的是，德甲最后一轮同时间进行，当时争冠升降级附加赛资格的还有杜赛尔多夫，而最后一轮赛前杜赛尔多夫比云达不来梅积分高2分排名第16，净胜球比云达不来梅多4个，最后一轮的对手是已经完成保级的柏林联合，结果最后一轮客场0：3大败于柏林联合。两支竞争升降级附加赛资格的球队分别对上两支已经完成保级任务的球队，两场比赛结果完全相反，其中玄机值得玩味。最后，云达不来梅通过升降级的两场附加赛，淘汰海登海姆，成功保级！

第二十章　赔率利润

公司每场比赛是否盈利这个问题虽然看起来很简单，但很多彩民存在理解上的误区。往往现实中分析比赛的时候，在自己的潜意识里影响着看盘思维。

大型博彩公司承受着巨大的风险，相应地也享受着巨大的利润。在国内对于赔率认知的主流观点是概率论，即公司是为了赢取水钱，而公司开赔的终极目标就是为了把胜平负三个方向的受注趋于平衡，一切策略手法等到都是为了这个目标服务。这是一种错误的观点。以威廉、立博、Bet365 三家公司来说，他们对于大部分比赛有精准的把握能力。很多比赛在球迷、彩民看起来很热闹，偶然性很强，但在三大眼中，很多比赛结果是非常明确的。

一场比赛，毛利如果仅有 6％～7％，公司运作的时候需要承担巨大的成本，合算吗？好的情况是可以通过赔率变化把胜平负三项受注筹码调整均衡，达到赔付总额差不多。但很多比赛根本调整不平衡，此时公司还需要承担巨大的风险，他们是慈善家吗？显然不是，公司们的目的只有两个，多赚钱和少赔钱！所以足球博彩利润率远远高于 6％～7％。马克思曾说过，资本家是不会为了这点蝇头小利而甘冒奇险的。有的人认为，博彩行业的流水额很大，但和快速消费品相比，甚至不到世界快速消费品营销总额的零头，庄家比你我都清楚。

另外关于出货的说法，即一家公司分析出来赛果后狙击其他公司。世界博彩业经过几十年的运作，这种问题早就得到妥善解决了。庄家在整体利益上的团结度是闲家们所难以理解的，所谓天下大庄是一家，大家的目标就是从闲家口袋中拿钱。

一、标准盘高利润率赛事

(一) 问题球：这类比赛分析基本面意义不大

例如，2021 年欧洲杯 1/4 决赛，90 分钟为瑞士与西班牙 1：1 战平，当时笔者在自己的群里就说，这场比赛一定是点球决胜负，而且一定是西班牙晋级，最后结果西班牙点球 3：1 战胜瑞士晋级四强。并不是笔者能掐会算，也不是笔者运气好胡乱蒙中，通过赛前研究赔率与观看 90 分钟比赛直播就已经可以得出这种结论了，这届欧洲杯 1/8 决赛中的克罗地亚 3：3 西班牙、法国 3：3 瑞士都是问题球。远一些的 2002 年世界杯小组赛 D 小组第 3 轮韩国 1：0 葡萄牙的比赛，葡萄牙前锋戈麦斯赛后说，总是感到一种力量在阻止我们赢球。

越是大赛，问题球出现的概率越高。平时每赛季的五大联赛、欧冠、欧联赛事中也经常有问题球的存在。甄别这样的比赛建议是感觉有异常情况就回看比赛录像，然后通过比赛当中的细节再复盘赛前赔率，往往会有意外收获。

（二）热度高的爆冷比赛

1. 欧冠 2021～2022 赛季小组赛 F 小组第 1 轮：年轻人 2∶1 曼联

威　廉：5.50/4.20/1.50

立　博：6.50/4.33/1.44

Bet365：5.75/4.20/1.55

主 631，主场近况 3 连胜。客 521，近况 2 连胜。往 002，两队最近一次交手是 2018 年 11 月年轻人客场 0∶1 负曼联。

这场比赛前夕，传奇球星 C 罗重回曼联怀抱，并且在刚刚英超联赛主场对阵纽卡斯尔的比赛中首发独中两元，可以说是状态非常火爆，这就让随后曼联的欧冠比赛热度突然增加了许多，客胜筹码分布至少七成以上。按说这样的局面，想要打出客胜，二次初赔就要把客胜水位拉低到实盘位的 1.45 以下来减少赔付，而三大变赔都没有采取这种策略，结果爆出大冷门。

2. 欧冠 2021～2022 赛季小组赛 H 小组第 6 轮：泽尼特 3∶3 切尔西

威　廉：6.00/4.20/1.55

立　博：6.00/4.00/1.53

Bet365：6.00/4.00/1.57

主 433。客 631。往 001，两队最近一次交手 2021 年 9 月是泽尼特客场 0∶1 负切尔西。

欧冠小组赛最后一轮 H 组两场比赛同时进行，赛前切尔西和尤文图斯同积 12 分，切尔西以净胜球优势力压尤文图斯排名小组第一。泽尼特 4 分排名小组第三，马尔默 1 分小组第四，但因为泽尼特与同组马尔默的两场比赛交手 1 胜 1 平，所以最后一轮即使泽尼特输球，而马尔默客胜了尤文图斯，小组第三还是泽尼特。

赛前切尔西主力前锋卢卡库伤愈归队，这场比赛还攻入一球。但三大变赔都没有拉低客胜赔率，客胜受注筹码至少占到八成，最后打出平局，公司盈利丰厚。

（三）正常赛事中的惊天大冷

足球比赛之所以在全世界能够吸引众多人的关注，不仅仅是因为强队取胜夺冠等环节，惊天大冷的出现才能使足球世界完整。这种赛事一般低赔方都在 9 或者 10 区间，也就是 1.18 以下的赔率，而高赔方的分布最多在 2%～3%，以下案例都是这种类型。

欧冠 2021～2022 赛季小组赛 D 小组第 2 轮：皇家马德里 1∶2 谢里夫。

德甲 2021～2022 赛季第 7 轮：拜仁慕尼黑 1∶2 法兰克福。

英超 2021～2022 赛季第 10 轮：曼城 0∶2 水晶宫。

二、标准盘较高利润率赛事

较高利润率赛事与高利润赛事最大的区别是低赔方虽然占优势但有隐忧，而高赔方居于劣势但有能做盘设局的点。所以一般这类比赛爆冷就是较高利润率赛事，热项打出是低利润赛事。

（一）资格战的爆冷比赛

1. 意甲 2020～2021 赛季第 37 轮：贝内文托 1∶1 克罗托内

威　廉：1.55/4.20/6.00

立　博：1.57/4.00/5.25

Bet365：1.75/3.80/4.20

主 127，近况 2 平 6 负，主场近况 4 平 7 负。客 208。往 316，近两次交手贝内文托全负，贝内文托主场近 3 次交手全胜。两队最近一次交手 2021 年 1 月是贝内文托客场 1∶4 负克罗托内。

贝内文托联赛排名 18 积 31 分，克罗托内则早已经确定降级。当时都灵排名 17 积分 35，都灵因为少赛一场，所以随后的比赛是做客拉齐奥，而都灵最后一轮是主场迎战贝内文托。此时，贝内文托只有主场拿下克罗托内才有可能在最后一轮与都灵争夺最后一个保级资格，结果没想到比赛开始后贝内文托早早进球，而且克罗托内在比赛进行到第 23 分钟还被红牌罚下一人，但到了比赛最后的加时阶段克罗托内竟然神奇地扳平了比分。因为一是贝内文托近况不好，二是克罗托内虽然已经降级，但在上轮还能主胜维罗纳，所以这场比赛主胜的覆盖率至多在六成半左右，归类在较高利润率的赛事里。

2. 德国杯 2021～2022 赛季第 2 轮：门兴 5∶0 拜仁慕尼黑

威　廉：4.80/4.33/1.62

立　博：4.50/3.75/1.60

Bet365：6.00/4.50/1.45

主 424，近况 1 平 1 负。客 901，近况 3 连胜，客场近况 7 连胜。往 514，两队最近一次交手是 2021 年 8 月德甲门兴主场 1∶1 平拜仁慕尼黑。

两队近两次交手，门兴 1 胜 1 平，门兴主场近 3 次面对拜仁慕尼黑战绩 2 胜 1 平，也不知道门兴这两年怎么回事，遇上拜仁慕尼黑就厉害。但拜仁总归还是拜仁，这场比赛客胜筹码分布要到六成左右，最后门兴以一个夸张的比分击败拜仁慕尼黑晋级下一轮。

（二）正常赛事中的小爆冷

1. 欧冠 2021～2022 赛季小组赛 A 小组第 1 轮：布鲁日 1∶1 巴黎圣日耳曼

威　廉：8.00/4.50/1.33

立　博：13.0/5.80/1.25

Bet365：6.50/4.50/1.44

主 721，主场近况 4 连胜。客 721，近况 5 连胜。往 002，两队最近一次交手是 2019 年 11 月布鲁日客场 0∶1 负巴黎圣日耳曼。

布鲁日主场各项赛事 4 连胜，又是欧冠小组赛的首轮，所以主队并不是完全没有拉力。这场比赛如果要打出主胜，可以归类为高利润率赛事，现在平局归类为较高类中，客胜分布六到六成半之间。

2．西甲 2021～2022 赛季第 8 轮：西班牙人 2∶1 皇家马德里

威　廉：5.25/3.90/1.62

立　博：5.20/4.00/1.62

Bet365：5.50/4.00/1.57

主 253。客 631，近况 1 平 1 负，客场近况 3 连胜，刚刚欧冠小组赛主负谢里负。往 109，近 4 次交手西班牙人全负，两队最近一次交手是 2020 年 6 月西班牙人主场 0∶1 负皇家马德里。

西班牙人上个主场刚刚完成赛季首胜，现在占据主场优势；皇家马德里方面则是欧冠小组赛主负谢里夫，再加上当时皇家马德里队内有些主力伤停，球队上下体力士气均成疑。综合判断主胜筹码分布在一成左右，打出主胜好过出平局。

三、标准盘一般或低利润率赛事

（一）一般赛事中的平局

1．意甲 2021～2022 赛季第 4 轮：尤文图斯 1∶1AC 米兰

威　廉：2.10/3.40/3.60

立　博：2.00/3.50/3.60

Bet365：2.20/3.40/3.20

主 413，刚刚欧冠小组赛客场大胜马尔默。客 531，刚刚欧冠小组赛客负利物浦。往 622，尤文图斯主场近两次交手 1 平 1 负，两队最近一次交手是 2021 年 5 月尤文图斯主场 0∶3 负 AC 米兰。

尤文图斯赛季开局表现不佳，前 3 轮 1 平 2 负，而且此时 C 罗已经离队，但刚刚欧冠小组赛客场大胜马尔默，人气得到恢复，可以作为诱盘利用的点；AC 米兰则是联赛前 3 轮全部取胜，虽然刚刚欧冠小组赛客负利物浦，但 2∶3 的比分输球对其人气损伤不大。变赔利用大众想博尤文图斯首胜的心理拉低主胜，利用 AC 米兰的好状态抬高客胜，胜负拉伸分流。平赔分布会少于客胜，打出有盈利但是不高。

2．法甲 2021～2022 赛季第 19 轮：马赛 1∶1 兰斯

威　廉：1.75/3.50/4.60

立　博：1.75/3.40/4.80

Bet365：1.72/3.60/4.80

主 622，近况 3 连胜，刚刚法国杯主场大胜卡内罗谢后晋级。客 433，近况 2 连胜，客场近况 2 连胜，刚刚法国杯客胜圣安尼后晋级。往 343，马赛主场近三次交手 2 平 1 负，两队最近一次交手是 2021 年 4 月马赛客场 3：1 胜兰斯。

两队随后还都因法国杯的比赛分心，但两队近况都好，马赛要力争欧冠资格，兰斯现在有一定的保级压力。马赛虽然是强队，但往绩不占优。正常的中庸偏顺分布，平局分布在三成左右，打出后有利润也不多。

（二）基本面倾向平局的比赛分胜负

1. 英超 2020～2021 赛季第 38 轮：狼队 1：2 曼联

威　廉：2.80/3.40/2.50

立　博：2.75/3.30/2.50

Bet365：3.40/3.60/2.05

主 325，近况 2 连负。客 523，近况 1 平 2 负，3 天后联盟杯决赛中立场对阵维拉利尔。往 244，近五次交手狼队 3 平 2 负，两队最近一次交手是 2020 年 12 月狼队客场 0：1 负曼联。

赛季最后一轮联赛，狼队排名 12 积分 45，向上争取不到欧战资格，向下肯定不会降级，近况一般，往绩不占优；曼联排名 2 积分 71，向上曼城早已经联赛夺冠，向下即使输球也掉不出欧冠区。这场比赛看好平局的彩民相当多，结果没想到曼联即使派出大量替补球员参战依然客场取胜。胜平分布要占到七成以上，客胜打出公司小赚一波。

2. 西甲 2021～2022 赛季第 16 轮：巴塞罗那 0：1 皇家贝蒂斯

威　廉：1.55/4.00/6.00

立　博：1.53/4.20/6.00

Bet365：1.45/4.50/6.50

主 532，4 天后欧冠小组赛做客拜仁慕尼黑。客 613，近况 4 连胜，刚刚国王杯客场大胜阿利根迪后晋级，5 天后欧联小组赛做客凯尔特人。往 811，近五次交手巴塞罗那全胜，两队最近一次交手是 2021 年 2 月巴塞罗那客场 3：2 胜皇家贝蒂斯。

巴塞罗那自从哈维接手后 3 场比赛 2 胜 1 平，球队表现开始走向正常，但随后的欧冠小组赛最后一轮至关重要，关乎小组出线权。虽然对手拜仁慕尼黑已经早早小组第一出线，但做客安联球场谁也不敢掉以轻心；皇家贝蒂斯方面则是近况 4 连胜，虽然随后也有外战分心，但皇家贝蒂斯已经确定欧联杯小组第 2 出线，目前可以更多精力投入联赛。平局自然而然地成为热门，客胜虽然有期待，但开高并且不拉低的平赔水位对于大众诱惑力更大。

（三）组合做盘

德甲 2021~2022 赛季第 20 轮：门兴 1：2 柏林联合、弗莱堡 2：0 斯图加特、霍芬海姆 2：3 多特蒙德、菲尔特 2：1 美因茨 05。

A. 门兴 1：2 柏林联合

| 威　廉：2.05/3.50/3.50 | 终赔：1.95/3.60/3.70 |

立　博：2.05/3.50/3.40　　　　　　终赔：1.95/3.40/3.75

Bet365：2.10/3.60/3.20　　　　　　终赔：1.95/3.50/3.80

主 226，近况 2 连负，主场近况 3 连败，刚刚德国杯客场大败于汉诺威 96 后被淘汰。客 532，近况 2 连胜，刚刚德国杯客胜柏林赫塔后晋级。往 122，近三次交手门兴 2 平 1 负，两队最近一次交手是 2021 年 8 月门兴客场 1：2 负柏林联合，主胜实盘位在 2.50 左右。

B. 弗莱堡 2：0 斯图加特

威　廉：1.78/3.70/4.33　　　　　　终赔：1.91/3.50/4.00

立　博：1.75/3.70/4.33　　　　　　终赔：1.80/3.50/4.50

Bet365：1.83/3.60/4.20　　　　　　终赔：1.85/3.50/4.33

主 424，刚刚德国杯客场大胜霍芬海姆后晋级。客 325，近况 1 平 3 负。往 325，近两次交手弗莱堡全胜，两队最近一次交手是 2021 年 8 月弗莱堡客场 3：2 胜斯图加特，主胜实盘位在 1.87 左右。

C. 霍芬海姆 2：3 多特蒙德

威　廉：2.80/3.75/2.30　　　　　　终赔：3.40/4.33/1.85

立　博：2.90/3.60/2.20　　　　　　终赔：3.40/3.90/1.95

Bet365：3.10/3.75/2.10　　　　　　终赔：3.30/4.20/1.90

主 523，近况 2 连负，刚刚德国杯主场大败于弗莱堡后被淘汰。客 514，刚刚德国杯客负圣保利后被淘汰。往 334，近三次交手霍芬海姆 1 平 2 负，两队最近一次交手是 2021 年 8 月霍芬海姆客场 2：3 负多特蒙德，客胜实盘位在 2.30 左右。

D. 菲尔特 2：1 美因茨 05

威　廉：4.40/3.70/1.78　　　　　　终赔：4.50/3.40/1.83

立　博：4.40/3.60/1.75　　　　　　终赔：4.33/3.30/1.87

Bet365：4.75/3.60/1.72　　　　　　终赔：4.50/3.50/1.85

主 136，近况 3 平 1 负。客 325，客场近况 5 连负，刚刚德国杯客场大败于波鸿后被淘汰。往 604，两队最近一次交手是 2021 年 8 月菲尔特客场 0：3 负美因茨 05，客胜实盘位在 2.10 左右。

四场比赛，其中两场低赔方打出，两场高赔方打出，而只有一场比赛的低赔方取胜实盘位在 3 区间内。四场比赛只有菲尔特主胜美因茨 05 的比赛严格来说算是冷门赛果，但三大变赔都把四场比赛的低赔方调整进入 3 区间，目的是为四场比赛营造相似性，让大众通过观察赔率数据的变化而发散思维，达到整体组合做盘的目标。

四、标准盘持平或负利润率赛事

（一）低赔方赔率数值在九区间或十区间内强队胜出的赛事

一般强队主场对阵中下游球队的赛事，像曼城、切尔西、利物浦、拜仁慕尼黑、皇家马德里、国际米兰、尤文图斯、巴黎圣日耳曼这些球队在主场对阵弱旅时，主胜赔开在 9 或者 10 区间，也就是 1.18 及以下的比赛，基本都是持平或者负利润赛事，公司对于这类比赛营收的重点都是在亚盘或者欧赔附加盘上。当然，很多人对于这种类型比赛的标准盘很有信心，主要原因是被公司忽悠的，认为蚊子肉也是肉，但最后悲剧收场。

（二）赛果项的筹码分布实在难以化解

1. 拉低赛果项赔率数值以达到低阻的效果

英超 2021～2022 赛季第 16 轮：切尔西 3∶2 利兹联队。

威　廉：1.29/5.25/11.0	终赔：1.22/6.00/13.0
立　博：1.25/5.50/12.0	终赔：1.22/6.50/13.0
Bet365：1.30/5.50/10.0	终赔：1.20/6.50/13.0

主 541，近况 1 平 1 负，刚刚欧冠小组赛客平泽尼特。客 343，客场近况 1 平 1 负。往 532，切尔西主场近四次交手全胜，两队最近一次交手是 2021 年 3 月切尔西客场 0∶0 平利兹联队，主胜实盘位在 1.33 左右。

切尔西上轮英超客场被西汉姆联队逆转，随后欧冠小组赛最后一轮又客平泽尼特而失去了小组第一的出线权，体力士气都会让大众产生一定的质疑。而利兹联队近况开始好转，人气开始有所提升，两队最近一次交手平局。按说这种情况下，变赔不应该再拉低主胜赔率来增强大众对切尔西取胜的信心了，这样会导致标准盘主胜的筹码越来越多，难以分散。但公司已经分析出切尔西只能一球取胜，所以放弃标准盘。拉低主胜赔率目的：一是为了达到低阻的效果，也就是因为赔率数值的拉低导致回报越来越少，从而让一些大众因为回报率降低而放弃投注；二是增强主胜信心，让贪婪的人去博让分盘主胜，最后打出虽然主胜但是让一球平局的结果，标准盘亏损，让分盘盈利的目标顺利达成。

2. 低赔方强信心的无奈震荡

西甲 2021～2022 赛季第 9 轮：西班牙人 2∶0 卡迪斯。

威　廉：1.70/3.50/5.25	终赔：1.67/3.50/6.00
立　博：1.67/3.50/5.50	终赔：1.70/3.40/5.50
Bet365：1.65/3.50/5.75	终赔：1.65/3.50/6.00

主 343。客 253，近况 2 平 1 负。往 404，西班牙人主场近两次交手全胜，两队最近一次交手是 2021 年 7 月友谊赛西班牙人客场 2∶0 胜卡迪斯，主胜实盘位在 1.67 左右。

西班牙人上轮联赛主胜皇家马德里，而卡迪斯虽然近况不俗，但不如西班牙人的表现吸引眼球，所以这场比赛主胜人气相对初赔开出时增长不少，主胜的筹码分布大致在六成左右。

截至受注高峰开始前，小幅度拉低主胜赔率，虽然可以减少回报，但会增强主胜的信心；大幅度拉低主胜赔率，虽然可以达到标准盘低阻主胜的赛果，但两队最近一次交手赛季开始前的友谊赛，西班牙人客场赢了卡迪斯两个球。现在在自己的主场，又刚刚赢了强队，会不会让不少彩民放弃标准盘主胜，而蜂拥进入让分盘主胜？在公司已经预测出这场比赛西班牙人会继续两球制胜后，选择在初赔而实盘范围内震荡就是最优解了，标准盘会持平或者略微亏损，让分盘可能会轻微亏损，但这样可以把整体损失降低到最少。

第二十一章　水位研究

这部分谈谈赔率的水位，因为笔者常年以威廉、立博、Bet365 的赔率数据为研究主体，所以此部分主要讲三大的水位。三大中，威廉低赔方（3.00 及以下）的水位总共有 70 个，目前 1.27、1.38、1.42、1.47、1.78 这五个数是威廉特有的，立博只有 65 个，是三大中最少的，而 Bet365 是 66 个，1.45 这个数是其特有的。

在目前国内的彩票网站上，有些赔率数据存在误差，这些误差出现的原因主要有两点：一是数据接收存在时差，某些网站在公司初赔开出后没有及时接收到数据，就会造成初赔错误，把公司的第 1 次或者第 N 次变赔当成初赔展示处理。在变赔中也有这样的问题，公司变赔三次，国内网站只接收到两次数据，对外展示的时候就会出现错误。二是由分数盘转换成小数盘的时候，因为小数点后第三位数的四舍五入问题导致出现偏差，比如 1.12（1.13）、1.16（1.17）、1.28（1.29）、1.61（1.62）、1.72（1.73）、1.87（1.88）、1.90（1.91）、2.37（2.38）、2.87（2.88）这些数据差异就是这样造成的。

另外，水位分为净水位和非净水位，净水位是整数，如 1.50、1.80 这些就是净水位，每个净水位都是一个心理屏障位。有的是大屏障位，如 2.00；有的是小屏障位，如 1.10。非净水位就是带有尾数的赔率数值，如 1.53、1.87 等。尾数中的 0.05 是每个区间内的小小屏障位，如 1.55。1.00 这个数在小数盘上是净水位，但在分数盘上并不是买一赔一，如 1/1000 在小数盘上的体现就是 1.00，而如果选择分数盘投注，则是投注 1000 赢 1001。

一、胜负赔

（一）10 区间（1.00～1.09）：对应的亚盘基本是在两球半及以上

10 区间内一共 10 个数，是 3～10 大区内唯一一个所有数值都占满的区间。在 2008 年欧洲杯之前，很少出现 1.10 以下的赔率数值。2008 年欧洲杯后，博彩公司开始逐渐从 89 体系转变为 94 体系，随后开始大量出现 1.10 以下赔率水位，对应的高赔方（3.00 以上）数值也开始增高。所以，笔者认为从 89 体系转变为 94 体系是一种长赔思路的体现。例如，在 89 体系下主胜开赔 1.12 的比赛，到了 94 体系后可能就会变成 1.06 或者 1.05。从 89 体系到 94 体系，赔付率是增加了，但对于强弱对比非常明显，两队实力差距非常大的比赛而言，真实赔付是在相对减少的，这是 10 区间水位大量出现的主要意义。

(二) 9 区间 (1.10～1.18)：对应的亚盘基本是在两球/两球半左右

9 区间内一共 7 个数，分别是 1.10、1.11、1.12、1.14、1.15、1.16、1.18。单纯说数字的话，净水位的本质有诱盘思维，因为方便计算，非净水位是阻盘思维。但引申到赔率数值中，在某些比赛中 1.10 可以看作是在不向下突破心理屏障位的前提下，赔付给到最低后企图形成低阻效果。对应的 1.18 也可以看作是不向上突破心理屏障位的情况下，赔付给到最高。

在同区间内赔率数值升高或者降低虽然会影响大众信心的强弱，但不如突破屏障位的效果明显，1.18 与 1.20 有本质上的区别。向下突破屏障位是在赔付没有过度减少的情况下大幅度增加信心，向上突破是赔付不过度增加的同时大幅度阻滞信心。0.05 尾数的小小屏障位效果相类似，效能降低。屏障位的理解运用不能刻舟求剑的去套比赛，这点切记！

(三) 8 区间 (1.20～1.28)：对应的亚盘基本是在球半/两球左右

8 区间内一共 5 个数，分别是 1.20、1.22、1.25、1.27、1.28，其中，1.27 是威廉 5 个数值中的一个，目前这 5 个数值，威廉最多应用的是在初赔，而且威廉现阶段变赔较多，初赔开出后很快就会做出变赔调整，所以这 5 个数值在目前国内网站很难捕获到。另外 1.25 这个小屏障是个引力位，类似的水位还有 1.75。

(四) 7 区间 (1.30～1.38)：对应的亚盘基本是在球半左右

7 区间内一共 5 个数，分别是 1.30、1.33、1.35、1.36、1.38，其中需要特别注意的是 1.33 这个水位，当信心充足时为引力位，信心不足时为阻力位。另外，要注意 1.35 与 1.36 的区别，虽然水位值只是增加了 0.01，但 1.36 相对 1.35 来讲就是引力位。

(五) 6 区间 (1.40～1.47)：对应的亚盘基本是在一球/半球左右

6 区间内一共 5 个数，分别是 1.40、1.42、1.44、1.45、1.47，其中，1.45 为 Bet365 特有水位，这点非常有意思。Bet365 有 1.44 与 1.45 两个数值，笔者理解是与 7 区间内 1.35、1.36 两数作用正好相反。如果说 1.35 变为 1.36 是加水诱盘的话，那么 1.44 变为 1.45 就是加水阻盘。反之，两组数值减少则作用相反。另外，不要用中国人的思维去理解公司的赔率数值，认为尾数带 4 不吉利。再次强调，赔率开出来不是只给中国人看的。

(六) 5 区间 (1.50～1.57)：对应的亚盘基本是在一球左右

5 区间一共 4 个数，是 10 个区间内所含数值最少的一个，分别是 1.50、1.53、1.55、1.57。其中，1.50 这个数值经常被用来做记忆诱盘，也就是某一个阶段变赔调整为 1.50 后打出，当大众形成赔率记忆后，开始利用这个数值进行"收割"。从本意上来说，1.50 是一个引力位。

（七）4 区间（1.60～1.78）：对应的亚盘基本是在半球／一球左右

4 区间内一共是 8 个数，分别是 1.60、1.61、1.65、1.66、1.70、1.72、1.75、1.78。3 和 4 两个区水位跨度不是 0.1 而是 0.2，所以前面的六个区间可以两两合并为一个大区，也就是 1.00～1.18、1.20～1.38、1.40～1.57。以 0.05、0.1、0.2、0.5、1.00 设定为从小到大的屏障位，心理区间每向上突破一级屏障位，阻力成倍增加；同时，每向下突破一级屏障位，信心也成倍增加。

4 区间是 10 个心理区间里唯一一个有两组数值差是 0.01 的赔率，分别是 1.60 和 1.61 与 1.65 和 1.66。即使只以 0.1 为水位划分区间，这两组数值也在 1.60～1.70。笔者的理解是如果 1.00～3.00 看作整体的话，1.60～1.70 就是这个整体中间的过渡区域了。这个区域内的水位数值，依据不同的比赛情况，会在低阻与诱盘两种效能之间来回转变，这点要注意。

（八）3 区间（1.80～1.95）：对应的亚盘基本是在半球左右

3 区间内一共是 6 个数，分别是 1.80、1.83、1.85、1.87、1.90、1.95。在主流联赛中，中游集团的球队数量占到大多数，基本能够占到一个联赛体制内所有球队数量的一半甚至以上。因此，在没有新冠肺炎疫情干扰的情况下，2、3 两个区间的比赛数量是相对最多的。

其中，3 区间的比赛在亚盘体现上基本都是半球盘，半球盘又叫生死盘，也就是不存在走盘一说。虽然球半与两球半的盘口也是生死盘，但比赛总体的数量与半球盘相差甚远。开出 3 区间赔率组合的比赛在某种程度上来讲，是公司为大众熬制的迷魂汤。因为 3 区间的比赛兼顾水位丰厚度与心理安全感，对于低赔方来说没超过 2.00，心理情感上就认为两队有一定的实力差距，同时回报接近 2.00，认为值博。所以，3 区间的比赛在分析时一定要慎重对待。

（九）2 区间（2.00～2.25）：对应的亚盘基本是在平手／半球左右

2 区间内一共是 6 个数，分别是 2.00、2.05、2.10、2.15、2.20、2.25。2 区间是所有区间内唯一一组全为屏障位的区间，这点三大非常统一，读者可以自己思考一下公司为何特别对待这个区间！

赛季初，两队综合实力定位相同，又没有新冠肺炎疫情影响的比赛，低赔方的开赔基本都在 2 区间内，赛季中后期则应根据两队伤停等情况进行精算。

（十）1 区间（2.30～3.00）：对应的亚盘基本是在平手盘左右

1 区间内一共是 15 个数，分别是 2.30、2.35、2.37、2.40、2.45、2.50、2.55、

2.60、2.65、2.70、2.75、2.80、2.87、2.90、3.00。以笔者目前所收集的赔率组合看，三大中威廉低赔方的最高值是 2.87、立博是 2.80、Bet365 是 2.75。虽然收集的数据主要来源是五大联赛所有球队近几年的比赛，但笔者估计其他赛事三大的低赔方最高值也差不多在这个范围内，只有当出现超低平赔的比赛时，胜负赔中的低赔方数值才有可能是 2.90 或者 3.00。

1、2 区间内的阻力位与前面 8 个区有所区别，如 1 区间内的 2.40、2.45、2.50 三个数值是连续的，其中，2.40 和 2.50 都是净水位，2.45 此时是带尾数的小阻力位，相同的类似 2 区间内的 2.05 和 2.15 都是如此，这点要注意。

（十一）总结

从 1.00 开始到 1.95，水位区间每跨越 0.05 就是一个小区，每跨越 0.1 是一个正常的区，每跨越 0.2 是一个大区。从 2.00 开始往上，每跨越 1.00 算作一个大区，所以 2.00～3.00 算作一个大区，其中 2.00～2.25 是 2 区间作为一个正常的区，2.30～3.00 是 1 区间作为一个正常的区。3.00～3.90 算作一个大区、4.00～4.80 算作一个大区，往后的水位依次类推即可（大区含义有机会在微信公众号上发文章进行讲解）。

虽然从原则上讲，水位抬高信心就降低，反之水位拉低信心就提升，但在实际的比赛分析应用中并不绝对，有的时候 2.10 给大众的感觉比 2.05 要信心更足。另外要注意，水位每突破一个屏障位，信心提升都会大幅度地增加，如从 1.60 拉低到 1.57 与 1.57 拉低到 1.53，别看后一个拉低的幅度更大，但信心提升的幅度是不一样的。

二、平赔

（一）平赔水位

所有比赛的平赔位置都非常重要，胜负赔水位微小的变动就可以决定一场比赛是否平局。笔者把平赔水位分为 10 个区间，分别是：

正 5 区：4.00 及以上
正 4 区：3.60、3.70、3.80、3.90
正 3 区：3.40、3.50
正 2 区：3.20、3.25、3.30
正 1 区：3.00、3.10
负 1 区：2.80、2.87、2.90
负 2 区：2.60、2.62、2.65、2.70、2.75
负 3 区：2.30、2.35、2.37、2.40、2.45、2.55
负 4 区：2.00、2.05、2.10、2.15、2.20、2.25
负 5 区：1.80、1.83、1.85、1.87、1.90、1.95

其中，从正 5 区的前半区到负 1 区这个范围，也就是 2.80～6.00 是三大赔率体系中平赔数值最常用的范围，越靠中间的数值，出现的频率越高。而正 5 区的后半区（6.50 及以上）与负 2 区到负 5 区出现频率较少，1.80 以下的平赔目前没有在三大的赔率体系组合中发现过。

在正 1～5 区里，全部都是屏障位的数值，如果要打出平局，更多地依靠胜负赔的分散力进行分流，当然会有少量主要依靠平赔水位自身进行阻盘的比赛，但也要辅助胜负水位的调整变化进行策应。而在负 1～5 区中有 1.83、1.87、2.37、2.62、2.87 这种非屏障位的数值，原因是当平赔水位低于 3.00 时，大众会开始感觉到异常，所以低平赔率组合的比赛想要打出平局，筹码更难分散。

（二）平赔存在形式

1．中间位：处在低赔方和高赔方的中间位置

假设某场比赛开赔 1.67/3.75/5.00，胜平负水位呈阶梯型，平赔数值处在中间位置。从原则上讲，如果低赔方信心充足，相对应的是高赔方信心不充足，此时平赔水位开得越低，也就是低赔与平赔的水位梯度差越小，平赔此时越不安全，而平赔与高赔的梯度差越小则越安全。反之，如果低赔方相对信心不足，而高赔方则相对信心充足，那就是低赔与平赔梯度差小的时候，平赔安全；高赔与平赔梯度差小的时候，平赔危险。当然了，在实际的比赛中很多时候都不是如此绝对的，低赔与高赔方经常是信心略足或者略有不足，此时要警惕公司对平赔拉低与抬高的目的。

2．最高位：平赔水位数值处在胜平负数值中最高位

（1）处在回报最高位：例如 2.45/3.50/2.70、2.60/3.40/2.60 等。 这种情况原则上是胜平负梯度差值越小，平赔越安全，越大则越危险。但某些特殊对阵的比赛正好相反，如德比战、强强对阵、争夺保级、冠军或者欧战资格等。至于胜负赔水位相同的赔率组合又叫 0 区赔率，后面专门有一章进行介绍。

（2）平赔与高赔同值：例如 3.00/3.00/2.55。这样开赔的目的就是为了让大众把平赔和高赔方联系到一起去思考，其作用是与高赔互相弱化水位回报的丰厚感（打出高赔方赛果就是平赔对其进行弱化，打出平局就是高赔方对平赔进行弱化），或者做双高组合有利于看冷闲家下注。

3．最低位：平赔水位数值处在胜平负数值中最低位

（1）处在回报最低位：例如 3.50/2.00/3.75、2.90/2.38/2.90。 某些比赛两队如果打平即可同时保级或者同时获得欧战资格，大众普遍认为两队会默契平局，平赔受注压力巨大，此时公司开出低平赔率组合，大众往往认为是不得已而为之，但公司却经常利用大众这种习惯性的认知做局进行"绞杀"。判断低平比赛是否会打出平局主要看两队战意体现，要学会公司故意与无奈开赔的区别。

（2）平赔与低赔同值：例如 3.00/2.75/2.75。 这样开赔的目的就是让大众把平赔和低赔方联系到一起思考，平赔与高赔方相同时，是利用赔付力度互相弱化，而与

低赔方相同时，是利用信心相互弱化。原则上讲，当低赔方信心强时，平赔与其相同可以达到为自身减少关注的效果；当低赔方信心弱时，平赔与其相同，可以进一步弱化低赔方的信心。

4．胜平负赔率完全相同：例如 2.80/2.80/2.80

这种赔率组合非常少见，通过笔者近 3 万场的比赛分析看，仅有两三场是这样的开赔组合。因为案例实在太少，难以做出有效总结，但建议把这样的赔率组合也当作 0 区赔率看待。

第二十二章　初赔与变赔

一、初赔与变赔的关系

　　首先，有必要把初赔与变赔的含义和相互之间的关系厘清。对于公司来说，初赔是收集多项信息，然后经过全盘思考后开出。收集的资讯包括两队球员的身体以及心理状态、比赛当天的场地和天气情况、比赛当天的当值裁判评估、双方教练近期的技战术水位等资料，然后综合做出比赛结果的预判。

　　对于比赛结果预判有三种情况：一是准确预测胜平负其中一个结果；二是预测一个方向，比如说是胜平、平负还是胜负；三是由于收集的资料详细程度不够（两队伤病球员的恢复情况、突发的红黄牌导致停赛等因素），导致不能准确预测比赛双方的首发球员，进而不能准确预测比赛结果或者方向。

　　其次，对将要开赔的比赛进行整体市场规模的评估，一般公司对于不同类型的比赛都有自己的数据库进行支撑，如拜仁慕尼黑主场对阵多特蒙德，在这样或者那样不同的赛前情况影响下，受注的总体会达到什么规模，其中，包括标准盘受注总量会达到什么规模，其他附加盘受注又会达到什么规模，等等。

　　公司在预测了比赛结果与评估了总体受注规模后，会选择一个对自身最有利的赔率组合开出。这里要解释两点：①即使是比赛结果暂时模糊，只有一个方向或者连方向也没有，也不妨碍初赔开出。因为公司可以预测出大致的受注规模，只依据这一点就可以采取比较中庸的方案进行开赔，随着比赛时间的临近，赛果的清晰度越来越强，随时可以通过变赔的调整来影响胜平负三项的受注比例。②并不是每场比赛的标准盘公司都可以做到盈利，很多比赛甚至连附加盘都要亏损，所以此时开赔的意图就是如何能做到尽量少亏损。

　　初赔从开出伊始，就会对市场的受注比例产生影响，而随着受注比例的变化反馈到公司，公司又会根据受注变化进行变赔，变赔的目的是为了进一步影响受注比例。因此可以得出结论：初赔是公司在充分考虑受注规模与比例后开出，初赔开出后会对受注比例产生影响，产生的受注比例变化进而影响公司变赔的调整方向。从初赔到变赔最后到终赔，目的只有两种可能性：一是多赚；一是少亏。只不过多赚或者少亏不一定只体现在标准盘上，所有的比赛都应该是标准盘、附加盘、走地盘三者作为一个整体进行操盘。

二、初赔

　　弄清了初赔与变赔的含义与关系之后，再看初赔与变赔就可以进行总结与分析了。

下面分析初赔的作用以及解释什么是二次初赔。

（一）标准盘为受注主体

某场比赛的受注主体是标准盘，所以初赔开出的意义主要围绕标准盘服务。很多赔率组合形式为 233、232、332 的比赛都是这种类型，这样的比赛相对其他赛事来说更简单一些。虽然很多比赛都是强队取胜，但那样的赛事标准盘一般受注规模相对来说不大。

（二）影响附加盘

某些比赛，如上文提到的很多强队取胜的比赛，标准盘口里强队取胜的水位都比较低，彩民们习惯称为苍蝇肉、蚊子肉。这种类型的赛事主要盈利点是在附加盘上，标准盘开出的目的是为附加盘服务。

例如，英超 2021～2022 赛季第 19 轮：利物浦 6∶0 利兹联队。

威　　廉：1.25/5.50/13.0　　　　　　终赔：1.17/7.50/15.0
立　　博：1.17/7.50/15.0　　　　　　终赔：1.18/7.50/12.0
Bet365：1.14/7.50/17.0　　　　　　终赔：1.16/7.50/15.0

主 910，近况 8 连胜，4 天后英联杯决赛中立场对阵切尔西。客 217，近况 1 平 3 负。往 820，利物浦主场近四次交手全胜，两队最近一次交手是 2021 年 9 月利物浦客场 3∶0 胜利兹联队。

这是一场补赛，当时利物浦几天后就要和切尔西在中立场进行当赛季英联杯的决赛，而利物浦近 10 场联赛中只有一场比赛净胜两球以上。所以市场普遍的猜测都认为利物浦虽然联赛积分上要追赶曼城，但应该会留力随后的决赛。而从综合实力评估上讲，当时只有曼城有实力主场对阵利兹联队，把主胜赔率开进 9 区间。

三大公司中，威廉最先开赔，6 天后立博开出初赔，7 天后 Bet365 开出初赔。到立博与 Bet365 开出初赔时，距离比赛开始还有不到 7 天的时间，可以看到从立博到 Bet365 在威廉的基础上把主胜赔率数值越开越低，此时可以判断立博与 Bet365 已经对比赛结果有了比较精准的判断，预判利物浦不但会取胜而且会大胜，随后威廉也跟随这两家公司脚步，把主胜水位拉低进入 9 区间。到了终赔，从标准盘看 Bet365 的主胜水位相比初赔却抬高了，同时它与立博把客胜水位进行了明显拉低。这是因为公司已经预测到市场上会有相当数量的筹码认为利物浦虽然会取胜但不会大胜，因为附加盘的来源基础是标准盘，所以调整标准盘再对应地调整附加盘，引导大众思维进一步强化会出现让球平负或者说是下盘的结果，最后打出利物浦大胜，标准盘虽然亏损，但附加盘达到了收割的目的。

（三）赛前盘服务于走地盘

有的比赛不论如何开赔，怎样调整设局，都难以达到很好的盈利效果，甚至会亏损。标准盘和附加盘都没有很好的机会，此时就要赛前做局然后服务于走地盘了。这样的比赛不多讲，读者可以自行体会。

三、变赔

（一）二次初赔

在讲解变赔作用之前先把二次初赔这个概念讲清楚，这是一个非常重要的概念。国内彩民在查看赔率数据时，基本都使用国内的彩票网站进行查阅，如某客、某探等网站，但这些网站的数据经常会出错，尤其是初赔出错的概率更大。如果我们在这些网站上看到的不是准确初赔，而是第一次或者第二、三次变赔，那对于分析比赛的意义不大，所以就要找出一个时间节点的赔率组合出来作为参考标准使用。

以威廉、立博、Bet365来说，现在这三大对于五大联赛、欧冠、欧联、世界杯、欧洲杯等赛事的初赔都是提前很长时间就开出。当初赔开出时，比赛双方还有其他赛事没有完成，而两队这场比赛前其他赛事都进行完后的第一次变赔，笔者定义为二次初赔。

例如，德甲2021～2022赛季第23轮：多特蒙德6:0门兴的比赛，国内某客记录威廉初赔是1.57/4.20/5.50，记录的时间是2022年2月17日18:12；某探记录威廉初赔是1.60/4.33/5.50，记录的时间是2022年2月7日8:59；而这场比赛威廉的真实初赔是1.60/4.20/5.00，时间是在2022年2月7日6:15开出。对于找不到真实初赔的彩民来说，不管是看某探还是某客，都会在错误初赔的基础上进行比赛分析，那分析出来的结果可能就失之千里了。

多特蒙德与门兴的这场德甲联赛在2022年2月21日00:30开始，此前多特蒙德最后一场赛事是与格拉斯哥流浪者进行的当赛季欧联杯16强淘汰赛首轮的比赛，比赛时间在2022年2月18日1:45开始，算上比赛加上中场休息与上下半场补充的时间，大概是18日的3:45结束。而门兴最后一场比赛是2022年2月12日与奥格斯堡的联赛，从时间上看，多特蒙德欧联杯赛事完结后威廉的第一次变赔就是它的二次初赔，也就是2022年2月18日16:01调整变化的1.57/4.20/5.50这组赔率，这个数据某客与某探上显示都是一致的，时间上相差1分钟，此时我们可以把这组数据看作二次初赔。

需要说明的是，有时二次初赔与最后一场比赛完结时间仅相差几分钟，甚至是不相差。比如说，比赛在6:00完结，然后6:00就有一次变赔，随后6:01、6:08、6:15频繁变赔。当遇到这种情况时，如果后续还是频繁变赔，几分钟或者十几分钟就变赔一次直到比赛开始，那么就把6:00这次变赔看作二次初赔。而如果是比赛6:00踢完，6:01、6:08、6:15变赔了几次，随后开始长时间保持不再变化，直到晚上22:30又开始变赔，那么就把22:30这次变赔看作二次初赔。

还有一种情况比较麻烦，就是两队这场比赛前的最近一场赛事完结后开始正常变赔，但突然出现意外情况，如某队突然出现重要伤停、辞退主帅等事件，此时要详细查询意外事件的消息最早是什么时间出现，然后把这个时间点后的第一次变赔当作二次初赔。

（二）为何变赔

1. 利用与其他公司盘口上的差异，调整自身盘口达到诱盘目的

虽然天下庄家是一家，可公司与公司之间却可以达到共存，但实际上应该还是竞争。

2. 被迫变赔

（1）主动被迫变赔　公司可以预测比赛结果、可以预测投注总体规模、可以预测或者叫调整受注比例，但是公司预测不到什么时候会有大资金进场。足球比赛肯定会有问题球存在，当出现意外的大资金进场的时候就只能被迫变赔进行自保。（虽然公司对于单个账户都会有限注，但这难不倒有办法的资本操作者）

（2）被动被迫变赔　出现其他公司开出初赔与自己公司初赔差异较大，或者其他公司突然大幅度降赔，此时如果自己不降，很容易被打水客盯上从而遭受损失。

3. 对初赔策略的延续或者加强

德甲 2021～2022 赛季第 10 轮：法兰克福 1∶1 莱比锡红牛。

威　　廉：3.60/3.80/1.91　　二初：3.75/3.80/1.91　　终赔：4.50/3.90/1.75
立　　博：3.70/3.75/1.87　　二初：4.00/3.90/1.80　　终赔：4.50/3.90/1.70
Bet365：3.80/3.80/1.83　　二初：4.00/3.80/1.75　　终赔：4.33/4.00/1.75

主 352，5 天后欧联小组赛做客奥林匹亚科斯。客 424，近况 2 连胜，刚刚德国杯客胜巴伯尔斯堡后晋级，4 天后欧冠小组赛主场迎战巴黎圣日耳曼。往 352，近两次交手全平，两队最近一次交手是 2021 年 2 月法兰克福客场 1∶1 平莱比锡红牛。

法兰克福随后欧联杯小组赛做客奥林匹亚科斯，当时法兰克福与奥林匹亚科斯分列小组前两名，随后的小组赛事关小组头名出线权的争夺；而莱比锡红牛随后欧冠小组赛主场迎战巴黎圣日耳曼，当时莱比锡红牛欧冠小组赛前 3 轮全负，现在再不拿分，基本出线无望了。可以说两队都被外战分心，平局分布不好分散。

客胜的实盘位在 2.10 左右，三大中威廉最先开出初赔，随后是立博，Bet365 最后开出初赔。从立博开始，在威廉基础上就开低客胜赔率，Bet365 在立博基础上进一步开低。到二次初赔立博与 365 已经开始把主胜赔抬高到平赔水位之上，威廉虽然没有这样做，但是把胜平水位的梯度差进行了缩小。随后到受注高峰进一步采取长赔思路进行拉伸，最后打出平局。

在两队因为外战分心、联赛战意不足的背景下。从初赔就采取强拉策略为大众营造要分胜负的错觉。变赔采取加大拉伸强度的策略为大众进一步强化错觉，最后达到做局的目的。

4. 对初赔策略的完全推翻

西甲 2021～2022 赛季第 25 轮：瓦伦西亚 1∶4 巴塞罗那。

威　　廉：4.00/3.75/1.80　　二初：3.70/3.50/2.00　　终赔：3.60/3.70/1.95
立　　博：3.90/3.60/1.87　　二初：3.60/3.50/2.00　　终赔：3.50/3.60/2.00
Bet365：3.80/3.50/1.90　　二初：3.60/3.50/2.05　　终赔：3.60/3.60/1.95

主334，近况2平1负。客460，近况2连平，刚刚欧联24强淘汰赛首轮主平那不勒斯，4天后欧联淘汰赛次轮做客那不勒斯。往235，近三次交手瓦伦西亚1平2负，两队最近一次交手是2021年10月瓦伦西亚客场1：3负巴塞罗那。

这场比赛的举行时间是在2022年2月20日23:15，而三大初赔开出是在2月7～9日。三大初赔开出之前，瓦伦西亚刚刚在联赛主场被皇家社会逼平，联赛成绩已经5轮不胜；而巴塞罗那则刚刚主场大胜马德里竞技，联赛完成一波2连胜，这是巴塞罗那主教练哈维上任以后第一次拿到联赛2连胜的成绩；往绩上是巴塞罗那占优，近两次交手巴萨都取胜了。形势上开始对巴塞罗那越来越有利，在这种背景下，三大开出了初赔。在这场比赛之前，巴塞罗那踢了12场客场联赛，成绩是3胜7平2负，客场对阵奥萨苏纳，威廉客胜位才开到1.91，所以可以看出，三大初赔就已经开始有意开低客胜水位来减少赔付了，随后发生了"黑天鹅"事件。

初赔开出后到这场比赛开始的这段事件中，瓦伦西亚的两场比赛中的第一场是国王杯半决赛的首轮客场逼平了毕尔巴鄂竞技，随后联赛客负阿拉维斯，人气即使不降低也肯定不会有增长；而巴塞罗那两场比赛先是联赛德比战客场与西班牙人打平，在这场比赛里主力后卫皮克累积两张黄牌变成红牌被罚下，这就是"黑天鹅"事件。第二场比赛则是欧联杯1/16淘汰赛首轮主场被那不勒斯逼平，这场比赛里新援奥巴梅杨首发，整场比赛表现得碌碌无为，这是奥巴梅杨连续9场比赛没有进球，时间跨度接近了4个月。而与瓦伦西亚这场比赛，奥巴梅杨首发并完成了帽子戏法连进3球。

从二次初赔就可以看出，三大已经明显改变策略，由初赔对客胜采取减少赔付的策略改为抬高阻盘但还要控制赔付的策略。随后客胜水位一直在2区低水到3区中高水来回震荡。可以说，公司对于将要出现什么赛果始终没有怀疑过，但因为"黑天鹅"事件的出现，导致不得不改变策略。

5. 为附加盘进一步服务

西甲2021～2022赛季第26轮：巴列卡诺0：1皇家马德里。

威　　廉：4.33/3.70/1.78　　二初：4.75/3.80/1.70　　终赔：6.00/3.90/1.57
立　　博：4.60/3.70/1.75　　二初：4.80/3.70/1.70　　终赔：6.00/4.00/1.53
Bet365：4.50/3.75/1.70　　二初：4.75/3.60/1.70　　终赔：6.00/4.00/1.53

主316，近况4连负，5天后国王杯半决赛次轮做客皇家贝蒂斯。客442，客场近况2平2负。往109，两队最近一次交手是2021年11月巴列卡诺客场1：2负皇家马德里。

三大初赔开出之前，巴列卡诺联赛已经5轮不胜，成绩是1平4负，在此期间虽然也有国王杯主胜马洛卡的成绩，但总体上人气越来越低；而皇家马德里主力前锋本泽马在1月23日与埃尔切的比赛中因伤下场，此后一直是伤停状态。皇家马德里在没有本泽马的情况下踢了 3 场比赛，成绩是 1 胜 1 平 1 负，可以看出本泽马对球队的重要性。

三大初赔开出的时间都是在 2 月 14 日，而初赔开出的两天后，皇家马德里就踢了欧冠赛事，结果客负巴黎圣日耳曼，这场比赛本泽马首发。相信在三大开出初赔前已经对本泽马的情况进行了评估，认为本泽马虽然开赔时还是伤停状态，但到了比赛时应该会首发出场，而比赛结果相信此时公司也已经预测到皇家马德里将一球小胜。

欧冠赛事结束后，皇马回到联赛马上主场 3 球大胜阿拉维斯，此战中本泽马首发并攻入一球。到这里，大众的信心已经被皇家马德里这场大胜重新调动起来，所以三大在二次初赔时还保持客胜水位没怎么拉低，而到了受注高峰全部大幅度拉低客胜水位并保持到了终赔。这样操盘的原因是：首先拉低客胜水位可以为标准盘的客胜减少赔付，而因为客胜水位拉低了，从而产生了低阻的效果，也就是大众认为回报降低了，再结合皇马上轮大胜的背景下，不少投注单开始趋向皇马让球胜的结果。最后皇马还是一球小胜，标盘降低了赔付，而让分盘达到了盈利的目的。

6. 为走地盘服务

请读者自行体会。

（三）变赔手法

1. 伴随变赔

假设某场比赛的赛果是主胜，若公司真实目的是降低赔付，则可能会选择胜平水位同时拉低，采取伴随降水来分散赔付方向的压力。

2. 频繁变赔

目的是发散大众的看盘思维，使各种思路都能从频繁地变赔中寻找到支撑自己感觉的"证据"，达到均衡分布的目的。这里多说两句，大众毕竟还是乌合之众，多数还是先对比赛有自己的判断，然后从赔率或者其他什么地方寻找理由以佐证自己的感觉，真正能够做到运用逻辑思维分析比赛的是少数人，因此能够赢的也是少数人。本身变赔的目的是使各种思维各得其所，你不去想，就使用变化吸引眼球让你去想，你去想了，则各种想法都出来了，分布自然分散了。

3. 迂回变赔

假设某场比赛的赛果是主胜，如果直接拉低主胜水位会吸引大众注意，公司有时会采用拉低一些又接着抬高然后又拉低然后再抬高的方法。在此过程中，拉低的幅度大于抬高的幅度，尽量不引起大众的警觉注意，又能达到减少赔付的目的。要注意的是，迂回策略往往伴随的是频繁变赔。

4. 直拉或者直抬变赔

与迂回变赔对应的是直拉或直抬变赔，某场比赛对于某个方向一直在拉低或者抬高。目的无外乎两种，控制不住受注从而只能不断拉低减少赔付与不断加码进行阻盘或者诱盘。直拉或直抬变赔时很少做频繁变赔，因为每次拉低和抬高都要保持一段时间让大众形成赔率记忆。

5. **突然变赔**

某场比赛之前变赔一直在一个范围内震荡，然后突然某个方向大幅度抬高或者拉低，让大众以为公司是不是得到什么消息了，所以才要突然大幅度变赔来进行避险或者诱盘，但其目的还是制造疑阵以把大众引入套中。但要注意，什么手法都是具有两面性的。

突然变赔还有一种情况，就是初赔开出后没有变化或者变化几次后就不变了，经过长时间地停留后，突然又变赔一次或者几次，变化的幅度可能不大，但因为经过长时间不变，此时突然变化容易吸引大众眼球。

6. **策应变赔**

策应变赔一般出现在组合做盘中，也就是两场或者多场比赛往相同或者完全相反的方向去营造，让大众认为公司这样变赔是有什么玄机所在，从而不自主地把两场或者多场比赛联系到一起去思考。策应变赔时，当多场比赛基本面的表象因素不同时，往往采用往相同方向营造的手法，而当表象因素很相似时，又会向不同方向营造，不把你弄晕誓不罢休。

7. **循环变赔**

在两组或者多组赔率组合中循环变化，这种变化过程中有时只是变胜平负其中两项，一项保持不变，有时是三项循环变化。循环变赔的目的一般是让大众认为公司对比赛结果不掌握，所以采取循环变赔的方式平衡胜平负三项的总体受注量。

8. **增量或者减量变赔**

现在的赔率体系，每场比赛一般都是多种返还率来回变化的变赔。例如在 93 体系、94 体系、95 体系中反复变化，目的是让通过计算返还率变化导致赔率水位变化是否均衡抬高或者拉低的大众懵圈。但有一种情况要格外警惕，即返还率变化时，只对胜平负三项中的其中一项或者两项进行变赔，剩下的不变。这种变赔方式非常容易引人遐想。

9. **调换变赔**

比赛初赔开出时是左倾盘，变赔逐渐调整成右倾盘，到终赔时形成与初赔完全调换方向的变赔方式。调换变赔往往结合频繁变赔或者突然变赔而一起组合迷惑大众。需要提醒的是，调换变赔不止有完全调换赔率组合方向这一种方式。从左倾盘或者右倾盘变平衡盘，从平衡盘变左倾盘、右倾盘的也是这种方式。

第二十三章　零区研究

在第八章的区间划分中，我们把赔率组合中最左和最右数值完全相同的组合定义为平衡盘，这是以赔率组合的表现形态进行定义的，目的是让我们在做数据时进行标记。而查看威廉、立博、Bet365 的赔率组合表（见第十五章），发现零区间其实是主让与客让的分界区域，是双方的交汇之处。就好像是跷跷板中间的支点，或者是连通器的压力平衡点，因此为 0 区的赔率组合做一个概念上的定义，叫支点赔率或者叫支点体系。

一、五大联赛零区赔率组合

赔率组合的数据库时间是 2016～2022 年，只提取了五大联赛所有球队的联赛中的 0 区赔率组合，杯赛都没有涉及。

表 23-1　英超

威廉				立博				Bet365			
胜	平	负	体系	胜	平	负	体系	胜	平	负	体系
2.60	3.50	2.60	95	2.55	3.25	2.55	92	2.60	3.40	2.60	94
2.62	3.40	2.62	94	2.55	3.50	2.55	93	2.62	3.25	2.62	94
2.70	3.10	2.70	94	2.55	3.60	2.55	94	2.62	3.30	2.62	94
2.70	3.20	2.70	95	2.60	3.40	2.60	94	2.62	3.40	2.62	95
2.75	3.00	2.75	94	2.62	3.00	2.62	91				
2.75	3.10	2.75	95	2.62	3.20	2.62	93				
				2.62	3.30	2.62	94				
				2.62	3.25	2.62	93				
				2.65	2.90	2.65	91				
				2.65	3.10	2.65	93				
				2.65	3.20	2.65	94				
				2.70	3.10	2.70	94				
				2.75	3.00	2.75	94				

表 23-2 西甲

威廉				立博				Bet365			
胜	平	负	体系	胜	平	负	体系	胜	平	负	体系
2.60	3.60	2.60	96	2.62	3.25	2.62	93	2.60	3.40	2.60	94
2.62	3.30	2.62	94	2.62	3.30	2.62	94	2.62	3.20	2.62	93
2.62	3.40	2.62	95	2.65	3.00	2.65	92	2.62	3.30	2.62	94
2.70	3.10	2.70	94	2.65	3.20	2.65	94	2.65	3.20	2.65	94
2.70	3.20	2.70	95	2.70	3.00	2.70	93	2.70	3.10	2.70	94
2.70	3.25	2.70	95	2.70	3.10	2.70	94	2.75	3.00	2.75	94
2.75	3.00	2.75	94	2.75	3.00	2.75	94	2.80	2.88	2.80	94
2.75	3.10	2.75	95								
2.80	2.88	2.80	94								
2.80	3.00	2.80	95								

表 23-3 德甲

威廉				立博				Bet365			
胜	平	负	体系	胜	平	负	体系	胜	平	负	体系
2.55	3.60	2.55	94	2.55	3.25	2.55	92	2.50	3.75	2.50	94
2.60	3.40	2.60	94	2.55	3.50	2.55	93	2.60	3.40	2.60	94
2.62	3.50	2.62	95	2.55	3.60	2.55	94	2.62	3.30	2.62	94
2.70	3.10	2.70	94	2.60	3.30	2.60	93				
2.70	3.25	2.70	95	2.60	3.40	2.60	94				
2.75	3.00	2.75	94	2.62	3.30	2.62	94				
				2.70	3.10	2.70	94				

表 23-4 意甲

威廉				立博				Bet365			
胜	平	负	体系	胜	平	负	体系	胜	平	负	体系
2.50	3.40	2.50	91	2.60	3.40	2.60	94	2.60	3.40	2.60	94
2.60	3.60	2.60	96	2.62	3.25	2.62	93	2.62	3.25	2.62	94
2.62	3.20	2.62	92	2.65	3.20	2.65	94	2.62	3.30	2.62	94
2.62	3.30	2.62	94	2.70	3.00	2.70	93	2.62	3.40	2.62	95
2.62	3.40	2.62	95	2.70	3.10	2.70	94	2.70	3.20	2.70	95
2.62	3.50	2.62	95								
2.70	3.10	2.70	94								
2.75	3.00	2.75	94								
2.90	2.80	2.90	95								

表 23-5　法甲

威廉				立博				Bet365			
胜	平	负	体系	胜	平	负	体系	胜	平	负	体系
2.60	3.50	2.60	95	2.65	3.20	2.65	94	2.50	3.80	2.50	94
2.62	3.30	2.62	94	2.70	3.10	2.70	94	2.55	3.75	2.55	94
2.62	3.40	2.62	95	2.75	3.00	2.75	94	2.60	3.10	2.60	92
2.70	3.10	2.70	94					2.62	3.20	2.62	93
2.75	3.00	2.75	94					2.62	3.25	2.62	93
								2.62	3.30	2.62	94
								2.70	3.10	2.70	94
								2.75	3.00	2.75	94
								2.75	3.10	2.75	95

二、单支点体系

公司们之所以对一场比赛开出 0 区赔率组合，主要是想让大众认为比赛双方的实力相当，各有优势和不足，所以开出一组看似势均力敌的赔率以迷惑玩家，让玩家认为公司对于这场比赛没有明确的看好方向，只是为了平衡受注所以才开出支点体系。但作为一个小小的个体，根本无从得知公司真正的受注比例是如何的，所以支点赔率体系研究是难中之难。仅从表面上看，你无从入手，一般是以没有开出 0 区赔率组合的公司开盘倾向为基准，从而进行综合的平衡分析。

（一）主胜

英超 2021～2022 赛季第 15 轮：阿斯顿维拉 2∶1 莱切斯特城。

威　廉：2.62/3.40/2.62　　二初：2.38/3.40/3.00　　终赔：2.25/3.40/3.20
立　博：2.55/3.25/2.65　　二初：2.35/3.40/2.80　　终赔：2.30/3.40/3.80
Bet365：2.50/3.40/2.70　　二初：2.37/3.40/3.00　　终赔：2.20/3.40/3.30

主 316。客 442，客场近况 2 连平，4 天后欧联小组赛做客那不勒斯。往 325，两队最近一次交手是 2021 年 2 月阿斯顿维拉主场 1∶2 负莱切斯特城。

这场比赛的时间是 2021 年 12 月 6 日 00：30，三大初赔开出的时间都是在 11 月 29日。在初赔开出之前，阿斯顿维拉自从换帅杰拉德后完成了一波 2 连胜，而同时莱切斯特城也完成了一波 2 连胜。从基础实力上讲，莱切斯特城更强；从历史人气上看，莱切斯特城高；从即时人气上看，两队半斤八两。

客胜实盘位在 2.50 左右，三大中，威廉最先开出初赔，然后是 Bet365，最后是立博。从初赔就可以看出，立博和 Bet365 的客胜水位在威廉的基础上继续开高，到了二次初赔已经彻底是变成左倾盘了，最后结果自然就打出了主胜。

可能有的读者会有疑问，怎么区分主胜的拉低是不是诱盘？为什么不能是平局打出？或者如果要打出客胜，要怎么开赔、怎么变赔？为此笔者特意找了三场比赛进行说明，这三场比赛都是其中一家开出支点体系赔率，其他两家开的是左倾盘。这三场比赛分别对应胜平负不同赛果，开出支点赔率体系的公司也是威廉、立博、Bet365 各占一场，这样再结合三场比赛不同的赛前情况进行观察，更能直观理解 0 区赔率的作用。

（二）平局

西甲 2021～2022 赛季第 5 轮：埃尔切 1：1 莱万特。

威　廉：2.60/3.10/2.80	二初：2.50/3.10/3.10	终赔：2.40/3.00/3.30
立　博：2.60/3.10/2.75	二初：2.50/3.10/3.00	终赔：2.45/2.90/3.20
Bet365：2.70/3.10/2.70	二初：2.45/3.10/3.00	终赔：2.30/3.10/3.40

主 343，主场近况 4 平 2 负。客 145，近况 3 平 1 负。往 244，两队最近一次交手是 2021 年 8 月友谊赛埃尔切主场 1：2 负莱万特。

新赛季开始后，埃尔切前 4 轮的表现是 1 胜 2 平 1 负，莱万特是 3 平 1 负，埃尔切略微好一点。往绩上是埃尔切居于劣势，而且两队最近一次交手就是在赛季开始前的友谊赛，埃尔切主场输给了莱万特。近况上埃尔切略微占优，往绩上莱万特占优，而埃尔切占据主场优势，所以分布会形成中庸略微偏向主胜这种趋势，如 433 这种比例。

这场比赛主胜的实盘位在 2.70 左右，而客胜的实盘位在 2.60 左右。三大中，威廉最先开出初赔，其次立博、Bet365 开出。通过三大初赔就可以看出 Bet365 开得非常狡猾，它与其他两大一样把客胜水位开高，不一样的是开出支点体系赔率组合，这样的开法相比其他两大来说是强化了客胜信心。为什么要这样开？可从开赔时间上探究一二。

威廉初赔开出时间是 2021 年 8 月 31 日、立博初赔开出时间是 2021 年 9 月 8 日、Bet365 初赔开出时间是 2021 年 9 月 13 日。威廉与立博开出初赔时，两队都已经完成前 3 轮的比赛，当时两队成绩都是 2 平 1 负，此时表现可以说是不相上下，但 Bet365 开出初赔时，莱万特已经完成了第 4 轮的比赛，主场被升班马巴列卡诺逼平，从此时开始，大众对于莱万特的怀疑开始逐渐加深，所以如果此时 Bet365 哪怕是跟随其他两大一样开出轻微左倾盘，都难以起到迷惑人心的效果，所以它在其他两大基础上开出了平衡盘，也就是支点体系赔率，让大众摸不着头脑。那么为何随后到二次初赔又要转变成明显的左倾盘？这样不是明显与初赔相反吗？这是因为埃尔切的第 4 轮比赛客场战胜了赫塔菲，此时再想以埃尔切状态也如莱万特一样来迷惑大众很难起到作用了，所以三大马上改变策略。从二次初赔抬高客胜，到临场受注高峰胜平双拉并且主赔率拉低幅度大于平局赔率进行主要诱盘，从而达到尽量掩护平局打出的目的。

想要打出主胜要怎么办？初赔开高平赔开低客胜，变赔采取大幅度拉低平赔同时抬高客胜赔率的手法进行分流，平赔开在中庸位置随后变赔拉低营造洼地效果进行主要诱盘。想要打出客胜又要怎么办？初赔要开低主胜，平赔也开在中庸位，客胜开在实盘位。变赔逐渐拉低主胜水位，平负水位齐抬，始终保持客胜藏低于平赔水位之下，让平赔起到拦截坝的效果。多说一句，类似平赔这种洼地、拦截坝，或者主客泄洪闸等作用都属于过渡范畴，下一章会讲到。

（三）主负

德甲 2020～2021 赛季第 34 轮：斯图加特 0：2 比勒菲尔德。

威　廉：2.38/3.75/2.70　　　　　终赔：2.30/3.90/2.80
立　博：2.55/3.60/2.55　　　　　终赔：2.25/3.60/2.90
Bet365：2.50/3.40/2.70　　　　　终赔：2.20/4.00/2.87

主 505，近况 2 连胜。客 343，近况 2 平 1 负，客场近况 3 平 1 负。往 541，两队最近一次交手是 2021 年 1 月斯图加特客场 0：3 负比勒菲尔德。

这场比赛是一场保级关键战，要保级的球队是比勒菲尔德。因为联赛最后一轮的初赔是在上一轮比赛全部踢完后才开出，所以也就没有二次初赔。赛前斯图加特在已经没有任何可争夺的背景（向上争夺不到下赛季欧战名额、向下没有保级忧虑）下完成了一波 2 连胜，而比勒菲尔德则是连续 3 轮不胜，往绩上斯图加特占据绝对优势。利于比例菲尔德的有两点：一是保级战意；二是两队当赛季首轮交手，比勒菲尔德在自己的主场 3：0 大胜斯图加特。

三大初赔开得非常有意思，当时三大中威廉最先开出初赔，其次是 Bet365，最后是立博。这场比赛主胜的实盘位在 2.40 左右，威廉初赔主胜就在实盘位左右，平赔开高客胜开低；到了 Bet365 开高主胜，平赔中庸客胜开低；立博开出支点体系，但对比其他两大，立博的主胜水位进一步开高，客胜开得更低。斯图加特近况 2 连胜表现出好状态与比勒菲尔德要力争取胜保级这两点，公司与大众都知道，那么主胜水位三大阶梯开高能有很强的阻盘效果吗？如果有的话，到了变赔逐渐拉低主胜水位，此时还有阻盘效果吗？所以，Bet365 与立博这个主胜水位的开高，目的不是为了阻盘，而是为了给后面的拉低提前预留空间，达到既有拉低吸引大众眼球的过程，又不能拉低后水位过低让大众失去兴趣，所以主胜是诱盘的主力项。那么，平赔的开高与抬高能起到拦截坝效果吗？不能，因为我们一直强调赔率的本质是连通器和跷跷板的原理，有低的就要有高的。客胜是赛果项，肯定会有一部分大众认为比勒菲尔德凭借保级战意可以客场取胜，虽然这些大众只是少数，但也不能放任客胜水位无限制地抬高而增加赔付。可主胜水位已经拉低进行诱盘，只能把平赔水位顶起来做姜太公钓鱼了。这样的开赔以及变赔的主要原因是斯图加特在主场自 1997 年以来，13 次对阵比勒菲尔德，成绩是 8 胜 5 平，从来没输过！

想要打出主胜怎么办？初赔把主胜开低，变赔在实低范围内震荡，平负水位开在相当位置，变赔也震荡维持。平局打出又如何？初赔开在平衡盘，但胜负赔的水位要开在 1 区或者 0 区的中高位内，平赔水位开在实盘位，变赔拉胜抬负做拉伸分流即可。

三、双支点体系

单支点体系赛事已经非常难了，双支点体系的比赛可以说是难中之冠。双支点赛事往往出现在比较特殊的赛事上，这种特殊主要体现在赛前的基本面非常给大众以误导，想要破局往往应从两家开出 0 区赔率组合的差异或者变赔走势着手。

（一）主胜：威廉、Bet365 双支点

欧冠 2017～2018 赛季半决赛次轮：罗马 4：2 利物浦。

威　　廉：2.50/3.20/2.50　　二初：2.30/4.00/2.70　　终赔：2.60/4.00/2.50
立　　博：2.40/3.70/2.62　　二初：2.35/3.75/2.65　　终赔：2.60/3.70/2.45
Bet365：2.50/3.75/2.50　　二初：2.30/3.75/2.87　　终赔：2.62/3.10/2.50

主 523，主场近况 3 连胜。客 631，近况 6 胜 3 平。往 301，罗马主场近两次交手全胜，首轮罗马客场 2：5 负利物浦。

主胜实盘位在 2.30 左右，罗马首轮既然已经客场 3 球落败，次轮只剩下全力争胜 1 球才有晋级的希望。在 8 强赛的时候，罗马首轮客场 1：4 负于巴塞罗那，次轮回到自己的主场 3：0 大胜巴塞罗那晋级。16 强赛罗马首轮先客负顿涅茨克矿工，次轮主胜后凭借有客场进球的优势得以晋级。而半决赛首轮客场大败于利物浦后，回到联赛马上主场 4：1 大胜切沃。所以，罗马在主场比赛具备强诱基础。

三大中，威廉先开出初赔，开了一个 90 返还率的 0 区赔率组合，随后 Bet365 开出初赔，其在威廉基础上独独把平赔水位开高。要知道利物浦即使次轮客场逼平罗马也照样晋级决赛，Bet365 初赔大幅度开高平赔就已经断绝了平局打出的可能性。

从二次初赔开始，关注两队的大众目光开始都聚焦到比赛上。而在二次初赔，三大都把主胜赔调整到实盘位附近，威廉已经把平赔水位调整到 4.00，这进一步佐证平赔高水诱盘的策略，此时只剩下胜负的判断了。上文已说，罗马在自己的主场具备强诱基础，而利物浦首轮主场大胜也具备诱盘基础。就看二次初赔后胜负的走向了，此时拉低胜负赔任何一方，其分布总数会增加，也可以判断为诱盘方，结果是三大逐渐抬胜拉负，最后打出了主胜。需要注意的是，如果要打出非主胜的赛果，二次初赔主胜赔不应该调整到实盘位，应为高水位，随后受注高峰逐渐拉低到实盘位进行强诱。

（二）平局：威廉、立博双支点

意甲 2017～2018 赛季第 20 轮：切沃 1：1 乌迪内斯。

威　　廉：2.62/3.40/2.62　　　　　　　　　　终赔：3.00/3.10/2.45
立　　博：2.65/3.20/2.65　　　　　　　　　　终赔：3.10/3.20/2.38

Bet365：2.05/3.20/2.75 　　　二初：2.50/3.2C/2.80 　　　终赔：3.25/3.10/2.40

主2平4负。客703，近况2连胜。往343，切沃主场近3次交手2平1负，两队最近一次交手是2017年8月切沃客场2∶1胜乌迪内斯。

主胜实盘位在2.60左右，这个赛季开局切沃表现得很不错，但近期开始低迷。在这场比赛前夕，切沃已经各项赛事6场未胜，近况更是3连负。而乌迪内斯近况则相当火爆，联赛5连胜。但乌迪内斯有一个现象，此时联赛已经踢了18场比赛，成绩是9胜9负，是意甲20支队伍中唯一没有平局的球队。要知道，乌迪内斯已经近5年没有过这么多场连胜的纪录了，所以此时市场上会有相当一部分筹码在博乌迪内斯反弹，而且其中博平局的不在少数。

三大中，Bet365最先开出初赔，而且Bet365二次初赔都已经出现后，其他两大才开出初赔。两大中，立博先开出初赔，随后威廉开出。威廉初赔在立博基础上拉低胜负水位，独独把平赔水位开高，看起来与上一个案例非常相似。为什么这场比赛会打出平局呢？区别在于上一个案例中胜负的拉力很强，平赔有拉力但弱于胜负，而自始至终都把平赔水位顶在最高。这个案例中，拉力强弱以主胜最差，其次是客胜，而平局的拉力因为特殊情况导致成为最强。所以威廉在立博基础上还顶高平赔，就是一种"非常险恶"的用心，其目的是想给大众制造疑阵。判断平局的依据在于后期到了受注高峰的变赔走势是否持续把平赔顶在最高位，而三大都没有采取这种操盘手法。赛前8小时左右，三大都调整赔率形态为明显的右倾盘，主胜赔抬高到3.00以上，目的是弱化平赔水位回报的丰厚感。

想要打出主胜，主胜赔可以抬高阻，但要始终保持与平赔水位的梯度差，不能弱化平赔水位的厚度感。想要打出客胜，受注高峰开始前要把客胜水位拉低进入2区间，早早减少赔付，后期震荡即可。

（三）主负：立博、Bet365双支点

欧冠2020～2021赛季小组赛E小组第6轮：雷恩1∶3塞维利亚。

威　　廉：2.62/3.25/2.75 　　　二初：3.00/3.30/2.40 　　　终赔：3.30/3.20/2.30
立　　博：2.65/3.10/2.65 　　　二初：2.88/3.20/2.50 　　　终赔：3.25/3.20/2.30
Bet365：2.62/3.25/2.62 　　　二初：3.00/3.25/2.30 　　　终赔：3.20/3.30/2.30

主118，近况1平6负，前5轮1平4负。客604，近况2连负，客场近况2连胜，前5轮3胜1平1负。往001，两队最近一次交手是2020年10月雷恩客场0∶1负塞维利亚。

第六轮赛前这个小组的排名如下：切尔西第1积分13、塞维利亚第2积分10、克拉斯诺达尔第3积分4、雷恩第4积分1。雷恩与克拉斯诺达尔的两场小组赛结果是1平1负，塞维利亚与切尔西两场小组赛结果是1平1负。也就是说，这场比赛不管是雷恩还是塞维利亚哪方取胜，都不能改变其小组排名，这样的比赛平局受关注程度一定比正常情况下要高。

　　两队都没有使用最强阵容出赛，实盘位已经不能作准，只能依靠判断公司开赔以及变赔的意图来进行分析。三大中，威廉最先开出初赔、其次是立博、最后是Bet365，需要特别指出的是，三场初赔开出时间前后相差不到一个小时，可是观察三大初赔就会感觉到很有意思，尤其是Bet365的初赔。虽然Bet365开出了0区赔率组合，但它在威立基础上进一步开低了客胜赔，而胜平水位又与威廉所开一致。也就是说，Bet365是三大中把胜平负梯度差开得最大的公司，其目的不言而喻，就是想突出平赔的丰厚感，随后再判断胜负就相对容易很多。

　　两队都没有战意，虽然塞维利亚近况也是2连负，但因为其所输的两场比赛对手分别是切尔西和皇家马德里，而且塞维利亚明显近况好过雷恩，所以三大从二次初赔就开始拉低客胜水位，只需要判断是不是诱盘即可。怎么判断？看主胜赔如何变化，以不突破3.00这个心理大关的阻盘为主胜是否打出的判断依据，现盘明显不符合。

　　这样的比赛想要打出客胜，有两种方案。一是开出和现在一样的初赔，变赔主胜保持震荡，拉平抬负，到受注高峰把赔率形态调整为主胜水位在1区中高水，而平赔水位都在3.00以上，不超过3.20；二是初赔开出明显右倾盘，如主胜开2.80，客胜开2.50，变赔强拉主胜到实盘位1.90左右，要持续不断的拉低进行拉伸分流。

四、三支点体系

　　这些年三大全部开出0区赔率的比赛并不多，笔者记录的只有3场，其中联赛只有1场，如下：

英超2018～2019赛季第29轮：伯恩利1：3水晶宫。

威　廉：2.70/3.20/2.70		二初：2.75/3.20/2.70		终赔：2.90/3.20/2.55
立　博：2.65/3.10/2.65		二初：2.70/3.10/2.65		终赔：2.88/3.10/2.55
Bet365：2.62/3.25/2.62		二初：2.80/3.25/2.50		终赔：2.90/3.30/2.62

　　主532。客523，客场近况2连胜。往424，近两次交手伯恩利全负，伯恩利主场近2次交手全胜，两队最近一次交手是2018年12月伯恩利客场0：2负水晶宫。

　　赛前伯恩利联赛排名第15位，积30分。水晶宫联赛排名第14位，积30分；两队近10场比赛表现伯恩利是5胜3平2负，上一轮客负纽卡斯尔。水晶宫近10场赛况是5胜2平3负，上一轮主负曼联；往绩是两队各胜4场，打平2场。伯恩利在自己的主场对阵水晶宫，近10场比赛只输一次。而水晶宫在自己的主场近10次对阵伯恩利也只输一次。

　　两队赛前的表象因素高度相似，当大众看到公司都开出了0区赔率时，第一反应会是如何的？是不是认为公司在开出初赔时，没有明确的方向。而在随后的变赔里可以看出，三大明显把赔率形态调整成为右倾盘，这就会造成一种认知上的理解偏差。开出完全平衡的赔率组合，然后明显倾向水晶宫胜出，认为三大公司有那么好心吗？看官可以猜猜此时看好水晶宫的人数比例相比初赔开出时是否增加了？

笔者在国外某知名的足球比赛人气调查网站上看到了这组比赛的数据，最终是主胜 6448 票，占比 31% 左右；平局是 7040 票，占比 33% 左右；客胜是 7543 票，占比 36% 左右。我们要思考的是：当公司已经明确拉低客胜赔率时，为何分布的比例没有发生明显的变化？是很有意思的一场比赛。

五、非支点体系

这里说的非支点体系指那些开出与支点体系非常接近赔率组合的比赛，这样的比赛，开赔的意图往往是利用细小差别以诱导大众产生遐想，例如：

意甲 2021～2022 赛季第 28 轮：罗马 1：0 亚特兰大

威 廉：2.62/3.40/2.60	二初：2.50/3.40/2.70	终赔：2.50/3.25/2.80
立 博：2.38/3.50/2.80	二初：2.45/3.40/2.70	终赔：2.45/3.30/2.75
Bet365：2.37/3.50/2.80	二初：2.55/3.40/2.70	终赔：2.55/3.30/2.75

主 433，主场近况 2 连平，5 天后欧会杯 16 强赛首轮做客维迪斯。客 433，近况 2 连胜，5 天后欧联 16 强赛首轮主场迎战勒沃库森。往 244，罗马主场近七次交手 4 平 3 负，两队最近一次交手是 2021 年 12 月罗马客场 4：1 胜亚特兰大。

三大中，威廉最先开出初赔，它开了一个非常接近支点体系的非支点赔率组合，把赛果方多开 0.02 变成高赔方，其目的是暗示亚特兰大更有机会。随后 Bet365 与立博依次开出初赔，而且立博故意与 Bet365 开成了交叉赔率（注：威立的 2.38 与 Bet365 的 2.37 分数赔相同）。这两家之所以在威廉的基础上大幅度开低主胜水位，意图是给后续变赔抬高主胜水位进行阻盘留下空间，想达到既抬高主胜赔进行阻盘，又保持赔率形态为左倾盘利于大众选择亚特兰大不败进行下注的双重目的。

甄别非支点又非常近似支点体系的比赛时，主要依靠对比双方表象因素判断及后续人气分布走势。比如这场比赛中，罗马的主教练穆里尼奥被禁赛两场，这场比赛是第二场比赛，而罗马近期的成绩并不好，虽然上轮客胜斯佩齐亚，主要是依靠加时阶段的一粒点球取胜，而且斯佩齐亚又是弱旅，所以罗马人气很难增加。而亚特兰大近两场比赛都是大胜，人气很自然的就起来了。两队随后都有外战要分心，可是两队首轮交手是罗马客场大胜亚特兰大，所以只要保持让大众选择双胜彩、让分盘等附加盘可以从容下注即可有效分流筹码，达到目的。

六、零区间水位研究

0 区赔率组合原则上比胜负赔有梯度的组合更有掩盖效果，也就是说，有时 0 区间做局好过 1 区间盘口。本应该开 1 区间赔率组合的比赛开出 0 区组合，会给大众强加认知，让大众认为这场比赛是一场势均力敌的赛事，非常具有迷惑性。

0 区间胜负赔水位一共有 2.40、2.50、2.55、2.60、2.62、2.65、2.70、2.75、

2.80、2.90、3.00 十一个数值，其中，2.40、2.90、3.00 不常用，偶尔出现也是非常极端情况，常用的是 2.50～2.80 这八个数值。

八个数值中，2.50、2.55、2.60 一般是胜负拉力较为充足时使用，而 2.65、2.70、2.75、2.80 是胜负拉力不太充足时使用，2.62 是一个中间态，两种情况都有使用，估计是以具体比赛情况来定。

0 区赔率主要做局依靠的是平赔的运用，因为本身胜负赔之间没有梯度差，都是与平赔有梯度差异，所以 2.40、2.50、2.55 的赔率组合一般是平赔韬开胜负赔双低开，而 2.60、2.62、2.65 是平赔中庸胜负赔也重要，2.70、2.75、2.80 是平赔低开胜负赔韬开。2.90 和 3.00 严格来说也是平低胜负韬，但属于极端情况，因为平赔水位已经低于胜负赔水位。这样就有四个区段：低区段、中区段、高区段、超高区段。

第二十四章 过渡是什么

这一章讲讲过渡，"过渡"这个词近些年在各大彩票网站、各种足彩公众号上经常见到，属于用得比较烂的一个词了。但是笔者发现，很少有人能把"过渡"这个词的含义在赔率研究过程中准确地描述出来，甚至有人还把"过度"当作"过渡"来用。

首先明确一下过渡的定义，是指事情或者事物由一个阶段逐渐发展而转入另一个阶段的连接或者过程，它的作用是承上启下。所以，过渡一般指对非赛果方，属于辅助诱盘赔率。而过度指超过适当的限度，在操盘设局用到过渡手法时，可能会存在过度的情况，但并不是所有过渡赔都会过度。

需要特别指出的是，过渡赔虽然属于辅助诱盘，但并不代表其分布比例在三项中是最少或者最多的。假设某场比赛公司预计原始分布比例是316，赛果为客胜。但公司通过研判，认为平局可以作为主力诱盘点，通过开赔以及变赔的调整让最终的分布比例变成433，那么虽然最终主胜的分布比例变成占比最多的项，其也可以作为过渡赔来进行辅助诱盘。

一、低赔方对平赔的过渡

既然说是对平赔的过渡，自然以平局为主要诱盘点进行做局，而低赔对平赔过渡这种情况多发生在赛季末的收官阶段，当大众以为双方战意缺少的时候，公司会利用低赔方与平赔组合进行诱盘。

英超 2020～2021 赛季第 38 轮：富勒姆 0：2 纽卡斯尔。

威　廉：2.20/3.50/3.20		终赔：2/40/3.50/2.88
立　博：2.20/3.50/3.10		终赔：2.50/3.40/2.80
Bet365：2.37/3.40/3.00	二初：2.25/3.40/3.10	终赔：2.40/3.40/2.90

主127，近况 2 平 7 负，主场近况 5 连负。客433。往523，近三次交手富勒姆 2 平 1 负，两队最近一次交手是 2020 年 12 月富勒姆客场 1：1 平纽卡斯尔。

当时富勒姆情况是即使这场比赛取胜也肯定是降级了，但富勒姆上轮客场逼平曼联，而且这是富勒姆本赛季英超的最后一个主场；纽卡斯尔的情况是早已经完成保级，即使本场比赛取胜也不会获得下赛季的欧战资格，应该说是战意缺少，但近期表现还挺不错；两队往绩上是富勒姆占优，尤其是富勒姆主场 14 次与纽卡斯尔交手，无一平局！

主胜实盘位在 2.50 左右，三大中，Bet365 最先于出初赔，其他两大都没有二次初赔。从时间顺序上说，是威廉先开出初赔，随后 Bet365 产生二次初赔，随后立博开出初赔。从时间顺序可以看出，首先 Bet365 跟随威廉脚步加大胜平梯度差，随后立博又加大平负梯度差，目的是凸显平赔回报的丰厚感。为什么用平赔进行做局？除了大众认知两队战意缺少外，富勒姆这个赛季前 37 轮比赛平局 13 场，平局所占比例在本赛季英超 20 支球队中第二多，再结合富勒姆联赛主场 14 次与纽卡斯尔交手都无平局，大众从概率论上也会偏向平局为首选。

分布比例趋向中庸，三大虽然抬高主胜水位但始终没有超过实盘位，赔率形态还是保持左倾盘，放大富勒姆刚刚客场逼平曼联的优势，平赔水位始终高高顶起，起到一种"拦截坝"的效果，把因为主胜水位抬高而引起的筹码转移尽量拦截在平局上，可以理解为，通过主胜赔的运作刻意让平赔吸筹效果达到最佳。

二、高赔方对平赔的过渡

上一个案例中，低赔方相对来说不强势，而在下面这个案例中，高赔方相对来说强势。但上一个案例中的低赔方与下面这个案例中的高赔方都是比赛对阵双方中综实低的一方，这点对于理解高低赔对平赔过渡很有帮助。而高赔方对于平赔过渡的比赛在整个赛季中都有可能发生，只要表象因素符合，公司往往会运用这种手法。

意甲 2021～2022 赛季第 29 抢：维罗纳 1∶2 那不勒斯。

威　廉：3.50/3.60/2.00　　二初：3.40/3.40/2.10　　终赔：3.50/3.40/2.10
立　博：3.00/3.40/2.30　　二初：3.50/3.40/2.05　　终赔：3.40/3.30/2.15
Bet365：3.60/3.60/2.00　　二初：3.30/3.60/2.05　　终赔：3.40/3.50/2.10

主 532，主场近况 3 连胜。客 442。往 127，近两次交手全平，两队最近一次交手是 2021 年 11 月维罗纳客场 1∶1 平那不勒斯。

客胜的实盘位在 2.30 左右，两队近况对比维罗纳好过那不勒斯，维罗纳主场近况 3 连胜，而那不勒斯近 6 场各项赛事只胜 1 场，但往绩上那不勒斯占据绝对优势，原因是那不勒斯的综合实力远远高于维罗纳，所以分布还是客胜最多，其次是平局。

三大中，威廉与 Bet365 初赔开低客胜赔率，立博变赔跟随其他两大脚步也拉低客胜赔，目的是减少赔付。既然客胜赔率初赔开低，主胜赔率或者平赔就要对应开高。这场比赛平赔水位开高，威廉与 Bet365 把主胜赔率开在与平赔相当的位置是对平赔的一种过渡，目的是弱化平赔开高这个事实，立博变赔也跟随，三大把这种思路一直保持到终赔。

这个案例中，主胜赔率能作为过渡赔使用的原因是维罗纳的近况导致其拉力上升，但这种拉力更多体现在平赔上。如果开出从客胜到主胜阶梯上升的赔率组合，凸显不了平赔回报的丰厚感。而如果把主胜赔开得比平赔低的话，虽然凸显了平赔的回报丰厚，可又变相地为大众营造了一种要分胜负的感觉，正值此时维罗纳排名第 9，距离罗马只差 6 分，而那不勒斯现在还可以力争联赛冠军，此时还不算完全进入联赛收官阶段，双方拿一分都可以接受，但这样开又削弱了平赔的诱盘效果。所以，既然主胜开高削弱平赔回报丰厚的效果，开低又增强大众认知中要分胜负的心理感觉，那么胜平开在相当的位置就最为合适。

三、低赔方对高赔方的过渡

这种情况经常出现胜负赔错向调整分流平局筹码的比赛里，也就是短赔思维的运用。

英超 2021～2022 赛季第 23 论：莱切斯特城 1∶1 布莱顿。

威 廉：2.15/3.30/3.40	二初：2.60/3.25/2.70	终赔：2.60/3.40/2.62
立 博：2.25/3.25/3.10	二初：2.50/3.30/2.87	终赔：2.55/3.60/2.65
Bet365：2.30/3.25/3.40	二初：2.50/3.25/2.90	

主 424。客 271，近况 3 连平。往 631，近两次交手莱切斯特城 1 平 1 负，两队最近一次交手是 2021 年 10 月英联杯莱切斯特城主场 2∶2 平布莱顿。

莱切斯特城近况比布莱顿要好，往绩也占优，综合实力更强，那为何变赔三大全部抬胜拉负做错向调整？因为这场比赛的同期，2022 赛季的非洲杯正在进行，所以导致莱切斯特城队内的主力伊希纳乔、恩迪迪等主力都回国效力了，而瓦尔迪还没有伤愈，这就让莱切斯特城的综合实力意外下降。而此时布莱顿的近况虽然不如莱切斯特城，但这个赛季打到现在表现并不差，上一轮刚刚主平切尔西。

莱切斯特城人员意外损失，这点想掩盖也做不到，怎么办？三大采取抬胜拉负策略，客胜的大幅度拉低虽起不到很强的吸筹效果，但可以给大众心理上制造疑阵。主胜水位抬高势必引起游弋筹码从左向右流动，大幅度拉低客胜赔就有了"泄洪闸"的效果。主胜赔率抬高是做铺垫，目的是过渡到客胜拉低进行诱盘。虽然这场比赛客胜所占的分布比例到最后在胜平负三项中不会是最多的，但其是主要诱盘方向。

拦截坝和泄洪闸都是笔者对赔率变化某种现象的代称，拦截坝一般指平赔开高或者顶高，泄洪闸一般指高赔方的开低或者拉低。

四、高赔方对低赔方的过渡

其实很多胜负拉分的比赛都是高赔方对低赔方进行过渡，只是需要甄别，这种过渡更多地体现在低赔方，也就是综实高的一方战意并不明显时。

英超 2020～2021 赛季第 37 轮：曼联 1∶1 富勒姆。

威 廉：1.47/4.33/6.50	二初：1.44/4.75/7.00	终赔：1.29/5.80/10.0
立 博：1.50/4.20/6.50	二初：1.44/4.50/7.50	终赔：1.25/5.50/10.0
Bet365：1.45/4.50/7.00	二初：1.36/4.75/8.00	终赔：1.28/6.00/9.50

主 613，近况 2 连负。客 118，近况 1 平 7 负。往 910，近三次交手曼联全胜，两队最近一次交手是 2021 年 1 月曼联客场 2∶1 胜富勒姆。

这场比赛是当赛季曼联最后一个主场，此时曼联已经肯定获得下赛季的欧冠名额，最后一轮联赛过后就要全力备战随后的欧联杯决赛，但曼联近况不好，近两个主场全部输球；富勒姆此时已经确定降级，即使最后两轮全部取胜也难以改变命运，近况更差，成绩是 1 平 7 负，最近一场取胜却是客胜利物浦；往绩曼联占据绝对优势，联赛主场面对富勒姆 12 胜 1 平 1 负。

因为当赛季英足总决定英超最后两轮允许球迷进场观战，所以主胜实盘位在 1.22 左右。三大全部开高主胜开低客胜，变赔采取胜负拉伸策略进行分流，也就是所谓的长赔思路。本着跷跷板、连通器的原理，有拉低的就要有抬高的，所以客胜赔率初赔开低随后变赔抬高就是对主胜赔率的一种过渡作用。

相类似的比赛还有：

西甲 2020～2021 赛季第 38 轮：莱万特 2：2 卡迪斯。

意甲 2020～2021 赛季第 38 轮：都灵 1：1 贝内文托。

五、平赔对低赔方的过渡

平赔对低赔方的过渡一般有两种方式，其一是开高平赔以凸显低赔方的优势，掩护高赔方打出；二是开低平赔，尽量贴近低赔方以弱化其开低的事实。

（一）开高平赔对低赔方的过渡

欧冠 2021～2022 赛季 1/8 淘汰赛次轮：利物浦 0：1 国际米兰。

威　廉：	1.57/4.20/5.50	二初：1.57/4.20/5.50	终赔：1.57/4.40/5.00
立　博：	1.57/4.00/5.50	二初：1.57/4.20/5.50	终赔：1.57/4.25/5.25
Bet365：	1.55/4.20/5.50	二初：1.55/4.20/5.50	终赔：1.57/4.33/5.00

主 910，近况 2 连胜，主场近况 7 连胜。客 343，客场近况 4 连平。往 300，首轮利物浦客场 2：0 胜国际米兰。

两队近况对比非常明显，利物浦主场强势，最近一次主场输球还要追溯到一年以前；相比之下，国际米兰的近况比较糟糕，近 6 场比赛只赢 1 场，而且往绩 3 次交手全部是利物浦取胜。

主胜实盘位在 1.50 左右，利物浦首轮已经客场 2：0 胜国际米兰，次轮打平或者一球小负都可以晋级，而国际米兰就必须至少净胜两球才有可能晋级。冒险者肯定会有，怎么办？三大采取开高主胜赔率同时又开大胜平梯度差的策略，这样既彰显了主胜的特殊性，又提升了主胜的回报，尽量达到诱盘的效果。同时把平负的梯度差开小，尽量弱化客胜赔率回报的丰厚感，此时，高平相对于主胜赔来说，就起到了过渡的作用。

（二）开低平赔对低赔方的过渡

西甲 2020～2021 赛季第 35 轮：赫塔菲 0：1 埃瓦尔。

威　廉：2.00/3.10/4.33	二初：2.20/3.10/3.60	终赔：2.15/3.00/3.90
立　博：2.00/3.10/4.25	二初：2.15/3.00/3.75	终赔：2.15/3.00/3.80
Bet365：2.00/3.00/4.33	二初：2.15/3.10/3.60	终赔：2.05/3.10/4.00

主 244，主场近况 3 平 1 负。客 127，客场近况 6 平 9 负。往 361，近两次交手全平，两队最近一次交手是 2020 年 11 月赫塔菲客场 0：0 平埃瓦尔。

赫塔菲目前排名第 15 积分 34，比排名第 17 的韦斯卡少赛一轮多 4 分，保级还未稳；埃瓦尔目前排名第 20 积分 26，比韦斯卡少赛一轮少 4 分，保级还有希望。近况上看似赫塔菲占优，但埃瓦尔上轮主场 3：0 大胜阿拉维斯，突然让大众感觉其可能迸发出强烈的保级战意。往绩上赫塔菲占据绝对优势，主场面对埃瓦尔 4 胜 6 平没输过。

主胜实盘位在 2.35 左右，三大全部开低主胜，可主胜的信心又不是太足，怎么办？公司选择开出低赔营造洼地效果来进行组合诱盘。分布上一定是主胜占到最大比例，但因为埃瓦尔突然大胜让主胜开低的拉力不如开出初赔时那么强劲了，所以公司一定是在初赔开出之前就已经预测到埃瓦尔在这场比赛之前会主场大胜阿拉维斯，因此才配合开出低平给开低的主胜赔提供过渡。

六、平赔对高赔方的过渡

相应的平赔对高赔方的过渡也有两种方案：其一是开低平赔来凸显高赔方的回报丰厚感；其二是开高平赔来弱化高赔方的开高事实。

（一）开低平赔对高赔方的过渡

在低平对低赔过渡的案例里，低平体现出来的过渡作用是强化低赔方的信心。而低平对高赔过渡时，前提是高赔方信心强盛，开低平是为了突出高赔方以吸引大众目光。

欧联杯 2021～2022 赛季 1/8 淘汰赛次轮：西汉姆联队 1：0 塞维利亚。

威　廉：2.05/3.25/3.75	二初：2.20/3.30/3.30	终赔：2.15/3.10/3.70
立　博：2.10/3.10/3.75	二初：2.10/3.10/3.75	终赔：2.15/3.10/3.70
Bet365：2.00/3.40/3.80	二初：2.20/3.30/3.40	终赔：2.15/3.25/3.60

主 334，主场近况 2 连胜。客 451，客场近况 5 平 2 负。往 001，首轮西汉姆联队客场 0：1 负塞维利亚。

主胜的实盘位大概在 2.70，塞维利亚有个外号叫"欧罗巴之王"，意指塞维利亚是欧联杯历史上夺冠最多的球队，还曾经在 2013～2014 赛季、2014～2015 赛季、2015～2016 赛季拿过三连冠。如果类比成英超的球队，其综合实力大概相当于阿森纳或者热刺等队。

首轮西汉姆联队客场既然已经输球，想要晋级只能回到自己的主场全力争胜了。而塞维利亚无须死力拼搏，只要打平即可晋级，保平争胜最稳妥。三大中，Bet365 最先开出初赔，其次是威廉，最后是立博。从威廉开始就刻意开大平负水位的梯度差，到立博初赔继续扩大差距。既然塞维利亚打平就可以晋级，为什么还要凸显客胜水位回报的丰厚感？这恐怕还要从塞维利亚外号来说，因为其在欧联杯这个赛事中的强势，所以开高客胜赔的目的是吸引大众的眼球，让大众注意到客胜赔率的特殊性，随后连Bet365在受注高峰也采取这种操盘手法。

有的朋友可能会说，这不就是利用塞维利亚打平也能晋级做低平诱盘吗？对，没错，低平确实是一种诱盘的手段，但这是指对平局的诱盘。而低平除了对平局进行诱盘外，对于开高的客胜赔也起到了过渡的作用，两者并不矛盾。国外某人气调查平台上，这场比赛有效投票79579票，主胜票数32383占比41％、平局票数19904占比25％、客胜票数27292占比34％。而国内某球帝平台上有效投票4149，其中客胜占比53％，比国外彩民还要夸张。因为公司预估到了大众对于客胜的信心强于平局，所以从开低平赔水位过渡到开高客胜水位，彰显了客胜回报的丰厚感。我们需要思考的是，为何这么多的彩民选择相信塞维利亚会双杀西汉姆联队？

（二）开高平赔对高赔方的过渡

在高平对低赔过渡的案例中，高平的过渡作用是凸显出低赔方的强势。而高平对高赔方过渡时，是为了强化高赔方的信心。

德甲2021～2022赛季第24轮：波鸿0：1莱比锡红牛。

威　　廉：4.60/3.90/1.70　　二初：4.80/3.90/1.67　　终赔：4.75/3.80/1.70

立　　博：4.50/3.90/1.73　　二初：5.00/4.00/1.67　　终赔：4.33/3.60/1.80

Bet365：4.20/3.60/1.75　　二初：4.75/4.00/1.70　　终赔：4.75/3.75/1.75

主334，3天后德国杯主场迎战弗莱堡。客712，近况2联赛，刚刚欧联24强赛次轮客场大胜皇家社会后晋级，3天后德国杯做客汉诺威96。往006，两队最近一次交手是2021年10月波鸿客场0：3负莱比锡红牛。

波鸿是这个赛季德甲的升班马，上个主场刚刚战胜了拜仁慕尼黑；莱比锡红牛则要全力争胜以争取下赛季的欧冠资格，上轮联赛也是客场，结果6：1大胜了柏林赫塔。往绩交手波鸿完全劣势，近两场交手波鸿都是大比分输给了莱比锡红牛。

客胜实盘位在2.10左右，波鸿是这个赛季的德甲升班马，上个主场胜拜仁慕尼黑后肯定会加强自己在主场的吸筹能力，但莱比锡红牛的近况也不错，导致在这场比赛里客胜的分布还会占到绝大多数。假如正常开出从主胜到客胜阶梯形下降的赔率组合，主胜吸筹能力有限。但如果把平赔开高，衬托的主胜赔率就显得不那么高了，会让不少博冷的人产生遐想，为何要这样开赔？是不是波鸿上个主场刚刚战胜了拜仁慕尼黑，现在主场还能吃掉莱比锡红牛呢？此时平赔开高就体现出对主胜赔的过渡作用。

第二十五章 低赔认识

从这章开始用三篇的幅度把低赔、平赔、高赔完全梳理一遍，这样有助于读者能够更好地把握赛果，先从低赔开始。

首先明显一个概念，一场比赛的实盘位在不同赛事体制以及不同时期是不同的，因此相应的中庸位、韬盘位也会有所不同。例如，赛季初有一场比赛，公司经过评估两队基本实力以及市场规模和比例开出初赔后，到比赛临近因为某种原因取消了，而这场比赛一直延期到赛季收官阶段才进行。此时假设两队的基本实力与赛季初相当，但是因为两队的近况以及战意都发生了变化，会导致此时的实盘位与赛季初时不同。如果两队在赛季中还要进行国内或者国际杯赛的赛事，则实盘位置与联赛也就截然不同了。

一、低赔方胜出

(一) 实低位置

1. 实低盘

绝大多数强队迎战弱旅取胜的比赛都是比实盘位还要低的位置打出，这种类型的比赛我们前面讲过，大多是标准盘为附加盘服务的赛事。要注意的是，低赔方在客胜位置实低打出时，相比较主胜位变化会更多一些，原因是即使最弱的球队在自己的主场也有人气加成，这点要注意。

(1) 英超 2021～2022 赛季第 25 轮：诺维奇 0：4 曼城。

威　廉：	15.0/7.00/1.18	二初：	17.0/7.00/1.17	终赔：	15.0/7.50/1.17
立　博：	19.0/7.00/1.17	二初：	19.0/7.50/1.15	终赔：	17.0/7.00/1.18
Bet365：	15.0/7.50/1.16	二初：	17.0/9.00/1.14	终赔：	15.0/7.50/1.18

主 415。客 910，近况 2 连胜，3 天后欧冠淘汰赛做客里斯本竞技。往 226，近两次交手诺维奇全负，两队最近一次交手是 2021 年 8 月诺维奇客场 0：5 负曼城。

客胜实盘位在 1.40 左右，初赔开低，变赔保持，最后打出客胜。其实此时诺维奇的近况还是挺不错的，近 4 场比赛 3 胜 1 平，但奈何曼城的实力太强大了，只能实低开赔以减少赔付了。

(2) 西甲 2021～2022 赛季第 25 轮：皇家马德里 3：0 阿拉维斯。

威　廉：	1.17/7.00/17.0	二初：	1.22/6.00/13.0	终赔：	1.20/6.50/15.0
立　博：	1.17/7.00/19.0	二初：	1.22/6.00/13.0	终赔：	1.18/7.00/17.0
Bet365：	1.22/6.50/12.0	二初：	1.22/6.50/13.0	终赔：	1.18/7.00/13.0

主 442，刚刚欧冠 16 强淘汰赛首轮客负巴黎圣日耳曼。客 226。往 802，近两次交手皇家马德里全胜，两队最近一次交手是 2C21 年 8 月皇家马德里客场 4：1 胜阿拉维斯。

主胜实盘位在 1.27 左右，初赔开低。即便皇家马德里刚刚欧战输球，在球队体力士气受到双重打击的情况下，变赔依然保持主胜赔率在实低位置，威立虽然二次初赔抬高主胜赔，但始终没有超过 365 的初赔位置，这是控制赔付的体现。

（3）德甲 2021～2022 赛季第 17 轮：拜仁慕尼黑 4：0 沃尔夫斯堡。

威　廉：1.20/7.00/12.0	二初：1.18/7.00/15.0	终赔：1.17/7.50/15.0
立　博：1.22/6.50/12.0	二初：1.22/6.50/13.0	终赔：1.17/7.50/15.0
Bet365：1.16/9.00/11.0		终赔：1.18/8.00/13.0

主 901，近况 6 连胜，主场近况 6 连胜。客 217，近况 1 平 7 负。往 910，近 7 次交手拜仁慕尼黑全胜，两队最近一次交手是 2022 年 4 月拜仁慕尼黑客场 3：2 胜沃尔夫斯堡。

主胜实盘位在 1.35 左右，当赛季德甲冬歇期前的最后一轮比赛。谁不想赢下比赛带着好心情过个好年呢？再加上沃尔夫斯堡的近况实在差，只能低开减少赔付了。

（4）意甲 2021～2022 赛季第 17 轮：国际米兰 4：0 卡利亚里。

威　廉：1.18/7.50/15.0	二初：1.18/7.00/15.0	终赔：1.14/7.50/19.0
立　博：1.18/7.00/15.0	二初：1.13/7.00/15.0	终赔：1.15/7.50/19.0
Bet365：1.16/7.50/15.0	二初：1.16/8.00/15.0	终赔：1.14/8.00/17.0

主 811，主场近况 4 连胜，刚刚欧冠小组赛客负皇家马德里。客 154，近况 4 平 4 负，客场近况 3 平 5 负，3 天后意大利杯主场迎战奇塔代拉。往 811，近两次交手国际米兰全胜，两队最近一次交手是 2022 年 4 月国际米兰主场 1：0 胜卡利亚里。

主胜实盘位在 1.29 左右，国际米兰虽然刚刚欧冠小组赛最后一轮客负皇家马德里导致只能以小组第二出线，但这不能构成初赔开高或者变赔抬高主胜赔进行阻盘的理由，原因一是国际米兰目前联赛情况表现很好，二是球队主力球员基本完整，难以有做局的点，只能低开减少赔付。

（5）法甲 2021～2022 赛季第 7 轮：梅斯 1：2 巴黎圣日耳曼。

威　廉：15.0/6.50/1.18	二初：11.0/6.50/1.25	终赔：12.0/6.00/1.25
立　博：15.0/7.00/1.20	二初：13.0/6.50/1.22	终赔：11.0/5.80/1.25
Bet365：13.0/7.50/1.16	二初：9.50/1.22	终赔：11.0/6.00/1.22

主 334，近况 3 平 4 负。客 721。往 10 连负，近 11 次交手梅斯 1 平 10 负，两队最近一次交手是 2022 年 4 月梅斯主场 1：3 负巴黎圣日耳曼。

客胜实盘位在 1.33 左右，此时梅斯前 6 轮 3 平 3 负一场未胜，而大巴黎则是 6 战全胜。但三大二次初赔却都抬高客胜赔率，缘由是第六轮赛后梅西伤了。但即便如此，三大变赔还是没有把客胜赔过度抬高，还是在控制赔付。

2．比赛需要注意的几种类型

（1）低赔方强战意，筹码无法阻挡，只能开低或者拉低减少赔付。

德甲 2020～2021 赛季第 34 轮：科隆 1：0 沙尔克 04。

威　廉：1.35/5.25/7.50　　　　　　　　　终赔：1.36/5.50/7.50
立　博：1.33/5.20/8.00　　　　　　　　　终赔：1.36/5.20/7.50
Bet365：1.33/5.00/8.50　　　　　　　　　终赔：1.36/5.50/7.00

主 235，近况 1 平 1 负。客 217，客场近况 2 平 9 负。往 352，近两次交手科隆全胜，两队最近一次交手是 2022 年 1 月科隆客场 2：1 胜沙尔克 04。

因为是联赛最后一轮，9 场比赛同时进行，此时科隆虽然排名第 17 位，但距离第 15 位的比勒菲尔德只有 2 分差距，还有希望保级，而此时沙尔克 04 则早已经确定降级。

主胜实盘位在 2.05 左右，科隆的情况没什么可说的，只能主场全力争胜然后看同轮比勒菲尔德与云达不来梅的比赛情况来决定命运。反倒是沙尔克 04 有点意思，沙尔克这个赛季因为财政问题导致球队成绩一落千丈，早早就已经确定了降级。但就在上轮，沙尔克 04 在甲级联赛最后一个主场以 4：3 的比分击败了法兰克福。这种举动让大众很难猜测到沙尔克 04 现在的战意到底是什么，为最后的荣誉而战？还是最后一个主场为自己的球迷而战？

公司把主胜赔率大幅度开低是无奈之举，因为市场主流还是看好主胜打出，而变赔时公司利用少部分彩民认为沙尔克 04 还会爆冷这种心理，采取微抬主胜、平赔始终保持高位，略微拉低客胜制造遐想的方式来尽量减少赔付。这种操盘的目的并不是想把看好主胜的筹码吸引走，仅仅是想让游弋筹码尽量不要再进入到主胜！

（2）高赔方强战意，开高平赔与高赔方诱盘的同时，低赔方自然而然开出实低位。

意甲 2020～2021 赛季第 36 轮：国际米兰 3：1 罗马。

威　廉：1.53/4.33/6.00　　二初：1.65/4.00/4.80　　终赔：1.65/4.20/4.60
立　博：1.50/4.33/6.00　　二初：1.67/4.00/4.75　　终赔：1.57/4.40/4.80
Bet365：1.44/4.75/6.00　　二初：1.66/4.00/4.75　　终赔：1.61/4.50/4.60

主 820，近况 3 连胜，主场近况 7 连胜。客 424，近况 2 连胜，客场近况 4 连负。往 172，近六次交手全平，国际米兰主场近四次交手 2 平 2 负，两队最近一次交手是 2022 年 1 月国际米兰客场 2：2 平罗马。

国际米兰此时已经联赛提前夺冠，球队目前从战意上讲可以说是无欲无求了，但国际米兰依然保持连胜。此时国际米兰的主教练还是孔蒂，这场比赛孔蒂选择大量轮休主力球员；而罗马此时排名第 7 积分 58，排名第 6 的是拉齐奥，积分是 64。如果罗马在第 36、37、38 轮后，最终联赛积分超过拉齐奥，罗马就可以获得下赛季欧联杯的资格（第 37 轮罗马主场迎战同城死敌拉齐奥，而此时排名第 8 的是莎索罗，积分是 56，罗马还要注意不能让莎索罗的积分超过自己，以免最终欧联杯资格没有拿到，连下赛季欧协杯的资格都丢掉。也就是说，罗马此时的战意很强，而且罗马近况 2 连胜，上轮刚刚主场 5：0 大胜克罗托内；往绩上国际米兰居于绝对劣势，主场面对罗马已经连续四次不赢球了。

主胜的实盘位在 1.85 左右，孔蒂的轮休策略并不是从这场才开始的，国际米兰自从夺冠以后就开始了，所以公司应该可以预测到这场比赛国际米兰会轮休主力，但三大依然选择把主胜赔率开低，变赔虽然抬高主胜赔率，但始终没有超过实盘位。而且变赔主胜赔率能够抬高的原因更多的是对应平负赔率拉低诱盘的对应调整阻盘，最后打出主胜。

这场比赛案例与上一个案例对比，应注意变赔主胜赔率抬高的幅度，当科隆有战意的时候，变赔主胜赔率抬高的幅度不大，即使拉低客胜赔率进行诱盘也仅仅是借用沙尔克 04 刚刚有缓和的状态。而这场比赛主胜赔率变赔则可以做较大幅度的抬高阻盘，因此战意在罗马一方，这两场比赛的区别一定要注意。

（3）双方强战意，低赔方实力高或者近况以及往绩佳，导致低赔筹码无法有效分散，只能采取减赔策略。

英超 2021～2022 赛季第 28 轮：曼城 4∶1 曼联。

威　廉：1.35/4.80/9.00	二初：1.36/4.80/8.00	终赔：1.40/4.75/7.00
立　博：1.36/4.75/8.00	二初：1.40/4.80/8.00	终赔：1.40/4.60/6.50
Bet365：1.33/5.00/9.00	二初：1.36/4.75/8.50	终赔：1.40/4.75/7.00

主 811，近况 2 连胜，刚刚足总杯客胜彼得堡联后晋级，3 天后欧冠淘汰赛次轮主场迎战里斯本晋级。客 460，近况 2 连平。往 514，曼城主场近三次交手全负，两队最近一次交手是 2021 年 11 月曼城客场 2∶0 胜曼联。

同城德比赛事，无须多说，双方肯定是超强战意。此时曼城的近况虽然好于曼联，但曼城球员太疲劳了，5 天前刚刚客场踢了足总杯，而曼联球员则休息了 8 天。双方都有主力球员没有出赛，比较离谱的是曼城主教练瓜迪奥拉选择把斯特林放在了替补席上，最后连替补登场都没有。要知道斯特拉没有参加之前的足总杯赛事，体能是非常充沛的，首发的两名前锋马赫雷兹与格拉利什则是足总杯打满全场，瓜迪奥拉的这个安排就很值得玩味了。其他的主力，中场京多安也是替补，而主力后卫迪亚斯则是因伤缺阵。曼联方面最大的缺失就是 C 罗没有进入首发，对外宣称有伤，但英格兰有媒体报道 C 罗与主教练朗尼克之间有矛盾，而 C 罗不出赛的消息是在斯特拉不出赛前已经放出。

主胜实盘位在 1.60 左右，曼联从实力、人气方面都不如曼城，但双方战意相当。三大初赔开低主胜赔率，到二次初赔还保持在初赔范围内震荡，一直临近到比赛快开始了，才均把主胜赔提高到 1.40，这个操作非常具有迷惑性，但其实只要分析双方赛前的表象因素就可以得出结论，这不过是公司在大众下注最密集阶段的一次性尝试性的阻盘而已。

（4）双方常态战意，低赔方或者因为近况和往绩占优，或者因为双方球员变化导致天平优势倾向低赔一方，因此低开减少赔付。

西甲 2021～2022 赛季第 23 轮：毕尔巴鄂竞技 2∶1 西班牙人。

| 威　廉：1.70/3.40/5.50 | 二初：1.60/3.80/5.80 | 终赔：1.57/3.70/6.50 |

立　博：1.70/3.50/5.25　　　二初：1.60/3.70/6.00　　　终赔：1.60/3.70/6.00
Bet365：1.73/3.50/5.00　　　二初：1.60/3.80/6.00　　　终赔：1.57/3.75/6.50

主 622，近况 2 连胜，刚刚国王杯主胜皇家马德里后晋级，3 天后国王杯主场迎战瓦伦西亚。客 325，近况 2 平 3 负。往 253，近两次交手全平，两队最近一次交手是 2021 年 10 月毕尔巴鄂竞技客场 1∶1 平西班牙人。

赛季中段，双方谈不上有什么明确的强战意，毕尔巴鄂竞技此时排名第 8 积分 31，向上可争夺下赛季欧战资格，但远不到最后冲刺阶段；西班牙人则排名 13 积分 27，谈不上已经成功保级，但降级忧虑不大。

主胜实盘位在 1.80 左右，对比两队近况，毕尔巴鄂竞技明显好过西班牙人，但是毕尔巴鄂竞技此时有国王杯赛事分心，所以这场联赛轮休了一些主力球员。即使如此，因为毕尔巴鄂竞技刚刚主场战胜了皇家马德里，再加上西班牙人近况不佳，各项赛事 5 场不胜。随着比赛时间临近，双方差异越来越大，主胜受注越发难以控制，只能继续把初赔已经开低的主胜赔率拉低，以减少赔付。

(二) 实盘位置

低赔方实盘位打出的比赛大多数为主客双方势均力敌的赛事，双方都有长处，也各有短板。很少是双方近况反差极大或者双方近况都多场连胜或者多场连败。此时开实低位置会为低赔方过度增加信心，开实高位置则过度增加赔付，很难达到赔率意义的平衡点，实盘开赔为最优解选择。

英超 2021～2022 赛季第 26 轮：南安普顿 2∶0 埃弗顿。
威　廉：2.10/3.40/3.50　　　二初：2.05/3.50/3.50　　　终赔：2.10/3.40/3.40
立　博：2.00/3.40/3.60　　　　　　　　　　　　　　　终赔：2.00/3.50/3.70
Bet365：2.00/3.50/3.60　　　二初：2.05/3.60/3.40　　　终赔：2.00/3.60/3.60

主 361，主场近况 2 连平。客 325，客场近况 4 平 7 负。往 334，近两次交手南安普顿全负，两队最近一次交手是 2021 年 8 月南安普顿客场 1∶3 负埃弗顿。

主胜实盘位在 2.05 左右，双方近况其实差不多，但看起来南安普顿略微好一些，因为南安普顿联赛近 3 轮主平曼城、客胜热刺、客平曼联；而埃弗顿虽然之前比较低迷，现在要到力争保级的地步，可上一轮主场 3∶0 大胜利兹联队，会让不少大众认为埃弗顿是否要反弹，再加上近两次交手南安普顿均落败，所以主胜赔率低开或者高开都不合适，只能实盘开赔并且保持震荡到终赔。

需要特别指出的是，联赛和杯赛的实盘位是不同的。经常出现两队刚刚在联赛或者杯赛交过手，随后又要在另外一项赛事进行对战，此时很多彩民就非常喜欢用两队刚刚交手比赛的赔率位置去套将要进行的比赛，结果自然是悲剧！

(三) 中庸位置

低赔方在中庸位取胜的比赛一般难度都比较大，有时受到两方战意或者球员伤停等因素影响导致开出中庸赔率。而有时赛前的表象因素会让我们认为开出中庸赔率是在抬高诱盘，其实这是由两点导致的：①以三大来说，赔率开出并不是给国内彩民看的，国内彩民与国外彩民在球队实力认知上时常会有偏差，导致对于分布的理解不同；②公司开赔的目的不仅是为了多赚钱，有时是为了如何少赔钱。

西甲 2021～2022 赛季第 23 轮：埃尔切 3：1 阿拉维斯。

威　廉：2.50/3.10/3.00	二初：2.45/3.10/3.00	终赔：2.38/2.90/3.40
立　博：2.45/3.00/3.10	二初：2.45/3.00/3.00	终赔：2.38/2.90/3.30
Bet365：2.37/3.10/3.10	二初：2.45/3.10/3.00	终赔：2.38/2.90/3.40

主 532，近况 2 连平。客 136。往 514，埃主场近两次交手全负，两队最近一次交手是 2021 年 10 月埃尔切客场 0：1 负阿拉维斯。

埃尔切的近况明显好过阿拉维斯，近两场比赛两平皇家马德里，而之前是一波 3 连胜；反观阿拉维斯则是相当差，正赛客场 5 连负，也就之前友谊赛客胜奥萨苏纳算是能为自己挽回一点信心；可往绩上双方不分上下，尤其是上赛季阿拉维斯主客场双杀埃尔切。

主胜实盘位在 2.10 左右，国内外的人气调查主胜分布均在五六成，主胜赔率开高，变赔还不拉低，最后还能打出主胜，为何？根由在历史人气上，埃尔切上个赛季升入甲级，阿拉维斯则已经在西甲厮混了 6 个赛季，两方历史人气不同。再借助两队上赛季的交手情况以及阿拉维斯刚刚友谊赛取胜这点可以制造疑阵，此时如果主胜开到实盘位或者变赔拉低到实位，主胜受注比例恐怕要突破六成，那也许就不是主胜赛果了。

（四）韬盘位

强韬阻盘还能打出的比赛一般都是利用表象因素对高赔方进行强诱，而强诱体现在低赔方上就是强阻。表象因素一般都是近况，比如说主队近况明显不如客队，所以进行强韬阻盘；或者是高赔方强战意，利用战意因素强诱客胜，主胜自然而然形成强韬阻盘。但还有一种情况是人员变化导致的强韬阻盘。

意甲 2020～2021 赛季第 38 轮：桑普多利亚 3：0 帕尔玛。

威　廉：1.95/3.90/3.60	终赔：1.67/4.20/4.40
立　博：1.95/3.70/3.50	终赔：1.67/4.00/4.75
Bet365：1.90/3.80/3.60	终赔：1.66/4.60/4.20

主 523。客 019，客场近况 5 平 9 负。往 433，近两次交手桑普多利亚全胜，两队最近一次交手是 2022 年 1 月桑普多利亚客场 2：0 胜帕尔玛。

主胜实盘位在 1.62 左右，联赛最后一轮。当时桑普多利亚向上争夺不到任何东西，向下早已经保级，而帕尔玛则早已经确定要降级，三大初赔还是严重开高主胜赔率。随后三大变赔又大幅度拉低主胜赔率，最终还打出主胜了。如果不关注球员情况，会对这场比赛的感觉是丈二和尚摸不着头脑。

在联赛第 37 轮桑普多利亚客胜乌迪内斯的比赛里，桑普多利亚把大量主力球员进行了轮休，如夸利亚雷拉、扬克托等。所以到了第 37 轮比赛过后，公司进行开赔时，预设的情形就是桑普多利亚还会继续轮休主力球员。但随着比赛时间的临近，公司开始掌握越来越多的信息，他们此时发现，虽然桑普多利亚还是轮休主力球员，但肯定要把夸利亚雷拉和扬克托这两名绝对主力安排首发。通过这种举动，公司分析桑普多利亚的心态应是联赛的最后一场，在主场完成一场大胜以致谢自己的球迷，因此被迫变赔拉低主胜赔率减少赔付，这才有了初赔韬位，变赔不断向实盘位拉低并打出的情况。

二、低赔方诱盘

当低赔方不是赛果项时，其主要作用是诱盘主力项了。少数情况是与另外一项进行组合诱盘，只有极少数的情况下才作为辅助项进行配合诱盘。

（一）低赔方战意明显不如高赔方

1. 初赔开低或者变赔拉低以增强信心进行诱盘

德甲 2021～2022 赛季第 28 轮：法兰克福 0：0 菲尔特。

威　廉：1.44/4.50/6.50	二初：1.44/4.50/7.00	终赔：1.25/5.50/12.0
立　博：1.44/4.50/6.50	二初：1.44/4.50/7.00	终赔：1.25/5.75/13.0
Bet365：1.44/4.75/6.00	二初：1.44/4.75/6.50	终赔：1.28/6.00/11.0

主 424，近况 2 平 1 负，5 天半后欧联淘汰赛首轮主场迎战巴塞罗那。客 334。往 541，近两次交手法兰克福全胜，法兰克福主场近两次交手全平，两队最近一次交手是 2021 年 11 月法兰克福客场 2：1 胜菲尔特。

主胜实盘位在 1.73 左右，法兰克福主力后卫欣特雷格停赛，实力受损；但菲尔特有多名球员感染新冠肺炎，两队人员上都有损失。法兰克福随后有外战要分心，菲尔特则要力争保级。这样一分析就可以看出，即使菲尔特人员上损失比法兰克福要大，但从两队战意以及随后比赛情况的对比来看，肯定是菲尔特战意要强过法兰克福，完全没有必要再拉低主胜赔率营造信心。

有的读者可能会问，那初赔开出的时候，公司还不知道菲尔特有多名球员感染新冠肺炎，那初赔开低是不是看好主胜，等到比赛临近才改变了主意？笔者认为，虽然公司不能预知未来，但这场联赛过后法兰克福要迎战巴塞罗那，而菲尔特有强烈保级战意。这些表象因素可是在初赔开出之前，公司与大众双方都可知情的，那为何还要开低主胜赔率？

2. 初赔开高或者变赔抬高以增加回报进行诱盘

欧冠 2021～2022 赛季八强淘汰赛次轮：利物浦 3：3 本菲卡。

| 威　廉：1.35/4.80/9.00 | 二初：1.30/5.50/9.00 | 终赔：1.40/5.00/7.50 |

立　博：1.30/5.50/9.50　　二初：1.3C/5.50/10.0　　终赔：1.40/4.80/7.50
Bet365：1.33/5.25/8.00　　二初：1.3C/6.00/8.50　　终赔：1.40/5.00/7.00

主721，2天半后足总杯做客曼城。客532。往203，近两次交手利物浦全胜，首轮利物浦客场3：1胜本菲卡。

主胜实盘位在1.30左右，按照常理来说，利物浦首轮已经客场3：1胜本菲卡，次轮即使小负也可以晋级，而且利物浦随后足总杯赛事要客战曼城，所以这场比赛应该会轮休主力球员。

利物浦不能说没有战意，只是战意不如对手本菲卡强。别看本菲卡首轮已经两球落后，但对于球队来说并不是没有希望晋级，可大众对于利物浦的信心一定是强过本菲卡。所以低赔方实盘位置进行诱盘的比赛，往往是战意与信心相背离的情况。这与上文提到的法兰克福与菲尔特比赛案例不同点在于，两场比赛低赔方的信心不同。利物浦即使全替补球员出战，大多数球迷还认为会取得胜利，而法兰克福则不具备这种条件。

在常态下，这种杯赛打出主胜应该是开实低盘，但考虑到要轮休主力球员或者主力球员会保存体力，开到实盘位已经是回报高位，因为大众还是看好利物浦主客双杀本菲卡的多，所以初赔开在实盘位没有问题，但变赔抬高主胜水位就属于诱盘行为了。而想要打出主胜，初赔可以开到实低位置，变赔抬高到实盘位进行阻盘。

（二）低赔方强战意

意甲2021～2022赛季第31轮：AC米兰0：0博洛尼亚。
威　廉：1.57/3.70/6.50　　二初：1.50/4.20/7.00　　终赔：1.30/5.50/9.50
立　博：1.40/4.50/7.50　　　　　　　　　　　　　终赔：1.30/5.20/11.0
Bet365：1.50/4.33/6.00　　　　　　　　　　　　　终赔：1.33/5.25/8.50

主640，近况3连胜。客136，近况2平2负，客场近况1平4负。往910，近六次交手AC米兰全胜，AC米兰主场近五次交手全胜，两队最近一次交手是2021年10月AC米兰客场4：2胜博洛尼亚。

主胜实盘位在1.44左右，这场比赛是意甲本赛季31轮的最后一场。如果AC米兰可以主场取胜，即可超过那不勒斯3分的优势重返联赛榜首，而且AC米兰近况3连胜，往绩对战占据绝对优势；而博洛尼亚此时排名13积分33，距离欧战区有18分差距、距离降级区有11分的差距，高不成低不就。近况也是相当差，可以说是没有一点优势。

这样的比赛只要初赔开高低赔方水位，变赔不论怎么变化，低赔方都是诱盘的方向，无非是平局还是高赔方胜出，都是两种不同赛果下的不同变化而已。具体到这场比赛，初赔开高主胜赔率进行诱盘，如果要打出客胜，变赔拉低最多到实盘位，同时配合平赔做拉低，客胜高抬让大众认为是渣赔，也就是阻盘思路进行阻滞。

（三）双方都是强战意

1. 资格争夺战：保级、争冠、争夺欧战资格、小组出线、杯赛中的淘汰赛晋级等

维拉利尔在欧冠2021～2022赛季中表现突出，十六强淘汰赛和八强赛里先后淘汰尤文图斯与拜仁慕尼黑。其中维拉利尔做客的两场比赛都是低赔方开在实低位置进行诱盘，下面把这两场比赛解析一下。

（1）欧冠2021～2022赛季十六强淘汰赛次轮：尤文图斯0：3维拉利尔。

威　廉：1.83/3.40/4.50　　二初：1.85/3.40/4.40　　终赔：2.05/3.30/3.70
立　博：1.80/3.30/4.60　　二初：1.87/3.40/4.33　　终赔：2.10/3.25/3.70
Bet365：1.85/3.60/4.00　　二初：1.95/3.40/4.20　　终赔：2.10/3.25/3.60

主640，近况4连胜。客532。往010，首轮尤文图斯客场1：1平维拉利尔。

主胜实盘位在1.95左右，首轮尤文图斯客平维拉利尔，次轮想要晋级至少不能输球（欧战赛事此时已改制，主客场两回合淘汰赛已不把客场进球数优势作为淘汰标准）。大众的普遍认知肯定是尤文图斯综合实力更强，又占据主场优势，所以主胜筹码分布占到大多数，至少达到六成。

主胜初赔开在实盘位问题不大，但从二次初赔后，在尤文图斯没有明显短板的背景下，想要打出主胜就不应该抬高主胜赔率了，那么为什么还要抬高？因为公司经过前期铺垫，认为此时即使抬高主胜赔率，也不会引起筹码大批量逃离，因而从初赔到二次初赔再到终赔，主胜赔率逐渐抬高进行诱盘。

（2）欧冠2021～2022赛季八强淘汰赛次轮：拜仁慕尼黑1：1维拉利尔。

威　廉：1.25/5.80/11.0　　二初：1.25/6.00/11.0　　终赔：1.22/6.50/11.0
立　博：1.33/5.20/10.0　　二初：1.25/6.00/13.0　　终赔：1.25/6.00/10.0
Bet365：1.33/6.00/7.00　　二初：1.25/6.50/9.50　　终赔：1.22/7.00/10.5

主631，主场近况3连胜。客523，客场近况2连负。往201，首轮拜仁慕尼黑客场0：1负维拉利尔。

主胜实盘位在1.40左右，首轮拜仁慕尼黑客负维拉利尔，次轮想要晋级至少要净胜1球。在经过十六强淘汰赛和八强赛的首轮后，大众对维拉利尔的信心已经开始增强，而且维拉利尔本身想要直接晋级最起码要守住平局。此时想要打出主胜，初赔就不应该开低主胜赔率，应该开在实盘位。即使初赔开低，变赔也要采取横盘震荡策略，不能再拉低进行信心增强。

维拉利尔的这两场比赛依据不同的赛前表象因素，变赔采取一抬一拉的手法进行诱盘，对应的分别是增加赔付与增加信心。赔付与信心这两种方式是所有比赛诱盘的主要因素，或者两者兼有，或者占据其一。

2. 德比战：德比战不论双方近况、往绩、随后比赛情况如何，双方都是强战意

西甲2021～2022赛季第29轮：皇家马德里0：4巴塞罗那。

威　廉：2.00/3.60/3.50　　二初：2.15/3.50/3.20　　终赔：2.25/3.50/3.00

立　博：2.00/3.60/3.50　　二初：2.10/3.60/3.25　　终赔：2.25/3.50/3.00

Bet365：1.90/3.80/3.60　　二初：2.15/3.60/3.25　　终赔：2.30/3.40/3.10

主 622，近况 5 连胜，主场近况 4 连胜。客 730，近况 2 连胜，客场近况 4 连胜，刚刚欧联 16 强赛次轮客胜加拉塔萨雷后晋级。往 433，皇家马德里主场近两次交手全胜，两队最近一次交手是 2022 年 1 月西超杯皇家马德里客场 2：2 平巴塞罗那。

主胜实盘位在 1.75 左右，三大初赔全部开高主胜赔率。在两队都近况大优，又是国家德比战的背景下，初赔把主胜水位开低直接把主胜打出的可能性封杀了。有意思的是，在这场比赛前夕，上轮客胜马洛卡的比赛中表现突出连进两球的皇马主力前锋本泽马突然伤了，这场比赛不能出战。而这场比赛后的下一轮，皇家马德里客胜塞尔塔的比赛中，本泽马伤愈复出，又是连进两球。状态这么好的前锋，偏偏在德比这么关键的战意里伤缺，值得玩味。

本身德比战，平局受到的关注度比正常赛事要低。在确认本泽马伤缺后，三大二次初赔开始抬高主胜拉低客胜赔率，此时如果要出平局，平负水位应该同梯度拉低，甚至平赔水位拉低的幅度要更大。而现盘三大却始终把平赔水位顶在高位，明显想起到拦截坝的效果，客胜赛果呼之欲出。

（四）双方常态战意

英超 2021～2022 赛季第 30 轮：狼队 2：3 利兹联队。

威　廉：2.05/3.40/3.60　　二初：2.10/3.40/3.40　　终赔：2.15/3.25/3.50

立　博：2.15/3.30/3.30　　二初：2.10/3.30/3.30　　终赔：2.25/3.20/3.30

Bet365：2.15/3.50/3.30　　二初：2.10/3.50/3.40　　终赔：2.15/3.50/3.25

主 505，近况 2 连胜。客 217，客场近况 1 平 3 负。往 613，狼队主场近两次交手全胜，两队最近一次交手是 2021 年 10 月狼队客场 1：1 平利兹联队。

主胜实盘位在 1.80 左右，两队都有战意。狼队向上可以争夺下赛季的欧战名额，利兹联队向下有降级的可能性。这里多说两句，国内彩民群体中流传一种说法，即五大联赛的球队认为欧联杯、欧会杯赛事的奖金不如欧冠杯高，所以对于欧联杯、欧会杯等赛事的兴趣度不高。五大联赛球队有时会故意放弃欧联杯、欧会杯的参赛资格，这样能够全身心地投入到国内联赛中，争取在下个赛季拿到一个好的名次。这种说法以前如何不做置评，但现在全球经济大环境都不够好，再加上新冠肺炎疫情的影响，能获得一个欧战资格就可以得到一笔额外的收入，这对于所有球队都是一种诱惑。

开高的主胜赔率会让彩民感到很舒适，如果狼队近况或者往绩上不如利兹联队，则大众对于狼队信心不会强过利兹联队；如果狼队此时没有向上争夺下赛季欧战资格的可能性，大众在战意因素影响下感觉到方向不明晰，甚至会轻视狼队。只有当信心与战意双重结合都利于低赔方时，初赔或者变赔还开高或者抬高低赔方到韬位，诱盘自然而然就来了。

（五）双方都战意不足

欧冠 2021～2022 赛季十六强淘汰赛次轮：曼城 0：0 里斯本竞技。

威　廉：1.15/7.50/19.0　　二初：1.15/7.50/17.0　　终赔：1.20/6.50/13.0
立　博：1.14/7.50/23.0　　二初：1.14/8.00/19.0　　终赔：1.22/6.50/12.0
Bet365：1.14/8.00/15.0　　二初：1.11/10.0/21.0　　终赔：1.22/7.00/11.0

主 811，近况 3 连胜。客 622，客场近况 2 连平。往 201，首轮曼城客场 5：0 胜里斯本竞技。

主胜实盘位在 1.40 左右，曼城首轮已经客场 5 球大胜里斯本竞技，次轮里斯本竞技就是拼了命也难以在曼城的主场净胜 5 球，所以两队都会排出替补阵容出战。

这种类型的比赛，公司其实在开出初赔之前就已经预测到了两队的首发阵容，那为什么还要大幅度开低？一是为了预防意外情况发生，如曼城虽然首轮已经大胜，但队内某些球员为了刷数据（进球数、助攻数、黄牌等），还会派遣主力出战；二是为了给后期抬高阻盘留下空间，这样后期有抬高阻盘阻滞信心的过程，而抬高后的水位又不会过多地增加赔付。所以当球队派遣替补出战，取胜水位又不做适度抬高时，那就是诱盘了。多说一句，一定要适度，抬高的不能太少也不能太多，以这场比赛来讲，抬高到 1.36 左右就是适度。

第二十六章　平赔认识

一、分散平赔筹码策略

分散平赔筹码主要有两大策略：一种是单向分散；另一种是双向分散。两大策略都不是绝对的，其中，单向分散中包含双分医素，而双向分散中也含有单分因素，不能绝对分开，尤其 2～3 区间单双分的结合很有讲究。

（一）单向分散

所谓的单向分散即为拉低赔率组合中低赔方的数值对平赔潜在筹码进行分流，比赛双方的综合实力对比差距比较明显。在实际运用中可以将平赔略微抬起，将低赔方数值拉低，而高赔方运用得较少。

单向分散主要做盘思维是在综合实力差距明显的对阵中，受注分布大部分集中于低赔方，平赔和高赔方分布偏少。所以如果要打出平局，只需要将平赔的部分潜在受注筹码吸引到低赔方上即可。至于高赔方，由于本身受注比平赔还少，做盘价值不大，一般处于过渡的位置，即赔付和信心结合尚可的位置，阻力不会很大，回报率也不是很低的位置，也就是姜太公钓鱼，愿者上钩。

1. 意大利杯 2021～2022 赛季 1/8 淘汰赛：AC 米兰 1∶1 热那亚

威　廉：1/33/4/50/8/50　　二初：1.29/4.75/9.50　　终赔：1.25/4.80/10.0

立　博：1.29/4.75/9.50　　二初：1.29/4.60/9.50　　终赔：1.25/4.80/10.0

Bet365：1.33/5.50/8.00　　二初：1.3C/5.75/8.50　　终赔：1.33/5.75/8.50

主 613，近况 2 连胜。客 136，近况 2 平 2 负，客场近况 5 平 4 负。往 721，近两次交手 AC 米兰全胜，两队最近一次交手是 2021 年 12 月 AC 米兰客场 3∶0 胜热那亚。

AC 米兰中场核心凯西参加非洲杯，而这场比赛队内主力球员大多数轮休，原因是几天前刚刚踢的联赛，主教练皮奥利要保证主力球员征战重要比赛时的体能，在杯赛里遇到热那亚这样的对手自然会选择轮休主力。但公司初赔都是提早开出，初赔开出时是以 AC 米兰绝对主力阵容进行评估后开出，到赛前确定 AC 米兰大量排出替补球员出战后，不但没有对应综实调整抬高主胜赔率，威立反而继续拉低强化主胜信心。客胜赔率对比初赔，三大都做了微抬，思路是在不影响信心的前提下加水诱盘，但平赔筹码的分散主要依靠主胜赔率开低以及持续拉低进行分流。

2. 西甲 2021～2022 赛季第 18 轮：皇家马德里 0∶0 卡迪斯

威　廉：1.22/6.00/13.0　　二初：1.25/6.00/12.0　　终赔：1.10/9.00/23.0

立　博：1.20/6.50/17.0　　二初：1.25/5.80/10.0　　终赔：1.10/10.0/26.0

Bet365：1.18/7.00/15.0　　　二初：1.22/7.00/12.0　　　终赔：1.11/9.00/21.0

主10连胜。客334，刚刚国王杯客胜阿尔瓦塞特后晋级。往401，两队最近一次交手是2021年4月皇家马德里客场3：0胜卡迪斯。

皇家马德里虽然近况各项赛事10连胜，但绝对主力莫德里奇伤缺，经过精算后得出结论，皇家马德里目前没有能力对阵西甲任何一支球队把主胜赔率开进9区间。那么可不可以实低开赔减少赔付呢，可以。但矛盾点在于三大初赔开出时，皇家马德里已经近况8连胜，当时莫德里奇还没有受伤，怎么到了临场中场核心伤停后，还持续拉低主胜赔率呢？

而皇家马德里上赛季主场输给了卡迪斯，变赔拉低主胜赔率的同时虽然平负赔率齐抬，但明显是客胜赔率抬高幅度更大，做高水诱盘之举。整体思路以主胜强拉进行单向强分散，客胜高抬小小辅助。

（二）双向分散

双向分散顾名思义即为胜负两方合力对平赔潜在筹码进行分散，比赛双方的综实差距比单向分散的比赛要小。在实际运用中，平赔应根据不同赛事特点进行调整，或者拉低或者抬高，也有可能持续震荡。

双向分散主要做盘思维指当赔率组合中胜负两方其中一方单向拉力不足时，需要借助另一方进行辅助分流。双向分散存在两种情况：一是胜负两方其中一方拉力强于另一方；二是胜负两方拉力相当。

1. 意超杯2021~2022赛季决赛：国际米兰1：1尤文图斯

威　廉：2.15/3.50/3.20　　　二初：1.80/3.75/4.33　　　终赔：1.67/3.90/4.80
立　博：1.95/3.25/3.40　　　二初：1.80/3.40/3.90　　　终赔：1.67/3.50/4.60
Bet365：1.80/3.60/4.33　　　　　　　　　　　　　　终赔：1.72/4.00/4.50

主901，近况4连胜，主场近况7连胜。客622，客场近况2连胜。往145，近四次交手国际米兰2平2负，两队最近一次交手是2021年10月意甲国际米兰主场1：1平尤文图斯。

两队近况对比明显是国际米兰优于尤文图斯，但尤文图斯并不是弱旅，胜负双向强拉力。两队2021年10月在国际米兰主场的那次联赛交手，三大初赔主胜水位都开在2区间。这场比赛威廉最早开出初赔，其次立博，Bet365最后开出，从三大依次开赔对比就可以得出赛果为平局的结论，主胜水位逐渐开低，客胜水位逐渐开高，到了变赔三大都进一步拉低主胜水位，实际上国际米兰真的比尤文图斯强很多吗？显然不是，但因为两队中国际米兰人气更足，所以强拉主胜吸引大众眼球。客胜水位高高抬起辅助诱盘，此时客胜的高抬与单向分散中的高赔方抬高是不同的，因为在大众普遍的认知里，尤文图斯并没有比国际米兰差多少，所以高抬的客胜水位对于一些贪婪的大众具有相当大的诱惑力了。

2. 意甲2020~2021赛季第38轮：克罗托内0：0佛罗伦萨

威　廉：3.25/3.90/2.05　　　　　　　　　　　　　　终赔：3.70/4.20/1.83

立　博：3.25/3.60/2.05　　　　　　　　终赔：3.70/4.00/1.83

Bet365：3.40/3.60/2.05　　　　　　　　终赔：3.60/4.33/1.83

主217。客244，近况1平1负，客场近况2连平。往113，近两次交手克罗托内全负，两队最近一次交手是2021年1月克罗托内客场1∶2负佛罗伦萨。

克罗托内早已经确定降级了，而佛罗伦萨提前完成保级任务，即使这场比赛取胜也拿不到下赛季的欧战资格，胜负双向弱拉力。但克罗托内在已经明确降级的背景下，近两轮先是主场战胜了维罗纳，随后客场逼平了要力争保级的贝内文托，这场比赛是克罗托内作为甲级球队最后一个主场赛事；佛罗伦萨方面往绩占优，近况也好于克罗托内。

三大初赔开低客胜，变赔持续拉低客胜水位作为分流主力项（这场比赛三大初赔都是在两队最近一场比赛完结后才开出的，所以没有二次初赔）。主胜方面借助克罗托内近两场比赛状态回暖的情况做高位诱盘，并且始终低于平赔水位。在双方弱战意的大背景下，从初赔开始就顶高平赔，为大众营造强烈要分胜负的错觉。

3. 西甲2021～2022赛季第17轮：马洛卡0∶0塞尔塔

威　廉：3.00/3.00/2.55　　二初：2.80/3.10/2.70　　终赔：2.80/2/88/2.80

立　博：2.88/3.00/2.55　　二初：2.80/3.00/2.62　　终赔：2.80/2.88/2.75

Bet365：3.00/3.00/2.50　　二初：2.87/3.00/2.62　　终赔：2.80/2.90/2.80

主262，主场近况3连平，6天后国王杯做客利亚内拉。客334，客场近况2连胜，4天后国王杯做客安道尔CF。往532，马洛卡主场近两次交手全胜，两队最近一次交手是2020年7月马洛卡主场5∶1胜塞尔塔。

三大初赔开出前，马洛卡各项赛事6场未胜，塞尔塔则是各项赛事4场未败，往绩对比马洛卡占据绝对优势。初赔开出到这场赛前，马洛卡两场比赛1胜1平，上轮更是客场战胜了马德里竞技；塞尔塔两场比赛1胜1负，上轮主负瓦伦西亚。

从初赔开出到赛前，随着时间的推移，马洛卡的人气渐增，而塞尔塔人气有所减弱，此时双方都有拉力，但想形成单向拉力分流平赔筹码都略显不足。所以三大初赔虽然开的都是右倾盘，但从二次初赔到临场变赔全部做错向调整成为左倾盘或者平衡盘，到终赔全部变成平衡盘，这场比赛是更优解中双向分散平局的典型。

二、赔率分析的核心要素是平赔分析

（一）平赔的洼地思维

当拉平或者平中庸（甚至极个别时候顶高）时，分析表象分布，胜负不足以分散平赔潜在分布时，则是平赔的洼地思维，这样的比赛结果肯定不是平局。

西甲2021～2022赛季第19轮：奥萨苏纳1∶3毕尔巴鄂竞技。

威　廉：3.00/2.90/2.60　　二初：3.00/2.90/2.60　　终赔：3.40/2.80/2.45

立 博：2.90/3.00/2.62　　　　　　　　　　终赔：3.30/2.90/2.40
Bet365：2.75/3.10/2.60　　二初：3.00/3.00/2.55　　终赔：3.40/2.87/2.40

主244，主场近况3平1负，2天半后国王杯做客赫罗纳。客154，客场近况6平1负，3天后国王杯做客曼查雷亚尔。往424，两队最近一次交手是2021年5月奥萨苏纳客场2：2平毕尔巴鄂竞技。

（二）胜负赔分散能力的判断

不同比赛主客对阵形势是不同的，主客两队的实力、人气、战绩等因素不同，能否有效分散平赔潜在筹码很有讲究，是较深层次的问题。另外，对于0区间的比赛，胜负分散力平衡性的判断很关键，对胜负赛果的判断帮助很大。

西甲2021～2022赛季第11轮：西班牙人1：1毕尔巴鄂竞技。
威　廉：2.70/2.90/2.88　　二初：2.70/3.00/2.90　　终赔：2.80/3.00/2.75
立　博：2.70/3.10/2.62　　二初：2.75/3.00/2.70　　终赔：2.70/3.10/2.70
Bet365：2.75/3.00/2.75　　二初：2.75/3.00/2.80　　终赔：2.80/3.10/2.65

主343，主场近况3连胜。客451，近况2连胜，客场近况2连平。往343，近三次交手西班牙人2平1负，两队最近一次交手是2020年1月西班牙人主场1：1平毕尔巴鄂竞技。

这个案例的客队也是毕尔巴鄂竞技，但与上一个例子不同的是，这场比赛一是比赛双方拉力更强，二是没有营造平局洼地效果。

（三）胜负拉伸分流

（1）单方或者双方强战意。
（2）单方或者双方弱战意。
（3）单方或者双方近况好。
（4）其中一方往绩占据优势。
（5）其中一方主力球员伤停，导致另外一方人气意外增加。
（6）双回合比赛首轮利用大众普遍认为主队或者强队想尽快确立优势的想法进行对应拉伸。
（7）单场决胜负的比赛，利用大众认为双方或者其中一方不想踢加时赛、点球的心理进行拉伸分流。

（四）胜负错向分流

（1）双方状态均良好、取胜的场次多。
（2）双方往绩胜负多、近况胜负多。
（3）双方人气差距明显，低赔方多为人气球队，使胜负各得其所。
（4）双方状态均差、失利场次多。

（5）两回合淘汰赛，利用首回合比赛结果设局做盘。

（五）逆向拉动双分平局思路

这个思路其实也是错向分流中的一种，但需要单独拿出来详细说说。逆向拉动双分平局思路指在一定范围内拉低弱势一方的水位以增加其信心，达到最大限度地利用胜负双分能力的做盘思路，其中要注意的是，逆拉幅度不能太过，使优势一方水位过高而产生阻力。

1. 单向拉动分平

开赔条件诸如如人气差距、往绩差距、近况差距、排名差距等。

2. 平赔高梯度阻

梯度本身存在阻力，有向其他两个方向分卸的作用。开赔条件诸如弱队近期有人气加成、两队人气差距大、两队排名差距大、形势上某队似乎必胜、欧冠杯关键战、夺冠关键战、保级关键战、事关各类出线资格关键战、弱队近况取胜多或者刚取胜、综实有差距时往绩是弱队占优、综实接近时强队近况胜负多或者刚刚爆冷输球、双回合淘汰赛首轮弱队胜等。

这类型的比赛一般的开赔思路是平赔升到高于心理预期、产生阻力的位置，低赔方在维持区间信心的基础上抬高水位增加回报，而高赔方则相应地拉低产生分散力。

意甲 2020～2021 赛季第 36 轮：桑普多利亚 2∶2 斯佩齐亚。

威　　廉：2.25/3.50/3.10　　二初：2.25/3.40/3.10　　终赔：2.50/3.60/2.65
立　　博：2.25/3.50/3.00　　二初：2.40/3.40/2.75　　终赔：2.50/3.40/2.65
Bet365：2.30/3.40/3.00　　二初：2.30/3.60/2.80　　终赔：2.50/3.60/2.65

主 424，主场近况 2 连胜。客 235，近况 2 平 3 负，客场近况 1 平 6 负。往 202，两队最近一次交手是 2021 年 1 月桑普多利亚客场 1∶2 负斯佩齐亚。

主胜实盘位在 2.00 左右，三大全部开高主胜。联赛收官阶段，此时桑普多利亚向上不可能争取到下赛季的欧战资格，向下没有保级忧虑，战意上大众的理解是无欲无求，但桑普多利亚近两个主场都取胜；斯佩齐亚目前高于降级区 3 分，还没有确定保级成功，有保级强战意。斯佩齐亚虽然近况不佳，但两队最近一次交手则是斯佩齐亚取胜。做局思路是利用斯佩齐亚的强战意大幅度拉低客胜水位进行强诱，而主胜水位抬高幅度不能过大，不能把赔率形态从左倾盘调整成右倾盘，平赔水位始终顶高阻滞信心。

3. 平赔中庸胜负错向分散

胜负赔在 2.00～3.00 的一种做盘设局手段，当胜负赔在 0 区、1 区、2 区时，平赔与胜负赔之间可以形成一定的梯度差，从而向胜负两边分流，让胜负赔都起到泄洪闸的效果。开盘条件一般都是双方均不具备单向人气，这种情况做双向分平，有时会将胜负赔水位压缩在 1 区间内，从而适当增大胜负赔的分散力。极端情况都压到 1 区间中水，这种情况很少见，毕竟平赔水位过高对赔付不利，如果遇到出货或者高手是有挺大风险的。这样的平赔，一般是在小比赛或者赔付风险可控的比赛中打出，而且基本都是难以单向分散的比赛。

意甲2021～2022赛季第6轮：热那亚3∶3维罗纳。

威　廉：2.88/3.30/2.50	二初：2.88/3.20/2.60	终赔：2.62/3.20/2.80
立　博：2.80/3.30/2.40	二初：2.80/3.25/2.50	终赔：2.50/3.25/2.75
Bet365：3.00/3.25/2.37	二初：2.90/3.10/2.55	终赔：2.62/3.25/2.80

主315，近况1平1负。客324，客场近况1平2负。往541，近两次交手全平，两队最近一次交手是2021年2月热那亚主场2∶2平维罗纳。

新赛季开始后，两队前5轮的成绩都是1胜1平3负，往绩上热那亚占据绝对优势，尤其是主场。但不同的是，热那亚近两场比赛先是主负佛罗伦萨，随后客平博洛尼亚，属于人气逐渐降低的情况；而维罗纳近两场比赛则是主胜罗马后客平萨勒尼塔纳，人气逐渐走高。

主胜实盘位在2.35左右，三大初赔全部开高主胜，到二次初赔还保持主胜赔率高位震荡，随后变赔开始做大幅度拉低。如果只看初赔会让大众感觉莫名其妙，但大幅度拉低主胜水位后的强烈营造信心手法，就能"忽悠"到一大票人看好主胜。对应的客胜初赔开低，变赔大幅度抬高，属于辅助诱盘的策略。总体的思路是通过预设开高主胜开低客胜，然后变赔做错向分流，为大众营造要分胜负的错觉。双方单向分流能力都不足，没有最优解，采取更优解。

4. 抬高低赔降低高赔伴随降平

强队方信心减弱或不足，选择增加其取胜回报来增加综合分散力，同时拉低高赔水位形成错分格局。

英超2021～2022赛季第6轮：莱切斯特城2∶2伯恩利。

威　廉：1.47/4.20/7.00	二初：1.57/4.00/6.00	终赔：1.62/3.80/5.80
立　博：1.50/4.00/6.00	二初：1.57/3.90/5.80	终赔：1.70/3.75/5.00
Bet365：1.44/4.33/7.00	二初：1.60/4.00/6.00	终赔：1.65/3.80/5.25

主523，主场近况1平1负，刚刚英联杯客胜米尔沃尔后晋级，5天后欧联小组赛做客华沙莱吉亚。客325，客场近况1平2负，刚刚英联杯主场大胜罗奇代而后晋级。往523，莱切斯特城主场近两次交手全胜，两队最近一次交手是2021年3月莱切斯特城客场1∶1平伯恩利。

主胜实盘位在1.62左右，三大初赔全部开低主胜。莱切斯特城联赛近况2连负，随后还有外战分心，大众开始对其产生质疑；伯恩利联赛开始后成绩1平4负，非常糟糕，但刚刚英联杯主场大胜让大众感觉有回暖迹象。从二次初赔后到比赛前期，人气分布已经与初赔开出时发生变化，但总体还是主胜分布最多，因此三大借势抬胜拉平负，主胜水位抬高不过度，起到加水诱盘的效果，而平负水位齐拉增强客队信心。在赔率调整的过程中，始终保持平负水位的梯度差，以突出客胜回报的丰厚感，尽力达到因时就势的双分效果。

三、平赔开盘核心思维

（一）不是平局的平赔

1. 平赔实盘或者实低

（1）低平洼地开赔：利用表象因素开出低平赔率组合，刻意营造要打出平局的假象。

西甲2021～2022赛季第11轮：阿拉维斯1：0埃尔切。

威　廉：2.25/3.00/3.50	二初：2.25/3.00/3.60	终赔：2.20/3.00/3.75
立　博：2.20/3.00/3.50	二初：2.20/3.00/3.60	终赔：2.20/2.90/3.70
Bet365：2.25/3.00/3.60	二初：2.10/3.00/4.00	终赔：2.15/2.90/4.00

主208。客244，近况1平1负，客场近况3连负。往325，阿拉维斯主场近四次交手1平3负，两队最近一次交手是2021年8月友谊赛阿拉维斯主场0：1负埃尔切。

赛季开始后阿拉维斯2胜7负，而埃尔切2胜4平4负，可以说表现都很糟糕，其中阿拉维斯更差，往绩上埃尔切占优，但阿拉维斯上轮联赛客胜卡迪斯有一定的回暖迹象。

通过表象因素分析判断，筹码分布趋向中庸顺分布的形态，主胜分布最多、平赔其次、客胜分布一定是最少的。埃尔切虽然近况表现比阿拉维斯好一些，但如果采取主胜韬开或者变赔抬高阻盘的策略，埃尔切则没有能力为过高的主胜赔提供有效分流，那只能在平赔上做文章。在关注这场比赛的彩民中，肯定是有相当数量的人已经注意到了阿拉维斯赛季开始后还没有打出过平局这个现象，因此三大从初赔就把平赔水位开低营造洼地效果进行诱盘。又因为赔率变化是连通器原理，有低就要有高，所以三大初赔开高客胜水位，变赔继续抬高做高水诱盘，策略就是姜太公钓鱼，吸引贪婪的彩民。

（2）低平非洼地开赔：往往是平赔为辅助诱盘项，开出低平吸引游弋筹码。

欧冠2019～2020赛季小组赛D小组第4轮：勒沃库森2：1马德里竞技。

威　廉：2.75/3.20/2.60	二初：2.80/3.10/2.62	终赔：2.70/3.10/2.70
立　博：2.70/3.10/2.65	二初：2.75/3.10/2.62	终赔：2.70/3.10/2.75
Bet365：2.75/3.20/2.60	二初：2.75/3.20/2.70	终赔：2.75/3.20/2.70

主325，前3轮全负。客460，近况2连平，客场近况3连平，前3轮2胜1平。往133，近四次交手勒沃库森1平3负，两队最近一次交手是2019年10月勒沃库森客场0：1负马德里竞技。

表象因素勒沃库森近况往绩都不占优，但因为前3轮全部输球，再不取胜就会失去小组出线权；马德里竞技方面近况尚可，近10场各项赛事4胜6平，这里要注意6平这个数据，这场比赛如果取胜就可以提前小组出线。

客胜实盘位在 2.40 左右，平赔的 3.10、3.20 这两个数值在三大的 94 体系赔率组合中都属于低平范围内。大众主要关注点在马德里竞技取胜即可提前小组出线上，所以客胜初赔开高，从二次初赔后的变赔继续抬高做客胜高水诱盘。又因为马德里竞技近期平局较多，开出低平除进行辅助诱盘外，还可以对客胜开高的水位进行赔率体系意义上的平衡，这样主胜赔率就不用过度开低以吸引大众眼球了。

2. 中庸平赔

在平中庸的比赛里，往往是利用一方的优势做抬高或者拉低进行诱盘，而平赔中庸位起到支点或者拦截的效果。这种类型的比赛判断起来比较难，要时刻关注综实变化找准实盘位。

(1) 平赔中庸梯度组合。

意甲 2021～2022 赛季第 1 轮：桑普多利亚 0：1AC 米兰。

威　廉：4.80/3.50/1.80　　二初：4.20/3.50/1.91　　终赔：3.60/3.50/2.05

立　博：4.20/3.70/1.80　　二初：4.00/3.60/1.85　　终赔：3.40/3.50/2.05

Bet365：5.25/3.60/1.72　　二初：4.00/3.60/1.90　　终赔：3.50/3.50/2.05

主 300。客 230，客场近况 3 连平。往 334，近四次交手桑普多利亚 2 平 2 负，两队最近一次交手是 2021 年 4 月桑普多利亚客场 1：1 平 AC 米兰。

桑普多利亚季前热身赛加上刚刚踢的意大利杯完成了一波 3 连胜，如果算上赛季收官的 2 连胜，桑普多利亚是近况 5 连胜；AC 米兰方面表现比较平庸，虽然刚刚意大利杯也是主场战胜弱旅，但季前热身赛三个客场分别战平尼斯、瓦伦西亚、皇家马德里，而中场核心恰尔汗奥卢又转会国际米兰，另两个核心凯西和伊布都伤缺。

客胜实盘位在 2.10 左右，初赔开低客胜留下后面的空间，二次初赔开始逐渐抬高客胜水位，后期受注高峰变赔抬高到实盘位既起到了阻盘的效果又不会过度抬高增加额外的赔付。平赔如果开低会形成洼地效果，浪费了桑普多利亚的好状态；如果开高则形成阻力，在变赔客胜水位抬高的同时，平赔水位保持高位为了保持阻力，让客胜水位抬高阻盘的效果打折，拉低又增强平局吸引力，还是浪费桑普多利亚的好状态，所以开出中庸位并变赔保持，这样可以让平赔成为支点，客胜水位抬高的同时已对应拉低主胜水位进行强诱。

(2) 平赔中庸顶高组合。

意甲 2021～2022 赛季第 4 轮：维罗纳 3：2 罗马。

威　廉：3.30/3.50/2.15　　二初：4.00/3.80/1.85　　终赔：3.40/3.60/2.10

立　博：3.60/3.60/1.95　　二初：3.90/3.70/1.87　　终赔：3.20/3.50/2.15

Bet365：3.60/3.50/2.00　　二初：4.00/3.80/1.83　　终赔：3.30/3.50/2.15

主 214，近况 3 连负。客 811，近况 6 连胜，刚刚欧会小组赛主场大胜索菲亚中央陆军。往 136，两队最近一次交手是 2021 年 2 月维罗纳客场 1：3 负罗马。

维罗纳赛季开始后先是意大利杯主场大胜弱旅，随后是联赛 3 连败，表现很糟糕；而罗马此时则各项赛事完成了一波 7 连胜，拉力十足。

客胜实盘位在 1.83 左右，三大初赔开高客胜水位，到二次初赔时基本已经把客胜水位拉低到实盘位附近，而随后变赔又把客胜水位抬高，立博与 Bet 365 终赔抬高的幅度都超过了初赔。二次初赔后又进行高水诱盘客胜策略的原因是罗马的近况足够好，即使抬高了客胜水位也有足够的黏性以便进行吸筹。平赔开出中庸位有两种作用，一是客胜水位已经开高了，所以平赔水位也适当开高起到拦截坝的效果；二是平负水位都开高，主胜水位自然可以开低减少赔付。

3. 平赔高位

平赔高水在非平局的赛事里一般都作为辅助诱盘存在，其作用有时作为支点，有时又因为形式变化进行大幅度拉低成为主力诱盘项。另外，德国赛事经常使用高平组合。

（1）平赔韬开梯度组合。

德甲 2021～2022 赛季第 15 轮：沃尔夫斯堡 0：2 斯图加特。

威　廉：1.60/4.00/5.50	二初：1.83/3.75/4.00	终赔：1.91/3.50/4.00
立　博：1.67/3.80/4.80	二初：1.80/3.60/4.33	终赔：1.95/3.40/3.90
Bet365：1.65/3.80/5.25	二初：1.80/3.75/4.33	终赔：2.00/3.60/3.75

主 316，近况 1 平 4 负，刚刚欧冠小组赛主场大败于里尔。客 235，客场近况 3 平 3 负。往 613，近两次交手沃尔夫斯堡全胜，沃尔夫斯堡主场近两次交手全胜，两队最近一次交手是 2021 年 4 月沃尔夫斯堡客场 3：1 胜斯图加特。

沃尔夫斯堡各项赛事 4 连败，刚刚欧冠小组赛最后一轮主负里尔后被彻底淘汰，连欧联杯淘汰赛资格都没有拿到，球队体力士气受到双重打击；斯图加特近况平平，现在深陷降级区，赛季开始后联赛客场一轮未胜，拉力不强。

主胜实盘位在 1.85 左右，以沃尔夫斯堡的情况，变赔一定是对应综实变化调整主胜赔率的。有两点因素：一是主胜抬高要适度，所以二次初赔都把主胜水位抬高到实盘位，随后受注高峰开始前把主胜水位抬高超过实盘位；二是初赔平赔水位开高的目的是什么？以两队往绩以及历史人气看，沃尔夫斯堡虽然近况不佳，但人气要超过斯图加特很多，其中有相当数量的彩民想博沃尔夫斯堡的反弹，而对沃尔夫斯堡有担忧情绪的人对这场比赛会有迟疑心理，此时变赔大幅度拉低平赔水位，会让这些人认为公司在降低平局的赔付，从而忽略掉客胜也随之降赔。这样来看，平赔的开高目的是留下后续变赔拉低的空间，大幅度拉低可以让大众认为力度够大在减少赔付，而提前开高即使后期降低也能保证相当的回报丰厚感。

（2）平赔韬开顶高组合。

德甲 2019～2020 赛季第 34 轮：沃尔夫斯堡 0：4 拜仁慕尼黑。

威　廉：3.90/4.00/1.83	二初：4.00/4.20/1.80	终赔：5.00/4.75/1.57
立　博：3.75/4.00/1.83	二初：3.90/4.20/1.80	终赔：4.80/4.60/1.57
Bet365：3.60/4.20/1.83	二初：4.00/4.20/1.75	终赔：4.75/4.75/1.57

主 424，主场近况 2 平 3 负。客 15 连胜，客场近况 10 连胜。往 019，近 12 次交手

沃尔夫斯堡2平10负，两队最近一次交手是2019年12月沃尔夫斯堡客场0∶2负拜仁慕尼黑。

客胜实盘位在1.90左右，沃尔夫斯堡当时联赛排名第6积分49，这场比赛无论什么结果，沃尔夫斯堡都能参加下赛季欧联杯赛事，区别在于如果主场取胜即可获得下赛季欧联杯小组赛直接资格，如果打平或者输球则要看同轮霍芬海姆的比赛结果而定最后排名了。拜仁慕尼黑当时虽然已经早早赛季夺冠，但很有希望冲击五大联赛最长的连胜纪录，队内的最佳射手莱万多夫斯基已当选德甲赛季最佳球员，当时维尔纳和莱万多夫斯基进球差7个，当赛季德甲最佳球员基本也是莱万多夫斯基的了，就看莱万多夫斯基是否想争夺下一届足球先生与拜仁慕尼黑是否想破纪录了。

这场比赛平赔开高的目的是营造主胜的悬念，也就是说把主胜水位开低到平赔水位之下，给大众感觉怪异从而引发猜想，后续估计公司感觉拜仁慕尼黑的人气太过于强大只能继续拉低客胜水位。所以判断这场比赛客胜水位变赔拉低是不是诱盘，看拜仁慕尼黑排出的首发阵容即可，如果排出替补比较多的阵容即为诱盘，反之是拉低减少赔付。

（二）真实平局下的平赔

1. 平赔实盘或者实低：往往利用比赛双方的战意、近况、往绩做局

（1）低平洼地开赔。

洼地开赔还能打出平局，或者是难以有效分流，平赔筹码可预计会大量堆积，只能低开或者拉低减少赔付；再就是利用各种表象因素给大众营造要分胜负的错觉。

西甲2021～2022赛季第5轮：马洛卡0∶0维拉利尔。

威　廉	4.00/2.88/2.15	二初	3.50/3.10/2.25	终赔	3.50/3.20/2.20
立　博	3.50/3.00/2.20	二初	3.40/3.10/2.20	终赔	3.40/3.20/2.20
Bet365	3.40/3.10/2.25	二初	3.50/3.10/2.25	终赔	3.30/3.25/2.25

主712。客073，近况9平4负。往325，马洛卡主场近两次交手全胜，两队最近一次交手是2020年6月马洛卡客场0∶1负维拉利尔。

新赛季开始后马洛卡2胜1平1负，虽然有拉力但肯定不如上赛季的欧联杯冠军维拉利尔强，而且这场比赛的主要着眼点也不在马洛卡身上；赛前维拉利尔新赛季开始后一共参加了5场正赛且全部打平，欧洲超级杯是中立场120分钟逼平切尔西，最后点球大战输了。大多数彩民看这场比赛时，有担忧还会出平局的心理，也并不坚定，而初赔平赔水位的开低，目的是为后期变赔抬高留下空间。而且只有抬高才能阻滞信心，才会看到从初赔到二次初赔到终赔，平赔水位呈现逐渐抬高的趋势。另外，抬高后还不能凸显回报丰厚率，毕竟胜负两方虽然都有拉力，但难以达到单向强吸引的拉力。

（2）低平非洼地开赔：大多数的比赛都是更优解。

德甲2020～2021赛季第24轮：比勒菲尔德0∶0柏林联合。

威　廉：3.10/3.00/2.50　　　二初：3.80/3.30/2.05　　　终赔：4.00/3.30/2.00
立　博：3.00/3.25/2.38　　　二初：3.70/3.20/2.05　　　终赔：3.90/3.30/2.00
Bet365：3.10/3.25/2.30　　　二初：3.60/3.30/2.05　　　终赔：3.75/3.40/2.00

主325，近况1平4负。客343。往163，近七次交手比勒菲尔德5平2负，两队最近一次交手是2020年11月比勒菲尔德客场0：5负柏林联合。

此战之前比勒菲尔德深陷降级区，而且这个赛季开始后，比勒菲尔德主场11战3胜8负无一平局，往绩主场对阵柏林联合近三次交手全是平局；柏林联合方面此时联赛23战8胜10平5负，与法兰克福并列此时联赛平局最多的球队。

通过观察赛前两队形势可以看出，这场比赛的平局并不好分散。因此三大采取了强拉伸策略进行分流，具体操盘手法是初赔开低胜平水位，开高客胜水位，这场比赛客胜实盘位在2.00左右。主胜水位开低目的是与低平进行对比，因为主胜开得比平赔还要低，才能让大众感觉怪异，才能让大众去关注，当然如此操作是因为比勒菲尔德此时主场还没有出过平局。而客胜开高目的是为后期变赔又大幅度下拉的空间，大幅度下拉可以让大众增长信心，而预先开高并且大幅度下拉后还能保持一定水位高度的诱惑性。所以这场比赛从初赔就预先设下以客胜大幅度下拉为主要诱盘点，辅助初赔主胜低位变赔大幅度抬高以吸引思考独特的彩民。

2. 中庸平赔

（1）中庸平赔梯度组合　在梯度组合中，平赔中庸或者韬开无论是否可以打出平局，因为开出位置的模糊性，是所有比赛中比较难以判断的。往往需要借助比赛双方基本面中的某些点进行开赔或者变赔，这类型的比赛，大众经常被自己的感觉所带歪，也就是所谓的自己先判断一个赛果出来，然后从基本面或者赔率中寻找证据去支持自己的感觉。

英超2021～2022赛季第11轮：布莱顿1：1纽卡斯尔。
威　廉：1.80/3.60/4.33　　　二初：1.70/3.75/5.00　　　终赔：1.60/3.90/5.80
立　博：1.75/3.60/4.40　　　二初：1.62/3.70/5.25　　　终赔：1.60/3.90/6.00
Bet365：1.75/3.60/4.75　　　二初：1.65/3.75/5.50　　　终赔：1.53/4.20/6.00

主352，近况5平1负。客055，近况5平6负。往442，近两次交手布莱顿全胜，两队最近一次交手是2021年3月布莱顿主场3：0胜纽卡斯尔。

赛前布莱顿近期各项赛事5平1负，主胜的实盘位在1.85左右，往绩布莱顿占优；纽卡斯尔新赛季开始后各项赛事11场无一胜绩，哪怕是被沙特财团宣布成功收购后，依然如此。

总结完两队基本面可以看出来近况都不好，但各有利于诱盘的点。对于布莱顿来说，近期5场平局，相对来说大众对其信心更强一些，所以变赔采取拉低主胜水位的做法进一步加强或者是巩固信心，因此如果真想要打出主胜，变赔保持主胜在初赔范围内震荡即可。纽卡斯尔方面最吸引大众注意的就是赛季开始后还没有取胜过，所以不少想博纽卡斯尔首胜的大众在沙特财团入主后这种愿景期待更加明显，因此只要平负保持相当的水位梯度差，那就肯定打不出客胜来。同时，平赔水位还不能过低，梯度差如果太大了会让高赔鹤立鸡群，非常容易引起彩民警觉。

（2）平赔中庸顶高组合。

英超2021~2022赛季第3轮：纽卡斯尔2：2南安普顿。

威　廉：2.55/3.50/2.62		二初：2.45/3.50/2.80		终赔：2.45/3.50/2.80
立　博：2.50/3.50/2.62		二初：2.45/3.40/2.80		终赔：2.40/3.50/2.80
Bet365：2.60/3.30/2.62		二初：2.40/3.40/2.87		终赔：2.40/3.50/2.90

主323，近况1平2负，刚刚英联杯主场点球负伯恩利后被淘汰。客412，刚刚英联杯客场8：0大胜纽波特郡后晋级。往532，纽卡斯尔主场近四次交手全胜，两队最近一次交手是2021年2月纽卡斯尔主场3：2胜南安普顿。

新赛季开始后纽卡斯尔联赛2连负，刚刚的英联杯也是主场点负被淘汰，但主场对阵南安普顿非常占有优势；南安普顿联赛前2轮1平1负，表现也不好，但因为英联杯的大胜会让大众对其兴趣有所提升。所以这场是更优解的比赛，平赔本身如果正常开赔的话很难分散，但公司利用两队各有优点的特性把胜负赔与平赔开大梯度差，为大众制造错觉要分胜负。当然在这个例子中，之所以公司这样开，是因为赛季刚开始不久。如果是赛季中段，在两队近况都差的背景下，除非是德比或者强强遭遇，公司才敢冒险顶高平赔进行做局。

3. 平赔高位

（1）平赔韬开梯度组合。

意甲2021~2022赛季第3轮：桑普多利亚2：2国际米兰。

威　廉：4.50/4.00/1.73		二初：5.00/3.80/1.70		终赔：5.80/3.90/1.60
立　博：4.80/3.90/1.67				终赔：5.00/4.00/1.62
Bet365：4.75/3.80/1.66		二初：5.00/3.80/1.61		终赔：5.50/4.00/1.60

主311，近况1平1负。客510，近况5连胜，3天半后欧冠小组赛主场迎战皇家马德里。往307，两队最近一次交手是2021年5月桑普多利亚客场1：5负国际米兰。

新赛季开始后桑普多利亚各项赛事1胜1平1负，而上个主场桑普多利亚主场战胜了国际米兰，这点一定要注意，这是韬开平赔的主因之一。而国际米兰是3连胜，但随后有欧冠赛事分心，客胜实盘位在1.55左右，三大初赔全部开高客胜，这是韬开平赔的另一主因。

从人气上讲，一定是国际米兰占据巨大优势，但因为桑普多利亚上个主场战胜了国际米兰，所以需要韬开平赔以衬托出主胜水位，因为胜平梯度差的缩小，所以给彩民主胜赔并不是太高的感觉。而又因为客胜初赔开高，所以需要相应地开高平赔，这样可以继续保持平负水位较大的梯度差，因为这种大梯度差的存在才能让大众感觉公司还在控制客胜的赔付。就以这场比赛来说，想要打出客胜，初赔实盘或者实低开出客胜，变赔只能震荡或者继续拉低减少赔付；而打出主胜初赔要求主胜水位比现盘开得高，起码要到5.00以上，对应地要开低平赔到中庸位，变赔主胜略微抬高，同时拉低平赔到 3.50 以下，而客胜位初赔一定要开高，变赔既可以震荡也可以略微抬高。

（2）平赔韬开顶高组合。

欧冠 2020～2021 赛季小组赛 B 小组第 2 轮：门兴 2∶2 皇家马德里。

威　廉：3.90/3.90/1.85　　二初：3.75/3.90/1.91　　终赔：3.70/4.00/1.91

立　博：3.50/3.80/1.80　　二初：3.50/3.60/1.83　　终赔：3.75/3.90/1.87

Bet365：3.80/4.00/1.83　　二初：3.75/4.20/1.83　　终赔：3.50/4.00/1.90

主 532，首轮客平国际米兰。客 512，客场近况 2 连胜，首轮主负顿涅茨克矿工。

赛季开始后门兴表现很不错，但主场还无胜，上轮客场逼平国际米兰让门兴提升人气，现在回到自己的主场后，低开主胜的吸引力大于平赔；皇家马德里的情况比较复杂，赛季开始表现不错，但随后遭遇 2 连败，尤其是小组赛首轮主负矿工爆出大冷后，紧接着联赛国家德比又客胜巴塞罗那。因为门兴首轮客平国际米兰，让大众认为门兴主场面对皇马有战胜的可能性，而后因为皇马首轮输球又让大众认为皇马因为要争夺小组第一所以有强烈争胜的欲望。

这场客胜实盘位在 1.85 左右，二次初赔威廉首先抬高客胜水位，随后其他两大变赔也抬高客胜水位进行诱盘。前面的平赔韬开梯度组合的案例中，初赔是国际米兰取胜水位初赔开高，所以平赔中庸或者顶高想要打出平局，主要就是为大众营造两队要分胜负的错觉，在这个过程中往往伴随强队的取胜位开高或者变赔抬高。

（三）平局的基本面思维

1. 互有忌惮

在联赛前半段，不少中下游球队此时保级压力不大，本着能拿一分是一分的原则，往往采取保守策略。而对手如果是强队，要分心其他赛事，此时两队各有弱点，比赛大部分时间用于破坏对手进攻上，中场争夺激烈，有效威胁大门机会不多，往往会出现互相忌惮打出平局的情况。

而赛季后半段，两队中主队弱势，近期更是连败想寻求止跌，但没有把握击败较强的客队，去冒险进攻可能效果更差。客队也没有把握击败主队，做客也不愿冒险。双方都很谨慎，也容易出平局。

2. 杯赛两回合淘汰赛

两支球队其中一支先做客，本着客场保平主场再拿下的心理，有时也会出现忌惮出平的局面。而首轮如果分出了胜负，先取胜的球队次轮肯定有先保平再寻机取胜的心理。

3. 默契平局

两队打平均小组出线、两队打平都保级或者取得欧战资格、两队都没有什么战意了、两队随后都有外战分心等情况。这样的默契平局，经常会出现一支球队领先，而另一支球队比赛快要结束的时候扳平比分而杀走地盘。

4. 激战成和

比赛双方都有非常强的抢分意愿，比赛开始后很快出现进球，整体过程互相进攻都很激烈，你来我往非常热闹。不同时段由不同球队主导进攻，最后大比分平局时都无力再进攻，激战成和。

德比、保级、强强对阵有时就是这样的格局，并不像普罗大众认为的那样，保级大战1分没有用，而是双方都在拼命阻止对手拿3分，最后反而平局可能性最大。

5. 表演赛

友谊赛经常出现1：1、2：2这样的平局，纯粹就是两队配合的一种表演。而在联赛里有时会出现双方打平把其他球队"做死"的情况，这样的比赛尤其要注意，在赛季收官阶段偶尔会出现，所以赛前一定要分析好两队形势及心理。

6. 超低平

超低平的比赛近些年已经很少见了，如2021年的欧洲杯小组赛C小组第3轮乌克兰0：1奥地利的比赛变赔突然大幅度拉低平赔水位。考虑到威廉近两个赛季把1.27、1.42、1.47、1.78等这些在2005年之前频繁出现的数值又拿出来用了，也许低平赛事还会再出现，感觉就是一个轮回。

（1）意甲2012～2013赛季第36轮：卡利亚里0：1帕尔玛。

威　　廉：2.60/2.25/3.40
立　　博：2.50/2.40/3.20
Bet365：2.75/2.25/3.30

当时两队向上争夺不到下赛季的欧战资格，向下没有保级压力。这场比赛大众普遍认为两队都没有战意，营造平赔洼地效果，最后分出了胜负。

（2）意甲2012～2013赛季第36轮：都灵0：0热那亚。

威　　廉：2.80/1.83/4.50
立　　博：2.62/1.91/4.50
Bet365：3.00/1.80/4.50

当时两队都要力争保级，都灵排名16积分36、热那亚排名17积分35，排名第18的巴勒莫积分32。这场比赛大众普遍认为两队有强战意，结果双方忌惮成和。

（3）意甲2012～2013赛季第37轮：切沃1：1都灵。

威　　廉：2.90/2.20/3.10
立　　博：3.00/2.20/3.00
Bet365：3.10/2.10/3.20

当时切沃已经无欲无求，而都灵领先排名第18的巴勒莫5分。这场比赛大众都知道都灵再拿1分就能成功保级，但公司在上轮就对都灵的比赛开出怪异的超低平赔水位，此时大众会如何看待这场比赛的超低平？

第二十七章　高赔认识

彩民习惯把一些比赛打出非热项赛果叫作出冷门，有的叫大冷，有的叫小冷。当然，冷门并不是说非得是赔率组合中的高赔方打出才叫冷门，既然前面已经把平赔知识讲完了，这章就讲讲高赔方打出的情况。

笔者把高赔方初赔数值在 8.00（含 8.00）以上打出的比赛叫超级大冷，高赔数值在 5.00～8.00（含 5.00）打出的比赛叫大冷，把高赔数值在 3.00～5.00（含 3.00）打出的比赛叫中冷，把高赔数值在 3.00 以下打出的比赛叫小冷。

一、超级大冷

每个赛季都会出现一些超级大冷的比赛，这种赛事真的是很难预测，但也并不是无迹可寻。下面分析了四场打出超级大冷的比赛，总结来看，主因有两个：一是主力球员出现伤停，尤其是队内重要的核心球员；二是球队有非常明确的战意，而对手球队又不被广大彩民所熟悉，这是冷门要出现的时候。

（一）意甲 2021～2022 赛季第 2 轮：尤文图斯 0：1 恩波利

威　廉：1.25/6.00/12.0　　二初：1.22/6.00/13.0　　终赔：1.25/6.00/12.0
立　博：1.22/6.00/13.0　　二初：1.22/6.00/15.0　　终赔：1.22/6.50/15.0
Bet365：1.22/6.50/11.0　　二初：1.22/6.50/12.0　　终赔：1.22/6.50/11.0
主 311，主场近况 2 连胜。客 302。往 910，略微久远。

主胜实盘位在 1.30 左右，当时国际足坛最大的新闻就是 C 罗离开尤文图斯回归曼联，这导致尤文图斯综实直接下降。三大变赔初期全部抬高主胜水位进行阻盘，这个过程一直在控制主胜赔没有超过实盘位，这符合主胜打出策略。但到了受注高峰开始后，三大又拉低主胜水位回到初赔位置，这就有问题了，从实力来说，尤文图斯肯定是损失了，主胜水位再拉低回初赔的位置只能用增强信心来解释了。

如果说三大开出初赔时，C 罗的情况还不确定的话，那么到了二次初赔就已经确定 C 罗要走。客队恩波利是升班马，首轮恩波利主场 1：3 惨败给拉齐奥。所以此时即使大众对主胜信心减少，从而开始转移投注方向的话，大多数转移的筹码也只是到平赔上。因此平赔打出的优解应为从二次初赔后，先大幅度抬高主胜水位超过实盘位，到受注高峰开始逐渐拉低，到了终赔主胜水位要停留在实盘位以上，这个过程中要把平赔水位拉低并进行控制，最终要保持在初赔位置之下，5.50 就是一个不错的选择。

（二）德甲 2021～2022 赛季第 18 轮：拜仁慕尼黑 1：2 门兴

威　廉：1.33/4.80/10.0　　二初：1.22/5.80/15.0　　终赔：1.29/6.50/8.00

立　　博：1.22/6.50/12.0　　　　　　　　终赔：1.30/5.75/9.00
Bet365：1.22/7.00/10.0　　　　　　　　终赔：1.28/6.50/8.50

主901，近况7连胜，主场近况7连胜。往325，近况1平4负，客场近况2平3负。往415，近三次交手拜1平2负，两队最近一次交手是2021年10月德国杯拜仁慕尼黑客场0：5负门兴。

主胜实盘位在1.40左右，冬歇期后的首场比赛。两队这个赛季加上季前的友谊赛已经交手了三次，拜仁慕尼黑1平2负，尤其是上一次的德国杯交手，拜仁慕尼黑竟然客场5球惨败。而此时拜仁慕尼黑大量球员感染新冠，至少1/3主力球员不能出战，如诺伊尔、埃尔南德斯、阿方索戴维斯、格雷茨卡、尤帕梅卡诺、托利索、莫庭、科曼、萨内等。在这种情况下想要打出主胜，借助之前的往绩以及现状等表象因素影响，受注高峰前抬高主胜赔到实盘位，随后保持震荡即可。而现盘只是立博与Bet 365抬高主胜水位趋向于威廉，随后三大再没有抬高主胜水位对应综实变化，这是想保持主胜信心进行诱盘。

而平负之间，如果要打出平局，变赔应该大幅度抬高主胜水位超过实盘位进行高水诱盘，同时配合平负水位拉低，其中平赔水位拉低要到4.00左右，三大都没有采取这种策略，反倒把客胜赔率拉低不少，结果呼之欲出。

（三）欧会杯2021～2022赛季小组赛G小组第5轮：穆拉2：1热刺

威　　廉：13.0/6.00/1.18　　二初：15.0/6.50/1.15　　终赔：23.0/6.50/1.13
立　　博：17.0/6.50/1.18　　二初：19.0/6.50/1.17　　终赔：21.0/7.50/1.14
Bet365：13.0/6.00/1.20　　二初：17.0/7.50/1.16　　终赔：23.0/9.00/1.11

主154，近况3平3负。客613。往001，两队最近一次交手是2021年10月穆拉客场1：5负热刺。

客胜实盘位在1.15左右，此时穆拉小组赛前4轮全败，已经被淘汰。而且穆拉没有自己的主场，所有的比赛都是在中立场进行（应该是自己的主场条件没有达到欧足联的要求），热刺则力争取胜以争夺小组出线权。在这种背景下三大初赔还开高客胜水位，可以说从初赔就可以判定没有客胜。

如果说热刺在这个新赛事的客场表现不好（此前热刺欧会杯客战成绩为1平2负），从而引起少量闲家担忧的话，这种忧虑更多地体现在平局上。所以如果要打出平局，变赔拉低客胜水位进行诱盘的同时，应该对应的大幅度抬高平赔水位进行阻盘，也就是不能留下幻想的空间，而实际情况公司始终都没有对平赔进行阻盘操作。

（四）西甲2019～2020赛季第5轮：格拉纳达2：0巴塞罗那

威　　廉：8.50/5.00/1.36　　二初：9.50/5.00/1.33　　终赔：8.00/4.60/1.42
立　　博：8.50/4.80/1.36　　二初：9.50/5.20/1.30　　终赔：7.00/4.50/1.44
Bet365：8.00/5.25/1.33　　二初：9.00/5.50/1.33　　终赔：7.00/4.75/1.44

　　主811，近况2连胜。客622，客场近况2平1负，刚刚欧冠客平多特蒙德。往109，两队最近一次交手是2017年5月格拉纳达主场1：4负巴塞罗那。

　　这场比赛是在2019年9月22日进行的，三大中最早是Bet365先开出初赔，时间是9月2日。随后是威廉和立博开出初赔，时间分别是9月8日和9月10日。在三大初赔开出前，巴塞罗那两大主力梅西和苏亚雷斯已经双双伤停。

　　2019年8月17日西甲第1轮：毕尔巴鄂竞技1：0巴塞罗那（苏亚雷斯首发后因伤下场，梅西伤缺）。

　　2019年8月26日西甲第2轮：巴塞罗那5：2皇家贝蒂斯（苏亚雷斯与梅西都伤缺）。

　　2019年8月31日西甲第3轮：奥萨苏纳2：2巴塞罗那（苏亚雷斯与梅西都伤缺）。

　　2019年9月15日西甲第4轮：巴塞罗那5：2瓦伦西亚（苏亚雷斯替补出场，梅西伤缺）。

　　2019年9月18日欧冠小组赛第1轮：多特蒙德0：0巴塞罗那（苏亚雷斯首发，梅西替补出场）。

　　2019年9月22日西甲第5轮：格拉纳达2：0巴塞罗那（苏亚雷斯首发，梅西替补出场）。

　　梅西和苏亚雷斯两人都没有首发的比赛有三场，也就是当赛季西甲的第2～4轮，这三场比赛三大全部是先开低后期变赔大幅度抬高巴塞罗那取胜赔率。而到了第5轮，也就是现在讲的这场比赛，从二次初赔可以看出一些问题。

　　这场比赛威廉客胜赔率都开1.36，Bet365开1.33，此时假设三大是按照梅西与苏亚雷斯两人都会首发的预设开出初赔的话，那么为何到二次初赔确定苏亚雷斯已经可以首发，梅西可能首发之后还要把客胜赔率进行拉低呢？而如果三大初赔开出时是按照两人不会首发来进行评估开赔的，此前的第2～4轮也是这样操作的话，为何第2～4轮在确定两人肯定不会首发后的变赔又都大幅度抬高巴塞罗那取胜赔率呢？一些比赛的结果判断往往就在这些小的细节中。

　　在二次初赔后确定这场比赛没有客胜，随后的胜平就比较好判断了。格拉纳达是当赛季西甲的升班马，别看是西甲新军，但表现可不差。季前友谊赛踢了6场全胜，第1轮客场4：4平维拉利尔、第2轮主场0：1负塞维利亚、第3轮客场3：0胜西班牙人、第4轮客场2：0胜塞尔塔，这种战绩回到自己的主场肯定有拉力。在格拉纳达第3轮比赛过后，三大开出初赔，如果要打出平局，二次初赔应该是在初赔基础上拉胜抬负。随着比赛时间的临近，逐渐拉低主胜水位抬高客胜水位，最后达到胜平水位的梯度差不超过2.00，但一定要始终保持主胜赔率处在回报最高点，原则是利用格拉纳达的良好状态为大众营造要分胜负的错觉。在比赛临近开赛最后时刻的变赔，可以再反向地抬胜拉负，但要始终保持胜平水位的梯度差不能过大。

　　总结这些超大冷门的比赛，大多数都与主力人员变化有关。尤文图斯、拜仁慕尼黑、巴塞罗那输球都是因为主力或者伤停或者离队，只有热刺的比赛是因为两队形势看出开赔异常。因此，要想火中取栗、以小博大，一定要下苦功。比赛要多看，球员要多熟悉！

二、大冷

写完下面四场案例，总结，人员问题是冷门出现的主要因素。我们看球的目的不是为了欣赏足球，不是为了研究球队的技战术打法，而是为了熟知球队的主力和替补球员都有哪些，以及主力和替补球员对于球队数据的影响。

(一) 英超 2021～2022 赛季第 33 轮：热刺 0∶1 布莱顿

威　廉：1.67/3.60/5.50	二初：1.60/3.80/5.80	终赔：1.55/4.00/6.00
立　博：1.60/3.80/5.75	二初：1.50/3.75/5.50	终赔：1.55/4.00/6.00
Bet365：1.50/4.10/7.00		终赔：1.55/4.00/6.00

主 712，近况 4 连胜，主场近况 3 连胜。客 2□7。往 712，近两次交手热刺全胜，热刺主场近七次交手全胜，两队最近一次交手是 2022 年 3 月热刺客场 2∶0 胜布莱顿。

主胜实盘位在 1.40 左右，三大初赔开高主胜水位，现盘虽然拉低但不到实盘位，高水诱盘主胜，客不败。而平负之间，布莱顿上轮客胜阿森纳，所以如果要打出平局，变赔拉低主胜水位的同时也要抬高平负水位，抬高的幅度以客胜水位超过平赔水位为佳。从受注高峰开始后要保持平赔水位不超过 4.50，客胜水位在 6.50 以上，现盘三大没有采取这种策略，客胜。

上一段是笔者的赛前分析，其中没有写明两队战意因素与人员情况。当时热刺一波 4 连胜，而且近两场比赛都是大比分取胜，已经冲进联赛第 4 名的欧冠资格区，人员方面没有重要伤停，两大主力哈里·凯恩与孙兴慜都可以首发；布莱顿方面虽然还没有确定完成保级，但距离降级区有 13 分的差距，危险程度不高，有战意但是不能说很强，队内最佳射手莫派没有首发。这种比赛，即使你不会定位，当看到首发名单排出后还不拉低主胜水位那就基本可以判断为主不胜了，至于平负就需要位置感，也就是常说的盘感积累了。

(二) 意甲 2021～2022 赛季第 25 轮：都灵 1∶2 威尼斯

威　廉：1.44/4.20/7.00	二初：1.50/4.20/6.50	终赔：1.50/3.90/7.00
立　博：1.50/4.20/6.50	二初：1.50/4.00/7.00	终赔：1.53/4.00/6.50
Bet365：1.50/4.20/6.50	二初：1.50/4.20/7.50	终赔：1.53/3.80/6.50

主 433，近况 1 平 1 负。客 136，近况 2 平 5 负，客场近况 1 平 3 负。往 154，都灵主场近四次交手 2 平 2 负，两队最近一次交手是 2021 年 9 月都灵客场 1∶1 平威尼斯。

都灵近况开始走低，近两场比赛 1 平 1 负，而这场比赛确定 3 名主力中场卢基奇、曼德拉戈拉、普拉埃特都缺阵。都灵也有利好消息，队内主力前锋贝洛蒂经过长期伤停后，这场比赛有可能回归首发；威尼斯近况糟糕，主力后卫切卡罗尼伤缺，球队深陷保级区，可以利用的就是其保级战意了。

主胜实盘位在 1.73 左右，三大初赔开低主胜赔率，变赔也不做抬高。在首发名单排出前，先对比两队主要伤停，明显都灵受到的影响更大，此时还不抬高可以理解为贝洛蒂有可能复出，首发排出后还不抬高就是诱盘了。因此如果要打出主胜，变赔应该抬高主胜水位到 1.60 左右，三大始终保持主胜水位在初赔范围内震荡，这是不想影响大众对于主胜的信心，从而达到诱盘的效果。但如果把主胜赔率抬高到实盘位或者超过实盘位，那就要打出平局了。否定了主胜与平局，结果只能是客胜。

（三）西甲 2021～2022 赛季第 19 轮：赫塔菲 1∶0 皇家马德里

威　廉：7.00/3.90/1.53　　二初：7.00/3.90/1.53　　终赔：6.50/3.80/1.55
立　博：6.00/3.80/1.57　　二初：6.50/4.00/1.50　　终赔：6.50/3.90/1.53
Bet365：5.50/3.80/1.57　　二初：7.00/4.00/1.50　　终赔：6.50/4.00/1.55

主 442。客 910，客场近况 7 连胜，3 天半后国王杯做客阿尔科亚诺。往 028，近 16 次交手赫塔菲 2 平 14 负，两队最近一次交手是 2021 年 4 月赫塔菲主场 0∶0 平皇家马德里。

这场比赛的时间是 2022 年 1 月 2 日，赫塔菲上一场比赛时间是 2021 年 12 月 20 日，皇家马德里上一场比赛时间是 2021 年 12 月 23 日，时间跨度较大，中间经过了西方的圣诞与新年两大节日。过大节嘛，肯定是和朋友或者家人吃吃喝喝，相约一起游玩娱乐一下。超级俱乐部里的主力球员薪水普遍比中小球队要高很多，球员在休假期间相对玩得也会更嗨一些，如这场比赛之前，皇家马德里的主力射手维尼修斯因感染了新冠肺炎不能出赛。所以每个赛季中，除了国际比赛日后因为伤病或者体能疲劳引起的大冷外，圣诞前后也是冷门赛果的高发期。

客胜实盘位在 1.45 左右，而三大初赔全部把客胜赔率开进 5 区间，如果说因为开赔时公司还不知道维尼修斯会缺赛，那么初赔为何开高？二次初赔后到受注高峰这段时间里，如果说此时公司已经确认维尼修斯不能出赛，为何客胜赔率先抬高进入 4 区间，到了受注高峰开始前又拉低回到 5 区间？而胜平之间，如果要打出平局，变赔大幅度拉低客胜水位穿过实盘位进行强诱，同时对应抬高胜平赔水位，始终保持胜平水位的梯度差为优解。如果这样操盘，这是打出平局一种非常隐蔽的策略，现盘三大既然没有采取这种策略，主胜。

（四）法甲 2021～2022 赛季第 23 轮：尼斯 0∶1 克莱蒙

威　廉：1.62/3.90/5.50　　二初：1.60/3.90/5.50　　终赔：1.60/3.90/5.50
立　博：1.60/3.90/5.50　　二初：1.62/3.80/5.50　　终赔：1.67/3.75/5.20
Bet365：1.61/4.00/5.00　　二初：1.60/4.00/5.00　　终赔：1.66/3.80/5.25

主 622，刚刚法国杯 1/8 淘汰赛客场点球战胜巴黎圣日耳曼后晋级。客 325，客场近况 2 连负。往 200，两队最近一次交手是 2021 年 11 月尼斯客场 2：1 胜克莱蒙。

这场比赛依然是人员的问题，尼斯之前靠着拼搏的精神竟然客场点球战胜了巴黎圣日耳曼，球队士气大涨但是体力消耗严重。在这种情况下，随后的联赛里如果还想取胜，一般有两种开法：一是依然使用主力人员首发，随后变赔略微抬高其取胜赔率，这样操盘的目的是引起大众对于主力球员体力的质疑；二是使用大量替补球员首发，初赔实盘开赔，变赔继续拉低其取胜赔率，这样操盘是为了制造疑阵，让大众产生疑神疑鬼的错觉。

主胜实盘位在 1.50 左右，尼斯大量轮换首发球员，初赔开高，变赔还继续抬高，没有主胜。平负之间，平局打出优解只能是拉胜分平为主要策略，所以变赔可以直接拉低主胜赔率到实盘位，也可以先抬高随后到受注高峰再拉低主胜赔率。在主胜赔率拉低的过程中对应地抬高客胜赔率，这样起到辅助的诱盘效果。

三、中冷

总结中冷类型赛事，球队人员问题已经不是解盘的主要着力点。人员有影响但不是主要因素，随着比赛双方综合实力的接近，公司做局主要依靠战意、赛前形势等因素进行埋伏。而解盘方法万变不离其宗：定综实、找区间、估分布、找赛果。

（一）英超 2021～2022 赛季第 25 轮：切尔西 2：4 阿森纳

威 廉	2.00/3.30/3.90	二初	1.85/3.50/4.20	终赔	1.91/3.40/4.20
立 博	1.85/3.40/4.20	二初	1.87/3.40/4.20	终赔	1.95/3.30/4.20
Bet365	1.90/3.40/4.00	二初	1.83/3.60/4.33	终赔	1.90/3.50/4.33

主 802，近况 3 连胜，刚刚足总杯中立场胜水晶宫后晋级决赛。客 604，近况 3 连负。往 514，近两次交手切尔西全胜，切尔西主场近两次交手 1 平 1 负，两队最近一次交手是 2021 年 8 月切尔西客场 2：0 胜阿森纳。

这是一场补赛，与同轮其他九场比赛相比，这场比赛晚了两个多月进行。虽然同时间段还有其他英超赛事进行，但这场比赛热度是最高的。另外，这场比赛的时间是 2022 年 4 月 21 日，切尔西的近 10 场比赛上溯时间是 2022 年 3 月 5 日，阿森纳近 10 场比赛上溯时间是 2022 年 2 月 11 日，从这个数据就可以看出切尔西球员的身体疲劳程度相比阿森纳来说要差。

主胜实盘位在 1.70 左右，切尔西与阿森纳都适当轮休了主力球员，这点上两队不相上下，但切尔西的近况是 3 连胜，阿森纳的近况是 3 连败，到二次初赔还不把主胜赔率调整到实盘位，高水诱盘主胜了。而平负之间，如果要打出平局，变赔应该拉低主胜水位抬高客胜水位做胜负拉伸分流，这样做的目的是利用两队近况的明显反差来急速拉低主胜赔率进行主力诱盘，通过这种操作让大众忽略掉切尔西球员的体能问题，配合抬高客胜赔率是为了拉低平负水位梯度差，凸显客胜回报的丰厚感，而三大从始至终也没有采取这种操盘手法，那就只能是打出客胜了。需要注意的是，在这场比赛里虽然也有人员的因素，但并不像我们前文讲的那些案例一样，都是明显强队方主要球员的问题，这场比赛里两队都有轮休，隐蔽性更强。

（二）德甲 2021～2022 赛季第 30 轮：奥格斯堡 0：1 柏林赫塔

威　廉：2.15/3.20/3.60　　二初：2.15/3.25/3.50　　终赔：1.95/3.40/3.90

立　博：2.15/3.40/3.20　　二初：2.05/3.30/3.60　　终赔：1.95/3.50/3.80

Bet365：2.10/3.40/3.40　　　　　　　　　　　　　终赔：1.95/3.40/4.00

主 424，主场近况 2 连胜。客 118，近况 2 连负，客场近况 2 平 7 负。往 145，近三次交手奥格斯堡 1 平 3 负，两队最近一次交手是 2021 年 11 月奥格斯堡客场 1：1 平柏林赫塔。

这场比赛依然不是人员方面的问题，两队也各有主力伤停或者轮休不能出赛。对于全国或者全世界大多数彩民来说，目前很难分辨中下游球队中，非核心的主力球员伤停对于球队整体技战术的影响有多大。名气大的球队可能研究的人会多一些，但像奥格斯堡与柏林赫塔这种球队，他们球队主力中的边后卫或者是说锋线上的边锋（非队内主力射手）缺赛对于球队整体运转体系的重要程度能占比多少，真的难说清。所以这种情况下球队球员的伤停我们主要考虑其对综合实力定位的影响，不用去考虑对球队整体攻防的影响。

奥格斯堡要力争保级，柏林赫塔保级形势更是严峻，这里有一个知识点。当赛季收官阶段，不能因为一方近况好，在增加回报的同时还要放大战意。奥格斯堡主场近况 2 连胜，上轮虽然客负拜仁慕尼黑，但仅仅是一球小负，又是做客拜仁的安联球场，拜仁慕尼黑还是在争冠的关键阶段，客场一球小负拜仁慕尼黑不但不会损伤反而会提升奥格斯堡的人气。柏林赫塔就没什么看头了，主场大胜霍芬海姆后就是 2 连败，尤其是上轮的同城德比战，主场 1：4 惨败给柏林联合，人气有损伤。

主胜实盘位在 2.05 左右，威立初赔开高主胜水位，变赔全部大幅度拉低主胜水位穿过实盘位。这是先给回报后加信心的做法，客不败。而平负之间，柏林赫塔要力争保级，如果要打出平局，变赔拉低主胜水位的同时，只要把客胜水位略微超过平赔水位，或者与平赔水位一齐即可，不能超过平赔水位太多，因为会强阻客胜信心。三大变赔恰恰都采取这种操盘策略，那就是要打出客胜了。这里就与上一个案例有不同，原因是对战的球队不同。奥格斯堡不是切尔西，柏林赫塔也不是阿森纳，在保级战中则能拿一分是一分，在德比战中则要全力争胜。

（三）西甲 2021～2022 赛季第 30 轮：莱万特 2：0 维拉利尔

威　廉：3.70/3.60/1.95　　二初：3.75/3.70/1.91　　终赔：5.00/3.90/1.65

立　博：3.90/3.50/1.91　　　　　　　　　　　　　终赔：5.00/4.00/1.62

Bet365：3.80/3.50/1.90　　　　　　　　终赔：5.00/4.00/1.65

主325，近况1平2负。客622，4天后欧冠淘汰赛首轮主场迎战拜仁慕尼黑。往235，近五次交手莱万特2平3负，两队最近一次交手是2022年1月莱万特客场0：5负维拉利尔。

客胜实盘位在2.00左右，这场比赛笔者直到两队首发名单排出后才确定下赛果的，本来笔者认为维拉利尔的主教练埃梅里会适当轮休主力球员，毕竟随后要欧冠对战拜仁慕尼黑，而莱万特为了保级会全主力出战。如果是如笔者预想的这样，那客胜赔率初赔略微开低是有打出客胜可能性的，甚至说变赔略微抬高客胜赔率到2.05或者2.10都有可能打出客胜。哪承想，埃梅里还是派遣全主力出战。

在两队排出首发后，三大变赔大幅度拉低客胜赔率。本来客胜的实盘位就是依据两队主力球员而定出的，派遣出主力了，随后还大幅度拉低客胜水位，这是刻意强调维拉利尔实力更高的一种诱盘手段了。至于胜平之间就更好理解了，如果要打出平局，莱万特要力争保级，所以变赔大幅度拉低客胜赔率的同时，胜平水位可以一起抬高，但要注意控制胜平水位的梯度差。从赔率数值上说，控制平赔水位不超过3.90，控制主胜水位要在5.50以上，要让大众看到主胜水位回报的丰厚感，三大没有采取这种策略，那就是主胜了。

（四）欧会杯2021～2022赛季1/4淘汰赛首轮：博德闪耀2：1罗马

威　廉：3.40/3.40/1.95　　　二初：3.30/3.40/2.00　　　终赔：3.90/3.25/1.85
立　博：3.10/3.40/2.10　　　二初：3.40/3.40/2.00　　　终赔：4.00/3.25/1.91
Bet365：3.50/3.60/2.00　　　二初：3.40/3.60/2.00　　　终赔：4.20/3.50/1.85

主721。客541，近况2连胜。往110，两队最近一次交手是2021年11月博德闪耀客场2：2平罗马。

这场比赛有一个可以取巧的地方，两队在当赛季欧会杯小组赛第3轮时，罗马做客过博德闪耀。当时的比分是博德闪耀6：1罗马，这场小组赛威廉的初赔是4.50/3.40/1.65，立博初赔是4.60/3.80/1.67，Bet365初赔是4.75/4.00/1.66，小组赛三大开出初赔时，还不能确定罗马是否会派遣主力出赛，所以初赔开出的标准可以认为三大是按照两队会派主力出赛而预设开出初赔的，也就可以认定在小组赛阶段如果罗马派遣全主力出赛，客胜的实盘位就在4区中低水左右，也就是1.60～1.70。

到了淘汰赛阶段，如果博得闪耀能够打到淘汰赛，其人气提升比罗马更多一些，此时若罗马派遣全主力出赛，客胜的实盘位也不应该是进入2区，至多是在3区的中低水，也就是1.85左右。这样来看，三大初赔客胜赔率全部开高了，而到了淘汰赛阶段，罗马已经没理由排出替补阵容出战，自然也就没有客胜了。

至于胜平之间，也可以从初赔做出判断，既然已经有了博德闪耀主场6：1大胜过罗马的经历了，这场淘汰赛想要打出平局，从初赔就要把主胜赔率开在平赔水位之上，这是天然的诱盘题材，结果也就呼之欲出了。

四、小冷

笔者感觉公司对于小冷的赛事把握最为精准，原因应为小冷比赛赔率胜平负数值比较接近，但比赛实际的投注分布经常会出现一面倒的情况，公司稍微把握不准就会出现亏损的情况，因而手法变化纷繁复杂。下面讲解的比赛案例虽然只有四场，但笔者在选材的时候还是颇费了一番心思的，其中的理性流与意识流讲解望博君一笑。

（一）意甲 2021～2022 赛季第 30 轮：威尼斯 0：2 桑普多利亚

威　廉：2.45/3.30/2.88　　二初：2.62/3.25/2.70　　终赔：2.60/3.20/2.75
立　博：2.50/3.40/2.70　　二初：2.55/3.40/2.65　　终赔：2.60/3.30/2.65
Bet365：2.55/3.40/2.70　　二初：2.62/3.30/2.70　　终赔：2.60/3.40/2.70

主 127，近况 1 平 3 负，主场近况 2 平 4 负。客 208，近况 3 连负，客场近况 1 平 6 负。往 133，两队最近一次交手是 2021 年 12 月威尼斯客场 1：1 平桑普多利亚。

两队都要力争保级，两队都近况糟糕。威尼斯是当赛季意甲的升班马，历史人气不如桑普多利亚，但威尼斯占据主场优势，两队人员都有主力球员不能出赛。总结来看，两队表象因素各有可以利用来做局的点，也各有不足。

主客取胜实盘位都在 1 区间高水，但应为左倾盘，三大初赔全部开低主胜赔率，随后变赔又全部做抬高处理。如果说初赔开低主胜赔率是加强大众对于主胜信心的话，那么已经加强的信心是否还可以依靠变赔抬高阻盘来进行阻滞？这要看对手的情况，而桑普多利亚的近况同样不好，无力为大众提供有效的信心，若主胜赔率先低后高就是诱盘行为，主胜赔不符合先开低后加水阻盘策略，客不败。而平负间，前文已说两队都要力争保级，其中威尼斯情况更危急，既然初赔已经采取开低主胜赔率的做法，那么如果要打出平局，则变赔继续拉胜抬负进行强化即可。也就是从初赔就要决定拉低一方进行强诱，另一方则抬高水位与平赔水位一齐，以弱化平赔水位回报的丰厚感，三大变赔都没有采取这种操盘手法，客胜。

（二）欧联杯 2021～2022 赛季 1/8 淘汰赛首轮：波尔图 0：1 里昂

威　廉：2.10/3.25/3.50　　二初：2.00/3.40/3.80　　终赔：2.05/3.40/3.60
立　博：1.95/3.50/3.70　　二初：2.00/3.50/3.50　　终赔：2.10/3.50/3.30
Bet365：2.00/3.40/3.75　　二初：1.95/3.40/4.00　　终赔：2.05/3.50/3.50

主 730，近况 2 连胜。客 532。往 321，两队最近一次交手是 2021 年 8 月友谊赛波尔图主场 5：3 胜里昂。

在当今研究赔率的彩民中，主要分成两大类。第一类，要研究球队的实力，把众多球队根据实力进行定位分档。再依据以往不同档位球队间对战的开赔历史来评估现有比赛如何开赔（或者是如何开亚盘），自己开出多组赔率与公司的真实初赔进行对比，从自己开赔组合中寻找与公司真实初赔相同或者最接近一组，进而确定赛果。这一大类的彩民笔者起名"理性流"。第二类彩民可能也会进行分档定位，但至多到找区间环节，并不会自己开赔并与公司的初赔进行对比，判断赛果更多地依靠分析公司初赔是否开的合适以及随后的赔率变化来进行分析，笔者认为这类彩民更多的是依靠自己的感觉判断行事，笔者起名为"意识流"。

这里不谈两个流派孰高孰低，只能说各有优点。理性流耗费时间，比赛应用面比较窄，但判断赛果的准确性非常高；意识流适合有兴趣但没有过多时间做研究，以买彩为娱乐的彩民，比赛应用面非常宽广，能选对比赛可能会收奇效，但更多的是自己的主观判断为主。笔者是一位理性流的彩民，但这场比赛用的是意识流方法，原因是对于比赛双方的熟悉度不够，也只好自己主观臆断一把。

说说笔者的思考过程，首先判断拉齐奥与里昂同档，波尔图在当赛季欧联杯24强淘汰赛中对手是拉齐奥，里昂则没有参加当赛季欧联杯首轮淘汰赛（赛季改制，当赛季欧联杯小组赛第一名在淘汰赛首轮轮空，小组赛第二名与欧冠小组赛第三名竞争欧联杯十六强资格，欧联杯小组赛第三名则与欧会杯小组赛第二名竞争欧会杯十六强资格）。因为波尔图与拉齐奥的比赛也是淘汰赛，所以笔者认定当时公司评估两队都会全主力出赛，这样把波尔图与拉齐奥比赛的二次初赔中的主胜赔率认定为波尔图对战拉齐奥、里昂这种档位球队的实盘位，得出这场比赛的实盘位在2.15左右，对比三大开出的真实初赔即可看出只有威廉开在实盘位左右，立博与Bet365全部开低主胜，二次初赔连威廉都把主胜赔率拉低到实低位置。随后再查里昂是否有重要球员伤停能够影响公司们的大幅度赔率调整变化，发现里昂没有特别重要的伤停，到此时已经可以确定没有主胜了。

平负之间是直接对比二次初赔与受注高峰的赔率变化了，如果说拉低主胜赔率的目的是进行诱盘，同时配合高抬客胜赔率做胜负拉伸分流的话，那么这场比赛在受注高峰三大都没有继续坚持这种操盘手法。在距离比赛开始还有三四个小时的时候，三大都把平负水位调整到相当的位置，有的还把客胜赔率藏低于平赔之下。双循环淘汰制的比赛，这样凸显平赔水位就有些不合理了，因而判断为客胜。不过这场比赛笔者并没有投注，理性流选手用意识流的方法判断比赛结果，心里还是会敲小鼓的！

（三）英超2021～2022赛季第32轮：诺维奇2：0伯恩利

威　廉：2.88/3.10/2.60　　二初：2.88/3.20/2.50　　终赔：3.00/3.25/2.38
立　博：2.75/3.10/2.60　　二初：2.80/3.00/2.55　　终赔：3.10/3.25/2.35
Bet365：2.80/3.20/2.60　　二初：2.88/3.20/2.55　　终赔：3.00/3.50/2.30

主127，近况2平7负。客325，客场近况1平1负。往334，近两次交手诺维奇1平1负，两队最近一次交手是2021年10月诺维奇客场0：0伯恩利。

虽然近两个赛季，公司因为疫情影响，对于比赛判断的远期能力在下降（主因就是各赛事不同的防疫政策以及球员突发感染新冠肺炎导致不能出赛），最为明显的体现是公司初赔开出的时间距离比赛时间越来越近。2021～2022赛季三大中也就只有威廉还可以做到大多数比赛提前两周左右的时间开出初赔，其他两大基本要等到近一周内才开出初赔。但有的比赛会告诉我们大众，为什么不能轻视庄家，这场就是最好例证。

主客取胜实盘位都在1区间高水，但应为左倾盘，三大全部开高主胜开低客胜。伯恩利3天半前刚刚踢了一场补赛，主场3：2战胜了埃弗顿。对于现在要讲的这场比赛结果，三大肯定是在伯恩利与埃弗顿的补赛之前就已经有了判断，因此才会借势开低诺维奇与伯恩利这场比赛的客胜初赔，让大众认为伯恩利要开始绝地反扑。

这段是笔者的赛前分析：诺维奇与伯恩利两队都要力争保级，战意上是相当的。虽然伯恩利刚刚主胜埃弗顿提升了人气，但往绩上诺维奇并不落下风，三大初赔已经开低客胜水位，变赔没有必要再拉低客胜水位强化信心，主不败。而胜平之间，如果要打出平局，变赔应该胜负双抬的同时拉平策略进行调整，原因是两队都有保级强战意，筹码的分布是天然趋向两侧，此时给胜负加水诱盘就是最好的做平局手法，而现盘三大都没有采取这种操盘手法，主胜。

（四）西甲2021～2022赛季第25轮：埃尔切2：1巴列卡诺

威　廉：2.80/3.00/2.70　　二初：2.80/2.90/2.80　　终赔：3.20/2.75/2.62
立　博：3.00/3.00/2.50　　二初：2.75/3.00/2.65　　终赔：2.90/2.90/2.60
Bet365：2.80/2.80/2.70　　二初：2.80/3.10/2.70　　终赔：3.00/2.90/2.62

主532。客415，近况3连负。往523，近两次交手埃尔切全负，两队最近一次交手是2021年10月埃尔切客场1：2负巴列卡诺。

这场比赛迷惑性非常高，原因是从近况看明显埃尔切更好，但赔率又明显地开高主胜水位，变赔还不拉低。如果不关注两队球员，这样的比赛非常容易判断错误。

主客取胜实盘位都在1区间高水，但应为左倾盘，三大全部开高主胜，立博开低客胜。埃尔切上一个主场虽然战胜了阿拉维斯，但主力射手博耶赛后宣布伤停，这场比赛不能出赛，三大初赔最早开出的是威廉，威廉开出初赔时博耶已经宣布会伤停。

客队巴列卡诺的情况谈不上多好，但因为巴列卡诺在国王杯里连续晋级，所以容易给大众错觉，认为巴列卡诺表现虽然谈不上有多好，但也不能说是非常糟糕。而实际上三大初赔开出时，巴列卡诺联赛已经7个客场不胜了。本来应该开左倾盘，但三大都开成了右倾盘，这会让客胜赔受到意外的关注，非客胜打出的优解，主不败。而胜平之间，如果要打出平局，变赔应该采取胜负赔率错向调整的策略。也就是利用埃尔切良好的近况直接拉低主胜赔率，同时大幅度抬高客胜水位超过平赔水位。这样做的目的是忽略博耶的伤停，变赔强诱主胜，为大众营造心理错觉，同时配合抬高客胜水位以弱化平赔水位回报丰厚感，三大始终没有采取这种操盘手法，最后打出主胜。

第二十八章　国家队杯赛

一、世界足球格局

世界足球按照整体水平和综合实力，由高到低，可以分为几大板块：

（一）欧洲板块：欧洲板块分为西南欧板块、东欧板块、北欧板块

（1）以英格兰、西班牙、德国、意大利、法国为代表的西南欧板块不仅是欧洲足球水平的最高代表，而且是世界足球运动的中心，其他诸如葡萄牙、荷兰、苏格兰等也相当有代表性。

（2）东欧板块以俄罗斯、乌克兰和土耳其联赛领衔，但现在因为俄乌冲突导致俄罗斯与乌克兰的联赛受到影响。罗马尼亚、捷克、克罗地亚等国联赛是否会趁势崛起还有待观察。

（3）北欧板块以传统的瑞典、挪威、丹麦联赛为代表。近年来，芬兰、冰岛联赛有崛起之势。

（二）南美板块

以阿根廷联赛和巴西联赛为代表，其中阿根廷联赛组织得更完善，近年来智利联赛有崛起之势。

（三）亚洲板块

以日本联赛、澳大利亚联赛、韩国联赛为代表。这三国的联赛现在在中国彩民中重视程度越来越高，尤其是日本与澳大利亚的联赛，原因应该是比赛时间非常适合中国彩民研究分析。

（四）中北美板块

北美板块以墨西哥、美国联赛为代表，其中美国职业大联盟热度更高，近年来加拿大联赛有上升趋势。

（五）中亚板块

以沙特和伊朗联赛为代表，随着卡塔尔举办世界杯，其国内联赛影响力肯定会相应地提高。

（六）非洲板块

以埃及和南非联赛为代表，其他非洲国家联赛"意外"性太高，公司基本都不开赔。

二、世界杯

（一）2018 年世界杯分档

第一档：巴西、德国。
第二档：法国、西班牙。
第三档：阿根廷、比利时。
第四档：英格兰、乌拉圭、葡萄牙。
第五档：克罗地亚、哥伦比亚。
第六档：俄罗斯、波兰。
第七档：丹麦、墨西哥、瑞士、埃及、塞内加尔、塞尔维亚、尼日利亚、瑞典、秘鲁、冰岛、日本。
第八档：哥斯达黎加、摩洛哥、韩国、伊朗、澳大利亚、突尼斯。
第九档：巴拿马、沙特阿拉伯。

注：这里定档笔者没有按照人强、普强等方式进行八档定位，而是定位成九档，也许下届世界杯可能定十档或者十一档，或者七档都不一定，具体要依据当时杯赛情况而定。

（二）2018 年世界杯比赛简单解析

（1）比赛顺序以先后时间进行排列。
（2）威廉简写"威"、立博简写"立"、Bet365 简写"年"、竞彩简写"竞"。
（3）只写简单比赛解析，为读者提供一种大赛时要如何总结资料的示例，如表 28-1 所示。

表 28-1 大赛资料

场次	比分	初赔	解析
		小组赛第一轮	
A1	俄罗斯 5：0 沙特阿拉伯	威：1.53/3.75/7.00 立：1.40/4.25/7.50 年：1.36/4.60/9.00 竞：1.28/4.15/9.30	威廉变赔趋向其他两大属于减少赔付，至于其他两大标赔不拉低减少更多赔付，与沙特赛前最后一场以及与德国的热身赛有关，公司主力盘除了标赔外，让球盘也是主力

场次	比分	初赔	解析
A1	埃及 0∶1 乌拉圭	威：5.50/3.50/1.67 立：4.40/3.40/1.75 年：5.00/3.80/1.66 竞：6.65/3.40/1.46	总体思路与俄罗斯 5∶0 沙特阿拉伯的比赛类似，但一是因为萨拉赫最后没有首发，所以需要拉低减少赔付；二是让球盘没有打出让球客胜
B1	摩洛哥 0∶1 伊朗	威：2.75/3.00/2.75 立：2.35/2.90/3.10 年：2.25/3.10/3.40 竞：2.20/2.76/3.20	利用两队赛前的友谊赛、预选赛等成绩强诱摩洛哥。至于说摩洛哥打进乌龙球，您觉得公司提前是否可以预测到呢？这是一个值得思索的问题
B1	葡萄牙 3∶3 西班牙	威：3.40/3.10/2.25 立：3.40/3.25/2.05 年：4.10/3.40/1.90 竞：4.05/3.15/1.77	总体思路是胜负拉伸分流平局，这场比赛赛前我更看好西班牙，赛后自己反思如果西班牙想要打出，应利用赛前队内混乱换帅的风波进行韬晦
C1	法国 2∶1 澳大利亚	威：1.25/5.00/15.0 立：1.29/5.00/11.0 年：1.30/5.50/9.00 竞：1.13/5.80/14.0	这场比赛是 2018 年世界杯所有比赛当中个人感觉最诡异的一场。赛前必发客胜成交数量异常，而且是从赛前很远的时间客胜就有大量成交，考虑到法国队最终夺冠，不知是否有联系。赛前判断法国不胜，好在这种比赛可以选择让球负
D1	阿根廷 1∶1 冰岛	威：1.40/4.20/9.00 立：1.40/4.25/7.50 年：1.44/4.40/7.00 竞：1.24/4.40/10.5	冰岛在 2016 年欧洲杯表现优异，而阿根廷为世界名队，粉丝众多。赛前冰岛友谊赛表现不佳，阿根廷则因为其国家足协贪婪而闹出与以色列的友谊赛风波，后又被巴勒斯坦抵制，一场友谊赛都没踢就直接去世界杯参赛了。双方都可以利用其优势营造拉力，双方又都有不利的点，就看临场营造或抑制哪方了
C1	秘鲁 0∶1 丹麦	威：3.40/3.10/2.25 立：3.10/3.10/2.25 年：3.40/3.20/2.20 竞：3.00/2.95/2.19	秘鲁从之前的预选赛到友谊赛一直表现很好，天然分布会向左偏移，只要大体维持初赔形态，临场略阻丹麦即可
D1	克罗地亚 2∶0 尼日利亚	威：1.91/3.30/4.20 立：1.85/3.30/4.00 年：1.90/3.50/4.00 竞：1.61/3.25/5.00	尼日利亚赛前友谊赛表现糟糕，只能拉低克罗地亚取胜水位减少赔付，算是一场给彩民缓缓神的比赛
E1	哥斯达黎加 0∶1 塞尔维亚	威：3.50/3.10/2.20 立：3.70/3.10/2.00 年：4.00/3.40/1.90 竞：3.96/3.00/1.84	与克罗地亚 2∶0 尼日利亚的比赛类似，哥斯达黎加也是赛前友谊赛表现糟糕。不同的点是哥斯达黎加在上届世界杯表现优异，而塞尔维亚不如克罗地亚盘能强，所以塞尔维亚取胜赔率可以震荡下拉

续表

场次	比分	初赔	解析
F1	德国 0∶1 墨西哥	威：1.57/3.60/6.50 立：1.53/3.90/5.80 年：1.53/4.00/6.00 竞：1.38/3.90/6.75	不管德国赛前表现的如何差，德国也是2014 年世界杯的冠军得主。所以如果对手不是一流强队的话，从受注高峰开始之后到临场不适合其取胜水位抬起阻盘
E1	巴西 1∶1 瑞士	威：1.62/3.60/6.00 立：1.40/4.25/7.50 年：1.40/4.50/7.50 竞：1.33/4.00/7.85	五星巴西，赛前表现又非常好，临场抬高其取胜水位是什么意思？公司不是慈善家开的
F1	瑞典 1∶0 韩国	威：2.00/3.20/4.00 立：2.15/3.10/3.25 年：2.25/3.20/3.20 竞：1.38/3.05/3.72	两支赛前都想示弱的球队，瑞典的综实比韩国高不了多少，初赔就开低了瑞典取胜赔率
G1	比利时 3∶0 巴拿马	威：1.29/5.00/11.0 立：1.25/5.25/11.0 年：1.20/6.50/13.0 竞：1.11/6.10/15.5	就是实低盘，拉低就是为了减少赔付。标赔是这样，让球盘也是
G1	突尼斯 1∶2 英格兰	威：8.00/4.20/1.40 立：6.00/3.75/1.57 年：7.00/4.33/1.44 竞：8.40/4.05/1.31	利用刚刚比利时 3∶0 巴拿马的比赛，彩民对强队信心开始有所恢复后，设套让球盘进行做局。结果就是公司标赔亏损，让球盘狂赚
H1	哥伦比亚 1∶2 日本	威：1.91/3.30/4.20 立：1.91/3.25/4.00 年：1.73/3.60/4.75 竞：1.54/3.45/5.25	日本赛前想示弱，两队在 2014 年世界杯就分在同一小组内，当时哥伦比亚 4∶1 大胜日本，所以哥伦比亚取胜赔率不适合先拉低后又抬高
H1	波兰 1∶2 塞内加尔	威：1.83/3.20/4.80 立：1.95/3.20/3.80 年：2.25/3.20/3.20 竞：2.22/2.95/2.94	利用此前其他非洲球队全部输球的表现进行设局做盘，赛前波兰取胜赔率大幅度抬高的同时又大幅度拉低平赔与塞内加尔取胜赔率，结合波兰之前热身赛表现不错，把本来一项的主力诱盘点转化成为两项

小组赛第二轮

| A2 | 俄罗斯 3∶1 埃及 | 威：1.73/3.50/5.00
立：1.85/3.20/4.25
年：1.90/3.20/4.33
竞：1.86/3.00/3.88 | 即使俄罗斯首轮大胜沙特，但埃及首轮在没有萨拉赫的情况下坚持到最后才被乌拉圭绝杀，这场比赛萨拉赫出场，上赛季最耀眼球星的号召力不容小视，所以变赔才会有抬胜拉客的举动，只要主胜赔率抬起不超过 2.00 即可有望打出 |

续表

场次	比分	初赔	解析
B2	葡萄牙1：0摩洛哥	威：1.36/4.50/9.00 立：1.50/3.70/7.00 年：1.61/3.60/6.00 竞：1.48/3.48/6.00	因为首轮C罗大放异彩，所以葡萄牙取胜水位不管是拉低还是抬高都不妥，拉低进一步增加信心，抬高增加赔付，所以只能从二次初赔基础上震荡，最后打出让球平的结果
A2	乌拉圭1：0沙特阿拉伯	威：1.44/4.00/8.00 立：1.22/5.50/15.0 年：1.30/5.00/11.0 竞：1.14/5.55/14.0	这是典型的因势利导了，沙特首轮大比分落败，大众普遍认为乌拉圭的综实比俄罗斯要高，而乌拉圭首轮只赢一球，为了争夺小组第一，乌拉圭要多拿净胜球，所以把标赔乌拉圭取胜赔率拉得很低，让大众提不起兴趣达到低阻的效果，大众从而去投注让球胜，最后打出让球平负的结果
B2	伊朗0：1西班牙	威：12.0/5.50/1.25 立：19.0/6.00/1.18 年：12.0/6.00/1.22 竞：14.5/5.45/1.14	参考葡萄牙1：0摩洛哥与乌拉圭1：0沙特阿拉伯的比赛即可
C2	丹麦1：1澳大利亚	威：1.80/3.20/5.00 立：1.80/3.40/4.25 年：1.85/3.40/4.33 竞：1.57/3.45/4.95	利用双方战意与近况做盘。丹麦首轮能够赢下势头不错的秘鲁，澳大利亚首轮让法国只能侥幸取胜；丹麦如果再胜即可提前小组出线，而澳大利亚也需要取胜来争取小组出线。所以三大二次初赔采取短赔思路，后期到临场受注高峰又采取长赔思路进行拉伸分流，想为大众制造要分胜负的感觉同时又想保留一定的水位回报丰厚感
C2	法国1：0秘鲁	威：1.36/4.50/9.00 立：1.33/4.50/9.50 年：1.40/4.20/9.00 竞：1.32/4.15/7.65	法国首轮踢得并不好，大众对其看法大致分为两种：一种感觉法国要爆发了；另一种是通过首轮的表现感觉其并不稳妥。而秘鲁首轮虽然输球，但表现不俗，全场比赛射门12次，有6次打在门框内。从二次初赔三大就把法国取胜赔率调整到4区低水或者5区高水的位置，如果拉低则会让迟疑的闲家开始信心恢复，所以还不如就在这个水位进行震荡，虽然赔钱，但只要控制好比分，走地盘也可大赚
D2	阿根廷0：3克罗地亚	威：1.80/3.30/4.80 立：1.75/3.30/4.50 年：1.80/3.50/4.50 竞：1.74/3.20/4.15	阿根廷首轮没有取胜，而克罗地亚则是首轮拿到3分，阿根廷如果想拿到小组第一就能力争战胜克罗地亚，在阿根廷没有重要球星缺赛的情况下，其取胜赔率不适合变赔抬高阻盘

续表

场次	比分	初赔	解析
E2	巴西 2：0 哥斯达黎加	威：1.29/5.50/10.0 立：1.20/5.75/15.0 年：1.22/6.00/13.0 竞：1.12/5.90/15.0	这场比赛标赔不多说什么，不过需要提醒一点的是，最后的标赔水位对应的让球盘是 2 球，不是 1 球，打出的结果是让球平，不是让球胜
D2	尼日利亚 2：0 冰岛	威：2.88/3.00/2.62 立：2.75/3.00/2.55 年：3.00/2.90/2.60 竞：2.42/2.90/2.69	2016 年欧洲杯冰岛大放异彩，世界杯首轮又逼平阿根廷，媒体又总在宣传冰岛的球员及教练都不是正规的球员和教练等，普罗大众爱看浪漫英雄主义，而营造浪漫英雄主义可以让普罗大众无脑入坑。冰岛对上四连败的尼日利亚，只要保持平衡盘冰岛就没有机会
E2	塞尔维亚 1：2 瑞士	威：3.20/3.00/2.40 立：2.75/3.00/2.55 年：3.00/2.90/2.60 竞：2.74/2.88/2.40	问题球中的问题球！塞尔维亚球员在瑞士禁区被瑞士队两名球员拉拽倒地，裁判没有判罚点球；国际足联主席是瑞士人；瑞士队内有很多阿尔巴尼亚后裔；阿尔巴尼亚与塞尔维亚的历史遗留问题等。另外，这场比赛立博与 Bet365 所开初赔与上一场尼日利亚 2：0 冰岛比赛完成交叉，又有赔率记忆诱盘的因素
G2	比利时 5：2 突尼斯	威：1.40/4.20/9.00 立：1.25/5.20/13.0 年：1.30/5.00/10.0 竞：1.25/4.60/8.90	比利时首轮展现出来的攻击能力决定不管怎么阻都阻挡不住，连让球胜也很难阻挡，所以只能在二次初赔水位进行震荡，但突尼斯一定要有进球，这样才能杀走地！同轮同组的英格兰 6：1 巴拿马的比赛亦是同样思路
F2	韩国 1：2 墨西哥	威：4.20/3.30/1.91 立：3.90/3.10/1.95 年：3.75/3.25/2.05 竞：4.75/3.28/1.63	如果两队是首轮比赛，墨西哥肯定没有实力在中立场对韩国开出明显右倾的赔率组合，但墨西哥首轮赢了德国，德国是上届世界杯冠军，墨西哥人气马上暴增，怎么办？拉低更吸筹，抬高阻挡不住，采取法国 1：0 秘鲁的比赛手法吧，两场比赛虽然赛前情况不同，但手法类似，不停的震荡想绕晕大众，最后低赔方打出
F2	德国 2：1 瑞典	威：1.50/4.00/7.00 立：1.50/3.90/6.00 年：1.53/3.80/6.50 竞：1.29/4.36/8.00	上届世界杯冠军首轮输球，次轮再不胜有点太……，实盘开赔实盘震荡。这场比赛从 2017 年 12 月三大开出初赔一直到比赛开始前一刻，赔率变化基本不大。朋友们，你们感觉能在半年前就预测出两队到比赛时的人员名单吗

续表

场次	比分	初赔	解析
G2	英格兰 6：1 巴拿马	威：1.36/4.50/9.00 立：1.29/5.50/9.00 年：1.25/5.50/12.0 竞：1.15/5.40/13.5	参考同轮同组比利时 5：2 突尼斯的比赛
H2	日本 2：2 塞内加尔	威：3.40/3.10/2.25 立：2.80/3.00/2.50 年：3.00/3.00/2.50 竞：3.15/3.00/2.09	首轮 H 组内大众普遍认为实力较弱的日本与塞内加尔都取胜了，次轮大众的思维会如何发展？大多数人会认为两个弱队会抵死拼杀，好能拿下第二场胜利后早早锁定小组出线权，所以赔率调整照着平衡盘去就可以了，胜负两端拉力足，尽量拉低平赔水位。哪怕过程再匪夷所思、再惊险离奇，都只是个过程而已
H2	波兰 0：3 哥伦比亚	威：3.00/3.00/2.50 立：2.75/3.00/2.50 年：2.90/3.00/2.60 竞：3.19/3.05/2.05	两队首轮都输球，想打出平局，依照同轮同组日本 2：2 塞内加尔的比赛操盘即可。胜负之间，哪方想要取胜，赔率向哪方略微倾斜即可，也就是让大众可以对另一方从容投注让球平负等盘口

小组赛第三轮

| A3 | 俄罗斯 0：3 乌拉圭 | 威：2.62/3.00/2.88
立：3.00/3.10/2.45
年：3.00/3.20/2.40
竞：2.75/2.90/2.23 | 前两轮踢完，只有三支球队进了 8 球。俄罗斯、比利时、英格兰，这三支球队中俄罗斯净胜球是最多的，达到了 7 个。这么凶悍的俄罗斯和乌拉圭对比，谁更强？一个占据地利人和优势，一个实力更高一筹，势均力敌的比赛，两队取胜实盘位都在 2.70 左右，立博与 Bet365 初赔开高主胜，威廉二次初赔抬高主胜，高水诱盘主胜。
平负之间，当两队比赛的时候，还不知道 B 组小组第一与第二是谁，而 B 组小组第 3 轮是西班牙对摩洛哥、伊朗对葡萄牙，当时西班牙与葡萄牙积分相同，净胜球与进球数、失球数都相同，两队连黄牌数都相同，而两队面对的对手，明显是西班牙与摩洛哥的差距大过伊朗与葡萄牙的差距，所以有很大概率西班牙会拿到小组第一，而对于 A 组的俄罗斯和乌拉圭来说，大众心理更多的是认为两队在西班牙与葡萄牙里选的话，还是会选葡萄牙多一些，所以俄罗斯与乌拉圭当时是要力争小组第一的。也就是说，如果要打出平局，胜负拉力是充足的，完全可以从初赔就开高平局进行高水阻盘 |

续表

场次	比分	初赔	解析
A3	沙特阿拉伯 2∶1 埃及	威：3.50/3.10/2.20 立：5.50/3.50/1.67 年：5.00/3.50/1.72 竞：4.25/3.45/1.58	两队都已经出局，两队都是阿拉伯国家，两队综合实力差距并不是很大，各拿一分不好吗？但在大众眼里，埃及之前的表现比沙特要好很多，埃及还有萨拉赫，当埃及取胜赔率拉低到 2.00 以下，强诱格局已经形成
B3	西班牙 2∶2 摩洛哥	威：1.29/5.50/11.0 立：1.36/4.60/9.50 年：1.36/4.75/8.50 竞：1.17/4.95/9.75	此时俄罗斯已经确定小组第二，所以西班牙与葡萄牙两队谁拿到小组第一，谁就会在淘汰赛首轮就碰上东道主，上面说了俄罗斯与乌拉圭都不想碰西班牙。同理，这组的西班牙与葡萄牙都不想碰俄罗斯。8 个小组的第 3 轮比赛中，除了丹麦 0∶0 法国（两队打平默契出线）的比赛外，只有这组涉及出线权争夺的两场比赛是变赔大幅度抬高强队方取胜赔率的，葡萄牙的比赛因为伊朗还有出线的可能性，抬起的幅度就更夸张了
B3	伊朗 1∶1 葡萄牙	威：9.00/4.20/1.40 立：10.0/4.50/1.36 年：8.50/4.75/1.36 竞：5.85/3.35/1.45	到二次初赔，三大已经完成布局，已经把葡萄牙取胜赔率高高抬起。大众认为，伊朗也有 3 分，如果战胜了葡萄牙即可出线。问题是，认为伊朗能战胜葡萄牙的人多，还是认为葡萄牙能胜伊朗的人多？二次初赔就已经完成布局，等大部分大众开始关注这场比赛时，葡萄牙取胜赔率已经开始逐渐拉低进行诱盘了，典型的先加肉再给信心
C3	丹麦 0∶0 法国	威：7.00/4.00/1.50 立：5.50/3.70/1.62 年：5.50/3.75/1.61 竞：4.40/2.30/2.02	默契球，不多说了，赛前公司们平赔的集体拉低就可以看出苗头了
C3	澳大利亚 0∶2 秘鲁	威：3.75/3.10/2.10 立：3.25/3.10/2.20 年：3.30/3.30/2.20 竞：2.58/3.15/2.20	秘鲁已经出局，有希望的是澳大利亚，但希望寄托在法国队身上（为何丹麦与法国的比赛只能打出 0∶0？丹麦和法国的比赛不管哪方进球，都会对两场比赛的走地盘产生巨大影响，丹麦先进球，澳大利亚出线希望渺茫，追秘鲁的人就会增多。法国先进球，丹麦出线希望渺茫，追澳大利亚的人固然多了，但追丹麦的人也会增多，因为赛前盘口导致，那真的要把丹麦做掉吗？显然是不能，所以 0∶0），之前的表现也是秘鲁更差，所以赔率调整只要给有希望的一方拉低取胜水位并且还不形成左倾盘即可

场次	比分	初赔	解析
D3	冰岛 1：2 克罗地亚	威：4.33/3.20/1.91 立：4.80/3.30/1.80 年：4.33/3.50/1.83 竞：3.00/3.10/1.99	D组四支球队都有出线希望。克罗地亚之前两场胜利，尤其是第二轮大比分胜阿根廷，人气已经开始暴增。冰岛虽然有一些人气，但是对于克罗地亚取胜赔率已经不能产生太强的拉力。能利用的是，大众认为克罗地亚已经小组出线，是否还有必要连胜这种心理，所以我们看到从受注高峰开始大幅度拉低克罗地亚取胜赔，大幅度抬高平赔。辨别胜平负依据，如果变赔大幅度拉低客胜赔，同时平赔抬高，而冰岛取胜赔微拉，最后形成冰岛取胜赔与平赔一齐或者低于平赔，那就是冰岛要胜了。出平局，大幅度拉低克罗地亚取胜赔，同时大幅度抬高冰岛取胜赔即可
D3	尼日利亚 1：2 阿根廷	威：8.00/4.50/1.40 立：7.00/4.40/1.44 年：7.00/4.00/1.50 竞：6.00/4.05/1.34	算是公司送温暖的比赛，尼日利亚与阿根廷谁出线更能吸引大众眼球？但阿根廷胜归胜，不能大胜，那就只能是打出让球平了
F3	韩国 2：0 德国	威：12.0/5.50/1.25 立：11.0/5.25/1.29 年：12.0/5.00/1.28 竞：10.5/5.85/1.12	这个小组也是四支球队都有希望出线，这场比赛是大冷门，就像我们前面《高赔认识》所讲的那样，赛前不知道德国主教练勒夫是怎么想的，大量轮换主力球员，连穆勒都没有首发，赛前还下拉德国取胜赔
F3	墨西哥 0：3 瑞典	威：2.50/3.00/3.00 立：2.45/3.10/3.00 年：2.50/3.20/2.87 竞：2.14/3.00/2.80	墨西哥因为之前的表现，综实会略高一些，但其取胜水位也不能低于2.40，这是一条线，而恰恰这条线威廉是从受注高峰开始突破的（指向下突破进行强诱）
E3	塞尔维亚 0：2 巴西	威：7.00/4.00/1.50 立：9.50/4.60/1.36 年：8.50/4.75/1.36 竞：6.00/3.80/1.37	都要力争小组第一出线权的比赛，难得的一场从初赔到终赔变化不大的比赛。从初赔到终赔，巴西取胜赔率始终在实盘范围内震荡
E3	瑞士 2：2 哥斯达黎加	威：1.91/3.30/4.20 立：1.87/3.25/4.40 年：1.80/3.50/4.50 竞：1.66/2.90/4.75	哥斯达黎加已经出局，小组赛第三轮两场比赛同时进行，所以赛前一定是瑞士取胜占据投注总量的大多数。想要打出瑞士取胜，瑞士取胜赔从二次初赔就要调整好。而威廉采取的策略则是从二次初赔后逐渐拉低瑞士取胜赔，结果不言而喻了

续表

场次	比分	初赔	解析
H3	日本 0∶1 波兰	威：3.50/3.10/2.20 立：4.33/3.40/1.85 年：4.00/3.40/1.90 竞：2.48/2.83/2.48	澳大利亚 0∶2 秘鲁比赛的翻版。都是其中一方已经出局，利用有希望出线一方的赔率水位拉低进行诱盘，但又不为其形成倾向盘，最后都打出已经出局球队取胜的结果
H3	塞内加尔 0∶1 哥伦比亚	威：5.00/3.50/1.73 立：4.00/3.20/2.00 年：3.75/3.40/2.00 竞：3.98/3.20/1.68	胜负双向拉力非常强的一场比赛，不要以为塞内加尔的拉力弱，从二次初赔后三大全部抬高塞内加尔取胜赔率，拉力不弱又单独抬高其取胜赔，高水诱盘策略。至于为何打不出平局，胜负拉力非常强的比赛，平局最优解是从二次初赔抬高哥伦比亚取胜赔率，同时把塞内加尔取胜赔与平赔一起拉低
G3	英格兰 0∶1 比利时	威：2.88/3.00/2.62 立：3.00/3.20/2.38 年：2.87/3.20/2.50 竞：2.55/2.80/2.44	两队都已经小组出线，两队都不太看重也都不太想取胜的一场比赛，因为小组第一会与巴西在淘汰赛分在同一半区。结果两队都派出了大量替补出战，替补球员吸引力不如主力球员大，所以这类比赛一般看两队哪队人气更高，哪方取胜就会成为热项。上轮比利时先来一个 5∶2，随后英格兰就来一个 6∶1，哪方更吸引大众眼球
G3	巴拿马 1∶2 突尼斯	威：3.10/3.10/2.40 立：3.25/3.10/2.25 年：3.30/3.10/2.30 竞：3.43/3.45/1.73	参考沙特 2∶1 埃及的比赛，区别是埃及的拉力强过突尼斯。巴拿马与突尼斯前面的表现都很糟糕，突尼斯综实更高，其取胜实盘位不会高于 2.50。大众对两队认知都不会很多，哪方取胜赔率低于或者与实盘位相当，哪方即为赛果方，平局是两方取胜赔都超过实盘位

淘汰赛

场次	比分	初赔	解析
1/8 决	法国 4∶3 阿根廷	威：2.40/3.00/3.20 立：2.25/3.00/3.20 年：2.00/3.00/3.75 竞：2.23/2.75/2.88	在小组赛里，其实是法国表现更好，但小组赛最后一轮两队表现迥异。法国是踢了一场闷平的协议期；阿根廷则是掉进冰窟窿里后又靠自己爬了上来，这就给相当多的大众一种非常"燃"的感觉。所以这场比赛公司只要让阿根廷不败等盘口的受注处于一种非常舒服的情况下，大众们自然而然也就来了

场次	比分	初赔	解析
1/8决	乌拉圭2:1葡萄牙	威：2.62/3.10/2.62 立：2.70/2.90/2.70 年：2.80/3.10/2.60 竞：2.70/2.65/2.45	乌拉圭的综实是不如葡萄牙，两队都在中立场比赛。初赔开右倾盘出客胜，保持平衡盘出平局，开平衡盘变赔抑制哪方，哪方就会打出
1/8决	俄罗斯1:1西班牙（俄罗斯点球胜）	威：6.00/3.60/1.53 立：6.00/3.60/1.53 年：8.00/4.00/1.44 竞：5.85/3.40/1.44	淘汰赛赔率是在小组赛结束之后开出，此时西班牙换帅风波已经过去，能够小组出线看似已经步入正常；而俄罗斯小组赛最后一轮在自己的主场被乌拉圭打了一个0:3，随后也没有明显利好，为何这场淘汰赛开赔后要抬高西班牙取胜的水位呢？只能用诱盘来解释
1/8决	克罗地亚1:1丹麦（克罗地亚点球胜）	威：1.80/3.30/4.80 立：1.75/3.25/4.80 年：1.80/3.60/4.33 竞：1.72/2.90/4.30	与俄罗斯1:1西班牙的比赛问题类似。克罗地亚小组赛三连胜，胜尼日利亚、阿根廷、冰岛，这已经形成信心趋势了。现在这场淘汰赛开赔后，三大变赔全部抬高克罗地亚取胜赔率是不可能对大众信心产生有效阻滞的。既然抬高达不到阻滞目的，那就只能是诱盘
1/8决	巴西2:0墨西哥	威：1.50/4.00/7.00 立：1.53/3.80/6.00 年：1.44/4.20/7.50 竞：1.34/3.80/6.65	巴西取胜实赔位在1.50左右，墨西哥小组赛最后一轮大比分输瑞典，人气一定会减弱，而巴西作为大热门，不管怎么调整，其取胜赔率都会成为受注热点。区别在于是否要再加热，也就是再拉低。但1.50再拉低恐怕会形成标赔低阻效果，大众投注热情转向让分盘。两害相权取其轻，保持标盘成为受注主力盘。公司并不是每场比赛都能赚钱，但赔钱的比赛也要尽量做到少赔点。至于非巴西胜的赛果，初赔开高变赔再拉低巴西取胜赔即可
1/8决	比利时3:2日本	威：1.33/5.00/9.00 立：1.40/4.25/8.50 年：1.44/4.00/8.00 竞：1.29/4.00/7.45	在彩民中间流传一种说法，说威廉的1.33/5.00/9.00是死亡赔率，还有说立博的也是。其实没有什么死亡赔率之说，这些说法都是被爱找规律的彩民自己炒作出来的。猜错结果了，如果怪罪自己，长期可能会抑郁，需要找一个理由、事物或人来淡化或者转化责任，死亡赔率之说也就出来了，相类似的还有什么靠观星、卜卦下单的人都是如此，一定要记住理性购彩。至于这场比赛就是实低盘打出，没有什么复杂的

续表

场次	比分	初赔	解析
1/8决	瑞典1：0瑞士	威：2.90/2.90/2.70 立：2.50/2.80/2.90 年：2.90/3.00/2.60 竞：3.05/2.60/2.24	两队的情况有些类似，都有可以做盘的点。在小组赛最后一轮比赛，瑞典大胜墨西哥，瑞士则是两度领先哥斯达黎加，又两度被追平。另外，此时瑞士与塞尔维亚的比赛受裁判照顾的事情开始发酵（国际足联主席是瑞士人）。在大赛开始前，瑞典的广实是不如瑞士的，而此时如果想要打出平局或者瑞士取胜的结果，变赔造热瑞典即可，结果公司选择了造热瑞士
1/8决	哥伦比亚1：1英格兰 （英格兰点球胜）	威：3.75/3.00/2.15 立：3.60/3.00/2.10 年：4.20/3.30/1.90 竞：3.45/2.85/1.93	英格兰综合实力更高，其取胜实位大概在2.50。小组赛哥伦比亚是先输日本随后大胜波兰最后又拿下了塞内加尔，等于是在小组赛第一轮输球并不被看好的情况下出线了，人气是先低谷后呈现上升趋势。而英格兰则是小组赛先艰难取胜突尼斯随后大胜巴拿马，与比利时的比赛互相摆烂，最后英格兰成功隐藏实力。人气不说减弱吧，起码和比利时的比赛后不会有上升。这样对比就可以看得比较明显了，两方人气都可以调动增强，但相对来说哥伦比亚人气调动更容易，所以初赔开低英格兰取胜赔后，如果想要打出英格兰胜的赛果，变赔应利好哥伦比亚，阻滞英格兰
1/4决	乌拉圭0：2法国	威：4.33/3.10/1.95 立：4.00/3.00/2.00 年：3.00/3.40/2.30 竞：4.40/3.00/1.67	双方在1/8决赛时都淘汰强队晋级，但肯定是与阿根廷打出大比分赛果的法国更受大众青睐。但1/8决赛里出了3场平局，这场比赛大众担不担心平局？肯定会有相当一部分人有所担忧，这就涉及开赔技巧了。筹码分布的比例中，乌拉圭胜自然是最少的，那就开得高高的，让贪婪的人自己去做梦。剩下平局与法国取胜，如果要出平局，初赔把法国取胜赔率开略微高一些，乌拉圭取胜赔开比现盘略微低一些，变赔做拉伸分流，逐渐拉低法国取胜赔水位就可以对筹码进行强吸了
1/4决	巴西1：2比利时	威：1.91/3.30/4.20 立：2.05/3.10/3.60 年：2.00/3.40/3.75 竞：1.85/3.12/3.35	参考乌拉圭0：2法国的比赛，是惊险逆转日本的比利时更受大众青睐还是顺风顺水的巴西招人喜欢？初赔开出之后还抬高巴西取胜赔，诱盘明显

续表

场次	比分	初赔	解析
1/4 决	瑞典 0：2 英格兰	威：5.00/3.20/1.80 立：4.80/3.30/1.80 年：4.33/3.20/1.90 竞：4.50/3.00/1.66	算是送温暖的一场比赛，英格兰小组赛最后一场输比利时，与哥伦比亚又是点球晋级，虽然其取胜赔率还是受注主力项，但已经处于可控范畴。所谓的送温暖是指打出了让球胜，让投注英格兰胜和英格兰让球胜的大众都喜笑颜开（2000 年后正赛两队五次交手，瑞典 1 胜 2 平 2 负，输球至多输 1 球）
1/4 决	俄罗斯 1：1 克罗地亚 （克罗地亚点球胜）	威：3.50/3.10/2.20 立：3.25/3.10/2.20 年：3.30/3.25/2.20 竞：3.35/2.75/2.02	参考乌拉圭 0：2 法国与巴西 1：2 比利时的比赛。两队中克罗地亚更受大众青睐，如果要打出克罗地亚胜，是可以把克罗地亚取胜赔率开低的，而如果要打出俄罗斯胜，把克罗地亚取胜赔开得更低，俄罗斯取胜赔与平赔全部开高但要保持在同一水平线，变赔抬高克罗地亚取胜赔，同时拉低胜平水位即可
半决	法国 1：0 比利时	威：2.50/3.20/2.80 立：2.40/3.10/3.00 年：2.60/3.20/2.70 竞：2.27/2.86/2.72	两方取胜赔率都是实盘位开出，双方都不存在可抑制的点，尤其是比利时，因为淘汰了巴西。所以变赔抬高或者拉低哪方，哪方就是诱盘方。想打出平局？好办，变赔两方取胜赔都抬高或者拉低即可
半决	克罗地亚 1：1 英格兰 （加时赛克罗地亚 2：1 胜）	威：3.50/3.10/2.20 立：3.40/3.00/2.30 年：3.00/3.20/2.37 竞：3.00/2.70/2.20	在法国 1：0 比利时比赛中，法国与比利时都强，胜负拉力就都强。而相对来说克罗地亚与英格兰对比法国与比利时都稍显得弱一些，而克罗地亚与英格兰对比，明显是英格兰综合实力高，人气好。所以法国与比利时想要打出平局，胜负赔率都做抬高或者拉低就可以，而这场比赛想要打出平局就只能采取长赔策略
季军赛	比利时 2：0 英格兰	威：2.25/3.30/3.00 立：2.15/3.60/3.10 年：2.30/3.50/2.90 竞：1.97/3.70/2.62	从 1930 年世界杯开始，到 2014 年，世界杯一共举办了 20 届。其中 1930 年世界杯没有季军赛、1950 年世界杯采取积分循环制也没有正式意义上的季军赛。其他 18 届世界杯中有 17 届季军赛直接分出了胜负，只有 1986 年世界杯季军赛法国 2：2 比利时。在这种概率下，博胜负的人多还是博平局的人多？变赔还抬高平赔水位是什么意思？胜负之间，比利时取胜水位 2.40 左右，英格兰取胜水位 2.90 左右，哪方高了哪方就是诱盘
决赛	法国 4：2 克罗地亚	威：1.91/3.20/4.50 立：2.00/3.10/4.20 年：1.90/3.40/4.00 竞：1.76/2.78/4.32	谁是大黑马，克罗地亚！赛前已经开始炒作克罗地亚悲情牌，莫德里奇的成长经历等，也算是一种老掉牙的手段了，不多说了

三、欧洲杯

（一）2021 年欧洲杯分档

一档：法国、英格兰。

二档：比利时。

三档：德国、西班牙、葡萄牙、意大利。

四档：荷兰。

五档：丹麦、克罗地亚、土耳其。

六档：瑞士、波兰、乌克兰、瑞典、俄罗斯、奥地利、捷克。

七档：威尔士、苏格兰、斯洛伐克、匈牙利。

八档：芬兰、北马其顿。

注：定档解释见前文世界杯定档备注。

（二）2021 年欧洲杯赛前准备

（1）大赛前球队资料收集还应该有球员以及教练信息，但因为太占据篇幅，为了节省笔墨就不再阐述了。

（2）前文的世界杯比赛解析与下表的大赛前球队总结，合计构成一次大赛的所有资料，分别展示出来以供读者参考。

表 28-2　欧洲杯各队资料

小组	国家	预选赛及热身	点评
A 组	意大利	J 小组第一出线，预选赛 10 场全胜，进 37 球失 4 球。虽然说同组没有强队，但这种成绩也是相当恐怖 两场热身赛又是大胜，人气十足	意大利这个球队近十年来在不被看好情况下，2006 年世界杯拿了冠军，2012 年欧洲杯也是不被看好拿了亚军，低调时总能爆发
	瑞士	D 小组第一出线，预选赛 5 胜 2 平 1 负，进 19 球失 6 球。同组最强球队为丹麦，对抗丹麦 1 平 1 负 随后的热身赛 3 场全胜，是欧洲结束热身比较早的球队	对抗强队能力不行，对战弱旅成绩比较稳定，小组出线的关键要看与威尔士的比赛结果
	土耳其	H 小组第二出线，进 18 球失 3 球，与同组法国两场比赛主胜客平 随后三场热身赛 2 胜 1 平	预选赛的小组赛只输了一场球，客负冰岛。又主胜法国，人气比同组的威尔士要高一点。随后的热身赛有点想收的味道，降一降自己的人气，但恐怕难以如愿

小组	国家	预选赛及热身	点评
A组	威尔士	E小组第二出线，进10球失6球，成绩4胜2平2负 两场友谊赛1平1负	上届欧洲杯的八强，有一定历史人气。预选赛前期表现不好，最后一轮主胜匈牙利才拿到出线权。热身的友谊赛表现糟糕，明显留力，估计有望小组出线
B组	比利时	I小组第一出线，进40球失3球，10场全胜，世界排名第一实至名归 两场友谊赛1胜1平	实力强悍但不懂得收敛，友谊赛打平希腊表演的挺好，但遇上克罗地亚又犯了轴劲，难成大事
	丹麦	D小组第二出线，进23球失6球，4胜4平 两场热身赛客平德国主胜波黑	预选赛表现得中规中矩，虽然是小组第二但没有输球。热身赛突然高调不知何故，这样突然提升自己的人气不是什么好事，小组赛首轮又对战实力最弱的芬兰，恐怕会有冷门赛果
	俄罗斯	I小组第二出线，进33球失8球，8胜2负。预选小组赛两场输球都是输比利时 两场热身赛1胜1平	预选赛中两场输球就是输比利时，小组赛第一场又是对战比利时，恐怕会开门黑
	芬兰	J小组第二出线，进16球失10球，6胜4负 三场热身赛全负	预选赛挤掉同组希腊、波黑直接出线算是有了黑马色彩，预选赛后恐怕也知道自己有点窜得太快了，随后的三场热身赛全部输球就是明显降人气的行为。小组赛首轮对战丹麦，考虑到丹麦近期突然高调，期待首轮芬兰继续黑马
C组	荷兰	C小组第二出线，进24球失7球，6胜1平1负 两场热身赛1胜1平	预选赛表现得中规中矩，毕竟当时同组有德国。两场热身赛表现有些奇怪，先是打平苏格兰，随后大胜格鲁吉亚，不太好理解到底是想高调还是想隐藏实力。但同组其他三队与荷兰实力差距较大，小组第一出线问题不大
	奥地利	G小组第二出线，进19球失9球，6胜1平3负，同组小组第一是波兰队，同组没有公认的历史强队 两场热身赛1平1负	预选赛虽然是直接出线，但丢球较多，随后的热身赛也表现不佳，总体感觉人气不会太高，与同组乌克兰不相上下。能否出线的关键战也应是与乌克兰的比赛
	乌克兰	B小组第一出线，进17球失4球，6胜2平，同组对抗葡萄牙主胜客平 三场热身赛2胜1平	能在预选赛同组有葡萄牙与塞尔维亚的情况下拿到小组第一出线权，肯定会被大众赋予黑马色彩。但球队整体实力不高，预选赛中主场表现非常好，现在离开祖国去中立场踢比赛，不知表现如何，出线前景堪忧

续表

小组	国家	预选赛及热身	点评
C组	北马其顿	G小组第三，进12球失13球，4胜2平4负，随后附加赛先击败科索沃后又战胜格鲁吉亚，最终才晋级决赛圈 热身赛两场平斯洛文尼亚、胜哈萨克斯坦	北马其顿应该是这届欧洲杯24支球队中实力最弱的了，比芬兰还要差一些。但北马其顿的晋级决赛圈之路给人感觉很励志，表现太高调一般都不是什么好事，北马其顿最后一场热身赛大胜哈萨克斯坦太张扬，而且球队缺乏大赛经验，小组难以出线
D组	英格兰	A小组第一出线，进37球失6球，7胜1负，所输的一场比赛是客负捷克 两场热身赛全胜	现在这支英格兰队在索斯盖特的带领下表现越来越好，2018年世界杯闯进四强就是例证。这支球队懂得什么时候该低调，什么时候又该高调。这次大赛球队有夺冠的实力，但人气并不如比利时和法国高
	克罗地亚	E小组第一出线，进17球失7球，5胜2平1负，同组无欧洲传统强队 两场热身赛1平1负	2018年世界杯的大黑马，显然自己也知道成为众矢之的，所以热身赛希望给自己降降温，但所输的球队是比利时，而且是小比分输球，恐怕难以如愿。判断小组出线问题不大，毕竟还需要克罗地亚的吸引力，但最多止步八强
	捷克	A小组第二出线，进13球失11球，5胜3负。同组对阵英格兰主胜客负 两场友谊赛1胜1负	捷克这支球队不太好把脉，要说弱吧，在预选赛后期表现很好；要说强吧，还总出现大比分输球或者负弱旅的情况。而且捷克在预选赛里与英格兰就同组，在欧国联里又两负苏格兰，这种情况在六个组里不多见。笔者认为出线关键是与苏格兰的比赛，而且考虑到欧国联的历史，捷克很有可能战胜苏格兰
	苏格兰	I小组第三进入附加赛，小组赛进16球失19球，5胜5负。随后附加赛先后靠点球淘汰了以色列和塞尔维亚，最终晋级决赛圈 热身赛客平荷兰，客胜卢森堡	预选赛表现一般，不过也算是正常，毕竟同组有比利时和俄罗斯，但随后的两场附加赛先后靠点球晋级就有些味道了，最起码会给大众感觉韧劲很足。但与同组其他球队牵绊太多，与英格兰的历史宿怨、欧国联双杀捷克，还有一个世界杯亚军克罗地亚，苏格兰想要出线很难

续表

小组	国家	预选赛及热身	点评
	西班牙	F 小组第一出线，进 31 球失 5 球，8 胜 2 平 友谊赛 1 胜 1 平，平局是主平葡萄牙	球队教练恩里克，曾经带领巴塞罗那拿到过六冠王。但给人感觉有些刚愎自用，这次西班牙的大名单里罕见皇家马德里球员，连队长拉莫斯都舍弃掉。如果说恩里克是看到球队皇马与巴萨两帮内斗严重从而果断舍弃一边的话，说不定会带出比较好的成绩，毕竟西班牙已经连续两次大赛都止步十六强了
	瑞典	F 小组第二出线，进 23 球失 9 球，6 胜 3 平 1 负，同组对阵西班牙主平客负 三场热身赛全胜	瑞典这两年的成绩越来越好，2018 年世界杯就闯进了八强，预选赛表现中规中矩，但到了热身赛不知为何突然表现高调，是想在首轮分散大众对于西班牙的注意力吗？可是两队毕竟在预选赛就踢了两场，瑞典表现糟糕，能起到很好的分流效果吗
E 组	波兰	G 小组第一出线，进 18 球失 5 球，8 胜 1 平 1 负，同组无欧洲传统强队 两场预选赛都是主场打平	波兰这个国家好像就不懂得低调，最后一场热身赛对阵冰岛，两度落后两度扳平，这可就与两度领先后又两度被追平的人气反馈不一样了。热身赛输一场能怎样？非要冒充强队，忘记 2018 年世界杯自己的窘态了吗？这次欧洲杯恐怕还是会继续窘下去
	斯洛伐克	E 小组第三进入附加赛，小组赛进 13 球失 11 球，4 胜 1 平 3 负，小组赛中无欧洲传统强队，随后附加赛先后点球胜爱尔兰和北爱尔兰，最终晋级决赛圈 热身赛两场平局	实力较低，状态平平，小组出线前景堪忧
F 组	法国	H 小组第一出线，进 25 球失 6 球，8 胜 1 平 1 负，所输一场比赛为客负土耳其 两场热身赛均是主场大胜	这个组很有意思，法国是 2018 年世界杯冠军、葡萄牙是上届欧洲杯（也就是 2016 年欧洲杯）冠军、德国是 2014 年世界杯冠军。法国肯定是夺冠大热门了，而且这次欧洲杯法国主教练德尚把本泽马重新招致麾下，看起来法国的实力是更强了。但月满则亏，隐藏实力才是硬道理，感觉法国最多到四强

小组	国家	预选赛及热身	点评
	德国	C小组第一出线，进30球失7球，7胜1负。所输一场比赛为主负荷兰 两场热身赛主平丹麦后又主场大胜拉脱维耶	德国的主教练勒夫自从带队在2014年世界杯后经常踢一些奇怪的阵型。不知道是想对德国足球进行改革还是想干什么，总之就是有些莫名其妙。本来德国的人气已经不如法国，但最后一场热身赛偏要弄个7∶1大胜，不太看好德国首轮和法国的比赛能够拿分
F组	葡萄牙	B小组第二出线，进22球失6球，5胜2平1负，同小组第一是乌克兰 两场友谊赛客平西班牙后主场大胜以色列	葡萄牙整体的实力比德国和法国都弱，关键还是要看C罗的发挥。在上届欧洲杯葡萄牙就曾经与匈牙利一组，当时匈牙利三度领先又被葡萄牙三度追平，现在小组赛首轮就对阵匈牙利，看好葡萄牙首轮全取三分
	匈牙利	E小组第四，进8球失11球，4胜4负。随后先是附加赛客胜保加利亚，接着又是附加赛主胜冰岛后终于晋级决赛圈 两场热身赛1胜1平	匈牙利经过坎坷的晋级之路后被分到了死亡之组，对匈牙利是一种悲哀，但是对大众来说有些黑色幽默的味道。虽然匈牙利被分到了死亡之组，但匈牙利恐怕会拿分。应该是首轮输葡萄牙进一步降低自身人气后，让大众进一步看低，认为匈牙利就纯粹是来给其他三强送分的，然后在第二或者第三轮的法国和德国身上拿分

四、其他杯赛

（一）2021年美洲杯分档

一档：巴西。

二档：阿根廷。

三档：哥伦比亚、乌拉圭。

四档：智利。

五档：秘鲁、巴拉圭。

六档：厄瓜多尔、委内瑞拉。

七档：玻利维亚。

（二）2019年亚洲杯分档

一档：伊朗、韩国、日本。

二档：澳大利亚、沙特阿拉伯、阿联酋。

三档：伊拉克、乌兹别克斯坦、卡塔尔。

四档：中国、叙利亚。

五档：泰国、阿曼、巴林、约旦、朝鲜。

六档：黎巴嫩、越南、印度。

七档：也门、吉尔吉斯斯坦、菲律宾、土库曼斯坦。

（三）2019 年女足世界杯分档

一档：法国、美国、德国、英格兰。

二档：荷兰、澳大利亚、日本。

三档：加拿大、西班牙、巴西、瑞典。

四档：挪威。

五档：中国、意大利。

六档：新西兰、韩国、苏格兰。

七档：阿根廷。

八档：智利、牙买加、尼日利亚、南非。

九档：喀麦隆。

十档：泰国。

五、世界范围内国家队分档

（1）时间截至 2022 年第一季度。

（2）分档依据各个国家队所获荣辱以及球员构或还有 FIFA 排名，如表 28-3 所示。

表 28-3　FIFA 排名

档位	国家
一	巴西、比利时、英格兰、德国、法国、阿根廷、意大利、西班牙
二	葡萄牙、荷兰、乌拉圭
三	丹麦、墨西哥、瑞士、克罗地亚、哥伦比亚、智利
四	美国、瑞典、奥地利、俄罗斯、日本
五	伊朗、塞内加尔、秘鲁、捷克、波兰、韩国、尼日利亚、威尔士、挪威、土耳其、塞尔维亚
六	埃及、哥斯达黎加、乌克兰、喀麦隆、加拿大、苏格兰、匈牙利、澳大利亚、斯洛伐克、沙特阿拉伯、厄瓜多尔、爱尔兰、罗马尼亚、巴拉圭、加纳、摩洛哥

档位	国家
七	阿尔及利亚、突尼斯、卡塔尔、科特迪瓦、北爱尔兰、希腊、冰岛、芬兰、委内瑞拉、波黑、巴拿马、马其顿、牙买加、斯洛文尼亚、阿尔巴尼亚、阿联酋、南非、黑山、伊拉克、保加利亚、阿曼、以色列、加蓬
八	民主刚果、玻利维亚、中国、洪都拉斯、乌兹别克斯坦、哈萨克斯坦、叙利亚、赞比亚、巴林、乌干达、约旦、亚美尼亚、白俄罗斯、卢森堡、越南、黎巴嫩、巴勒斯坦、朝鲜、阿塞拜疆、格鲁吉亚、科索沃、约旦、阿曼、布基纳法索、亚美尼亚、北马其顿
九	新西兰、肯尼亚、塞浦路斯、印度、科索沃、爱沙尼亚、泰国、塔吉克斯坦、吉尔吉斯斯坦、利比亚、多哥、法罗群岛、苏丹、菲律宾、土库曼斯坦、拉脱维亚、立陶宛、科威特、阿富汗、萨尔瓦多、中国香港、中国台北、埃塞俄比亚、佛得角、马拉维、冈比亚、马里、安哥拉、刚果、多哥、贝内、几内亚、几内亚比绍
十	缅甸、也门、马来西亚、新加坡、印度尼西亚、马耳他、古巴、摩尔多瓦、老挝、蒙古、不丹、列支敦士登、巴基斯坦、索马里、直布罗陀、斯里兰卡、圣马力诺、孟加拉国、东帝汶、尼泊尔、马尔代夫、关岛、柬埔寨、津巴布韦、赤道几内亚、塞拉利昂、利比里亚、莫桑比克、肯尼亚、安道尔

第二十九章　俱乐部杯赛

一、欧洲冠军杯

（一）欧冠杯正赛球队分档及解析

1. 大欧洲环境分档（注：同档球队前后不分高低，以下皆同）

一档：曼城（英超）、拜仁慕尼黑（德甲）。

二档：皇家马德里（西甲）、巴黎圣日耳曼（法甲）。

三档：巴塞罗那（西甲、利物浦（英超）。

四档：尤文图斯（意甲）、切尔西（英超）、马德里竞技（西甲）、曼联（英超）。

五档：阿森纳（英超）、热刺（英超）、多特蒙德（德甲）。

六档：那不勒斯（意甲）、国际米兰（意甲）、亚特兰大（意甲）、塞维利亚（西甲）。

七档：莱比锡红牛（德甲）、罗马（意甲）、拉齐奥（意甲）、AC米兰（意甲）、阿贾克斯（荷甲）、勒沃库森（德甲）、瓦伦西亚（西甲）、波尔图（葡超）。

八档：摩纳哥（法甲）、门兴（德甲）、沃尔夫斯堡（德甲）、沙尔克04（德甲）、莱切斯特城（英超）、里昂（法甲）、本菲卡（葡超）、维拉利尔（西甲）、里尔（法甲）、萨尔茨堡（奥地利甲）、马赛（法甲）。

九档：顿涅茨克矿工（乌超）、费耶诺德（荷甲）、莫斯科斯巴达（俄超）、里斯本竞技（葡超）、霍芬海姆（德甲）、圣彼得堡泽尼特（俄超）、基辅迪那摩（乌超）、贝西克塔斯（土超）、加拉塔萨雷（土超）。

十档：克拉斯诺达尔（俄超）、埃因霍温（荷甲）、奥林匹亚科斯（希腊超）、巴塞尔（瑞士超）、莫斯科中央陆军（俄超）、凯尔特人（苏格兰超）、雷恩（法甲）。

十一档：莫斯科火车头（俄超）、布鲁日（比利时甲）、贝尔格莱德红星（塞尔维亚超）、伊斯坦布尔（土超）、年轻人（瑞士超）、亨克（比利时甲）、安德莱赫特（比利时甲）、萨格勒布迪纳摩（克罗地亚甲）。

十二档：希腊人竞技（塞浦路斯甲）、雅典AEK（希腊超）、哥本哈根（丹麦超）、卢多格雷茨（保加利亚超）、布拉格斯拉维亚（捷克甲）、马尔默（瑞典超）。

十三档：罗斯托夫（俄超）、比尔森（捷克甲）、华沙莱吉亚（波兰甲）、卡拉巴赫（阿塞拜疆超）、马里博尔（斯洛文尼亚甲）、费伦茨瓦罗斯（匈牙利甲）、谢里夫（摩尔多瓦甲）、中日德兰（丹麦超）。

2. 分档解释

（1）时间范围：2016~2017赛季至2021~2022赛季。

（2）以上球队分档是综合考虑了近六个赛季所有参加欧冠正赛球队整体的综合表现后进行大环境划分，下面还会把单独每个赛季的分档进行详列。

（3）以后的赛季，读者可以用这个大分档作为基础，然后对每个赛季参加欧冠正赛的 32 支球队进行适当的调整做分档。如果有新的球队，如挪威超有一支球队进入了欧冠正赛，那么分档基本是在十档至十二档。依次类推，如果有一支黑山甲或者斯洛伐克超的球队闯入了欧冠正赛区，其综实定位在当届欧冠正赛区不会高于十二档。

（4）有些球队虽然经过了降级，如沙尔克 04 在 2018～2019 赛季进入了欧冠正赛区，但其在 2020～2021 赛季的德甲联赛中降级了，未来沙尔克 04 如果回到德甲并且又闯入欧冠正赛的话，其定位还是在大欧洲环境的八档左右。原因是在德甲想要拿到欧冠资格，其综合实力至少要在欧冠这个大环境里排在八档，同理的还有英超莱切斯特城也是如此。

（5）一支球队如果经历了大的波折，如巴塞罗那之前实力很强，在近两个赛季经历了更换俱乐部主席、球队绝对核心梅西离队、多次换帅等风波后，球队的综合实力已经大幅度下降。但自哈维接手后，巴塞罗那目前有复苏迹象，如果以后巴塞罗那又拿到西甲冠军，其欧冠定位是可以调整回到一二档的。相同类型的还有意甲的 AC 米兰，英超的曼联，如果联赛夺冠，其欧冠定位也要相应地提高。

（6）我没有按照人强、普强加、中强减等称呼方式进行定档。如何确定每个档位的称呼可根据自己喜好，只是一个称谓而已，定档的目的是为了寻找不同综实之间对战的心理区间，这点一定不要搞混。

（二）近六个赛季欧冠杯正赛分档

1．2016～2017 赛季
一档：巴塞罗那、拜仁慕尼黑。
二档：皇家马德里、曼城、尤文图斯、巴黎圣日耳曼。
三档：马德里竞技、多特蒙德、阿森纳。
四档：热刺、那不勒斯、塞维利亚。
五档：莱切斯特城、勒沃库森、摩纳哥、波尔图、本菲卡。
六档：里昂、里斯本竞技、门兴、基辅迪那摩。
七档：莫斯科中央陆军、埃因霍温、巴塞尔、凯尔特人、贝西克塔斯。
八档：卢多格雷茨、布鲁日、萨格勒布迪纳摩、哥本哈根。
九档：华沙莱吉亚、罗斯托夫。

2．2017～2018 赛季
一档：皇家马德里。
二档：拜仁慕尼黑、巴塞罗那、巴黎圣日耳曼。
三档：曼联、曼城、尤文图斯、切尔西。
四档：利物浦、马德里竞技、那不勒斯。

五档：多特蒙德、摩纳哥、热刺。

六档：莱比锡红牛、罗马、塞维利亚、波尔图。

七档：本菲卡、贝西克塔斯、莫斯科中央陆军、凯尔特人、顿涅茨克矿工、里斯本竞技、费耶诺德。

八档：希腊人竞技、安德莱赫特、莫斯科斯巴达、巴塞尔、奥林匹亚科斯。

九档：卡拉巴赫、马里博尔。

3. 2018～2019赛季

一档：曼城、巴塞罗那。

二档：尤文图斯、巴黎圣日耳曼、拜仁慕尼黑、皇家马德里。

三档：利物浦、马德里竞技、曼联。

四档：热刺、那不勒斯、多特蒙德。

五档：罗马、国际米兰、波尔图。

六档：里昂、瓦伦西亚、沙尔克04、摩纳哥、霍芬海姆、阿贾克斯、本菲卡。

七档：加拉塔萨雷、顿涅茨克矿工、埃因霍温、莫斯科中央陆军。

八档：布鲁日、雅典AEK、贝尔格莱德红星、年轻人、莫斯科火车头。

九档：比尔森。

4. 2019～2020赛季

一档：曼城。

二档：巴塞罗那、利物浦。

三档：皇家马德里、尤文图斯、巴黎圣日耳曼、拜仁慕尼黑。

四档：马德里竞技、热刺、切尔西、多特蒙德、那不勒斯。

五档：阿贾克斯、国际米兰。

六档：莱比锡红牛、瓦伦西亚、亚特兰大、里昂、本菲卡、勒沃库森。

七档：里尔、顿涅茨克矿工、圣彼得堡泽尼特、萨尔茨堡、加拉塔萨雷。

八档：奥林匹亚科斯、萨格勒布迪纳摩、布拉格斯拉维亚、莫斯科火车。

九档：布鲁日、亨克、贝尔格莱德红星。

5. 2020～2021赛季

一档：拜仁慕尼黑、曼城、利物浦。

二档：巴黎圣日耳曼、皇家马德里、巴塞罗那、尤文图斯。

三档：切尔西、马德里竞技。

四档：曼联、多特蒙德、国际米兰。

五档：亚特兰大、塞维利亚。

六档：拉齐奥、莱比锡红牛、阿贾克斯、波尔图。

七档：门兴、马赛、萨尔茨堡、顿涅茨克矿工、圣彼得堡泽尼特、雷恩。

八档：布鲁日、克拉斯诺达尔、基辅迪那摩、莫斯科火车头、奥林匹亚科斯、伊斯坦布尔。

九档：费伦茨瓦罗斯、中日德兰。

6．2021～2022赛季

这个赛季欧冠杯开始改制，主要是小组赛第三名要与欧联杯小组赛第二名经过抽签对战，决出8支球队参加欧联杯1/8淘汰赛。

一档：曼城、巴黎圣日耳曼。

二档：拜仁慕尼黑、利物浦、切尔西、曼联。

三档：皇家马德里、尤文图斯、巴塞罗那、马德里竞技。

四档：多特蒙德、国际米兰、塞维利亚。

五档：亚特兰大、阿贾克斯、莱比锡红牛、AC米兰。

六档：本菲卡、波尔图、萨尔茨堡、里尔、沃尔夫斯堡、维拉利尔、里斯本竞技。

七档：基辅迪那摩、顿涅茨克矿工、泽尼特、贝西克塔斯。

八档：布鲁日、年轻人、马尔默。

九档：谢里夫。

（三）欧冠2021～2022赛季正赛球队评估

表29-1 球队评估

球队	评估		
曼城	体系成熟度：5	心理成熟度：4.5	组织纪律性：5
	曼城主教练瓜迪奥拉是当今世界足坛名帅中的最顶尖者，其战术思想主要就是传控打法，也就是所谓的"tikitaka"足球，不管瓜迪奥拉如何变阵，什么无锋阵啊，什么影锋等，内核始终不变。他的足球能够在巴萨成功的原因是巴萨这支球队本身深受克鲁伊夫的影响，所以当时的瓜迪奥拉与巴萨可以说是互相成就。离开巴萨后，他能在德甲和英超成功的关键是俱乐部舍得花钱，当然他也是一名很好的教练，但他更多的是把球员改造成适合战术体系，而不是根据球员自身的特点不停地调整战术打法。所以如果英超有一支球队消费水平与曼城相当，并且请来如克洛普、安切洛蒂、齐达内、穆里尼奥或者图赫尔等教练，那么瓜迪奥拉的曼城对于英超统治力会大幅度下降。而他的这种特点决定他很难在巴塞罗那以外的俱乐部拿到欧冠奖杯，一是他对于球队心理以及服从性管理上不是顶级教练水平，二是缺少巴萨青训球员支持。但如果瓜迪奥拉在某支球队能够执教20年，把这支俱乐部从青训到主队都深深打上自己的足球哲学烙印，这支俱乐部在未来可能会大放异彩。综上，曼城最多到普强加的水平，很难达到人强程度		
巴黎圣日尔曼	体系成熟度：4.5	心理成熟度：5	组织纪律性：4
	巴黎圣日耳曼这种纯粹靠钱堆起来的球队，如果不能请来一名顶级教练进行梳理，很难成大气候。这个赛季因为梅西来了与姆巴佩留队导致其在欧冠赛场上的竞争力突然提升不少。而目前的主教练波切蒂诺其能力难以驾驭这么多大牌球星，他之所以能够曾经带领热刺闯进欧冠决赛的原因是当时热刺大牌球星并不多，主锋凯恩并不算是性格球员，而现在大巴黎队内这么多南美球星，波切蒂诺恐难成大事		

球队	评估
拜仁慕尼黑	体系成熟度：4　　心理成熟度：5　　组织纪律性：5 拜仁慕尼黑这些年请主教练好像是开盲盒，这个赛季请了少帅纳格尔斯曼（上赛季莱比锡红牛主教练），这又是在进行开盲盒操作。实在不明白拜仁高层到底是怎么想的，好好的把弗里克放走了。纳格尔斯曼没有任何夺冠经历，只有一个德甲最年轻主帅的称谓。这样一个年轻人突然来带大型俱乐部，结果估计不会太好。赛季初球队伤病少的时候问题不会太大，随着时间推移，当伤病开始多的时候就是考验主帅能力的时候，而纳格尔斯曼目前看不到有能力来带领拜仁慕尼黑再创辉煌。欧冠是不用想了，联赛和国内杯赛弄不好都要丢
利物浦	体系成熟度：5　　心理成熟度：4　　组织纪律性：5 利物浦有当今足球最好的教练克洛普，克洛普是一名可以根据球员特点不断调整自己球队战术打法的顶级教练。但是利物浦的队内球员心理成熟度欠点火候，从萨拉赫的以往言行，后卫范戴克的一些行为等都可以看出。如果这个赛季克洛普调教好，利物浦可能会创造惊喜，如果调教不好，可能就像上赛季一事无成。但观察克洛普并不像是一个自大、自满的人，有了上赛季的失败，估计他自己也会反思做调整，目前还有待观察利物浦的动向
切尔西	体系成熟度：4　　心理成熟度：4.5　　组织纪律性：5 切尔西在上赛季请来了一名好教练图赫尔，图赫尔在离开大巴黎后，在切尔西意外取得成功，主因是不用再考虑大牌球星的心思，来到切尔西终于可以按照自己的理想塑造球队。图赫尔是一名好教练，他的水准应该和克洛普不相上下，别看图赫尔上赛季带领切尔西拿了欧冠，如果这个赛季打不好有可能被炒。但如果给图赫尔时间，相信图赫尔可以带好切尔西，只是因为他来队时间还不够长，体系难以说非常成熟，这是切尔西的一个弱点
曼联	体系成熟度：4.5　　心理成熟度：4　　组织纪律性：4.5 曼联主教练索尔斯克亚自己的心理素质不行，上赛季欧联杯决赛时就体现得非常明显，但好在有恩师弗格森的支持，目前带领曼联已经开始慢慢走上正轨。可C罗突然回归加盟，对于曼联可是一件非常不好的事，C罗要求不断地进球，要求球队以他为核心进行运转，但曼联现在需要以一名或者几名年轻球员为核心进行建队，这与C罗的要求正好相反，而C罗是不可能甘心当替补的。C罗回归这件事可能会成为曼联再次崩塌的导火索，而曼联再次崩塌也符合格雷泽家族的利益。原因是C罗回归导致曼联股票大涨，传闻格雷泽家族为了签回C罗卖出了不少手中的曼联股票，而格雷泽兄弟如果想保持持股比例的话，就需要曼联股价大幅度下跌后，把卖出的股票再低价买回，一支各方面都拧巴的球队很难走远
皇家马德里	体系成熟度：4.5　　心理成熟度：5　　组织纪律性：4.5 齐达内走了，安切洛蒂又来了。齐达内留下的东西，安切洛蒂拾起来问题不大，毕竟两人曾经配合过。球队目前人员整齐，唯一可能出问题的点在于后防上，把拉莫斯与瓦拉内都放走了，虽然吃进了阿拉巴，但后防还是吃紧，需要安切洛蒂悉心调教。最大对手巴萨核心梅西离队，这对于皇马是大好事。从目前形势来看，起码国内联赛和杯赛能拿一个，欧冠要看安切洛蒂调教后防的情况了

续表

球队	评估
尤文图斯	体系成熟度：3.5　　心理成熟度：4.5　　组织纪律性：5 尤文图斯这两年战绩不佳，上个赛季联赛冠军都丢了。现在虽然把阿莱格里又请了回来，但内德维德没走，尤文图斯还会处于内斗状态。在这种情况下，尤文图斯这个赛季难有大的作为，虽然送走 C 罗是一件好事，但阿莱格里属于一名慢热型教练，所以尤文图斯大概率这个赛季四大皆空。欧冠小组赛出线问题不大，淘汰赛要看碰上的对手是谁了
巴塞罗那	体系成熟度：4　　心理成熟度：4　　组织纪律性：4 巴塞罗那主席拉波尔塔竟然采取一种骗的手段把梅西给弄走了，看来巴萨的财政情况不容乐观。梅西出走的内幕不好说主教练泽曼是否知情，但以巴塞罗那现在的情况来看，随后成绩糟糕是肯定的了，当糟糕成绩累积到一定程度，泽曼估计就会背锅走人了，继任者大概率是哈维，如果真是他，要看这位巴萨元老有没有当初瓜迪奥拉的本事
马德里竞技	体系成熟度：4　　心理成熟度：4　　组织纪律性：4.5 马德里竞技上赛季之所以能拿到西甲冠军主因就是苏亚雷斯以及对手皇家马德里和巴塞罗那自己的内部混乱，但以马德里竞技上赛季欧冠比赛就可以看出球队的疲软状态了，打不了硬仗。这个赛季竟然把格列兹曼又搞回来了，这可不是什么好操作，应该让苏亚雷斯传帮带带费利克斯，现在横插格列兹曼，西蒙尼恐怕会玩火自焚。马德里竞技这个赛季欧冠小组赛对手利物浦、AC 米兰、波尔图，都是强队，马德里竞技能否小组出线都两说
多特蒙德	体系成熟度：3.5　　心理成熟度：4　　组织纪律性：4.5 因为新冠肺炎疫情影响导致欧洲大多数的俱乐部收入锐减，所以德国足协从上个赛季就开始转变思维，国内杯赛早早把拜仁慕尼黑赶出局，这就让其他球队看到了夺冠的希望，从而刺激球队进行投入，进而刺激球市以及转播市场的复苏，这个举措最终便宜了多特蒙德，上赛季拿到了德国杯冠军。但从球队投入来看，难有大的作为，这样也留不住球队目前最大牌的球员哈兰德
塞维利亚	体系成熟度：3.5　　心理成熟度：4　　组织纪律性：4.5 洛特佩吉这两年带着塞维利亚风生水起，每个赛季都进欧冠正赛，还拿过一个欧联杯冠军。洛特佩吉能力有，但塞维利亚这个赛季初吃进了不少人，也送走了不少球员。球队体系成熟度如何还不好说，需要观察
国际米兰	体系成熟度：4.5　　心理成熟度：4.5　　组织纪律性：4.5 国际米兰什么都好，体系、心理、纪律都挺棒。不好的肯定有一点，俱乐部财政有问题，上赛季联赛夺冠后，主席张康阳竟然和球员商量延迟或者少发奖金，现在又被曝要与球员商量降薪事宜，这点处理不好的话，恐怕刚复苏就要被毁灭。至于主教练走了孔蒂来了小因扎吉，还不好说会如何。还是要看俱乐部财政，财政问题解决好，球队成绩就有保证
亚特兰大	体系成熟度：4　　心理成熟度：4　　组织纪律性：4.5 亚特兰大自从加斯佩里尼接手后，这些年表现一直比较稳定。近两个赛季一直都能进入欧冠正赛并且小组出线进入淘汰赛，这种现象本身就代表了亚特兰大的实力。但这个赛季亚特兰大球员进出幅度比较大，新的球员进入肯定需要一定时间进行阵型磨合，可是亚特兰大所在小组有曼联和维拉利尔两强，再加上亚特兰大，有些死亡小组的味道了

球队	评估		
阿贾克斯	体系成熟度：4	心理成熟度：4.5	组织纪律性：4.5
	阿贾克斯的情况与亚特兰大有些类似，都是一名能力比较强的主教练带领一众能力非顶尖的球员打出了比较好的成绩。笔者感觉阿贾克斯的主教练腾哈格比亚特兰大主教练加斯佩里尼的能力还要强一些，而阿贾克斯这个赛季人员更换也不少，只是没有亚特兰大幅度那么大而已，阿贾克斯小组出线问题不大		
莱比锡红牛	体系成熟度：3	心理成熟度：4	组织纪律性：4.5
	莱比锡红牛升入德甲后的这些年，教练和球员走马灯一样地换。这个赛季原主教练去了拜仁，结果又把萨尔茨堡红牛的主教练马希给弄来了，都是红牛系的也算是内部调动吧。不过马希此前没有执教过五大联赛俱乐部的经验，他此前只是给朗尼克当副手时在莱比锡红牛待过，而且仅是一个赛季。现在球队主教练是新人，球员又更换了一批，不太看好莱比锡红牛的前景		
AC米兰	体系成熟度：3.5	心理成熟度：4	组织纪律性：4
	AC米兰主教练皮奥利有一定能力，但之前没有获得过什么重要赛事的冠军奖杯，这明显是短板，证明皮奥利即使有能力其上限也不会太高。他的长处是对意大利足球比较熟悉，但对于欧冠赛场非常陌生。AC米兰现在又在死亡之组，利物浦和马德里竞技都是"老油条"，波尔图也不是善茬，出线前景堪忧		
本菲卡	体系成熟度：3	心理成熟度：3.5	组织纪律性：4
	本菲卡通过两轮主客四场资格赛才最终进入欧冠正赛的，在资格赛中先后淘汰了埃因霍温和莫斯科斯巴达，球队肯定有一定的实力，但在E小组里出线前景堪忧。如果可以对战基辅迪那摩完成2连胜或者1胜1平，剩下的关键就要看对战巴塞罗那的两场比赛是否可以打好了		
波尔图	体系成熟度：3.5	心理成熟度：3.5	组织纪律性：4
	波尔图主教练孔塞桑带队已经有几个赛季了，表现一直比较稳定，这个赛季球队阵容没有太大变化，稳定是其优点。但奈何被分进了死亡之组，不看好波尔图小组出线，能不能捞到小组第三都两说		
萨尔茨堡	体系成熟度：4	心理成熟度：3.5	组织纪律性：3.5
	萨尔茨堡主教练雅伊斯勒此前没有执教过一线队的经历，这次也是因为前主教练马希内部调动去了莱比锡红牛，他才得以上位。1988年出生的主教练有点年轻，其执教风格还有待观察。不过好在这赛季萨尔茨堡的分组比较好，同组球队里只有塞维利亚实力较强，有出线希望		
里尔	体系成熟度：3.5	心理成熟度：3.5	组织纪律性：3.5
	上赛季里尔力压巴黎圣日耳曼夺得法甲联赛冠军，可是赛季结束后功勋教练加尔蒂却离队了。新的赛季新的主教练，球队又在夏窗放走了不少球员，其中不乏主力。这个赛季法甲开赛第一轮里尔就主胜巴黎圣日耳曼，似乎球队没有受到换帅的太大波折。从目前球队的比赛情况看，对于欧冠赛事兴趣度要远高过法甲联赛，也许是已经夺得法甲冠军转而奢求在欧冠赛场能有所斩获？目前里尔所处的这个组实力较为均衡，除了塞维利亚实力比较强外，剩下三队综合实力比较接近，能否出线关键还是要看与萨尔茨堡和沃尔夫斯堡的比赛是否可以打好		

续表

球队	评估
沃尔夫斯堡	体系成熟度：2.5　　心理成熟度：3.5　　组织纪律性：4 沃尔夫斯堡上个赛季德甲第四，球队为了打好欧冠赛事，夏窗花了不少钱进行引援。球队引进大批新的球员意味着一些老的球员要离队，为新的球员腾位置。一般球队在这个时候都会留任原主帅，或者聘请一位经验比较丰富的主教练。但不知道沃尔夫斯堡高层是怎么想的，把范博梅尔请了回来。范博梅尔球员时期获得荣誉无数，但当主教练的成绩可不太理想，不太看好沃尔夫斯堡的欧冠之旅
维拉利尔	体系成熟度：4　　心理成熟度：4　　组织纪律性：4 埃梅里这名教练有能力，上赛季带领维拉利尔拿下欧联杯冠军，这个赛季阵容中主力球员出走的并不多，而且还得到关键位置的补足，看好埃梅里带领维拉利尔能够小组出线。不过维拉利尔与上赛季欧联杯决赛对手曼联分到一个小组里，大众的普遍心理是维拉利尔并不弱于曼联，小组赛维拉利尔遇到曼联的时候恐怕会难以拿分
里斯本竞技	体系成熟度：4　　心理成熟度：3.5　　组织纪律性：3.5 主教练阿莫利姆既然能在上个赛季带领里斯本竞技拿到葡超冠军，说明其有一定能力。最重要的是，这个夏窗里斯本竞技的主力基本没有出走，相应的位置还得到了补充，这对于里斯本竞技绝对是一个利好。球队整体之间相互很熟悉，贯彻教练战术安排可以到位，奈何球队整体实力不如阿贾克斯与多特蒙德，出线希望不大，但不是没有可能
基辅迪那摩	体系成熟度：3　　心理成熟度：3　　组织纪律性：3.5 基辅迪那摩上个赛季在乌克兰超踢得很好，26场联赛只输一场，以超过顿涅茨克矿工11分的优势赛季夺冠。奈何分组不佳，与拜仁和巴塞罗那还有本菲卡同分在E小组内。乌克兰时局动荡，新冠肺炎疫情肆虐，连五大联赛的球队这两年日子都不好过，就更不用说基辅迪那摩这种球队了，小组垫底出局的可能性很大
顿涅茨克矿工	体系成熟度：3　　心理成熟度：3.5　　组织纪律性：3 与基辅迪那摩的有些问题类似，不同点在于顿涅茨克矿工这个赛季引援力度比较大，4名新球员的花销都过了千万欧元，而且分组情况比基辅迪那摩要好。同组的皇家马德里与国际米兰大概率小组前两名出线，顿涅茨克矿工估计最后能捞到一个小组第三去打欧联杯的淘汰赛
圣彼得堡泽尼特	体系成熟度：3.5　　心理成熟度：3.5　　组织纪律性：3 谢马克自从重回泽尼特，带领球队在联赛里完成一波3连冠，可其带领球队踢欧冠的成绩不理想。2019～2020、2020～2021连续两个赛季都是小组垫底出局。俱乐部估计也是看到了这种现象，这个夏窗引援力度不小，粗略估计得花了几千万欧元。所分小组谈不上好与坏，切尔西和尤文图斯小组第一与第二出线可能性最大，泽尼特就看与马尔默的比赛了，打好了可以以小组第三去踢欧联杯的附加赛
贝西克塔斯	体系成熟度：3　　心理成熟度：3　　组织纪律性：3 贝西克塔斯近几年也算是欧战赛场的常客了，但其在欧冠赛事的表现并不好，上个赛季资格赛没过就被淘汰了。这个赛季夏窗投入不大，虽然所在的C小组整体实力都不是特别的强，但与阿贾克斯、多特蒙德、里斯本竞技等一众球队相比，贝西克塔斯的综合实力算是最差的，出线前景堪忧

球队	评估
布鲁日	体系成熟度：2.5　　　　心理成熟度：3.5　　　　组织纪律性：3 这已经是布鲁日连续第四个赛季进入欧冠正赛了，年年虽然进入正赛，但年年都是陪太子读书。前三个赛季好歹可以捞一个小组第三，这个赛季夏窗投入不大，所在 A 组又属布鲁日综合实力最差。不出意外的话，布鲁日应该是小组垫底出局
年轻人	体系成熟度：3　　　　　心理成熟度：3.5　　　　组织纪律性：3 上个赛季年轻人瑞士超夺冠，比第二名的巴塞尔多了 31 分，这个分差有点太悬殊了。进入正赛也很不容易，资格赛踢了 6 场，先后淘汰了布拉迪斯拉发、克卢日、费伦茨瓦罗斯才最终晋级正赛，说明年轻人本身的综合实力并不是很糟糕。小组能否出线的关键是看与同组的维拉利尔和亚特兰大 4 场比赛能否打好
马尔默	体系成熟度：2.5　　　　心理成熟度：2.5　　　　组织纪律性：3 马尔默踢了 6 场资格赛才进入正赛，但马尔默的实力还不如年轻人，所在小组里马尔默综合实力最差，应该是小组垫底的结果
谢里夫	体系成熟度：2.5　　　　心理成熟度：2.5　　　　组织纪律性：2.5 对谢里夫这支球队不太熟悉，只知道其是摩尔多瓦甲级联赛的球队，资格赛 8 场踢满，最终晋级欧冠正赛。资格赛中谢里夫先后淘汰了贝尔格莱德红星与萨格勒布迪纳摩，这点值得注意

二、欧洲联赛杯

（一）欧联杯正赛球队分档及解析

1. 小组赛阶段大欧洲环境分档（注：同档球队前后不分高低，以下皆同）

一档：切尔西（英超）、曼联（英超）、阿森纳（英超）、热刺（英超）。

二档：塞维利亚（西甲）、AC 米兰（意甲）、那不勒斯（意甲）。

三档：莱切斯特城（英超）、国际米兰（意甲）、罗马（意甲）、狼队（英超）、西汉姆联队（英超）。

四档：毕尔巴鄂竞技（西甲）、沙尔克 04（德甲）、维拉利尔（西甲）、佛罗伦萨（意甲）、埃弗顿（英超）、顿涅茨克矿工（乌超）、拉齐奥（意甲）、勒沃库森（德甲）、莱比锡红牛（德甲）、里昂（法甲）、皇家社会（西甲）。

五档：门兴（德甲）、波尔图（葡超）、圣彼得堡泽尼特（俄超）、本菲卡（葡超）、摩纳哥（法甲）、沃尔夫斯堡（德甲）、马赛（法甲）、南安普顿（英超）、霍芬海姆（德甲）、皇家贝蒂斯（西甲）。

六档：塞尔塔（西甲）、阿贾克斯（荷甲）、里斯本竞技（葡超）、格拉纳达（西甲）、法兰克福（德甲）、里尔（法甲）、西班牙人（西甲）、科隆（德甲）、柏林赫塔（德甲）、美因茨 05（德甲）、尼斯（法甲）、赫塔菲（西甲）、圣埃蒂安（法甲）、埃因霍温（荷甲）、亚特兰大（意甲）、贝西克塔斯（土超）。

七档：基辅迪那摩（乌超）、莫斯科中央陆军（俄超）、费内巴切（土超）、安德莱赫特（比利时甲）、奥林匹亚科斯（希腊超）、凯尔特人（苏格兰超）、费耶诺德（荷甲）、莎索罗（意甲）、布拉加（葡超）、巴塞尔（瑞士超）、萨尔茨堡（奥地利甲）、加拉塔萨雷（土超）。

八档：雷恩（法甲）、波尔多（法甲）、克拉斯诺达尔（俄超）、莫斯科火车头（俄超）、格拉斯哥流浪者（苏格兰超）。

九档：中日德兰（丹麦超）、莫斯科斯巴达（俄超）、伊斯坦布尔（土超）、雅典AEK（希腊超）、阿尔克马尔（荷甲）、萨格勒布迪纳摩（克罗地亚甲）、亨克（比利时甲）。

十档：帕纳辛奈科斯（希腊超）、哥本哈根（丹麦超）、标准列日（比利时甲）、比尔森（捷克甲）、奥地利维也纳（奥地利甲）、根特（比利时甲）、布加勒斯特星（罗马尼亚甲）、阿基萨（土超）、年轻人（瑞士超）、特拉布宗体育（土超）、阿斯特拉（罗马尼亚甲）、塞萨洛尼基（希腊超）、布拉格斯巴达（捷克甲）、马尔默（瑞典超）、布拉格斯拉维亚（捷克甲）、贝尔格莱德红星（塞尔维亚超）、卢多格雷茨（保加利亚超）、希腊人竞技（塞浦路斯甲）。

十一档：布隆德比（丹麦超）、科尼亚体育（土超）、锡瓦斯体育（土超）、维迪斯（荷甲）、华沙莱吉亚（波兰甲）、维也纳快速（奥地利甲）、吉马良斯（葡超）、克卢日（罗马尼亚甲）。

十二档：波兹南莱赫（波兰甲）、格拉茨风暴（奥地利甲）、安特卫普（比利时甲）、波里索夫巴特（白俄罗斯超）、特拉维夫马卡比（以色列超）、贝尔格莱德游击（塞尔维亚超）、利贝雷茨（捷克甲）、卢加诺（瑞士超）。

十三档：莫尔德（挪威超）、兹林（捷克甲）、苏黎世（瑞士超）、贝尔谢巴夏普尔（以色列超）、卢甘斯克黎明（乌超）、索菲亚中央陆军（保加利亚超）、安拉卡体育（土超）、卡拉巴赫（阿塞拜疆超）、谢里夫（摩尔多瓦甲）、林茨（奥地利甲）、聚尔特瓦雷赫姆（比利时甲）、罗森博格（挪威超）、里耶卡（克罗地亚甲）、沃尔夫斯贝格（奥地利甲）。

十四档：阿斯塔纳（哈萨克斯坦超）、萨尔普斯堡（挪威超）、维迪奥顿（匈牙利甲）、AEK拉纳卡（塞浦路斯甲）、亚历山德里亚（乌超）、奥莫尼亚（塞浦路斯甲）、特尔纳瓦斯巴达（斯洛伐克超）、科尔察（阿尔巴尼亚超）、布拉迪斯拉发（斯洛伐克超）、费伦茨瓦罗斯（匈牙利甲）。

十五档：邓多克（爱尔兰超）、加巴拉（阿塞拜疆超）、利马索尔阿波罗（塞浦路斯甲）、瓦尔达尔（北马其顿甲）、厄斯特松德（瑞典超）、亚布洛内茨（捷克甲）、波尔塔瓦沃斯卡拉（乌超）、迪德朗日（卢森堡甲）。

2. 淘汰赛阶段大欧洲环境分档（注：小组赛已有的球队不再标注联赛属性）

一档：马德里竞技（西甲）、切尔西。

二档：曼联、热刺、阿森纳、多特蒙德（德甲）、塞维利亚、巴塞罗那（西甲）。

三档：国际米兰、莱切斯特城、那不勒斯、西汉姆联队、狼队、阿贾克斯、AC 米兰、毕尔巴鄂竞技、沙尔克 04、瓦伦西亚（西甲）、罗马、亚特兰大。

四档：莱比锡红牛、皇家社会、里昂、门兴、维拉利尔、佛罗伦萨、拉齐奥、勒沃库森、圣彼得堡泽尼特。

五档：摩纳哥、皇家贝蒂斯、赫塔菲、本菲卡、马赛、霍芬海姆、法兰克福、塞尔塔、尼斯。

六档：顿涅茨克矿工、萨尔茨堡、波尔图、里尔、贝西克塔斯、基辅迪那摩、加拉塔萨雷、沃尔夫斯堡、里斯本竞技、格拉纳达。

七档：安德莱赫特、莫斯科中央陆军、费内巴切、莫斯科斯巴达、格拉斯哥流浪者、凯尔特人、布拉格斯巴达、奥林匹亚科斯、克拉斯诺达尔、西班牙人、哥本哈根。

八档：圣埃蒂安、埃因霍温、莫斯科火车头、布鲁日（比利时甲）、巴塞尔、布拉加、阿尔克马尔、萨格勒布迪纳摩、亨克。

九档：雷恩、林茨、华沙莱吉亚、谢里夫、伊斯坦布尔、安卡拉体育、雅典 AEK、卢多格雷茨、布拉格斯拉维亚。

十档：比尔森、贝尔谢巴夏普尔、苏黎世、罗斯托夫（俄超）、布加勒斯特星、贝尔格莱德游击、贝尔格莱德红星、根特、塞萨洛尼基。

十一档：年轻人、维也纳快速、厄斯特松德、安特卫普。

十二档：阿斯特拉、马尔默、特拉维夫马卡比、克卢日、莫尔德。

十三档：阿斯塔纳、希腊人竞技、波里索夫巴特、沃尔夫斯贝格。

3．分档解释

（1）时间范围是从 2016～2017 赛季至 2021～2022 赛季。

（2）因为欧联杯每个赛季的淘汰赛中有 8 支球队当赛季的欧冠小组赛第三名，所以欧联杯笔者一般做两次大的分档，一次是小组赛开始之前，一次是淘汰赛开始之前。淘汰赛之前的分档并不是在小组赛基础上进行补充划分，而是完全重新定位分档。

（3）其他同前文的欧冠分档解释。

（二）近六个赛季欧联杯正赛分档

1．2016～2017 赛季

（1）小组赛阶段分档。

一档：曼联。

二档：罗马。

三档：维拉利尔、毕尔巴鄂竞技、国际米兰、佛罗伦萨、沙尔克 04。

四档：南安普顿、圣彼得堡泽尼特、顿涅茨克矿工、塞尔塔、阿贾克斯。

五档：费内巴切、美因茨 05、奥林匹亚科斯、圣埃蒂安、尼斯、莎索罗、布拉加、克拉斯诺达尔。

六档：安德莱赫特、费耶诺德、根特、亨克、帕纳辛奈科斯、标准列日、阿尔克马尔、希腊人竞技、萨尔茨堡。

七档：塞萨洛尼基、比尔森、年轻人、布加勒斯特星、维也纳快速、奥地利维也纳、布拉格斯巴达、贝尔谢巴夏普尔。

八档：安拉卡体育、特拉维夫马卡比、苏黎世、科尼亚体育、卢甘斯克黎明、阿斯特拉、利贝雷茨。

九档：邓多克、加巴拉、阿斯塔纳、卡拉巴赫。

（2）淘汰赛阶段分档。

一档：曼联、热刺（欧冠降）。

二档：罗马、毕尔巴鄂竞技、圣彼得堡泽尼特、顿涅茨克矿工、沙尔克04、阿贾克斯。

三档：里昂（欧冠降）、佛罗伦萨、门兴（欧冠降）、维拉利尔。

四档：费内巴切、塞尔塔、奥林匹亚科斯、哥本哈根（欧冠降）、贝西克塔斯（欧冠降）。

五档：克拉斯诺达尔、安德莱赫特、布拉格斯巴达、亨克、圣埃蒂安。

六档：华沙莱吉亚（欧冠降）、罗斯托夫（欧冠降）、卢多格雷茨（欧冠降）。

七档：安卡拉体育、阿尔克马尔、贝尔谢巴夏普尔。

八档：塞萨洛尼基、希腊人竞技、根特。

九档：阿斯特拉。

2．2017～2018赛季

（1）小组赛阶段分档。

一档：AC米兰、阿森纳。

二档：毕尔巴鄂竞技、维拉利尔、埃弗顿、拉齐奥、马赛、里昂。

三档：皇家社会、尼斯、霍芬海姆、柏林赫塔。

四档：科隆、圣彼得堡泽尼特、基辅迪那摩、亚特兰大。

五档：布拉加、伊斯坦布尔、莫斯科火车头、雅典AEK、萨尔茨堡、比尔森、年轻人、哥本哈根。

六档：布拉格斯拉维亚、布加勒斯特星、特拉维夫马科比、吉马良斯、奥地利维也纳、卢多格雷茨。

七档：罗森博格、科尼亚体育、波里索夫巴特、兹林、里耶卡、贝尔谢巴夏普尔、维迪斯、卢加诺、贝尔格莱德游击、卢甘斯克黎明、贝尔格莱德红星。

八档：谢里夫、科尔察、聚尔特瓦雷赫姆、阿斯塔纳。

九档：利马索尔阿波罗、瓦尔达尔、厄斯特松德。

（2）淘汰赛阶段分档。

一档：马德里竞技（欧冠降）。

二档：阿森纳。

三档：多特蒙德（欧冠降）、那不勒斯（欧冠降）、拉齐奥、AC米兰。

四档：莱比锡红牛（欧冠降）、维拉利尔、圣彼得堡泽尼特、皇家社会、毕尔巴鄂竞技、亚特兰大、里昂、马赛。

五档：里斯本竞技（欧冠降）、尼斯、基辅迪那摩、莫斯科中央陆军（欧冠降）、莫斯科斯巴达（欧冠降）、萨尔茨堡。

六档：卢多格雷茨、莫斯科火车头、凯尔特人（欧冠降）、布拉加。

七档：哥本哈根、雅典AEK、比尔森。

八档：布加勒斯特星、厄斯特松德、贝尔格莱德游击、贝尔格莱德红星。

九档：阿斯塔纳。

3．2018～2019赛季

（1）小组赛阶段分档。

一档：切尔西、阿森纳。

二档：塞维利亚。

三档：AC米兰、勒沃库森、莱比锡红牛、拉齐奥、马赛、维拉利尔。

四档：圣彼得堡泽尼特、里斯本竞技、基辅迪那摩、皇家贝蒂斯、费内巴切、法兰克福、萨尔茨堡。

五档：贝西克塔斯、安德莱赫特、凯尔特人、雷恩、波尔多、奥林匹亚科斯。

六档：萨格勒布迪纳摩、哥本哈根、塞萨洛尼基、莫斯科斯巴达、标准列日、阿基萨、阿斯塔纳、亨克、克拉斯诺达尔、卢多格雷茨、马尔默。

七档：波里索夫巴特、苏黎世、卡拉巴赫、格拉斯哥流浪者、维也纳快速、罗森博格、布拉格斯拉维亚、维迪奥顿。

八档：AEK拉纳卡、利马索尔阿波罗、亚布洛内茨、萨尔普斯堡。

九档：特尔纳瓦斯巴达、波尔塔瓦沃斯卡拉、迪德朗日。

（2）淘汰赛阶段分档。

一档：切尔西、阿森纳。

二档：那不勒斯（欧冠降）、塞维利亚、国际米兰（欧冠降）、瓦伦西亚（欧冠降）。

三档：萨尔茨堡、维拉利尔、法兰克福、拉齐奥、本菲卡（欧冠降）、皇家贝蒂斯、勒沃库森。

四档：加拉塔萨雷（欧冠降）、圣彼得堡泽尼特、顿涅茨克矿工（欧冠降）、里斯本竞技。

五档：萨格勒布迪纳摩、基辅迪那摩、凯尔特人。

六档：奥林匹亚科斯、克拉斯诺达尔、费内巴切。

七档：布鲁日（欧冠降）、雷恩、布拉格斯拉维亚、比尔森（欧冠降）、亨克、苏黎世。

八档：维也纳快速、马尔默。

九档：波里索夫巴特。

4．2019～2020 赛季

（1）小组赛阶段分档。

一档：曼联、阿森纳。

二档：塞维利亚、罗马、拉齐奥、狼队。

三档：门兴、波尔图、沃尔夫斯堡。

四档：埃因霍温、西班牙人、里斯本竞技、圣埃蒂安、法兰克福、赫塔菲、贝西克塔斯、凯尔特人、基辅迪那摩、莫斯科中央陆军、雷恩、巴塞尔、格拉斯哥流浪者、费耶诺德。

五档：布拉加、克拉斯诺达尔、阿尔克马尔、哥本哈根、卢多格雷茨、伊斯坦布尔、特拉布宗体育。

六档：标准列日、克卢日、根特、年轻人、希腊人竞技、林茨、马尔默。

七档：卡拉巴赫、吉马良斯。

八档：贝尔格莱德游击、布拉迪斯拉发、亚历山德里亚、罗森博格、沃尔夫斯贝格、卢加诺。

九档：迪德朗日、阿斯塔纳、费伦茨瓦罗斯。

（2）淘汰赛阶段分档。

一档：国际米兰（欧冠降）、曼联、塞维利亚、阿贾克斯（欧冠降）、阿森纳。

二档：狼队、罗马、萨尔茨堡（欧冠降）。

三档：勒沃库森（欧冠降）、赫塔菲。

四档：本菲卡（欧冠降）、凯尔特人、波尔图、法兰克福、顿涅茨克矿工（欧冠降）、沃尔夫斯堡。

五档：里斯本竞技、阿尔克马尔、西班牙人。

六档：巴塞尔、格拉斯哥流浪者、布拉加、布鲁日（欧冠降）、奥林匹亚科斯（欧冠降）、林茨。

七档：哥本哈根、伊斯坦布尔、根特。

八档：卢多格雷茨、马尔默、克卢日。

九档：希腊人竞技。

5．2020～2021 赛季

（1）小组赛阶段分档。

一档：阿森纳、热刺、AC 米兰。

二档：那不勒斯、莱切斯特城、维拉利尔、勒沃库森、罗马。

三档：本菲卡、霍芬海姆、里尔、皇家社会。

四档：凯尔特人、埃因霍温、莫斯科中央陆军、格拉斯哥流浪者、尼斯、格拉纳达、布拉加、林茨、费耶诺德。

五档：标准列日、阿尔克马尔、根特、克卢日、萨格勒布迪纳摩。

六档：锡瓦斯体育、雅典 AKE、利贝雷茨、卢多格雷茨、维也纳快速、莫尔德、波兹南莱赫。

七档：布拉格斯巴达、年轻人、特拉维夫马卡比、贝尔格莱德红星、布拉格斯拉维亚、塞萨洛尼基。

八档：贝尔谢巴夏普尔、卢甘斯克黎明、卡拉巴赫、沃尔夫斯贝格、索菲亚中央陆军、安特卫普。

九档：里耶卡、邓多克、奥莫尼亚。

（2）淘汰赛阶段分档。

一档：热刺、曼联（欧冠降）、阿森纳。

二档：AC米兰、莱切斯特城、那不勒斯。

三档：阿贾克斯（欧冠降）、勒沃库森、维拉利尔、罗马。

四档：本菲卡、皇家社会、萨尔茨堡（欧冠降）、霍芬海姆。

五档：顿涅茨克矿工（欧冠降）、格拉斯哥流浪者、里尔、基辅迪那摩（欧冠降）、布鲁日（欧冠降）。

六档：奥林匹亚科斯（欧冠降）、格拉纳达、克拉斯诺达尔（欧冠降）、埃因霍温。

七档：布拉加、萨格勒布迪纳摩、布拉格斯拉维亚。

八档：年轻人、安特卫普、特拉维夫马卡比、贝尔格莱德红星、莫尔德。

九档：沃尔夫斯贝格。

6．2021～2022赛季

这个赛季欧联杯开始改制，首先是小组赛改为8个小组，小组正赛球队从48支缩减为32支；其次是小组赛第一名的淘汰赛从1/8开始，小组赛第二名淘汰赛从1/16开始。小组赛第二名与欧冠小组赛第3名的8支球队进行抽签对战，决出8支球队参加1/8淘汰赛；第三就是这个赛季欧联杯小组赛第三名与欧会杯小组赛第二名经过抽签进行对战，决出8支球队参加欧会杯1/8淘汰赛。

（1）小组赛阶段分档。

一档：莱切斯特城、那不勒斯、西汉姆联队。

二档：拉齐奥、勒沃库森、皇家社会、里昂。

三档：摩纳哥、法兰克福、皇家贝蒂斯。

四档：马赛、埃因霍温、格拉斯哥流浪者、凯尔特人、萨格勒布迪纳摩。

五档：奥林匹亚科斯、布拉加、贝尔格莱德红星、费内巴切、加拉塔萨雷。

六档：中日德兰、莫斯科火车头、布拉格斯巴达。

七档：布隆德比、安特卫普、亨克、莫斯科斯巴达。

八档：华沙莱吉亚、卢多格雷茨、维也纳快速。

九档：费伦茨瓦罗斯、格拉茨风暴。

（2）淘汰赛阶段分档。

因为欧联杯从这个赛季开始改制，所以淘汰赛阶段球队总数不再是32支，而是24支球队。

一档：多特蒙德（欧冠降）、塞维利亚（欧冠降）、巴塞罗那（欧冠降）。

二档：亚特兰大（欧冠降）、西汉姆联队、莱比锡红牛（欧冠降）、那不勒斯。

三档：里昂、勒沃库森、拉齐奥、波尔图（欧冠降）、皇家贝蒂斯、摩纳哥、皇家社会。

四档：法兰克福、圣彼得堡泽尼特（欧冠降）。

五档：加拉塔萨雷、奥林匹亚科斯、格拉斯哥流浪者。

六档：布拉加、贝尔格莱德红星、莫斯科斯巴达。

七档：谢里夫（欧冠降）。

八档：萨格勒布迪纳摩。

三、欧洲协会杯

（一）2021～2022赛季欧会杯正赛小组赛阶段球队分档（注：前文欧联杯已有的球队不再标注联赛属性）

一档：热刺、罗马。

二档：雷恩、柏林联合（德甲）、费耶诺德、阿尔克马尔。

三档：巴塞尔、根特。

四档：贝尔格莱德游击、特拉维夫马科比、林茨、维迪斯、塞萨洛尼基、哥本哈根、布拉格斯拉维亚。

五档：博德闪耀（挪威超）、克卢日、卡拉巴赫、海法马卡比（以色列超）。

六档：索菲亚中央陆军、亚布洛内茨、布拉迪斯拉发、兰纳斯（丹麦超）、卢甘斯克黎明、赫尔辛基（芬兰超）。

七档：奥莫尼亚、阿诺索西斯（塞浦路斯甲）。

八档：阿拉木图凯拉特（哈萨克斯坦超）、弗罗拉（爱沙尼亚甲）。

九档：穆拉（斯洛文尼亚甲）、阿拉室科（亚美尼亚超）。

十档：红色小鬼（直布罗陀超）。

（二）2021～2022赛季欧会杯正赛淘汰赛阶段球队分档

一档：莱切斯特城（欧联降）、罗马、马赛（欧联降）。

二档：埃因霍温（欧联降）、雷恩、费耶诺德。

三档：阿尔克马尔、巴塞尔、费内巴切（欧联降）、凯尔特人（欧联降）。

四档：博德闪耀、维迪斯、林茨、哥本哈根、根特、布拉格斯巴达（欧联降）。

五档：中日德兰（欧联降）、塞萨洛尼基、维也纳快速（欧联降）、布拉格斯拉维亚。

六档：贝尔格莱德游击。

七档：卡拉巴赫。

八档：特拉维夫马卡比、兰纳斯。

（三）分档解释

（1）同档球队前后不分高低。

（2）欧洲协会杯是 2021～2022 赛季欧洲新推出的一项赛事，正赛一共 32 支球队参加，分为 8 个小组进行比赛。小组第一名直接晋级 16 强，小组赛第二名与当赛季欧联杯小组赛第三名进行两两抽签对战决出 8 支球队晋级当赛季欧会杯 16 强。所以欧会杯笔者也是做两次大的分档，一次是小组赛开始之前，一次是淘汰赛开始之前。淘汰赛之前的分档并不是在小组赛基础上进行补充划分，而是完全重新定位分档。

第三十章　赛事种类

一、联赛

（一）英超

世界第一联赛，球星云集，比赛观赏性强。有句话叫英超无弱旅，所以英超联赛的主场优势不像德国和西班牙等赛事明显。英超联赛的盘口分布比较均衡，胜平负筹码分散性最强，大众的思维最发散。因为英超联赛的巨大吸引力，近年来已经成为资本集团的聚集地。

（二）西甲

联赛两极分化非常明显，以前长期是巴塞罗那与皇家马德里称雄，近些年马德里竞技的崛起为西甲联赛冠军归属带来了更多的不确定性，联赛中的中下游球队实力普遍不如英超，导致所有比赛盘口两极分化也较大。另外，西班牙的各级联赛也是问题球的重灾区。

（三）德甲

拜仁慕尼黑常年称霸国内，其他的诸如多特蒙德、莱比锡红牛、勒沃库森等球队都属于陪太子读书的角色。另外，德甲联赛著名的"50＋1"规则限制私人投资者或企业不能拥有职业球队50％或以上的股权，而是俱乐部必须拥有50％以上的表决权，其中莱比锡红牛与霍芬海姆属于例外。德甲联赛盘口对于平赔的运用与其他四大都不同，这点尤其要注意。德甲赛事一般主场强劲，比赛崇尚进攻，经常是大开大合，进球数多。客队综实差不足则取胜很难。

（四）意甲

笔者认为近些年意甲联赛的变化最大，曾经的意甲联赛号称小世界杯，是20世纪90年代当之无愧的第一联赛，但自从1992年英格兰顶级联赛改制成立英超联赛后，意甲的世界第一联赛名号就开始受到挑战，直到2011年尤文图斯"电话门"事件爆出，意甲联赛进入较长时间的低迷期，但近些年来意甲联赛球队开始有意识地调整策略，经常会打出一些大比分的比赛以提升观赏性，慢慢的意甲联赛又有超越德甲的势头，同时这也导致意甲比赛附加盘口的预测难度在增大。

（五）法甲

自从卡塔尔王室入主巴黎圣日耳曼后，法甲联赛也逐渐趋向于德甲联赛。大巴黎一家独大，其他的诸如里昂、马赛、摩纳哥、里尔等球队慢慢沦为配角。但法国足协比德国足协聪明的一点在于知道"人们喜欢看猴子抢桃子吃"的道理，近10年就有蒙彼利埃、摩纳哥、里尔等队先后问鼎联赛冠军，也许是因为大巴黎的主人终归是外来户，不如拜仁的背后根深蒂固吧。另外，法甲、葡超、荷甲等赛事常年培养新星，然后被其他四大联赛的豪门球队挖走已经成为惯例。法甲比赛盘口超盘的比较多，联赛大部分球队实力接近，法甲所有球队整体实力在五大联赛中偏低，比赛平局偏多，主场优势不明显。

（六）葡超、荷甲等次一级赛事

运营模式都类似于西甲，如葡超是波尔图、里斯本竞技、本菲卡等队竞争冠军，荷甲是阿贾克斯、费耶诺德、埃因霍温等队竞争，其他的俄超、苏超、土超等都是如此。好处是联赛内顶级实力的球队外出打欧洲赛事有一定竞争力，短板是中下游球队向上竞争发展很难。

（七）英西德意法次级联赛

普遍特点都是球队差距不大，没有传统的班霸，中游集团庞大，主场优势不明显。其中，英超、西甲中下游球队与英冠、西乙球队差距相对较小，其他的德乙、意乙、法乙球队与本国顶级联赛球队差距还是比较大的。

（八）北欧联赛

北欧五国顶级联赛丹超、挪超、瑞超、芬超、冰超的特点接近，强队人气还不如葡超、荷甲、俄超、土超中的强队，北欧五国球队客场盘能不如大联赛，只能相当于大联赛中如热刺、罗马、塞维利亚、勒沃库森、马赛等队在本国联赛内的盘能，其中知名度较高的哥本哈根、罗森博格、马尔默等队在状态良好时，盘能可以增强，对于五国联赛，基本面信息较少，需要长期跟踪观察，体会盘口能力的微妙差距和变化。

（九）美洲联赛

巴西甲与美国职业大联盟关注度高于阿根廷、智利、墨西哥等国顶级联赛，笔者对于美洲赛事接触不多，有限的研究过巴西甲的一些赛事，最大的感觉是威廉对比赛的掌控明显高于立博与Bet365。主场盘能偏大，同级别球队对阵会略微超盘，建议如果研究分档时要减少总档位数。

二、洲际俱乐部杯赛

关注度高的欧冠杯、欧联杯、亚冠杯、解放者杯等都采取小组循环加淘汰赛结合的形式进行。建议从赛事前期的资格赛过后，确定出小组所有参赛球队后定位分档。

（一）赛事初期阶段

球队综合实力差距较大，同组内几支球队的实力差距甚至会超过五大联赛内顶级强队与保级球队的综实差。同时，赛事越往后阶段，球队之间综合实力差距越小。

（二）欧冠杯

即时对比指数是洲际俱乐部杯赛盘口分析的核心，其中的关键因素有国家人气指数、洲际人气指数。国内联赛排名起一定作用，但不是主要因素。

（1）洲际人气指数是定位球队综合实力档位的一个重要因素，意思是在各自大洲露面的机会与成绩。

（2）俱乐部所属的国家人气指数是指该队所在国家以往其他球队在洲际俱乐部杯赛中的整体实力和知名度。

（3）在欧洲赛场上，五大联赛球队具备一定的单向人气加成。

（三）欧联杯、欧会杯

以往欧联杯球队的对比很难判断，主客两队对于大多数球迷和彩民来说陌生度比较高，而且基本上都没有什么欧洲人气，现在还加上了欧会杯。这两个赛事原则上首先以国家人气（联赛综合实力）为核心，以表象因素为调节手法的依据。

欧联杯、欧会杯盘口位置类似五大联赛的国内杯赛，对比悬殊的赛事居多，位置赔率出现较多。打出的位置一般是将位置赔率除去水分的位置，位置赔率指不同数值对于大众心理上的影响不同，如 1.40 之于 1.50。

（四）世俱杯、欧洲超级杯

中立场举行，原则是欧洲球队人气高于其他大洲，欧冠冠军人气高于欧联冠军，五大联赛球队人气高于其他球队，比赛场地所在国民众对不同球队的喜好一定程度上会影响开变赔。

三、五大联赛国内杯赛

（一）长期杯赛：足总杯、英联杯、国王杯、德国杯、意大利杯、法国杯、法联杯

英格兰的足总杯地位高于英联杯，法国的法国杯地位高于法联杯。要注意，联赛

前期中下游球队为了全力应对联赛而放弃国内杯赛的情况，同时注意联赛中后期中上游球队为了争夺欧战资格而暂时性地放弃联赛。

国内杯赛对阵双方如果是同级联赛对战，一般开赔倾向短赔思路，也就是缩短赔率数值差的方法，如本应开 1.50/4.50/5.80，而实际可能会开 1.57/4.33/5.00；非统计联赛对战，则一般倾向长赔思路。另外，尤其要注意两支球队国内杯赛和联赛在很短时间内重复遭遇，此时公司往往会采取前后比赛组合做盘的套路。

（二）短期杯赛：社区盾杯、西超杯、德超杯、意超杯、法超杯

大众市场总体倾向是分胜负，所以相比比赛双方在联赛对战时平赔位置一般略高，此时要注意调整平赔区间范围。另外，西超杯以前采取上赛季联赛和国王杯冠军两队主客场双循环对战的方式，近两年改为四队参加的小淘汰赛制度，开赔思路肯定有所变化。

四、友谊赛

（一）俱乐部友谊赛

俱乐部间的友谊赛一般都是旨在练兵，盘口开设总体思路为短赔思路，另外平赔位置一般略低。但要注意某些商业运作的友谊赛，如某足球不发达国家邀请欧洲强队做客的友谊赛事，此类友谊赛一般是问题球的重灾区。

（二）国家队友谊赛

平时国家队间的友谊赛类似俱乐部的友谊赛，但大赛前（世界杯、欧洲杯）的友谊赛尤其要注意观察球队状态。这类友谊赛一般都是真刀实枪的对战，虽然双方球员也会控制尽量不让自己受伤，但为了在自家主教练面前好好表现，以争取随后大赛的出场机会，球员一般都不会有二心，这类友谊赛受到场外因素干扰较少。

五、国家联赛

各大洲的世界杯预选赛与欧洲杯预选赛类似欧冠与欧联的结合体，赛制都差不多，都有传统强队。不同的是欧冠与欧联的比赛，大众可以参考球队近期的表现做判断，而国家队间的预选赛大众更多的是倾向于历史成绩与世界排名。

欧洲国家联赛（欧国联）这项赛事的前身是欧洲各国间的友谊赛，被欧足联调整组成了欧洲国家联赛，这样增加了欧洲杯外的欧洲国家冠军的头衔。这项赛事制度比较复杂，除了可以竞争冠军头衔外，与欧洲杯小组赛的名额直接挂钩，对于欧洲中下游球队的吸引力也提升了。从近两届欧国联开赔情况看，因为把强弱队做了明显区分，

盘口特点不同于以往其他赛事，可以理解为一个超大联赛，还需要长期跟踪观察进行揣摩。

六、大型杯赛

男足世界杯是世界第一赛事，超过其他所有体育运动赛事，奥运会也不能相比。参赛的大部分球员都在欧洲联赛踢球，公司对比赛的把握度非常高，也是所有赛事中受注高峰时段来临最早、时刻最长的。

男足欧洲杯非常类似世界杯，不同的是小组赛目前是 24 支球队参赛，所以小组出线规则与世界杯不同，尤其是小组赛最后一轮球队战意揣摩上要特别注意。

美洲杯、亚洲杯、奥运会、非洲杯、中北美金杯赛这些大洲赛事有一定的共通性，其中美洲杯和奥运会男足的热度相当，公司对这种赛事把握程度不如世界杯和欧洲杯。

中立场的赛事可以理解为双方都是半个主场。相对而言，双方综实差距越大，球迷与彩民在选择的时候考虑中立场的因素可能性越低。反之，综实差距越小，则中立场因素越重要。

第三十一章　盘型分类

　　把所分析复盘的比赛进行系统化的分类归档有助于自己今后的学习和研究，笔者提供两种盘型分类方法，读者也可以根据情况设定适合自己研究的方法。

一、以开赔方向进行分类

　　以开赔方向结合赛果做盘型分类，优点是便于上手，即使是新手小白也可以自己做盘型归类，非常方便彩友学习总结。

（一）主客场

　　1. 胜
　　（1）主场左倾盘主胜（胜赔数值明显低于负赔数值）。
　　主队主场开左倾盘、人气分布偏左倾、赛果主队胜。
　　主队主场开左倾盘、人气分布偏黏稠、赛果主队胜。
　　主队主场开左倾盘、人气分布偏右倾、赛果主队胜。
　　（2）主场平衡盘主胜（胜赔与负赔数值相当，差距在0.4以内）。
　　主队主场开平衡盘、人气分布偏左倾、赛果主队胜。
　　主队主场开平衡盘、人气分布偏黏稠、赛果主队胜。
　　主队主场开平衡盘、人气分布偏右倾、赛果主队胜。
　　（3）主场右倾盘主胜（胜赔数值明显高于负赔数值）。
　　主队主场开右倾盘、人气分布偏左倾、赛果主队胜。
　　主队主场开右倾盘、人气分布偏黏稠、赛果主队胜。
　　主队主场开右倾盘、人气分布偏右倾、赛果主队胜。
　　2. 平
　　（1）主场左倾盘平局（胜赔数值明显低于负赔数值）。
　　主队主场开左倾盘、人气分布偏左倾、赛果平局。
　　主队主场开左倾盘、人气分布偏黏稠、赛果平局。
　　主队主场开左倾盘、人气分布偏右倾、赛果平局。
　　（2）主场平衡盘平局（胜赔与负赔数值相当，差距在0.4以内）。
　　主队主场开平衡盘、人气分布偏左倾、赛果平局。
　　主队主场开平衡盘、人气分布偏黏稠、赛果平局。
　　主队主场开平衡盘、人气分布偏右倾、赛果平局。

（3）主场右倾盘平局（胜赔数值明显高于负赔数值）。

主队主场开右倾盘、人气分布偏左倾、赛果平局。

主队主场开右倾盘、人气分布偏黏稠、赛果平局。

主队主场开右倾盘、人气分布偏右倾、赛果平局。

3. 负

（1）主场左倾盘主负（胜赔数值明显低于负赔数值）。

主队主场开左球盘、人气分布偏左倾、赛果主队负。

主队主场开左倾盘、人气分布偏黏稠、赛果主队负。

主队主场开左倾盘、人气分布偏右倾、赛果主队负。

（2）主场平衡盘主负（胜赔与负赔数值相当，差距在 0.4 以内）。

主队主场开平衡盘、人气分布偏左倾、赛果主队负。

主队主场开平衡盘、人气分布偏黏稠、赛果主队负。

主队主场开平衡盘、人气分布偏右倾、赛果主队负。

（3）主场右倾盘主负（胜赔数值明显高于负赔数值）。

主队主场开右倾盘、人气分布偏左倾、赛果主队负。

主队主场开右倾盘、人气分布偏黏稠、赛果主队负。

主队主场开右倾盘、人气分布偏右倾、赛果主队负。

（二）中立场（以综合实力定档来区分强队、同档、弱队）

1. 强队胜

（1）强队让球盘胜（对应亚盘强队让平半及以上所有盘口）。

强队方开让球盘、人气倾向强队、赛果强队胜。

强队方开让球盘、人气偏黏稠、赛果强队胜。

强队方开让球盘、人气倾向弱队、赛果强队胜。

（2）平衡盘强队胜（对应亚盘的平手盘）。

开平衡盘、人气倾向强队、赛果强队胜。

开平衡盘、人气偏黏稠、赛果强队胜。

开平衡盘、人气倾向弱队、赛果强队胜。

（3）强队受让盘胜（对应亚盘强队受让平半及以下所有盘口）。

开强队受让盘、人气倾向强队、赛果强队胜。

开强队受让盘、人气偏黏稠、赛果强队胜。

开强队受让盘、人气倾向弱队、赛果强队胜。

2. 平

（1）强队让球盘平（对应亚盘强队让平半及以上所有盘口）。

强队方开让球盘、人气倾向强队、赛果平局。

强队方开让球盘、人气偏黏稠、赛果平局。

强队方开让球盘、人气倾向弱队、赛果平局。

（2）平衡盘平（对应亚盘的平手盘）。

开平衡盘、人气倾向强队、赛果平局。

开平衡盘、人气偏黏稠、赛果平局。

开平衡盘、人气倾向弱队、赛果平局。

（3）强队受让盘平（对应亚盘强队受让平半及以下所有盘口）。

开强队受让盘、人气倾向强队、赛果平局。

开强队受让盘、人气偏黏稠、赛果平局。

开强队受让盘、人气倾向弱队、赛果平局。

3. 强队负

（1）强队让球盘负（对应亚盘强队让平半及以上所有盘口）。

强队方开让球盘、人气倾向强队、赛果强队负。

强队方开让球盘、人气偏黏稠、赛果强队负。

强队方开让球盘、人气倾向弱队、赛果强队负。

（2）平衡盘强队负（对应亚盘的平手盘）。

开平衡盘、人气倾向强队、赛果强队负。

开平衡盘、人气偏黏稠、赛果强队负。

开平衡盘、人气倾向弱队、赛果强队负。

（3）强队受让盘负（对应亚盘强队受让平半及以下所有盘口）。

开强队受让盘、人气倾向强队、赛果强队负。

开强队受让盘、人气偏黏稠、赛果强队负。

开强队受让盘、人气倾向弱队、赛果强队负。

4. 同档胜平负

（1）同档让球盘（对应亚盘平半及以上和受让平半及以下所有盘口）。

两队同档开让球盘、人气倾向让球方、赛果让球方胜。

两队同档开让球盘、人气偏黏稠、赛果让球方胜。

两队同档开让球盘、人气倾向受让方、赛果让球方胜。

两队同档开让球盘、人气倾向让球方、赛果平局。

两队同档开让球盘、人气偏黏稠、赛果平局。

两队同档开让球盘、人气倾向受让方、赛果平局。

两队同档开让球盘、人气倾向让球方、赛果让球方负。

两队同档开让球盘、人气偏黏稠、赛果让球方负。

两队同档开让球盘、人气倾向受让方、赛果让球方负。

（2）同档平衡盘（对应亚盘平手盘）。

两队同档开平衡盘、人气倾向两队其中一方、赛果人气倾向方胜。

两队同档开平衡盘、人气偏黏稠、赛果平局。

两队同档开平衡盘、人气倾向两队其中一方、赛果人气倾向方负。

二、以赔率组合数值高低进行分类

以赔率组合中三个数值的位置高低做盘型分类，优点是长期坚持非常利于培养盘感，缺点是入门起点高，建议有一定基础之后开始上手。

（一）胜负赔位置中数值低的一方实盘位开赔

低赔方实盘位、平赔实盘位、高赔方实盘位。
低赔方实盘位、平赔实盘位、高赔方中庸位。
低赔方实盘位、平赔实盘位、高赔方韬盘位。
低赔方实盘位、平赔中庸位、高赔方实盘位。
低赔方实盘位、平赔中庸位、高赔方中庸位。
低赔方实盘位、平赔中庸位、高赔方韬盘位。
低赔方实盘位、平赔韬盘位、高赔方实盘位。
低赔方实盘位、平赔韬盘位、高赔方中庸位。
低赔方实盘位、平赔韬盘位、高赔方韬盘位。

（二）胜负赔位置中数值低的一方中庸位开赔

低赔方中庸位、平赔实盘位、高赔方实盘位。
低赔方中庸位、平赔实盘位、高赔方中庸位。
低赔方中庸位、平赔实盘位、高赔方韬盘位。
低赔方中庸位、平赔中庸位、高赔方实盘位。
低赔方中庸位、平赔中庸位、高赔方中庸位。
低赔方中庸位、平赔中庸位、高赔方韬盘位。
低赔方中庸位、平赔韬盘位、高赔方实盘位。
低赔方中庸位、平赔韬盘位、高赔方中庸位。
低赔方中庸位、平赔韬盘位、高赔方韬盘位。

（三）胜负赔位置中数值低的一方韬盘位开赔

低赔方韬盘位、平赔实盘位、高赔方实盘位。
低赔方韬盘位、平赔实盘位、高赔方中庸位。
低赔方韬盘位、平赔实盘位、高赔方韬盘位。
低赔方韬盘位、平赔中庸位、高赔方实盘位。
低赔方韬盘位、平赔中庸位、高赔方中庸位。
低赔方韬盘位、平赔中庸位、高赔方韬盘位。

低赔方韬盘位、平赔韬盘位、高赔方实盘位。

低赔方韬盘位、平赔韬盘位、高赔方中庸位。

低赔方韬盘位、平赔韬盘位、高赔方韬盘位。

第三十二章 投资研究

一、胜负彩（十四场）

长期玩胜负彩的读者，首先要测试自己的排一与唯一哪种能力更强。两者都看最后对的场次有多少，以测出的结果决定主要投资形式。

（一）排一

所谓的排一就是 14 场比赛全部双选，把自己认为最不可能是赛果的那一项排除在外。排一能力比较好的读者，建议主要走双选加单选模式，例如：表 32-1 一单花费 256 元，然后可以再以表 32-2 补充。或者以设胆的模式进行重复循环，如表 32-3～表 32-5 所示。

表 32-1 模式（一）

主队	客队	赛果	备注
A 队	B 队	31	
C 队	D 队	31	
E 队	F 队	31	
G 队	H 队	31	
I 队	J 队	31	
K 队	L 队	31	
M 队	N 队	31	
O 队	P 队	3	
Q 队	R 队	3	
S 队	T 队	3	
U 队	V 队	3	
W 队	X 队	3	
Y 队	Z 队	3	
AA 队	BB 队	3	

表 32-2 模式 (二)

主队	客队	赛果	备注
A 队	B 队	3	
C 队	D 队	3	
E 队	F 队	3	
G 队	H 队	3	
I 队	J 队	3	
K 队	L 队	3	
M 队	N 队	3	
O 队	P 队	31	
Q 队	R 队	31	
S 队	T 队	31	
U 队	V 队	31	
W 队	X 队	31	
Y 队	Z 队	31	
AA 队	BB 队	31	

表 32-3 模式 (三)

主队	客队	赛果	备注
A 队	B 队	3	胆
C 队	D 队	3	胆
E 队	F 队	31	胆
G 队	H 队	31	胆
I 队	J 队	3	
K 队	L 队	3	
M 队	N 队	3	
O 队	P 队	3	
Q 队	R 队	3	
S 队	T 队	31	
U 队	V 队	31	
W 队	X 队	31	
Y 队	Z 队	31	
AA 队	BB 队	31	

表 32-4　模式（四）

主队	客队	赛果	备注
A 队	B 队	3	胆
C 队	D 队	3	胆
E 队	F 队	31	胆
G 队	H 队	31	胆
I 队	J 队	3	
K 队	L 队	3	
M 队	N 队	3	
O 队	P 队	3	
Q 队	R 队	31	
S 队	T 队	31	
U 队	V 队	31	
W 队	X 队	31	
Y 队	Z 队	31	
AA 队	BB 队	3	

表 32-5　模式（五）

主队	客队	赛果	备注
A 队	B 队	3	胆
C 队	D 队	3	胆
E 队	F 队	31	胆
G 队	H 队	31	胆
I 队	J 队	3	
K 队	L 队	3	
M 队	N 队	3	
O 队	P 队	31	
Q 队	R 队	31	
S 队	T 队	31	
U 队	V 队	31	
W 队	X 队	31	
Y 队	Z 队	3	
AA 队	BB 队	3	

（二）唯一

唯一就是 14 场比赛全部单选，全部选择最可能是赛果的哪一项。唯一能力比较好的读者建议走全部加单选的模式，例如表 32-6。唯一也可以走设胆加循环的模式，具体的就不再展示，参考表 32-3～表 32-5 即可。

表 32-6　模式（六）

主队	客队	赛果	备注
A 队	B 队	310	
C 队	D 队	310	
E 队	F 队	310	
G 队	H 队	310	
I 队	J 队	310	
K 队	L 队	3	
M 队	N 队	3	
O 队	P 队	3	
Q 队	R 队	3	
S 队	T 队	3	
U 队	V 队	3	
W 队	X 队	3	
Y 队	Z 队	3	
AA 队	BB 队	3	

二、任选九场（任九、九场）

喜欢玩任九的读者也先需要测试自己的排一和唯一能力，正常九场下单模式不再复述，类似胜负彩的即可（见本章前文）。

这里着重介绍转九下单模式，转九模式主要有 5 种，10 转 9、11 转 9、12 转 9、13 转 9、14 转 9。一般应用比较多的是前三种，以 11 场转 9 场为例来说，如果选择 11 场单选下单，一单花费 110 元，也就是 55 注。如果 11 场全对，那就是中 55 注，错 1 对 10 场中 10 注，错 2 对 9 场就是中 1 注如表 32-7 所示。

笔者比较喜欢 11 转 9 的模式下单，再结合设胆与单选、双选、全包结合循环模式进行下单，每个赛季收获颇丰如表 32-8、表 32-9 所示。

表 32-7　模式（七）

主队	客队	赛果	备注
A 队	B 队	3	
C 队	D 队	3	
E 队	F 队	3	
G 队	H 队	3	
I 队	J 队	3	
K 队	L 队	3	
M 队	N 队	3	
O 队	P 队	3	
Q 队	R 队	3	
S 队	T 队	3	
U 队	V 队	3	
W 队	X 队		
Y 队	Z 队		
AA 队	BB 队		

表 32-8　模式（八）

主队	客队	赛果	备注
A 队	B 队	3	胆
C 队	D 队	3	胆
E 队	F 队	3	胆
G 队	H 队	31	胆
I 队	J 队	31	胆
K 队	L 队	3	
M 队	N 队	3	
O 队	P 队	3	
Q 队	R 队	31	
S 队	T 队	31	
U 队	V 队	310	
W 队	X 队		
Y 队	Z 队		
AA 队	BB 队		

表 32-9　模式（九）

主队	客队	赛果	备注
A 队	B 队	3	胆
C 队	D 队	3	胆
E 队	F 队	3	胆
G 队	H 队	31	胆
I 队	J 队	31	胆
K 队	L 队	3	
M 队	N 队	3	
O 队	P 队	31	
Q 队	R 队	31	
S 队	T 队	310	
U 队	V 队	3	
W 队	X 队		
Y 队	Z 队		
AA 队	BB 队		

三、单场

很多读者苦恼竞彩足球单关开得太少，这里也介绍一种模式可以把任何比赛都当成单关下单。假设你看好某场比赛的某个赛果，但这场比赛不是单关，此时可以结合另外一种非单关的比赛组合 2 串 1 进行下单，如表 32-10 所示。虽然整体收益有所下降，但这样操作可以让你把任意一场比赛都当作单关来进行下注。

表 32-10　模式（十）

主队	客队	标准赛果	让分赛果
A 队	B 队	3	
C 队	D 队	3	0

第三十三章 差异研究

一、不同公司的差异

（一）威廉、立博、Bet365

（1）五大联赛：传统三大对于五大联赛以及五个国家的次级联赛的掌控做得都非常好。

（2）北欧以及西欧赛事：掌控非常好。

（3）欧冠、欧联、欧会杯：欧冠和欧联赛事的掌控也很不错。欧会杯是 2021～2022 赛季的新赛事，目前来看，威立对欧会杯的掌握程度不如 Bet365。

（二）马博（Marathonbet）

传统三大对于东欧国家联赛掌握普遍偏弱，开盘时间偏晚。可能是在充分研究了对该地区赛事掌控比较好的公司开出的初赔后才开出自己的初赔，受注时间短则风险也相应降低。随着俄乌冲突的爆发，传统三大对于俄罗斯的联赛已经不开赔，推荐一家俄罗斯的博彩公司"马博"（Marathonbet），可以用马博结合传统三大来研究东欧赛事。

（1）Bwin：西班牙、德国、奥地利赛事掌控非常好。

（2）韦德国际：五大联赛、欧冠、欧联都可以。

（3）SNAI：意大利赛事掌控非常好。

（4）Oddset：德国赛事掌控非常好。

（5）澳彩与马会：中国、日本、韩国赛事掌控非常好。

（6）美洲赛事。美洲赛事笔者研究并不多，这里推荐几家美洲公司做参考：5Dimes（哥斯达黎加）、Betonline（巴拿马）、Betsafe（哥斯达黎加）。

二、不同受注量比赛的开赔差异

（一）受注量超大的比赛

世界杯、欧洲杯、联赛焦点赛事、冠军杯、单独时段赛事等。大型公司对于降低赔付的盘口思路较多，世界杯和欧洲杯等赛事传统三大的赔付整体低于联赛。

（二）受注量大的比赛

欧洲大型联赛、世界杯欧洲地区和欧洲杯的预选赛、美洲杯、欧洲国家联赛、奥运会等。做局思路诡异多变，是公司盈利的主要范围区。

（三）受注量一般的比赛

欧洲小联赛、美职、五大联赛的所在国的次级赛事以及国内杯赛等、亚洲杯、非洲杯、世界杯美洲和亚洲地区预选赛、亚洲以及大洋洲赛事。做局思路变化多端，是大型公司作为第二项的辅助盈利范围区。

（四）受注量小的比赛

美洲除美国外其他国家联赛、非洲地区国家联赛、世界杯非洲区预选赛、中北美洲世界杯预选赛。大型公司开赔偏向稳妥，以全彰显自己的实力强，不以营利为主要目的。

（五）人气排名战绩与方向受注量

（1）不同人气受注量：人气球队对阵，平局方向受注量偏高；单向人气球队存在，则平局方向受注量略高。

（2）不同排名受注量：原则上高排名对阵，平局方向受注量偏高。

（3）不同战绩受注量：战绩好的球队对阵，平局方向受注量偏高。

三、不同时段比赛的开赔差异

（1）单独时段：对于赔付是有重要考虑的，毕竟需要在降低赔付和诱盘之间做出综合平衡。

（2）集中时段：由于受注分散，对于普通比赛就可以与其他比赛做交叉盘（组合做盘）等方式，达到分散目的。

（3）同一球队不同时间段：经常利用同一球队的某种特性做赔率记忆诱盘，如不同时间段 A 队分别对阵 B 队和 C 队，利用 A 队与 B 队的赔率数值以及变化走势做局 A 队和 C 队的比赛。还有就是利用两队往绩的赔率数值以及变化走势来做局现盘比赛。

四、同球队的开赔差异

（1）延期赛事　五大联赛近几个赛季经常会出现延期的比赛，利用这种时间差做开赔差异。例如两队原定某一时间对战，初赔开出 2.00/3.20/4.00，结果比赛延期，随后又开出初赔 1.95/3.00/4.50，利用前后初赔数值的差异迷惑大众。

（2）球队战术安排导致开赔差异　同一支球队在主场和客场比赛时，即时采用全部一样的球员出赛，但因为主教练的战术安排也会导致开赔差异。例如两队对战，A队是准强球队，B队是中强球队。A队主教练因为己方占据主场优势，所以安排主动进攻战术；而B队主教练因为是做客的比赛，本着保平争胜原则为球队安排了防守反击战术，此时公司开赔就会适当考虑扩大两队的综合实力差。反之，如果是A队做客B队的比赛，两队主教练战术安排正好颠倒，B队主攻A队主守，此时公司开赔就会适当缩小两队的综合实力差距。

第三十四章　受注高峰时间

一、五大联赛

（1）英超：受注高峰时间开始最早，基本赛前 8 小时左右就开始，重点赛事会提前 2 小时开始。英联杯、足总杯等受注高峰时间基本在赛前 4 小时左右开始，其中的重点赛事适当提前 1～2 小时。

（2）西甲：受注高峰时间基本与英超相当，国王杯的比赛初期在赛前 2 小时左右，到后期可以提前到赛前 3～4 小时。

（3）德甲：受注高峰时间基本在赛前 6 小时左右开始，德国杯普通赛事在赛前 4 小时左右开始，后期的半决赛和决赛提前 2 小时。

（4）意甲：受注高峰时间基本与德甲相当。

（5）法甲：受注高峰时间基本在赛前 4 小时左右开始，重点赛事提前 2 小时。法国杯、法联杯等赛事开始时间一般在赛前 2～3 小时。

二、欧冠、欧联

（1）欧冠杯：资格赛基本在赛前 4 小时左右开始，小组赛基本是赛前 6 小时左右，从淘汰赛开始提前到赛前 8 小时。到了最后的半决赛、决赛时间要提前到赛前 15 小时左右。

（2）欧联杯：资格赛、小组赛基本与欧冠杯相当，淘汰赛初期基本在赛前 6 小时左右，半决赛 8 小时，决赛时间不会超过 10 小时。

三、友谊赛

（1）俱乐部之间：五大联赛球队友谊赛基本在赛前 4 小时。

（2）国家队之间：强队和准强球队之间赛事在赛前 4 小时左右，中下游球队之间基本在赛前 2 小时左右。

四、国家联赛

（1）世界杯和欧洲杯的预选赛：基本在赛前 6～8 小时开始受注高峰。

（2）欧国联：不会早于赛前 6 小时。

五、世界杯、奥运会及各大洲杯赛

（1）世界杯：小组赛基本在赛前 10～15 小时开始，淘汰赛初期阶段在赛前 15～24 小时，决赛在赛前 24 小时之前开始受注高峰。

（2）欧洲杯：小组赛基本在赛前 8～12 小时开始，淘汰赛与世界杯相当。

（3）其他大洲杯赛：因为地区差异以及时差等因素，各大洲杯赛受注高峰开始时间笔者认为都不会早过 8 小时，决赛可以适当提前到 10 小时左右。

（4）奥运会：小组赛阶段基本在赛前 6 小时左右，淘汰赛提前到 8 小时左右。

第三十五章　唯心不易

　　足彩投资是一种有意识的经济行为，投注行为受彩民心理意识调节控制。例如，决策动机、收益与预期、风险规避等问题的实质是彩民的心理活动在足彩中的具体表现。想要从足彩投资中有所斩获，必须具备足够的分析能力、风险意识以及良好的心理素质。

　　正如时间、地点、人物构成创作小说的三大要素一样。在所有投资行为中（股票、期货、外汇、博彩等），同样存在着由资金、心态、时间周期构成的三大要素。在足彩投注过程中，当金钱与情绪交织在一起时，人们内心的某些不良心态，如贪婪和恐惧就会随之而出。投注的金额越大，对情绪的影响就越大，而时间周期的长短也会影响这些不良心态的强烈度，通常来说时间周期越短，效应越大，这就是走地盘比标准盘更火爆的原因所在。贪婪的欲望，使彩民陶醉在赢球的快乐中；恐惧的心态，又让投注者在输球时不知所措。情绪的剧烈波动导致心理上产生强烈的患得患失感觉，甚至从一个极端转向另一个极端。此时非常容易发生博彩者通过分析得到的结论，在投注时因为一件意外信息的出现，从而被干扰往相反的方向下注的事情。

　　博彩者在判断与决策的过程中不由自主地受认知过程、情绪过程、意志过程等各种心理因素的影响，以致陷入认知陷阱，从而会产生冲动投注、逃避现实（不敢看比赛过程）、投注频繁等行为。所以，才要说、才会说"唯心不易"。

　　下列几种博彩过程中影响心态的因素供读者参考。

一、错把运气当实力

　　大众往往会过度相信自己的能力，高估自己成功的机会，把成功归结于自己的主观能动性，而低估运气因素在其中发挥的作用，也就是彩民中流传的一句话"错把运气当作实力"，过度自信是彩民典型且普遍存在的情况。

　　过度自信的彩民会非常依赖自己收集到的信息，这些信息在大脑中与自己的思维认知相结合后会产生一个感觉上的赛果或者叫方向判断，这种感性赛果往往缺乏理性的逻辑推导过程，此时彩民观察赔率或者盘口也只是想从变化数值中寻找证据以支持自己的感觉。这种行为其实就是轻视公司的表现，认为自己一个人比一个公司都要强。在这种寻找证据的过程中，自己非常注重那些增强自信心的信息，而忽视伤害自信的信息。

　　玩足彩过度自信是非常危险的，很多人不愿意承认失败，承认失败等于承认自己决策失误，这会严重打击自己的自信心，自信心被打击多了就会抑郁。所以玩足彩的人经常会找一个责怪的对象，目前来看最明显的就是只要赛果不如自己的预期，就大喊"假球、真黑"等词语。可是在场上局势对自己比较有利的时候，又热衷于给别人讲解博彩的各种"知识"来彰显自己的能力，眉飞色舞地讲解赔率分析应用技巧等。实际上，这类人对博彩的感觉和判断完全是自己心理情绪变化作用而产生的外在表现，这类人的博彩投资往往是失败的！

二、想赢怕输

有些彩民朋友看到这里可能会说"谁玩足彩不是想赢钱？谁不怕输钱？"想赢怕输看似说起来有些矫情，但实际笔者想表达的是：胜负心理太重的朋友，不太适合接触彩票。

彩民在面对收益和损失的表现往往不同，很多人并非害怕风险，而是害怕损失。一位彩民花 100 元钱买一张都是高赔的单子，买的时候他自己心里不清楚都是高赔风险会很大吗？他自己其实非常清楚，这张高赔单子中奖的概率非常低，但只有在黑单的时候才会让彩民产生明显的恶劣情绪。

为何彩民明知自己赢的概率非常小，还要花 100 元去下注并且在黑单后会严重影响自己的心态？这就要说到大多数人参加博彩的本心是为了什么。恐怕大多数人参加博彩都是抱着只想付出非常小的代价而获得巨大的回报。代价不但指金钱，还有时间、精力等，这就是很多足彩彩民不愿意花费时间了解球队的基本面，不愿意花费精力去收集制作数据库的原因。很多人玩足彩并不是为了体会那种通过研究自己手中资料后进行推理分析得出一个预判赛果并且最后验证正确后的那种喜悦感、成就感，他们只是想一夜暴富！少做些天上掉馅饼的梦吧，少些功利心多些兴趣度吧，可以当作爱好。

三、逃避痛苦、逃避责任

由于种种原因，使人在情感上对痛苦有着强烈的排斥心理，希望远离痛苦，不想自责，这种现象在博彩者中尤其明显。博彩者处于强烈的不确定和压力下，经常会表现出幼稚或非理性的行为。例如，加大投注量、过度频繁的投注、扩大投注范围（什么比赛都买）、缩短时间周期等（走地盘），其目的是把输掉的钱再赢回来，可现实又很残酷，非理性的行为常带来不好的结果。这些行为过程周而复始，导致情绪一次次地受到打击，当打击累加到一定程度后，博彩者的心态就非常容易崩溃。心态如果崩溃了，悲剧随之而来。

四、从众心理

经常会在彩民群里看到一种现象，彩民 A 预测对了几场比赛从而引起彩民 B 的注意，因为有结果摆在那，导致彩民 A 与 B 都没有深度思考彩民 A 的理论是否符合逻辑，彩民 A 与 B 两人都没有想到这其实就是一种错把运气当作实力的现象。好了，彩民 B 要求跟单彩民 A，彩民 A 也很大方地答应了，结果黑单。黑单后彩民 B 大骂彩民 A 害了他，彩民 A 除了与彩民 B 对骂，自己也纳闷怎么回事。两人双双进入逃避痛苦、逃避责任的环节中。

在彩民群体当中经常会出现从众心理，有些彩民在信息环境不确定的情况下，思维受到其他人的影响。模仿他人决策过程、轻信他人言论或者过度依赖舆论，这些行为都是从众心理的体现。

在博彩市场中，博彩者在大量"信息"不断持续的压力下，心智结构发生扭曲，在不可能做出明智的选择时，容易在他人处寻求心理支撑，希望在"抱团取暖"中找到心理安慰。

五、炫耀与忌妒

某些彩民在一切进展顺利时，通常都会带来自我膨胀，不考虑是依靠精明的判断还是纯属巧合。他不断地想炫耀，身边的朋友、自己所在的群、论坛、贴吧等地这类人大量存在。

有炫耀的，自然就有忌妒和恨的。某些人本来就因为黑单输钱在恼火，又看到有人在得意扬扬地炫耀，心里一股无名火起，此时吵架的、举报的都开始有了。

两类人的做法都有问题，做好自己的事，心态放平和些吧。

六、玄学买彩

有些彩民朋友，求签的、问卦的、占星的、塔罗牌、抽签、扔硬币、做梦的、求助小动物的、寺庙烧香的、祭奠家里祖宗长辈的、买好的单子要用吉祥物压着的（例如貔貅），对于这些朋友，实在不知道说什么好。

上下无常，非为邪也。

进退无恒，非离群也。

结 束 语

　　书是钥匙、工具，只能起到开启智慧之门的作用，行走在道路上的还是自己。一个博彩好手的养成与诸多因素有关：时间精力的付出、技术方法的学习与提高、充裕的资金、适当的运气、合理的计划、良好的心态。其中，某以为起到关键决定作用的唯有心态，如果自认为没有天上掉馅饼砸到自己的运气和聪颖领悟力的话，那么心态在长期的博彩生活中是占据至关重要地位的。一个做不到戒贪、练忍的彩客注定是一个输家。

　　唯心不易。

2022 年 6 月于天津

纳兰老九